Das berühmteste Reich, das je in Peru existiert hat, war zweifellos das der Inka; die architektonischen Meisterleistungen, die noch heute in der Inkahauptstadt Cuzco und im geheimnisumwitterten Ort Machu Picchu sowie an zahlreichen Bauwerken, die über ganz Peru und darüber hinaus verteilt sind, bewundert werden können, lassen die Größe dieser Kultur erahnen. Aber auch schon lange vor der Entstehung des Inkareiches gab es in Peru Hochkulturen; so ist etwa das schon um 3000 v. Chr. besiedelte Caral die älteste Stadt des amerikanischen Kontinents.

In diesem Band werden die Kulturen Perus mit ihren Riten und Besonderheiten sowie in ihren Beziehungen zueinander vorgestellt. Besonderes Augenmerk liegt dabei auf den noch erhaltenen Bauwerken, da sie die markantesten, noch sichtbaren Zeugnisse ihrer Erbauer sind, doch auch Keramiken, Goldobjekte und Textilien dienen als Zeugen für die Kulturen, die sie geschaffen haben. Zahlreiche Pläne und Abbildungen unterstützen die Erklärungen. Ein Register führt durch den Band; weiterführende Literaturhinweise erleichtern den Zugang zu ergänzender Information.

Der Band bietet sich damit als Reisebegleitbuch für denjenigen an, der vor Ort etwas mehr über die großartigen Kulturen und Bauwerke des Alten Peru erfahren will; aber auch der Leser, der zu Hause bleibt, wird seine Freude an dem Buch haben, das zur gleichen Zeit eine Kulturgeschichte ist, die – fachkundig und flüssig zu lesen – den ersten Überblick in deutscher Sprache über die präkolumbischen Kulturen Perus gibt.

Dr. *Doris Kurella* hat in Tübingen und Berlin Ethnologie, Vor- und Frühgeschichte sowie Alt-Amerikanistik studiert. Bevor Sie Lateinamerika-Referentin und stellvertretende Direktorin des völkerkundlichen *Linden-Museums* in Stuttgart wurde, war sie insbesondere in Peru und Bolivien als Reiseleiterin tätig.

Wichtige von ihr betreute Ausstellungen sind: »Indianer Südamerikas« und »Amazonas-Indianer«. Zahlreiche Publikationen zur Kunst des Alten Amerika, den Völkern Perus und der vorspanischen Ökonomie.

Doris Kurella

# Kulturen und Bauwerke
# des Alten Peru

126 Abbildungen, 13 Karten, 1 Zeittafel

ALFRED KRÖNER VERLAG STUTTGART

Doris Kurella
Kulturen und Bauwerke des Alten Peru
Geschichte im Rucksack
Stuttgart: Kröner 2008
(Kröner Taschenbuch; Band 505)
ISBN 978-3-520-50501-9

In Zusammenarbeit mit
dem Linden-Museum, Stuttgart

Reihen- und Umschlaggestaltung: Denis Krnjaić, Stuttgart
(www.adenis.de), unter Verwendung eines Goldfigürchens aus dem
Bestand des Linden-Museums, Stuttgart, das einen ›Orejón‹
(Inka-Adeligen) darstellt. Diese Figürchen wurden als Opfergaben
verwendet.

# Inhaltsverzeichnis

Einleitung . . . . . . . . . . . . . . . . . . . . . . . . . . . . . . 9

**1. Die andine Welt** . . . . . . . . . . . . . . . . . . . . . . 13
Die Anden – ein tropisches Gebirge . . . . . . . . . . . . . 13
   Der pazifische Ozean . . . . . . . . . . . . . . . . . . . . 14
   Die Küste oder die ›Chala‹-Zone . . . . . . . . . . . . . . 15
   Die Andenketten oder Kordilleren . . . . . . . . . . . . . 16
Die Regenzeiten . . . . . . . . . . . . . . . . . . . . . . . . . 23
   Das ›El Niño‹-Phänomen . . . . . . . . . . . . . . . . . . 24
Die zweigeteilte Kosmologie . . . . . . . . . . . . . . . . . 26

**2. Die ersten ›Peruaner‹** . . . . . . . . . . . . . . . . . . . 28
Woher kamen die ›Indianer‹? . . . . . . . . . . . . . . . . . 28
   Einwanderungswellen auf dem amerikanischen Kontinent 28
Die ersten Siedler . . . . . . . . . . . . . . . . . . . . . . . . 31
   Das frühe Archaikum (10 000–6000 v. Chr.) . . . . . . . 31
   Das mittlere Archaikum (6000–3000 v. Chr.) . . . . . . . 35
   Das späte Archaikum: 3000–1500 v. Chr. . . . . . . . . . 39
Schlussbetrachtung . . . . . . . . . . . . . . . . . . . . . . . 47

**3. Eine Gesellschaft formiert sich** . . . . . . . . . . . . . 48
Das frühe Formativum (1500–1000 v. Chr.) . . . . . . . . . 50
   Die Anlage von *Sechín* . . . . . . . . . . . . . . . . . . 50
   *Pampa de los Llamas – Moxeke* . . . . . . . . . . . . . 56
   *Garagay* . . . . . . . . . . . . . . . . . . . . . . . . . . 57
   Götter aus Ton: Die erste Keramik entsteht . . . . . . . . 58
Das mittlere/späte und das Endformativum –
*Chavín de Huantar* (1200–200 v. Chr.) . . . . . . . . . . . 59
   Der *Alte Tempel* (1200–500 v. Chr.) . . . . . . . . . . . 63
   Der *Neue Tempel* (500–200 v. Chr.) . . . . . . . . . . . 71
   Die Kunst von *Chavín* . . . . . . . . . . . . . . . . . . . 73
   Die Götter von *Chavín* . . . . . . . . . . . . . . . . . . . 77
   Schamanen auf Seelenreise –
   Transformationsdarstellungen in der Kunst von *Chavín* . . 79
   Blüte und Ausbreitung des Chavín-Kultes . . . . . . . . . 83
   Das Ende *Chavíns* . . . . . . . . . . . . . . . . . . . . . 91

## 4. Das Erbe Chavíns – die frühe Zwischenperiode . . . . . . . 93

Paracas – Textilien für das Diesseits und das Jenseits . . . . . . 93
   Eine Kultur entwickelt sich . . . . . . . . . . . . . . . . 96
   Siedlungsformen der Paracas–Kultur . . . . . . . . . . . 98
   *Animas Altas* . . . . . . . . . . . . . . . . . . . . . . 100
   Die Mumienbündel von Paracas . . . . . . . . . . . . . 101
   Die Weberinnen . . . . . . . . . . . . . . . . . . . . . 109
   Medizin und Ästhetik in Paracas . . . . . . . . . . . . . 111

## 5. Nasca – Pilgerstätten und *Scharrbilder* im Süden Perus . . 114

Von Paracas zu Nasca – von den Textilien zur Keramik . . . . . 116
Wirtschaft und Gesellschaft . . . . . . . . . . . . . . . . . . 117
   Die Bewässerungsanlagen der Nasca . . . . . . . . . . . 117
   Leben und Sterben in Nasca . . . . . . . . . . . . . . . 120
Das Heiligtum von *Cahuachi* . . . . . . . . . . . . . . . . . 123
*Scharrbilder* und *Felsmalereien* . . . . . . . . . . . . . . . 126
Die Keramik der Nasca-Kultur . . . . . . . . . . . . . . . . . 133
   Phasen und Merkmale . . . . . . . . . . . . . . . . . . 133
   Was sagen uns die Darstellungen? . . . . . . . . . . . . 142
   Die ›Trophäenköpfe‹ . . . . . . . . . . . . . . . . . . . 145
Das Ende von Nasca . . . . . . . . . . . . . . . . . . . . . 147

## 6. Die Moche – Aufstieg und Untergang
## einer Kultur an der Nordküste . . . . . . . . . . . . . . . 148

In der Tradition der Nordküstenkulturen . . . . . . . . . . . . 150
Gesellschaftliches Leben der Moche . . . . . . . . . . . . . . 151
›Fürsten‹-Höfe und Zeremonialkomplexe . . . . . . . . . . . 156
   Erste Spuren der Moche–Kultur . . . . . . . . . . . . . 157
   Cerro Blanco – Die Stadt am weißen Berg . . . . . . . . 159
   *El Brujo* – die Pyramide des ›Hexers‹ . . . . . . . . . . 170
   Die Priesterinnen von *Pañamarca* und *San José de Moro* . . . 177
   Das Fürstengrab von *Sipán* . . . . . . . . . . . . . . . 179
Moche-Keramik – eine ›Bibliothek‹ aus Ton . . . . . . . . . . 184
   Was erzählen uns die bemalten Gefäße? . . . . . . . . . 184
   Die figürlichen Keramiken . . . . . . . . . . . . . . . . 188
Der Untergang der Moche-Kultur . . . . . . . . . . . . . . . 190

## 7. Huari und Tiahuanaco – der ›mittlere Horizont‹ . . . . . . 193

Die Huari-Kultur . . . . . . . . . . . . . . . . . . . . . . . 194
   Huari im Carhuarazo-Tal . . . . . . . . . . . . . . . . . 196
   Die Hauptstadt *Huari* . . . . . . . . . . . . . . . . . . 198

*Pikillacta* – die Huari im Tal von Cuzco . . . . . . . . . 199
Huari an der Küste . . . . . . . . . . . . . . . 204
Tiahuanaco . . . . . . . . . . . . . . . . . . . 204
Die Vorläufer . . . . . . . . . . . . . . . . . 204
Die Wirtschaft Tiahuanacos . . . . . . . . . . . 207
Die Stadt *Tiahuanaco* . . . . . . . . . . . . . 208
Tiahuanaco als expandierender Staat . . . . . . . . . . . 215
Der Untergang Tiahuanacos . . . . . . . . . . 217

**8. Die Sicán-Kultur: das Reich Naymlaps** . . . . . . . . . . 218
Die Legende von Naymlap . . . . . . . . . . . . . . 219
Die Hauptstadt *Sicán* . . . . . . . . . . . . . . 220
Die *Huaca Loro* . . . . . . . . . . . . . . . 221
*Túcume* . . . . . . . . . . . . . . . . . 224

**9. Die Chachapoya** . . . . . . . . . . . . . . . . . 227
Das Siedlungsgebiet der Chachapoya . . . . . . . . . . . 228
Die Siedlungsweise der Chachapoya . . . . . . . . . . . 229
*Kuélape*, *Gran Patajén* und *Vira Vira* . . . . . . . . . 230
Die Mumienbündel der ›Laguna de los Cóndores‹ . . . . . . . 233
Unter der Herrschaft der Inka . . . . . . . . . . 233

**10. Das Königreich von Chimor** . . . . . . . . . . 235
Das Königreich entsteht . . . . . . . . . . . . . . 235
Expansionspolitik in Chimor . . . . . . . . . . . . 236
Die Hauptstadt *Chan Chan* . . . . . . . . . . . 238
Die *Zitadellen* von *Chan Chan* . . . . . . . . . . 239
Architekturformen außerhalb der *Zitadellen* . . . . . . . 243
Die Bevölkerung von *Chan Chan* . . . . . . . . . . 243
Die Wirtschaft *Chan Chans* . . . . . . . . . . . 244
*Chan Chans* Ende . . . . . . . . . . . . . . . 245
Chimor in der *Mondpyramide* . . . . . . . . . . 246
Das Erbe Chimors . . . . . . . . . . . . . . 247

**11. Das Imperium der Inka** . . . . . . . . . . . . . 249
Die Erforschung des Inkareiches . . . . . . . . . . . 249
Der Ursprung der Inka: Mythos und Geschichte . . . . . . . 252
Das Reich ›Tahuantinsuyu‹ – ›Vier zusammengehörende Teile‹ . 254
Expansionspolitik . . . . . . . . . . . . . . . 254
Die Kriegsführung der Inka . . . . . . . . . . . 257
Die geographische Aufteilung ›Tahuantinsuyus‹ . . . . . . 258
Die Herrschaftsstrukturen der Inka . . . . . . . . . . . 259

*Cuzco* – der Nabel der Welt . . . . . . . . . . . . . . . . . 264
   Bauwerke in der Umgebung von *Cuzco* . . . . . . . . . 268
Religiöses Leben im Inkareich . . . . . . . . . . . . . . . . 268
   Die Götter . . . . . . . . . . . . . . . . . . . . . . . . . 268
   Zentrale Rituale . . . . . . . . . . . . . . . . . . . . . . 269
   ›Capac Hucha‹ – Menschenopfer für die Sonne . . . . . 269
   Heilige Stätten . . . . . . . . . . . . . . . . . . . . . . . 270
Wirtschaft und Gesellschaft im Inkareich . . . . . . . . . . 273
Die Inka als Baumeister . . . . . . . . . . . . . . . . . . . 276
   Inka-Architektur im Hochland . . . . . . . . . . . . . . 277
   Inka-Architektur an der Küste . . . . . . . . . . . . . . 287
   Straßenbau und Nachrichtenübermittlung . . . . . . . . 291
Der Untergang des Inkareiches . . . . . . . . . . . . . . . 292

**Register** . . . . . . . . . . . . . . . . . . . . . . . . . . . 294

**Literaturverzeichnis** . . . . . . . . . . . . . . . . . . . . . 299

**Abbildungsverzeichnis** . . . . . . . . . . . . . . . . . . . . 304

**Karten:**
   Einwanderungswellen . . . . . . . . . . . . . . . . . . . . 29
   Kulturelle Zentren in der Zeit des Formativums . . . . . . . 49
   Das Verbreitungsgebiet der Paracas-Kultur . . . . . . . . 94
   Die Verbreitung der Nasca-Kultur . . . . . . . . . . . . . 115
   Der Siedlungsraum der Moche-Kultur . . . . . . . . . . . 149
   Huari und Tiahuanaco . . . . . . . . . . . . . . . . . . . 193
   Zentren der Huari-Kultur . . . . . . . . . . . . . . . . . 195
   Das Reich von Tiahuanaco . . . . . . . . . . . . . . . . . 205
   Der Siedlungsraum der Sicán-Kultur . . . . . . . . . . . 219
   Das Gebiet der Chachapoya . . . . . . . . . . . . . . . . 227
   Das Königreich von Chimor . . . . . . . . . . . . . . . . 236
   Das Inkareich und seine Expansion . . . . . . . . . . . . 250

   Übersichtskarte Peru . . . . . . . . . . . vorderer Umschlag innen
   Zeittafel . . . . . . . . . . . . . . . . . hinterer Umschlag innen

*Für Martin*

# Einleitung

Peru ist eines der landschaftlich schönsten Länder der Erde: Der Kontrast zwischen pazifischem Ozean, wüstenhafter Küste, Hochanden und tropischem Regenwald ist äußerst reizvoll, die Vielfalt an Landschaften, Flora und Fauna bietet nicht nur dem Reisenden ein abwechslungsreiches Bild, sondern sie birgt auch eine der ökologisch bedeutsamsten Zonen der Welt: die Region mit der weltweit höchsten Biodiversität. Peru ist außerdem eine der Kornkammern der Welt, in der mittlerweile über 2000 Kartoffelsorten ein riesiges genetisches Potential darstellen.

Entstanden ist dieses genetische Potential durch die bereits seit Jahrtausenden währende Arbeit der indianischen Bevölkerung des zentralen Andenraumes, deren Angehörige heute zumeist als Hirten oder Bauern im Hochland der Anden leben. Diese Völker blicken auf eine sehr lange Geschichte zurück, die ihre sichtbaren Spuren überall in den Ländern des zentralen Andenraums (vor allem in Ecuador, Peru und Bolivien) hinterlassen hat. Am berühmtesten sind selbstverständlich die archäologischen Hinterlassenschaften der Inka wie die Ruinen von *Machu Picchu* oder die Anlagen in und um *Cuzco*, die ehemalige Hauptstadt des Inka-Reiches. Die Inka waren jedoch nur der vorläufige Schlusspunkt einer sehr langen Kulturentwicklung. Sie selbst bauten auf bedeutenden Errungenschaften früherer Völker auf, perfektionierten diese und verbreiteten sie weiträumig, wobei diese frühen Völker und vor allem ihre materielle Kultur den Vergleich mit den Inka nicht zu scheuen brauchen: Gigantische Pyramiden und Städte aus Lehm prägen die Landschaft der Andenländer, spektakuläre Goldobjekte, farbenfrohe Textilien feinster Machart, filigrane Knochen- und Holzarbeiten füllen die Museen und Privatsammlungen vor allem Europas, der USA und Japans, aber auch Perus. Diesem ungeheuren Reichtum steht eine im Vergleich mit Europa oder auch Mexiko – trotz aller Fortschritte der letzten zwei Dekaden – eher schmale Datenbasis aus der Archäologie gegenüber. Betrachtet man etwa die Moche-Kultur, so ergibt sich folgendes Bild:

Über 100.000 Tongefäße sind in Sammlungen auf der ganzen Welt verbreitet, sie brachte den reichsten Goldfund nach der Entdeckung des Grabes von Tut-Anch-Amun hervor, ihre riesigen Pyramiden und geheimnisvollen Fresken sind weltweit bekannt – und doch verfügen wir aus der sich mindestens über 600 Jahre erstreckenden Epoche lediglich über vier wissenschaftlich ausgegrabene und teilweise publizierte Fürsten- oder Priestergräber. Ähnliches gilt für alle Kulturen des Alten Peru – sieht man einmal von den Inka ab.

Dieses Buch möchte dem Leser die Menschen und Kulturen des Alten Peru nahebringen, möchte Türen öffnen zum Verständnis der Kulturentwicklung im zentralen Andenraum und der Errungenschaften der präkolumbischen Völker, möchte Respekt wecken vor den Leistungen und vor allem vor den Nachfahren dieser Völker, die heute wieder in großer Zahl in den Andenländern leben – allerdings zumeist unter erbärmlichen Bedingungen. Die Kulturentwicklung des zentralen Andenraumes sowie einen fundierten Überblick über die wichtigsten archäologischen Stätten in ein Taschenbuchformat zu pressen, ist dabei sicherlich ein ehrgeiziges Unterfangen. Noch schwieriger wird dieses Unterfangen durch die Tatsache, dass uns die Welt der indianischen Völker – der damaligen wie der heutigen – fremd erscheint, da die Denkweise dieser Menschen sich von der unsrigen grundlegend unterscheidet, was die Forschung, aber auch den Bericht über diese Forschung nicht eben vereinfacht. Um die Konzepte verständlicher zu machen, die den indianischen Bau- und Kunstwerken zugrunde liegen, enthält der Band daher eine große Anzahl an Illustrationen, ohne die selbst die beste Beschreibung nicht zu verstehen ist; Karten und Pläne möchten dem Leser dieses auch als Reisehandbuch gedachten Bandes die Erkundung der archäologischen Stätten erleichtern. Da in Peru mittlerweile nicht nur verstärkt ausgegraben, sondern auch restauriert wird, wobei immer neue Stätten auch Besuchern zugänglich gemacht werden, ist es allerdings nicht an allen Stellen möglich, den allerneuesten Stand abzubilden, der schlicht zu schnell veraltet. Manche beschriebenen Wege mögen mittlerweile anders verlaufen, manche Dinge zu sehen sein, die hier noch nicht aufgenommen werden konnten. Für diesbezügliche Hinweise unserer Leser sind wir dankbar.

Ein weiteres Problem betrifft die Datierung der Objekte, Kulturen und Fundstätten. Um eine möglichst klare Vorstellung der zeitlichen Abläufe zu geben, wurden relativ genaue Datierungen gewählt; so ist etwa von 500 v.Chr. die Rede und nicht vom 6. Jh.; selbstverständlich sind hier jedoch nicht die genauen Kalenderjahre gemeint, sondern

die größeren Zeiträume um dieses Datum herum. Nur in sehr seltenen Fällen liegen präzisere Datierungen vor, die dann auch angegeben
werden. Im Lichte neuerer Forschungsergebnisse werden sich einige
Datierungen zudem sicherlich noch verschieben. Um zu verdeutli-
chen, welche der Bauwerke und was von ihnen noch heute erhalten
ist, sind alle diese sichtbaren Sehenswürdigkeiten kursiviert worden.

Ich hoffe, dass dieses Buch bei seinen Lesern die Begeisterung für
Peru hervorruft, die das Land und seine Völker verdienen, und dass es
viele, die dieses großartige Land noch nicht kennen, zu einer Reise
verführt.

Stuttgart, im April 2008                                    Doris Kurella

Kartenlegende:

▲ = archäologische Stätte

● = bewohnter Ort

*Kursivierung* im Text = erhaltene oder zumindest in Resten erhaltene Bauwerke

# 1. Die andine Welt

## Die Anden – ein tropisches Gebirge

Das Imperium der Inka, wohl eines der berühmtesten frühen Reiche der Welt, war der vorläufige Schlusspunkt einer sich über mindestens 20 000 Jahre erstreckenden kulturellen Entwicklung auf dem südamerikanischen Kontinent. Um diese Kulturentwicklung verstehen und nachvollziehen zu können, gilt es zunächst, die geographischen Grundlagen der andinen Kulturen zu skizzieren.

In kaum einer Region der Welt hat die natürliche Umgebung einen kulturellen Großraum derart stark geprägt wie im zentralen Andenraum. Gerade dort ist es daher besonders wichtig, die Gebirgsregion nicht isoliert zu betrachten, sondern als eine geographische Einheit, die in vier große oder acht kleinere Naturräume unterteilt wird. Die vier großen Naturräume wären: der pazifische Ozean, die wüstenhafte Küste, die eigentlichen Anden und die bewaldete Anden-Ostrandregion, die ›Ceja de la Montaña‹. Die weitere Unterteilung in acht kleinere Naturräume (Abb. 1) orientiert sich an der

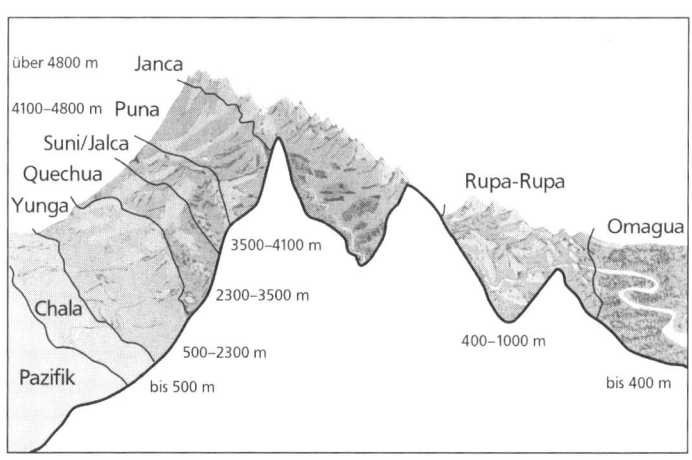

Abb. 1: Die acht Naturräume der Andenzone

einheimischen Klassifizierung der natürlichen Umwelt und ist durch die Verwendung von Begriffen aus dem Quechua oder Aymara – den Sprachen der indigenen Bevölkerung – gekennzeichnet: ›Chala‹ (Küste), ›Yunga‹ (Abhänge, Schluchten und Täler direkt im Anschluss an die Küste, heißes Klima; der gleiche Begriff wird auch für die mittlere Zone der Anden in Richtung Amazonien verwendet), ›Quechua‹ (gemäßigte Andentäler), ›Suni‹ oder ›Jalca‹ (kalte Andenhochtäler) und ›Puna‹ (Altiplano und sehr kalte Hochlagen). Mit dem Begriff ›Janca‹ werden die Gletscher und schneebedeckten Berggipfel bezeichnet, mit ›Rupa-Rupa‹ die bewaldeten Bergkuppen und Täler in Richtung Amazonas-Tiefland und mit ›Omagua‹ die Zone, die in den Regenwald mündet.

Der Verständlichkeit halber wird generell die Unterteilung in vier Großräume übernommen. Die im Folgenden aufgeführten, weiteren Unterteilungen (acht Naturräume) kommen, falls sie zum Verständnis beitragen, in den einzelnen Abschnitten zum Tragen.

# Der pazifische Ozean

Beginnend mit dem pazifischen Ozean trifft man bereits auf den Naturraum, der für die klimatische Besonderheit der Zentralanden, nämlich die enorme Trockenheit, verantwortlich ist: Angetrieben durch starke Südostpassatwinde zirkuliert vor der Pazifikküste Südamerikas ein Kaltwasserstrom, der, von der Antarktis kommend, bis zur Südgrenze Ecuadors das Klima entscheidend beeinflusst. Die Südostpassate drängen das warme Wasser von der Küste weg und ermöglichen so das Aufsteigen des kalten Wassers aus 40–80 m Tiefe. Auf der Höhe Ecuadors biegt dieser ›Humboldt‹- oder ›Peru‹-/›Chile-Strom‹ genannte Wasserkreislauf nach Westen in den Pazifik ab. Die Meeresströmung ist dabei so stark, dass sie bis Indonesien und Australien zu spüren ist: In Indonesien liegt der Meeresspiegel einen halben Meter höher als in Peru. An der Südküste Australiens biegt der Strom dann wiederum nach Osten ab, um zur Antarktis ›zurück‹zukehren.

Für die Meeresfauna bedeutet der Humboldtstrom eine große Menge an Sauerstoff und damit eine hohe Dichte an Phytoplankton und anderen Nährstoffen. Diese Faktoren sorgen auf einer Länge von mehreren Tausend Kilometern für die reichste marine Biomasse der westlichen Hemisphäre. Besonders hoch konzentriert zeigt sich diese ›nahrhafteste Suppe der Welt‹ vor der peruanischen Küste, wo sich der Humboldtstrom mit der Biomasse der aus den Anden kommenden Flüsse vermengt. Für den Besucher Perus hat dies einen sichtbaren Effekt: Man kann, obwohl man sich im Tropengürtel der Erde befindet, direkt vor der Küste antarktische Meeresfauna bestaunen: Die Guano-Inseln, ›Islas Ballestas‹ genannt, sind bevorzugter Aufenthaltsort von Seebären, Seelöwen, Humboldtpinguinen, Pelikanen und nicht zuletzt von Guano-Kormoranen.

Die größte Bedeutung nicht nur für die Menschen des ›Alten Peru‹, sondern auch für den modernen Staat haben jedoch die Sardellenschwärme, die Peru bis zum Ende der 1970er Jahre zu einer der führenden Fischereinationen der Welt machten. Bis heute können, obwohl die Bestände insbesondere durch Überfischung stark zurückgegangen sind, 10 Millionen metrische Tonnen Sardellen (Anchoveta) gefischt werden, ohne weiteren Schaden anzurichten. Diese Menge liefert den Eiweißbedarf für ca. 6,5 Millionen Menschen, was für die Kulturentwicklung an der peruanischen Küste von zentraler Bedeutung war und ist. Dennoch sind auch die Fischbestände des Humboldtstromes stark bedroht. Einige Arten sind deutlich überfischt.

## Die Küste oder die ›Chala‹-Zone

Neben den eben beschriebenen für die Küste (›Chala‹ = Sand; ›Chala‹ = Mais) sehr positiven Auswirkungen sorgt der Humboldtstrom andererseits im gesamten zentralen und südlichen Andengebiet für große Trockenheit, denn der Kaltwasserstrom verhindert das Aufsteigen von Luftfeuchtigkeit in große Höhen und dadurch die Bildung von Regenwolken. Die vom Meer produzierte Luftfeuchtigkeit steigt daher die pazifischen Abhänge der Anden lediglich als Nebel hinauf. Im südamerikanischen Winter (Juni bis November), insbesondere im Juli und August, gibt es deshalb in Zentral- und Südperu die sogenannte ›garúa‹, einen dichten Küstennebel, der an der Küste für leichten Niederschlag in Form von Taubildung sorgt.

Das Fehlen umfangreicher Niederschläge führte aber nicht nur das trockene Wüstenklima an der Küste Perus herbei, sondern auch zum Entstehen der trockensten Wüste der Welt im nördlichen Chile: der Atacama. Dort regnet es statistisch gesehen alle zwei Jahre ganze 10 Minuten. Dennoch ist der peruanische Küstenabschnitt nicht völlig trocken; er wird auf einer Länge von ca. 3000 km von 60 Flüssen, die von den Anden in den Pazifik fließen, durchbrochen. Diese Flüsse bilden Oasen, schmal und schnell steil in Richtung Anden ansteigend im Süden, bis zu 60 km breit und fast ebenso lang, bis sie sanft in die Andentäler münden, im Norden Perus. Die meisten dieser Flüsse führen jedoch nicht das ganze Jahr über Wasser. Im südamerikanischen Winter sind sie entweder völlig trocken oder bilden nur Rinnsale, die im besten Fall noch zur Trinkwasserversorgung der Menschen, nicht aber für ständigen Bewässerungsfeldbau ausreichen.

Inmitten der wüstenhaften Umgebung bilden die Flussoasen fruchtbare Inseln, mit subtropischen Bedingungen für Pflanzen und Tiere: Papayabäume, Baumwolle, Mais und viele andere Pflanzen gedeihen hier hervorragend; Totora, eine Schilfrohrart, sowie die amerikanische Art des Johannisbrotbaumes und der peruanische Pfefferbaum (Molle) kommen hier vor. Kleinere Nagetiere, Schlangen, Wüstenfüchse, der kleine Andenhirsch und Eidechsen zählen zu den vielen Tierarten, die in den Oasen lebten und leben; Kolibris und viele andere Vogelarten runden das Bild ab und in der präkolumbischen Zeit gab es auch an der Küste Lamas, wobei dieses Küstenlama größer und kräftiger war als seine Verwandten in den Hochanden. Bis zur Mitte des 20. Jh. sollen in den nördlichen Küstenoasen sogar Jaguare vorgekommen sein.

Für den Anbau von Nahrungspflanzen bieten die Oasen jedoch nur wenig Fläche: Ohne ausgedehnte Bewässerungsanlagen, also nur durch Schwemmlandagrikultur, wäre lediglich 1 % des Bodens für Feldbau nutzbar. Bei Anwendung von Bewässerungsfeldbau sind die klimatischen Bedingungen sowie die Fruchtbarkeit der Böden indes hervorragend. Sie lassen Mais, Knollenfrüchte (›Yuca de Caballo‹), Baumwolle, Obstbäume, Flaschenkürbisse, Kürbis generell und unzählige andere Nutz- und Nahrungspflanzen gedeihen. Der ausgedehnte Zuckerrohranbau stammt allerdings erst aus der Kolonialzeit; Zuckerrohr ist in Lateinamerika nicht heimisch, es wurde aus dem tropischen Südostasien, Polynesien oder Neuguinea eingeführt und kam erst mit den Europäern in die Neue Welt, und auch die heute in Peru angebaute Baumwolle ist nicht die ursprüngliche Perubaumwolle, sondern eine Neuzüchtung, die einfacher maschinell geerntet werden kann. Diese neu eingeführten Pflanzen brauchen sehr viel Wasser.

# Die Andenketten oder Kordilleren

Die Anden sind – wie die Kapitelüberschrift bereits sagt – ein tropisches Gebirge. Sie erstrecken sich über 7500 km Länge von Nordkolumbien bis in den äußersten Süden Patagoniens, die Südspitze Südamerikas. Viele der höchsten Gipfel überschreiten dabei die Marke von 6000 m. Die Anden entstanden vor über 200 Millionen Jahren, als sich durch das Auseinanderdriften des ursprünglichen Superkontinents Pangaea, auch ›Gondwana‹ genannt, die Kontinente zu bilden begannen. Der amerikanische Doppelkontinent driftete im Zuge dessen nach Westen und nach ungefähr 20 Millionen Jahren, also vor 180 Millionen Jahren, hatten sich die heutigen Landmassen gebildet. Im Verlaufe weiterer 120 Millionen Jahre entstanden dann die jetzigen Formen der Kontinente, darunter auch die Südamerikas: Das sich Heben der tektonischen Platten im Atlantik zwang – und zwingt bis heute – den südamerikanischen Kontinent nach Westen, während die tektonischen Platten des pazifischen Ozeans, ›Nazca-Platten‹ genannt, wiederum gegen Osten drücken. Das Resultat war eine riesige Kollision, die die Nazca-Platten unter den südamerikanischen Kontinent zwang und zur Aufschichtung der Andenketten, eines Faltengebirges, führte. Diese sehr starke Spannung entlädt sich bis heute in fast regelmäßigen Abständen in ständigen kleinen und von Zeit zu Zeit sehr großen, heftigen Erdbeben – um die Stärke 8 auf der Richterskala. Ein weiterer Grund für starke Erdbeben liegt im Vulkanismus der Anden: Insgesamt zählt man 1113 Vulkane, von denen viele noch aktiv sind. Bemerkenswert ist dabei, dass die aktiven Vulkane im Hochland Nordchiles und Südboliviens sehr gut sichtbar sind, da durch die Trockenheit kein Nebel herrscht oder Wolken die Sicht versperren. Eine Reise von Calama in Nordchile nach Uyuni in Südbolivien ist daher für Vulkan- und Landschaftsinteressierte sehr empfehlenswert.

Die Anden sind ein ausgesprochen komplexes Ökosystem: In unmittelbarer und relativer Nähe des Äquators sind Landschaften von der jahreszeitlichen Ausgeglichenheit des Klimas gekennzeichnet. Es gibt in den Tropen keine Jahreszeiten in unserem Sinne, mit enormen Temperaturschwankungen, die ein Aufblühen (Frühjahr) und wieder Verblühen (Herbst) eines Teils der Vegetation mit sich bringen. Zwar sind große Temperaturschwankungen durchaus vorhanden, wie beispielsweise in den Hochanden zwischen Tag und Nacht, nicht jedoch jahreszeitlich bedingt. Wir haben es demnach mit einem Tageszeiten- und nicht mit einem Jahreszeitenklima zu tun. Unterschiede gibt es bezüglich der Jahreszeiten nur die Niederschläge betreffend. Diese Unterschiede reichen von ›noch mehr Regen‹ während des südamerikanischen Sommers im nordwestlichen Amazonasgebiet bis zu ausgeprägten Regen- und Trockenzeiten im Hochland des Andengebirges. Je weiter man sich indes vom Äquator entfernt, desto spürbarer werden die sogenannten thermischen Jahreszeiten – vom Tageszeitklima am Äquator geht das Klima langsam in das Jahreszeitenklima an den Polen über.

Verlässt man die peruanische Küste mit ihren unglaublichen Kontrasten und begibt sich nach Osten in Richtung der ersten, westlichen Andenkette (Kordillere), so gelangt man auf einer Höhe zwischen 200 m und 1000 m zunächst in die Region der Nebeloasen, die durch den im peruanischen Winter entstehenden Küstennebel, die ›garúa‹, erzeugt werden. In diesen Oasen dominiert die Vegetationsform der ›Lomas‹, bestehend aus über 1000 Arten von Sukkulenten, Büschelgräsern, Kräutern und Stauden. Während eines El Niño (s. S. 24) verwandelt sich die Lomavegetation in ein Blütenmeer: Grüne, üppig blühende Teppiche bedecken weite Landschaften.

## Die ›Yunga‹- und ›Quechua‹-Zone

Oberhalb der Nebeloasen, die tatsächlich noch als Teil der Küste gelten, befindet sich bis in eine Höhe von 2300 m die Region der Yungas, die durch ein sehr warmes, teilweise sogar heißes Klima gekennzeichnet sind: Finden sich am Westrand und innerhalb der Andenketten Flusstäler mit gemäßigtem Yunga-Klima, so ist es am Ostrand der Anden vor allem die Kombination aus häufigem Niederschlag und heißem Klima, die die Yungas kennzeichnet. Beispiele für Fluss-Yungas sind dagegen das obere Chillon-Tal oder das Yunga-Tal, in dem die Stadt Huánuco liegt. Die Yunga-Bereiche sind generell sehr fruchtbar. Hier gedeihen Avocados, Chirimoyas und Guaven, in trockenen Tälern finden sich Kakteen und in der Neuzeit begann man in den Yungas mit dem Anbau von Zitrusfrüchten.

Über den Yungas befinden sich die inter-andinen Täler, die sogenannte Quechua-Zone (2300–3500 m ü.N.N.). Das Wort ›Quechua‹ stammt aus der gleichnamigen Sprache der Inka und bedeutet ›gemäßigt‹. Die Quechua-Zone ist durch weitere, weniger zerklüftete Hochtäler gekennzeichnet. Das Klima ist für andine Verhältnisse wenig extrem: Die Tagestemperaturen pendeln zwischen 22°C und 29°C, die nächtlichen Temperaturen zwischen +7°C und −4°C, mit seltenen ›Ausrutschern‹ bis −10°C. Die Quechua-Zone ist hervorragend für den Maisanbau geeignet. Darüber hinaus gedeihen hier die Arracacha, eine Knollenfrucht, und Kürbisse.

Es kann insgesamt davon ausgegangen werden, dass die gemäßigten Täler der Anden und auch Teile der Hochebene bewaldet waren. In der Kolonialzeit wurde für den Hausbau jedoch radikal abgeholzt, was bis heute zu gravierenden Erosionsschäden führt. Heute sind hier keine endemischen Baumarten mehr zu sehen wie etwa der Molle, sondern fast ausschließlich der australische Eukalyptusbaum, der wegen seines schnellen Wachstums gerne gepflanzt wird. Welchen Schaden er jedoch durch seinen enormen Wasserbedarf (in einer Trockenzone!) einerseits und das von den Wurzeln ausgeschiedene Eukalyptusöl andererseits anrichtet, kann man erahnen.

## Die ›Jalca‹- oder ›Suni‹-Zone

Die ›Jalca‹- oder ›Suni‹-Zone bildet den Übergang zur ›Puna‹; zu ihr gehört beispielsweise die ›Pampa de Junin‹. Ihre Höhengrenzen liegen bei 3500 m als Untergrenze und 4000 m als Obergrenze. Sie gehört damit zu den kalten Klimazonen der Anden: Nachtfröste erreichen hier bereits Temperaturen von −16°C. Es werden zwar noch Nahrungsmittel angebaut, aber Mais wächst in dieser Zone nicht mehr. Bis heute wird hier jedoch Quinoa angebaut, eine der bedeutendsten Nahrungspflanzen des ›Alten Peru‹, die auch als das ›Gold der Inka‹ bezeichnet wird, da sie sehr reich an Nährstoffen ist. Von dieser Reismelde kann sich ein Mensch ohne jeden weiteren Zusatz ernähren; sie enthält Mineralien, Spurenelemente, das seltene Lysin sowie zahlreiche Aminosäuren und sogar Omega-3 Fettsäuren, die sonst nur in Fischen enthalten sind. Die Schale des Quinoa-Samens enthält zudem Bitterstoffe, die blutverdünnend wirken: eine in der Höhe nicht unwillkommene Nebenwirkung, wie die gleiche Eigenschaft des Coca-Blattes. Die Blätter der Quinoa-Pflanze können als Gemüse gegessen werden oder dienen als Futter für Lamas und Alpakas. Darüber hinaus enthalten sie einen roten Farbstoff, der in der präkolumbischen Zeit wahrscheinlich als Garn-, aber auch als Körperfarbe benutzt wurde. Man kann davon ausgehen, dass das Anbaugebiet von Quinoa in der vorspanischen Zeit weitaus größer war. So reichte es mit Sicherheit auch in tiefere Regionen, die für den Anbau ebenfalls geeignet sind. Neben der Quinoa gedeiht in der Jalca-Zone die Knollenfrucht Olluco tuberoso und auch Amaranth (Gartenfuchsschwanz) bauten die indigenen Völker früher an; es ist jedoch wesentlich empfindlicher als Quinoa und fand daher im Andengebiet nicht die weite Verbreitung wie in Mexiko.

## Die ›Puna‹-Zone

Die höchste noch besiedelbare Zone in den zentralen Anden wird als ›Puna‹ bezeichnet: ›Puna‹ stammt ebenfalls aus der indianischen Quechua-Sprache und bedeutet ›sehr kalt‹. Das Wort ›Puna‹ wird zudem als Synonym für ›Soroche‹, die Höhenkrankheit, benutzt. Die Puna reicht von 3700 m bis 4700 m, sie überschneidet sich teilweise mit der Jalca- oder Suni-Zone. In dieser Höhe liegt in den zentralen Anden in etwa die Grenze für den Anbau von Nahrungsmitteln. In den nördlichen Anden (Kolumbien, Ecuador) wird die gleiche Höhenzone ›Paramo‹ genannt, da sie dort wesentlich feuchter ist und eine andere Vegetation aufweist.

Innerhalb der zentralandinen Puna erstreckt sich in Südperu und Nordbolivien der sogenannte Altiplano, eine Hochebene in 4000 m Höhe und die ausgedehnteste Hochfläche der Anden. Der Altiplano ist wie der Quechua-Bereich von großer Trockenheit gekennzeichnet, die in den letzten Jahrhunderten immer stärker zugenommen hat. Der Puna-Bereich in Mittel- und Südperu ist dabei feuchter als der Puna-Bereich Boliviens. Die Vegetation der Puna in Peru und Nordbolivien besteht vorwiegend aus Ichu, einer harten, büschelig wachsenden Grasart. Dieses Ichu-Gras dient als Hauptnahrungsmittel der Kameliden (Lamas, Alpakas, Guanacos, Vicuñas), wird aber auch als Dachbedeckung verwendet. Neben Ichu finden sich in der Puna noch weitere Grasarten sowie Wildkräuter. Beheimatet sind in diesen Höhenlagen vor allem Vizcachas (ein Nagetier, das der Familie der Chinchillas angehört), Pumas, Meerschweinchen und Gürteltiere. Auch Rinder lassen sich auf dieser Höhe noch züchten. Anders sieht es weiter südlich im Hochland von Bolivien und in Nordchile aus. Hier ist das Klima so trocken, dass große Seen austrockneten, wodurch etliche Salzseen, darunter angrenzend an den Ort Uyuni der größte der Welt, der ›Salar de Uyuni‹, entstanden.

Die peruanische und nordbolivianische Graspuna ist indes wesentlich lebensfreundlicher als es zunächst den Anschein hat. Trotz der relativen Trockenheit ist dort beispielsweise Ganzjahres-Weidewirtschaft möglich. Charakteristisch sind in dieser hochgelegenen Region die starken Temperaturunterschiede zwischen Tag (bis zu +20°C) und Nacht (bis –25°C und darunter), weshalb man von ›Frostwechseltagen‹ spricht. Die Höhe für Frost liegt in den Anden bei ungefähr 3000 m. Je höher man kommt, desto häufiger treten Frostwechseltage auf, was bedeutet, dass die Vegetation hier keine längeren frostfreien Perioden zur Verfügung hat. Weitere Merkmale sind die dünne Luft (auf 4000 m Höhe ist der Sauerstoffgehalt nur halb so hoch wie auf Meereshöhe) und die extreme Sonneneinstrahlung durch die Nähe zum Äquator, die vom Menschen teils durch angepasste Verhaltensweisen (Kopfbedeckung!), teils durch biologische Besonderheiten (Andenbewohner haben fast doppelt so viele rote Blutkörperchen wie die Bewohner tieferer Regionen) ausgeglichen werden. Die von Natur aus auch hier vergleichsweise eingeschränkten Möglichkeiten zur Nahrungsmittelproduktion gleichen die Andenbewohner durch zwei Strategien aus: Erstens hat man sich in dieser Region auf die Domestikation und Zucht von Kameliden spezialisiert, so dass man diesen Bereich de facto als ›Domäne‹ der Puna betrachten kann; zweitens legte man in semi-ariden (halbfeuchten) Gebieten rund um kleine und große Seen und kleinere Flüsse Hochbeete an, um Anbauflächen zu gewinnen. Außerdem konzentrierte man sich auf die Produktion von Knollenfrüchten und deren Konservierung durch Gefriertrocknung: Im Bereich der Puna gedeihen Kartoffeln, von denen es in Südamerika über 5000 Sorten gibt, sowie eine Sauerklee-Art, die Oxalis tuberosa, deren Knolle verzehrt wird. Auch von einer Kapuzinerkresseart wird die Knolle gegessen. Sie enthält antibakterielle Wirkstoffe und sehr viel Vitamin C.

Der Anbau der Knollenfrüchte geschieht während des südamerikanischen Sommers, also von Dezember bis April. Im Mai und Juni ist Erntezeit. Dann beginnt jedoch auch die Zeit der großen Nachtfröste, was die Lagerung der frostempfindlichen Knollenfrüchte im Normalfall unmöglich machen würde. Schon lange vor den Inka entwickelten die Bewohner der Hochanden daher ein Verfahren zur Gefriertrocknung von Kartoffeln und anderen Knollenfrüchten. Dafür breitet man die Kartoffeln tagsüber an sonnigen Plätzen aus und wässert sie. Nachts werden die Knollen durch die schnell einsetzenden, starken Fröste dann tiefgefroren. Dies wird in einem sehr arbeitsaufwendigen, mehrwöchigen Prozess ständig wiederholt, bis ›Chuño‹, ›Tunta‹ oder ›Moray‹ entstanden ist, die getrocknete Kartoffel: klein, fast ohne Gewicht, unbegrenzt haltbar und leicht zu transportieren. Der Nährwert der Kartoffel bleibt dabei voll erhalten. Möchte man ›Chuño‹ essen, so weicht man die getrockneten Knollen über Nacht ein und kocht sie am nächsten Tag weich. Auch Fleisch verstand man schon früh haltbar zu machen. Hierfür werden Fleischstücke, vorwiegend Lama, in Streifen geschnitten. Diese reibt man mit Salz ein und hängt sie zum Trocknen auf. Das ›Charqui‹ genannte Trockenfleisch hält mehrere Monate. Diese Art der Vorratshaltung ist die Voraussetzung für die Besiedlung der Höhenzonen in den Anden.

Eine Ausnahme, was die generellen klimatischen Bedingungen der Puna-Zone betrifft, bilden die großen Inseln im Titicacasee, dem höchstgelegenen schiffbaren See der Welt. In diesem riesigen See (8288 km²; Bodensee: 536 km²) liegen mehrere Inseln, darunter das touristisch erschlossene Taquile, das weniger bekannte Amantani sowie die in präkolumbischer Zeit als Heiligtümer verehrte Mond- bzw. Sonneninsel.

## Die ›Janca‹-Zone

Die Janca-Zone (Aymara: ›Janca‹ = weiß) ist die höchste und unwirt-
lichste Region der Anden. Sie umfasst die Gipfel samt den Gletschern und den knapp darunter liegenden Regionen mit den Glet-
scherseen und ihren Abflüssen. Die Janca ist Lebensraum für den
Kondor und das Vizcacha, eine Art Kaninchen, jedoch mit dem
Chinchilla verwandt. Ist diese Region auch nicht mehr unmittelbar
für den Menschen nutzbar, so hat sie doch in der Glaubenswelt der
indigenen Völker ihren festen Platz: Die Berge mit ihren Gletschern
sind Wasserspender, Wohnsitz der Seelen Verstorbener und damit der
Ahnen. Und auch der hochverehrte Kondor bewohnt diese Gefilde –
obwohl er ab und zu die Küste besucht um zu fischen.

## Die ›Rupa Rupa‹- und die ›Omagua‹-Zone

Hat man die östliche Andenkette, die von teilweise noch aktiven Vul-
kanen gebildet wird, in Richtung des Amazonasbeckens überquert,
so bietet sich ein überraschendes Bild: Man befindet sich schon nach
einigen Kilometern im immergrünen Nebelwald, einer durch die
vulkanischen Böden und ständigen Niederschläge – hier regnen sich
die vom Amazonasbecken durch Passatwinde an die Anden gescho-
benen Wolken ab – extrem fruchtbaren Gegend auf etwa 1000 m
Höhe, die in Ecuador und Peru ›Ceja de la Montaña‹, in Bolivien
›Yungas‹ genannt wird. In dieser Region leben die sogenannten
Montaña-Völker der Jivaro, der Matsiguenga, der Amuesha, um nur
einige zu nennen, deren Siedlungsgebiete teilweise bereits an das
Amazonasbecken anschließen.

Man unterscheidet hier zwischen der höher gelegenen Region,
auch ›Rupa-rupa‹ (›rupa‹ = heiß) genannt, die sehr zerklüftete Landschaften aufweist, und der tieferen Region ›Omagua‹: Viele Oberläu-
fe von peruanischen Flüssen, die vom Andenostrand in Richtung
Amazonas fließen, bilden Täler aus, die zur Rupa-Rupa gehören:
beispielsweise der Río Huallaga und der Río Marañon. Die Rupa-
Rupa ist zudem Lebensraum für sehr viele Tiere, die auch im Amazonasgebiet leben, wie Jaguar, Tapir und zahlreiche Schlangenarten.
Sie ist äußerst fruchtbar und früher wie heute bevorzugtes Anbaugebiet für die Cocapflanze. Das eigentliche Amazonasgebiet mit den
peruanischen Städten Pucallpa und Iquitos wird dagegen in den indigenen Sprachen mit ›Omagua‹ bezeichnet. Die Omagua waren ein
sagenumwobener großer Indianerstamm, der am Oberlauf des Amazonas lebte. Francisco de Orellana, der erste europäische Befahrer des

Amazonas, lebte einige Monate bei ihnen, ließ sich Boote bauen und zwang einige Omagua, seine Gesellschaft auf ihrer Flussfahrt und der Suche nach dem ›El Dorado‹ als Ortskundige zu begleiten. Das peruanische Tiefland ist immer noch Lebensraum für zahlreiche Indianerstämme wie z.B. den der Shipibo-Conibo.

### Fazit

Einer der trockensten Regionen der Erde stehen demnach in kurzer Entfernung zwei der regenreichsten Gebiete Südamerikas gegenüber: die Montaña am Ostrand der Anden und der tropische Regenwald an der Küste Ecuadors, der an die peruanische Sechura-Wüste grenzt. Kennzeichnend für den gesamten andinen Bereich ist folgerichtig die weltweit – mit Ausnahme von Madagaskar – höchste Biodiversität. Der Grund hierfür dürfte in der Vielfalt der ökologischen Zonen liegen: Je nach Höhe (Temperatur), Nähe zum Äquator (Sonnenscheindauer) und Nord-Süd- oder Ost-West-Lage (Regenmenge) ändert sich das Klima nicht nur von Tal zu Tal, sondern auch innerhalb der Täler auf kurze Distanz. Zusammen mit der Bodenbeschaffenheit ergibt sich daraus für jedes Tal eine eigene klimatische ›Welt‹. Zieht man dazu noch die Abgeschiedenheit der einzelnen Täler mit in Betracht, so werden indes rasch nicht nur die Vorteile, sondern auch die Einschränkungen bewusst: Jedes Tal bietet eine große Pflanzenvielfalt, ist jedoch räumlich und ökologisch gleichzeitig sehr eingeschränkt. Die Menschen waren hier daher von Beginn an darauf angewiesen, Formen des dauerhaften wirtschaftlichen Austausches zu entwickeln, um sich mit allen benötigten Dingen zu versorgen, denn für die andinen Grundnahrungsmittel Mais, Kartoffeln, Kürbis und Quinoa gibt es klare klimatische Grenzen. Eingeschränkt sind in diesen oft sehr engen Tälern mit steilen Abhängen aber auch die Anbauflächen. Um diese signifikant zu erweitern, legte man in der präkolumbischen Zeit Feldbauterrassen an – eine Strategie, die lange vor den Inka entwickelt, aber erst von ihnen in großem Stile umgesetzt wurde.

# Die Regenzeiten

In den Anden gibt es zwei Arten von Regenzeit: die ›normale‹ Regenzeit, die einmal im Jahr während des südamerikanischen Sommers (Dezember bis April/Mai) auftritt, ist die eine. Während dieser Zeit werden die Passatwinde so stark, dass sie die Regenwolken aus dem Amazonasgebiet über die östliche Kordillere hinweg in die Anden hineintragen. Es regnet dann so stark (tropisch), dass die 60 Flüsse, die aus den Anden zum Pazifik fließen, genügend Wasser führen, um Bewässerungsfeldbau an der Küste zu ermöglichen. Im Hochland wird die Vegetation üppig, die Ende November geborenen Jungtiere der Lamas und Alpakas finden genügend Nahrung, die Wasserreservoirs füllen sich auf. Die andere Variante der Regenzeit ist die ›unnormale‹: ein ›El Niño‹.

# Das ›El Niño‹-Phänomen

Eine Regenzeit im Zeichen des ›El Niño‹ beschränkt sich nicht auf das Andenhochland, sondern trifft vor allem die Küste. Das Phänomen tritt nur in größeren zeitlichen Abständen von einigen Jahren, im Rahmen einer Klimaanomalie, auf und wird wegen seines Beginns um die Weihnachtszeit ›El Niño‹, das Kind, genannt. Ein ›normaler‹ El Niño dauert etwa von Dezember bis März, wobei er sich auch schon in den Monaten davor und danach durch außergewöhnliche Wetterphänomene (z.B. Hitze) ankündigt. Wodurch ein El Niño und die meist darauf folgende Kaltphase ›El Niña‹ – oder wissenschaftlich ausgedrückt ›ENSO‹ (El Niño Southern Oscillation) – ausgelöst werden, weiß man bis heute nicht. Was man besser versteht, ist jedoch der Ablauf, wodurch eine frühe Ankündigung möglich geworden ist: El Niño beginnt im Mai mit der Erwärmung des Pazifiks um einige Grad. Die Passatwinde, die den enormen Wasserkreislauf in Gang halten, flauen daraufhin ab: Die Kaltluftfront vor der peruanischen Küste bricht zusammen und feuchtwarme Winde setzen sich durch. Nicht nur an der Küste, sondern auch im Andenhochland wird es dadurch wesentlich wärmer: Die sonst bei 16–18°C liegende Durchschnittstemperatur erhöht sich um mehrere Grad. Als Folge des Ausbleibens der Passatwinde schwächt sich der Humboldtstrom ab, da das warme Wasser nicht mehr nach Westen getrieben wird und das kalte Wasser daher nicht mehr nach oben steigen kann. Von Norden aus bildet sich demnach eine Warmwasserfront, die bei starken El Niños schon bis Antofagasta in Chile gereicht hat. Im Dezember beginnt es schließlich an der wüstenhaften Küste Perus sehr stark zu regnen und auch im Hochland bis hin nach Nordwest-Argentinien gibt es starke und ausdauernde Regenfälle.

Neben der allgemein fühlbaren Erwärmung der Luft sind es als erste die Fischer, die einen sich ankündigenden El Niño bemerken: Durch den dramatischen Rückgang des Phytoplanktons kommt es zu einer Artenverschiebung im östlichen Pazifik. Bestimmte Fischarten wie die Sardelle und bei starken El Niños auch die Sardine verschwinden: Sie wandern in kältere Gebiete ab oder sterben den Hitze- und Hungertod, was Berichte über Fischsterben während der El Niños 1982/83 und 1997/98 belegen. Seesterne und Krabben verschwinden ebenfalls. Dies führt zu gravierenden Konsequenzen in der Nahrungskette: Die häufig an der Küste Perus vorkommenden Brydewale, aber auch Finn-, Blau-, Buckel- und Pottwale, die sich von Fischen und Tintenfischen ernähren, nehmen stark ab. Statt dessen strömen vorwiegend subtropische Fische ein. Besonders deutlich zu beobachten ist zudem die Ausbreitung von Quallen; eine Zunahme verzeichnen aber auch Garnelen, die es sonst vor der peruanischen Küste nicht gibt. Große Krebstiere werden von Norden in das peruanische Küstengebiet gespült, ebenso wie Schwimmkrabben, bestimmte Muschelarten siedeln sich an und Seeschnecken und Langusten wandern ein; bereits vorhandene Warmwasserspezies, darunter vor allem die Purpurschnecke und der Oktopus, nehmen an Zahl enorm zu. Hinzu kommt, dass die Meeresfauna, die sich normalerweise in den warmen Gewässern weit unterhalb des Wasserspiegels oder sogar am Meeresboden bewegt, nun in den oberen Bereichen anzutreffen ist: Rochen, Seehechte, Plattfische, Knurrhähne, Zackenbarsche und sogar Haie gehören dazu. An den felsigen Küstenabschnitten bilden sich außerdem riesige Algenteppiche.

Aber auch für die Guanovögel, Seevögel im Allgemeinen, Robben und Meeresreptilien, die sich zwar an Land fortpflanzen, aber aus dem Meer ernähren, hat ein El Niño gravierende Konsequenzen: Pelikane und andere sogenannte Guanovögel (Tölpel und Kormorane) sowie Robben ernähren sich vorwiegend von Sardellenschwärmen. Besonders die Vögel sind dabei auf die knapp unter der Wasseroberfläche schwimmenden Massen an Fisch angewiesen, da ihre Tauchfähigkeit unterschiedlich, das bedeutet in manchen Fällen ganz einfach schlecht ausgebildet ist. Ein El Niño führt nun dazu, dass die kompletten Schwärme verschwinden und nur größere Einzelfische verfügbar sind, die nicht als Nahrung für Pelikane oder Guanokormorane taugen. In dramatischen El Niño-Jahren, wie beispielsweise 1983, kamen daher 72 % oder mehr der Gesamtvogelpopulation durch Nahrungsmangel um. Während einer solchen Zeit sind Pelikane und auch die Inkaseeschwalbe häufig auf Fischmärkten anzutreffen, wo sie sich mit Fisch versorgen. Gleichzeitig entdeckt man an der Küste Chile-Flamingos, die die ausgetrockneten flachen Lagunen im Hochland verlassen und hier nach Nahrung suchen.

Besonders dramatisch ist das Fehlen der Sardellenströme auch für die Robben: Besonders die alten und großen Tiere unter den Seebären haben nicht mehr genug Energie für lange und tiefe Tauchgänge, um den Sardellen zu folgen. Bei den Seelöwenpopulationen sterben daher während eines El Niño nahezu 100 % der Jungtiere, da ihre Eltern sie nicht mehr versorgen können. Bereist man während eines El Niño die peruanische Küste südlich von Lima, so sieht – und riecht – man deshalb zahllose Seebärenkadaver, die halb verwest am Strand liegen. Erstaunlich ist allerdings, wie rasch sich die Bestände nach Abklingen eines El Niño wieder erholen.

Die Auswirkungen eines starken El Niño an Land sind ambivalent: In weiten Bereichen insbesondere der peruanischen Nordküste kommt es zu einer enormen Zunahme der Niederschläge. Problematisch ist dabei vor allem, dass der Regen nicht langsam und gleichmäßig fällt, sondern tropisch: Regenstürme und Starkregen verursachen innerhalb kürzester Zeit verheerende Überschwemmungen, in der Wüste bilden sich Seen und ausgetrocknete Flussbette verwandeln sich in reißende Flüsse. Als angenehme Folge des Regens zeigt sich das Erblühen der Vegetation: Pflanzensamen, die sich über Jahre hinweg in der Trockenheit konserviert haben, treiben aus, die Pflanzen selbst kommen in kürzester Zeit zur Blüte, Kakteen treiben Blüten, die Wüste wird grün. Nachteilig scheint sich der El Niño dagegen besonders im südlichen Andenhochland auszuwirken: Diese Region wird in dieser Zeit von extremen Dürreperioden heimgesucht.

Insbesondere für die Küste war ein El Niño im Alten Peru eine Katastrophe, da er die für viel geringere Wassermengen ausgelegten Bewässerungssysteme zerstörte und auch die meist mit Adobe-Ziegeln (Lehmziegeln) errichteten Bauwerke beschädigte. Für den Archäologen und Kunsthistoriker, der sich mit den materiellen Hinterlassenschaften der präkolumbischen Kulturen beschäftigt, fällt vor allem auf, dass Bauphasen bedeutender Heiligtümer mit starken El Niños in Zusammenhang stehen und dass bestimmte Fischarten, die nur während eines El Niño auftauchen, oder auch Rochen ebenso wie Langusten häufig auf Keramiken dargestellt sind.

# Die zweigeteilte Kosmologie

Die Prägung durch die beschriebenen geographischen Gegebenheiten, das extreme Angewiesensein der Küste (unten) auf die Berge (oben) als Wasserspender sowie eine äußerst präzise Naturbeobachtung führten im zentralen Andenraum zur Entwicklung eines Konzeptes, das man ›Dualität‹ oder ›Komplementarität‹ nennt: ›Dualität‹ bedeutet, dass die Welt selbst und alles auf ihr aus zwei Hälften besteht. Diese beiden Hälften bilden Paare, die zwar widersprüchlich sind, sich aber dennoch ergänzen: oben-unten, nass-trocken, Sonne-Mond, Mann-Frau, Licht-Dunkel usw. Dieses Prinzip der sich ergänzenden Gegensätze nennt man ›Komplementarität‹. Für die indigenen Völker gehören alle diese Gegensätze untrennbar zusammen; alles hat zwei Seiten oder zwei Hälften. So ist kein Mensch nur gut oder nur schlecht, zur Gesundheit gehört die Krankheit, zum Tag die Nacht, zur Arbeit die Ruhe. Das prägt das gesamte Lebensgefühl der Andenvölker, das ganze Leben ist ein »unermüdliches Ringen um das Gleichgewicht der Gegensätze. Ihre Arbeit, ihre Gebete, Riten, Feste bezwecken nichts anderes, als die Harmonie der sich widersprechenden und ergänzenden Kräfte zu erhalten, bzw., sie immer wieder herzustellen« (Bettin, 1994).

Alles ist im zentralen Andenraum entlang dieser sich ergänzenden Gegensatzpaare geordnet: Jedes Dorf ist in zwei Hälften geteilt, die obere und die untere, wobei die bis heute praktizierte Gemeinschaftsarbeit entweder anteilig von beiden Hälften organisiert und durchgeführt wird oder abwechselnd; Lebensmittel werden mit der Bedeutung ›heiß‹ oder ›kalt‹ versehen, was aber nichts mit der Temperatur zu tun hat, sondern mit der Wirkung auf den Körper; auch Krankheiten sind ›heiß‹ oder ›kalt‹ und dementsprechend müssen gegensätzliche Heilmittel angewendet werden.

Das Konzept gilt auch für Zyklen, die entsprechend als »Aufeinanderfolgen zweier sich widersprechender und ergänzender Zustände« (Bettin, 1994) gesehen werden, wie beispielsweise Tag und Nacht, Regen- und Trockenzeit, Wechsel der Gestirne, Leben und Sterben, Diesseits und Jenseits.

Dass dieses Konzept auch in präkolumbischer Zeit zentral war, leitet man aus der Inka-Zeit und auch von zahlreichen archäologischen Objekten und von Tempelzentren ab. So trägt etwa der berühmte Fürst von Sipán (Moche-Kultur, 2.–8. Jh. n. Chr.) eine Halskette aus Erdnusshälften, wobei die eine Hälfte der Erdnüsse jeweils golden, die andere silbern ist. Auch Keramiken zeigen positiv-negativ Motive ebenso wie Textilien.

# 2. Die ersten ›Peruaner‹

## Woher kamen die ›Indianer‹?

Die Antworten auf die Fragen, woher die Indianer kamen und vor allem wann und auf welchen Wegen sie nach Amerika gelangt sind, gehören zu den am stärksten debattierten Thesen der archäologischen Forschung.

Jeder Reisende, der die Länder des zentralen Andenraumes besucht, stellt eine große Ähnlichkeit zwischen der Hochlandbevölkerung Perus sowie Boliviens und sibirischen oder ostasiatischen Völkern fest. Die Tatsache, dass diese Beobachtung durchaus richtig ist, gehört zu den wenigen gesicherten Erkenntnissen der Forschung: Die Vorfahren der Indianer Amerikas stammen aus Asien.

## Einwanderungswellen auf dem amerikanischen Kontinent

Gegen Ende der letzten Eiszeit, also während der Phase des sogenannten Oberen Pleistozäns (126 000 – ca. 10 000 v. Chr.), war eine große Menge Meerwasser in riesigen Gletschern gebunden, die weite Teile des heutigen Nord- und Mitteleuropa, von Nord- und Mittelasien sowie Nordamerika bedeckten. Dies bewirkte ein Absinken des Meeresspiegels um 100–120 m, was wiederum zur Folge hatte, dass die Küstenstreifen im Vergleich zu heute wesentlich breiter waren, teilweise um mehrere Kilometer. Es bedeutete auch, dass es zwischen Sibirien und Alaska eine ungefähr 1000 km breite Landbrücke gab, die eine Überquerung durch Gruppen von Jägern, die ihren Beutetieren folgten, möglich machte. Man geht heute davon aus, dass die erste Gruppe von Jägern die ›Beringstraße‹ ungefähr vor 60 000 Jahren passiert hat. Vom heutigen Alaska aus gelangten sie auf unterschiedlichen Wegen nach Süden: Ein Teil nahm den Weg an der Ostseite der Rocky Mountains, entlang des Mackenzie Valleys nach Süden, andere Gruppen bewegten sich wahrscheinlich mit Kanus oder zu Fuß an der Westseite des Gebirgszuges entlang. Das ist deswegen plausibel, weil die Ostseite der Rocky Mountains nicht

die ganze Zeit über einen eisfreien Korridor aufwies, durch den die
Jäger nach Süden hätten wandern können.

Die erste Einwanderungswelle von asiatischen Jägern nach Amerika nennt man die Welle der ›Paläoindianer‹. Aus ihr gingen nach
Ansicht vieler Archäologen, Sprachwissenschaftler und Osteologen
sowie neuerdings von Genforschern die Menschen hervor, denen
wir beispielsweise die Hinterlassenschaften aus den Höhlen von *Pikimachay* (ca. 20 000 v. Chr.) in Peru und *Monte Verde* in Chile sowie
einiger weiterer Fundplätze in Patagonien, der Südspitze Südamerikas, zu verdanken haben. Da die Ausbreitung nach Süden sehr langsam vonstatten ging, stammen die frühesten Funde dieser Welle im
äußersten Süden allerdings erst aus der Zeit um 12 000 v. Chr.:
*Monte Verde*, der einzige offene Siedlungsplatz, wird auf 11 000–
10 000 v. Chr. datiert, die Fundorte in Patagonien auf ca. 9000 v. Chr.
Problematisch ist bei diesen Funden das Fehlen menschlicher Skelet-
treste; nur ein einziges Skelettfragment, der Teil einer Schädeldecke, ist erhalten: Das von dem brasilianischen Archäologen Walter
Neves gefundene Knochenstück stammt vermutlich von einer Frau,
die in Anlehnung an das äl-
teste menschliche (in Äthio-
pien gefundene) Skelett
›Lucy‹ ›Lucia‹ genannt wurde. Das Knochenfragment
aus Südbrasilien wird auf
11 300 v. Chr. datiert. Für
die Endphase der letzten
Eiszeit, also den Zeitraum
um 9000 v. Chr. und davor,
gibt es ansonsten keine Skelettfunde, die die Herkunft
der Menschen aufschlüsseln
und ihre Anwesenheit in
Südamerika belegen könn-
ten, was möglicherweise
auch mit der stark veränder-
ten Küstenlinie zusammen-
hängt.

Die zweite Welle der
Einwanderung kam um
30 000 v. Chr., breitete sich
jedoch nicht über das heu-

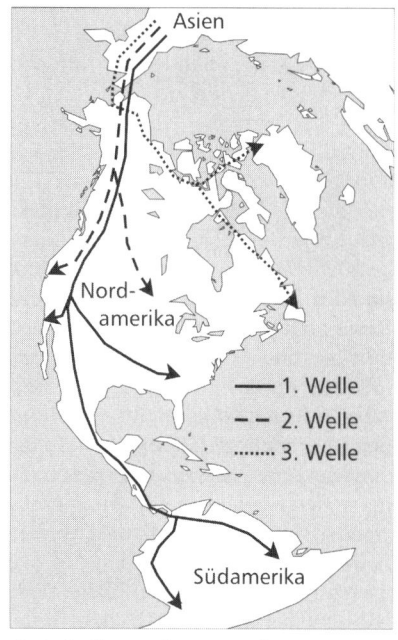

Karte 1: Einwanderungswellen

tige Nordamerika hinaus aus. Auch diese Einwanderer werden als
›Paläoindianer‹ bezeichnet.

Die dritte und letzte Einwanderungswelle aus Asien erreichte
Nordamerika zwischen 13 000 und 11 000 v. Chr. Aus ihr stammen
die berühmten Pfeilspitzen der ›Clovis‹-Kultur (11 500 v. Chr.), die
im US-Bundesstaat New Mexico gefunden wurden und einer ganzen Kultur den Namen verliehen. Einige US-amerikanische Archäologen beharren bis heute auf der sogenannten Clovis-first-These, die
besagt, dass diese Einwanderungswelle die erste gewesen sei. Sie leh-
nen alle Befunde aus südamerikanischen Ausgrabungen ab, die auf
eine frühere Einwanderung hindeuten; diese These verliert aber zunehmend an Anhängerschaft, zumal die dritte Welle ebenso wie die
zweite nicht über Nordamerika hinausgelangte.

Die genannten drei Wellen stimmen auch mit den Resultaten der
Sprachwissenschaftler überein, die drei große Sprachfamilien in Amerika ausmachen können: erstens die ›paläoindianische‹, die die Ur-
familie der sogenannten Amerind-Sprachfamilien darstellt, der größten Sprachfamilie des amerikanischen Doppelkontinents. Als zweite
Familie wird die ›Na-Dene‹-Sprachfamilie angesehen, die von den
Athapasken der Nordwestküste der USA und Kanadas gesprochen
wird. Die dritte Familie wird von den ›Aleut-Eskimo‹-Sprachgrup-
pen gebildet, die im zirkumpolaren Gebiet beheimatet sind.

Als besonders problematisch erweist sich bei der Erforschung der
Einwanderung nach Amerika der schon erwähnte Mangel an Ske-
lettfunden, wobei die zu erforschenden Gebiete riesig sind und
sich die Fundplätze daher gewöhnlich zufällig erschließen: Die ältesten Skelettfunde des Andengebirges stammen aus *Huachichocana* in
Nordwestargentinien und aus der Höhle von *Lauricocha* in Peru. Sie
sind auf 7620 v. Chr. beziehungsweise 7525 v. Chr. datiert. An der
Küste fand man ein noch älteres Skelett, den ›Mann von Paiján‹, datiert auf 8000 v. Chr. Dennoch macht die Forschung Fortschritte
und wartet seit kurzem mit einer weiteren, vierten Einwanderungswelle auf. Diese Welle wäre eine Binnenwanderung gewesen, beginnend im heutigen Mexiko bzw. in Zentralamerika. Man nimmt an,
dass Menschen hier ab etwa 6000 v. Chr. über den Isthmus von Panama in den nördlichen und dann in die zentralen Andenraum eingewandert sind. Sie hätten zunächst die Gebirgsregionen Kolumbiens,
Ecuadors und Perus besiedelt um sich dann in einer zweiten Phase
auch an der peruanischen Küste niederzulassen. Diese Theorie entwickelte der Osteologe Richard Sutter, der Gebiss-Untersuchungen
an mehr als 700 peruanischen Mumien vornahm.

# Die ersten Siedler

Um die frühe Phase der Besiedlung des zentralen Andenraumes – also der Territorien der heutigen Staaten Peru und Bolivien – besser strukturieren und verstehen zu können, nennen die Archäologen die Zeit von ca. 10 000–1500 v. Chr. das ›Archaikum‹. Dieses Archaikum wird dann nochmals in ein frühes, mittleres und spätes unterteilt, um die Entwicklungsschritte der frühen Peruaner möglichst klar heraus- arbeiten zu können, wobei diese drei Phasen epochale Abschnitte darstellen, in denen sich die natürliche Umgebung und damit auch die Lebensweise der Menschen sehr stark veränderte. Gleichzeitig markieren sie menschliche Errungenschaften, die das Entstehen der späteren hochentwickelten Gesellschaften ermöglichten und teilwei- se sogar bis in die heutige Zeit nachwirken, wie etwa die Domestizie- rung der Kameliden oder die Kultivierung von Erdnüssen sowie der peruanischen Baumwolle und von Mais. Kennzeichnend für das Ar- chaikum ist dabei insgesamt, dass es sich um die präkeramische Peri- ode handelt: Es endet mit dem Auftauchen der ersten gebrannten Keramiken.

## Das frühe Archaikum (10 000–6000 v. Chr.)

Der Zeitraum des frühen Archaikums ist durch den klimatischen Übergang von der letzten Eiszeit (Pleistozän) in unsere jetzige Warm- zeit (Holozän) gekennzeichnet. Während dieser Phase kam es zu gro- ßen und recht schnellen Veränderungen sowohl in der natürlichen Umgebung als auch in der Lebensweise der Menschen. Sie kann da- her als Wendepunkt in der kulturellen Entwicklung des amerikani- schen Doppelkontinents angesehen werden. In Südamerika verur- sachte das zu Ende gehen der Eiszeit zunächst das Abschmelzen der meisten Andengletscher, das wesentlich schneller vor sich ging als das gleichzeitige teilweise Abschmelzen der beiden Polkappen. Beides zusammen führte zu einem relativ schnellen Anstieg des Meeresspie- gels, was wiederum eine Verschmälerung der Küstenstreifen nach sich zog. Breite Landverbindungen wurden im Zuge dessen zu schmalen Durchgängen – wie beispielsweise der Isthmus von Panama – oder verschwanden ganz – wie etwa die ehemalige Landbrücke durch die Magellanstraße. Um 6000 v. Chr. stabilisierte sich die Situation; der gegenwärtige Level der Ozeane war jedoch erst gegen 4000 v. Chr. erreicht. Für die Archäologen bedeutet diese ›Wende‹, dass Siedlungsspuren, die aus der Zeit vor 6000 v. Chr. stammen, heute unter dem Meeresspiegel liegen und nicht mehr zugänglich sind.

Das kühle und trockene Klima der Eiszeit hatte die Vegetation in recht engen Grenzen gehalten. Die zunehmend warme und feuchte Witterung des darauffolgenden Holozäns begünstigte jedoch die Entstehung der tropischen Regenwälder, die sich innerhalb des Tropengürtels (die Zone zwischen dem südlichen und dem nördlichen Wendekreis) nach und nach über riesige Gebiete ausbreiteten. Damals entstanden außerdem die bis heute existierenden, auch unser Klima entscheidend beeinflussenden Meersströmungen: Der Humboldtstrom begann zu zirkulieren, die Wüsten der peruanischen Küste und die Trockenvegetation der Hochanden entstanden. Festzuhalten ist hier also, dass sich ab ca. 8000 v. Chr. die klimatischen Voraussetzungen für die Kultivierung von Nahrungspflanzen und die damit verbundenen Möglichkeiten zum Feldbau sehr stark zu verbessern begannen. Die menschliche Bevölkerung nahm spätestens ab diesem Zeitpunkt daher merklich zu, die Besiedlung weiter Teile des südamerikanischen Kontinents begann.

Mit der Klimaerwärmung ging indes auch in Südamerika das Sterben großer Säugetierarten einher. Das Mylodon (Riesenfaultier), das Glyptodon (eine Art Riesengürteltier) und das Mastodon (amerikanisches Mammut), um nur einige zu nennen, zählten dazu. Diese von den Menschen der Eiszeit gejagten Tiere verloren durch die Klimaerwärmung ihren bevorzugten Lebensraum, die Savanne. Um 7000 v. Chr. gab es deshalb auf dem südamerikanischen Kontinent keine der genannten Spezies mehr. Während dieser Phase starb übrigens auch das amerikanische Pferd aus. Erst die Europäer brachten ab dem 16. Jh. wieder Pferde nach Amerika. Andererseits bot die Erwärmung des Klimas Chancen für bislang weniger bedeutende Spezies: die Kameliden. Die beiden Urformen, das Guanaco und das Vicuña, waren insbesondere in den Gebirgsketten der Anden und in Patagonien verbreitet. An Bedeutung gewannen aber auch Meerschweinchen (mit bis zu 50 kg Gewicht jedoch nicht mit unseren Haustieren vergleichbar) und Wild; viele Vogelarten und vor allem der Reichtum der im Humboldtstrom vorhandenen Meeresfauna (Seelöwen, Wale, Robben, Fisch und Meeresfrüchte) stellten die neue Nahrungsgrundlage für die Menschen dar: Die Basis für die Ernährung zu Beginn der Warmzeit waren vor allem der Fischfang, die Jagd sowie das Sammeln von Nüssen, Samen, Früchten und Knollengewächsen, je nach Verfügbarkeit und abhängig von den Jahreszeiten. Gleichzeitig erweiterte sich das bis dahin vorwiegend aus Pfeilspitzen, Kratzern und Schabern bestehende Inventar zur Nahrungsgewinnung. So wurden Pflanzen nicht nur gegessen, sondern auch dafür verwendet Stricke, Körbe, Taschen, Angeln und Fischernetze herzustellen.

## Die Besiedlung der Anden

Die intensivere Besiedlung der Anden scheint in den gemäßigten Tälern ihren Ausgang genommen zu haben. Die Region um Ayacucho in Südperu (2761 m ü.N.N.) etwa, vor allem aber der Callejón de Huaylas (2000–3000 m ü.N.N.) im nördlichen Peru, dominiert von der weißen Kordillere und dem höchsten Berg Perus, dem Huascarán (6768 m ü.N.N.), boten hervorragende Lebens- und Siedlungsbedingungen. Im Callejón de Huaylas, in dem auch der zum Pazifik fließende Río Santa entspringt, liegt denn auch eine der berühmtesten Fundstätten aus der Frühzeit der peruanischen Kulturen: die Höhle von *Guitarrero* (2580 m ü.N.N.). Sie weist eine durchgängige Besiedlungszeit von ca. 10 000 Jahren auf (10 000–300 v. Chr.) und erbrachte zum erheblichen Teil spektakuläre Funde, die Auskunft über die Lebensweise der frühen Andenbewohner geben: Sie jagten großes Wild und fingen kleinere Tiere mit Schlingen und Fallen. Ab ca. 7000–6000 v. Chr. sind erste Pflanzen belegt, die man zu kultivieren begonnen hatte, wie beispielsweise Bohnen, Chili und Flaschenkürbis. Die Funde geben zudem darüber Auskunft, dass man die ausgehöhlten Flaschenkürbisse als Behälter nutzte, intensiv Feuerbohrer verwendete und die Werkzeuge sorgfältig eingewickelt aufbewahrte. Zur selben Zeit eroberte der Mensch – den zurückweichenden Gletschern folgend – aber auch höhere Lagen bis 4400 m ü.N.N. Dort fanden Wild und Kameliden ideale Lebensräume, was sie zu großen Herden anwachsen ließ. Den ihnen nachfolgenden Menschen boten sie reichlich Nahrung.

Ab 7000 v. Chr. etablierte sich in der Gebirgsregion auch die ›Transhumanz‹ genannte saisonale Wanderung: Während der Regenzeit, wenn die Pflanzenwelt genügend Nahrung bot, lebten die Menschen in den eher gemäßigten Zonen (Quechua, Yungas und Küste), in der Trockenzeit folgten sie den Herden in die Puna. Dementsprechend fand man durch lose Steinmauern geschützte Ruheplätze, die offensichtlich zeitweise genutzt wurden. Für gewöhnlich war der Radius dieser noch recht kleinen Gruppen vergleichsweise gering, genügte jedoch, um die natürlichen Ressourcen optimal zu nutzen. Eine wichtige Rolle spielte dabei, dass die Wild- und Kamelidenherden ebenfalls keine extremen Wanderungen zu unternehmen brauchten. Die Hochebene trocknet selbst in den südamerikanischen Wintermonaten (Juni bis November) nicht völlig aus. Bisher vermutete Wanderungen vom Hochland bis an die Küste waren daher nicht nötig.

## Die Besiedlung der Pazifikküste

Die ersten weiter gestreuten Siedlungsspuren in Peru stammen von der Nordküste: In der Gegend um Cupisnique, heute zwischen den beiden größeren peruanischen Städten Trujillo und Chiclayo gelegen, entdeckte man Dutzende kleinerer Lager- und Schlagplätze (offene Werkstätten zur Herstellung von Steinwerkzeugen), die auf 9000–6000 v. Chr. datiert werden konnten. Diese Region wird wegen ihrer Vielzahl von Knochenresten eiszeitlicher Fauna auch ›Pampa de los Fósiles‹ genannt. Die nacheiszeitliche Tierwelt stellt sich hier dagegen eher bescheiden dar: Größere Tiere gab es kaum, das größte Säugetier war der kleine Wüstenfuchs. Schlangen, kleine Nagetiere und Eidechsen waren hingegen üppig vorhanden. Die Menschen an der Küste lebten damals offensichtlich vorwiegend vom Fischfang. Zusätzlich erlegten sie kleinere Tiere und nutzten die Frucht des Algarrobo-Baumes, eines Verwandten des europäischen Johannisbrotbaumes, die in hohem Maße Stärke und Mineralien liefert.

In Südperu, nahe der heutigen Stadt Ilo, entdeckte man einen Muschelhaufen, der auf eine sehr alte Siedlung hinweist (8500 v. Chr. – 100 n. Chr.). Noch weiter südlich, bei Tacna an der Grenze zu Chile, entdeckte man in Quebrada Jagauy einen weiteren Muschelhaufen, in dem sich zahlreiche Utensilien für Fischfang und zur Pfeilspitzenherstellung befanden. Man fand außerdem Fischknochen, Muschelschalen, Seeschneckengehäuse ebenso wie Kamelidenknochen und Überreste von Wild.

## Die Besiedlung Amazoniens

»Die Dimension des Gebietes ›Amazonien‹ entspricht in etwa der Dimension der Wissenslücke, die die Archäologie diesbezüglich aufweist« – um eine französische Archäologin zu zitieren (Danièlle Lavallée, 2000). Eine der wenigen gesicherten Erkenntnisse, was die frühe Besiedlung Amazoniens betrifft, besteht jedoch darin, dass die frühere Betrachtungsweise, die davon ausging, dass Amazonien eine lebensfeindliche, unwirtliche und schwer zugängliche Region gewesen sei, falsch ist. So liefert etwa ein älterer Fundplatz in Amazonien Daten für eine Besiedlung von ca. 6200–900 v. Chr. Es handelt sich dabei um eine kleine Höhle, die *Gruta do Gavirao*, in der Serra Norte des Bundesstaates Pará. Die Entdeckung der *Caverna de Pedra Pintada*, der Höhle der bemalten Steine, im zentralen Amazonasgebiet zwischen Manaus und Belém erbrachte aber das bisher älteste Datum: ca. 9200–8500 v. Chr. Bedeutend ist hier indes nicht nur die Datierung, sondern auch das technologische Level der Steinwerkzeuge; und auch die Nutzung der Pflanzen zur Nahrungsgewinnung scheint weit fortgeschritten gewesen zu sein.

Bemerkenswert ist in diesem Kontext die Tatsache, dass der tropische Regenwald in seiner maximalen Ausdehnung erst vor etwa 3000–4000 Jahren entstanden ist. Davor gab es ab dem Ende der Eiszeit immer wieder große Trockenperioden, die den Wald zu kleinen Inseln schrumpfen ließen, die von weiten Savannenlandschaften umgeben waren.

## Das mittlere Archaikum (6000–3000 v. Chr.)

Ab ungefähr 6000 v. Chr. nahm die kulturelle Entwicklung in Südamerika und insbesondere im zentralen Andenraum einen neuen Rhythmus an: In einigen Gebieten dieser Großregion begann man mit der Kultivierung von Pflanzen zu experimentieren. Neueren Funden zufolge lag der Schwerpunkt dieser Versuche vor allem in den mittleren Hochtälern der Anden. So fanden US-amerikanische Archäologen bei Ausgrabungen im oberen Ñanchoc-Tal im nördlichen Hochland Perus Hinweise darauf, dass Kürbisse dort bereits vor 10 000 Jahren (8000 v. Chr.), Erdnüsse vor 7600 Jahren (5600 v. Chr.) und Baumwolle vor 5500 Jahren (3500 v. Chr.) angebaut wurden. Aber auch diese Funde sind nachweislich nicht die ältesten Daten: Baumwolle kam dort in bereits kultivierter Form vor, muss also zuvor bereits an anderer Stelle angebaut worden sein.

Die Archäologen fanden weiterhin kleine Gehöfte, einfache Bewässerungsanlagen und Felder, die offensichtlich gemeinsam bestellt wurden. Während dieses Zeitraumes etablierten sich zudem auch erste größere Fischerdörfer an der pazifischen Küste. Die Nahrungsgrundlage war hier die ›Anchoveta‹, die Sardelle. Die großen Schwärme wurden mit Netzen befischt, hergestellt aus Baumwolle.

Problematisch erweist sich für die Erforschung dieses Zeitabschnittes, wie weiter oben bereits angedeutet, das Ansteigen des Meeresspiegels durch die Klimaerwärmung: Erst um 4000 v. Chr. hatte sich der Meeresspiegel auf dem heutigen Niveau eingependelt. Orte, die vor diesem Zeitpunkt am Ufer des Pazifik errichtet wurden, sind daher überschwemmt und nicht mehr zu erforschen. Vor allem deshalb erscheint das Auftauchen von Städten im späten Archaikum auf den ersten Blick als sehr abrupt – zu Unrecht, denn die vorangegangene, sich über Jahrtausende erstreckende Entwicklung ist an der Küste schlicht nicht lückenlos nachvollziehbar.

Eine der frühesten Siedlungen aus dieser Epoche fand man in Ecuador: Die Siedlung von *Las Vegas* (ca. 6000–4000 v. Chr.) beherbergte möglicherweise über 100 Individuen, die gleichzeitig dort lebten. Sie ernährten sich zu mindestens 50 % vom Fischfang, während die andere Hälfte der Nahrung durch Jagd und Sammeln beschafft wurde. Auf einem zu *Las Vegas* gehörenden Friedhof fand man 192 Skelette, der größte Fund aus dieser frühen Zeit.

In Peru ist es bisher vor allem die Fundstätte von *La Paloma* an der Zentralküste, die Auskunft über das Leben der Fischer im mittleren Archaikum gibt. *La Paloma* war über einen Zeitraum von 3000 Jahren hinweg ununterbrochen besiedelt, wobei die ersten menschlichen Spuren aus der Zeit um 5800 v. Chr stammen. Die Siedlung bestand ursprünglich aus saisonalen Camps von Fischern, die sich jedoch ab 5000 v. Chr. nach und nach zu einem schließlich ungefähr 100 Hütten umfassenden Dorf entwickelten. Das Baumaterial war Rohr: dickes und langes für das tragende Gerüst und kürzeres, dünnes für die Seitenwände und das Dach. Die Hütten dienten auch als Begräbnisstätten für ihre Bewohner: Annähernd 1000 in Matten aus Rohr eingewickelte Skelette konnten geborgen werden. Analysen ergaben, dass die Menschen sich hier vorwiegend von Fisch (Sardellen, Sardinen) und Meeressäugern ernährten. Bemerkenswert ist in dieser Hinsicht auch, dass eine der bestatteten Familien deutlich besser ernährt war als die anderen, was auf eine beginnende soziale Schichtung hinweist. Um 2800 v. Chr. wurde das Dorf aus bisher ungeklärten Gründen aufgegeben. Im äußersten Süden der peruanischen Küste entdeckten die Archäologen außerdem einen riesigen, ringförmigen Abfallhaufen aus Muschelschalen (›Ring Site‹). Ausgrabungen zeigten, dass die Bewohner, die im Inneren dieses Ringes lebten, sich ausschließlich von Fisch und Meerestieren ernährten.

## Die Chinchorro-Kultur: die ältesten Mumien der Welt

Die spektakulärsten Hinterlassenschaften des mittleren Archaikums verdanken wir den Menschen einer Region, die heute zum äußersten Norden Chiles gehört. Der kulturelle Komplex wird unter einem Sammelbegriff zusammengefasst, der für eine archäologische Sensation steht: die ›Chinchorro‹-Kultur mit den ältesten Mumien der Welt, viele davon aufwendig präpariert. Die Angehörigen der Chinchorro-Kultur – es gilt als sicher, dass die erste Gruppe aus dem Hochland an die Küste einwanderte – lebten in einigen größeren Siedlungen entlang der südperuanischen und nordchilenischen Küste über einen neunhundert Kilometer langen Küstenstreifen verteilt. Sie waren Fischer, die in einfachen Hütten lebten, deren Gerüst aus Walknochen und deren Außenwände und Dach aus Walhaut bestanden. Ihre Beute waren vorwiegend Fische, aber auch Seelöwen und Wale. Sie hatten Angelhaken aus Muschelschalen und in einer späteren Phase auch Harpunen entwickelt.

Aufsehenerregend ist jedoch insbesondere der Totenkult der Chinchorro-Kultur: Von einigen Tausend gefundenen Mumien konnte man einige Hundert wissenschaftlich untersuchen. Daraus ergab sich eine Aufteilung der sich immerhin über annähernd 6000 Jahre erstreckenden Kultur in fünf Epochen, wobei die erste Epoche um 7020 v. Chr begann. Aus dieser Zeit stammt die älteste Mumie der Welt. Sie ist durch natürliche Austrocknung entstanden und wurde in Matten aus Schilfrohr eingewickelt. Die zweite Epoche, beginnend um 5050 v. Chr., bezeichnet den Beginn der künstlichen Mumifizierung. Aus diesem Zeitraum stammt die älteste, durch künstliche Mumifizierung hergestellte Mumie der Welt, die damit 2000 Jahre älter ist als die älteste ägyptische Mumie. Die Mumifizierungstechniken waren dabei zunächst recht einfach und zuerst wurden nur das Gesicht und der Rumpf behandelt; erst nach und nach kam dann auch der Rest des Körpers hinzu.

Ihren Höhepunkt fand die Mumifizierung der Chinchorro-Toten zwischen 4980 und 2800 v. Chr. Was die Spezialisten der Chinchorro in dieser Zeit vollbrachten, ging weit über klassische Mumifizierungstechniken hinaus: Sie nahmen den menschlichen Körper völlig auseinander und setzten ihn zu einem zeitlosen Kunstwerk wieder zusammen (Abb. 2). Der Prozess begann mit der Entfernung des Gehirns sowie der Gesichts- und Körperhaut. Danach wurden die Muskeln mit Steinmessern von den Knochen abgelöst, die Innereien beseitigt. Eine Holzstange, fast eine künstliche Wirbelsäule, stabilisierte anschließend das Skelett, das durch Bastbänder zusammengehalten wurde. Danach umgab man das Skelett mit Füllmaterial aus Grasbüscheln, Baumwolle und Muschelschalen und nähte die Haut wieder auf den Körper auf. Anschließend erhielt der neue Körper eine Bemalung die, je nach Zeitabschnitt, aus roter oder schwarzer Farbe bestand. Manche der Skelette wurden außerdem mit Schnüren aus Lama- oder Alpakafaser gefestigt, was Handelsbeziehungen in das Hochland nahelegt. Als Grabbeigaben fand man u. a. Speerschleudern, eine damals neue Waffe. In der vierten Epoche, 2800–1720 v. Chr., änderte sich zunächst nur die Bemalung: An die Stelle der roten oder schwarzen Farbe trat Schlamm, der den Körper mit einer festen Hülle umgab. Er schützte ihn so vor Insektenbefall und konservierte die Mumie sehr gut. Mit der Zeit ließ die oben beschriebene, aufwendige Mumienpräparation dann immer mehr nach. Sie endete schließlich mit der fünften und letzten Epoche 1720–1110 v. Chr. Danach wandelten sich die Bestattungssitten deutlich: Die Toten wurden nun in ausgestreckter Körperhaltung in Decken oder Matten eingewickelt begraben, aber nicht mehr künstlich mumifiziert. Die Betonung des Kopfschmuckes ist hier allerdings auffallend: Turbane und sorgfältig hergestellte Frisuren zieren diese Toten.

Bemerkenswert ist vor allem die Kontinuität dieser Kultur: Nicht nur, dass sie insgesamt über fast 6000 Jahre hinweg relativ unverändert bestand, mumifizierte sie auch ihre Toten über 3300 Jahre auf weitgehend identische Weise. Wozu dieser Kult? Darauf hat man bis heute keine eindeutige Antwort gefunden. Die Stabilisierung der Mumien durch einen langen Holzstab lässt jedoch vermuten, dass sie aufgestellt werden konnten und, wie Statuen in anderen Kulturen, Teil wichtiger Rituale waren. Es ist eine alte Tradition in den zentralen Anden, verstorbene und mumifizierte Ahnen an Ritualen teilnehmen zu lassen. Möglicherweise reicht diese Tradition bis Chinchorro zurück.

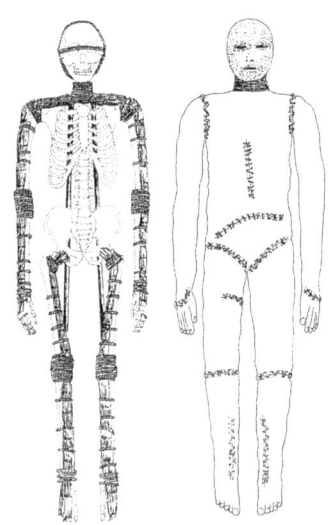

Abb. 2: Chinchorro-Mumien

Der aufwendige Totenkult und die dadurch erhaltenden Skelette geben indes wichtige Aufschlüsse über die Gesellschaft, der sie entstammen: Knochenwucherungen in den Ohren der männlichen Skelette weisen auf häufiges Tauchen in kalten Gewässern hin. Die Männer scheinen also für das Fischen und die Jagd auf Seelöwen sowie Wale zuständig gewesen zu sein. Frauenskelette zeigen dagegen häufig Spondylose, eine Schädigung der Wirbel, die durch das Tragen schwerer Lasten entsteht. Dieses Krankheitsbild nimmt mit zunehmender Feldbautätigkeit zu. Die Frauen scheinen demnach schwere Körbe getragen zu haben. Die sehr aufwendige und zeitraubende Mumifizierung setzt außerdem einen hohen Spezialisierungsgrad einiger Gesellschaftsmitglieder voraus, denn sie bedeutet, dass einige Spezialisten ausschließlich mit dem Mumifizieren von Toten beschäftigt waren und nicht mehr fischen gingen. Bei vielen Mumien fanden die Archäologen zudem Hinweise auf rege Handelsbeziehungen schon in frühester Zeit nicht nur in das Hochland Perus und Chiles, sondern auch darüber hinaus bis nach Amazonien. Getauscht wurden Lama- und Alpakafelle sowie Beutel aus Nanduhaut gegen tropische Pflanzen und Federn tropischer Vögel; von der Küste gingen dabei getrockneter Fisch und Schalentiere in das Hochland. Die Mumien befinden sich im *Museo Arqueologico San Miguel de Azapa* in Arica.

## Das späte Archaikum: 3000–1500 v. Chr.

Das späte Archaikum unterscheidet sich von den vorangegangenen Perioden durch einige bedeutende Merkmale: Es ist einerseits die letzte Phase vor dem Auftreten der Keramik, andererseits die Zeit epochaler Neuerungen vor allem im Bereich der Nutzung von Baumwolle und der Kultivierung von Mais; die Nutzung der Baumwolle erreichte dabei eine derart zentrale Stellung, was sich auch in den archäologischen Funden widerspiegelte, dass das späte Archaikum von Archäologen deshalb auch das ›cotton preceramic‹, also das ›Baumwoll-Präkeramikum‹ genannt wird.

Mais wurde nach neuesten Erkenntnissen ursprünglich in Mexiko kultiviert. Vermutlich ist er aus einer Urmais-Form, dem ›teosinte‹, entstanden, und zwar um 7000 v. Chr. Er breitete sich – oder besser wurde verbreitet – dann zunächst nach Norden, in den Südwesten der heutigen USA, dann in die östlichen USA und schließlich bis nach Kanada aus. Die südliche Ausbreitungsroute ist nicht ganz so klar. Wahrscheinlich führte der Weg über das Tehuacán-Tal in das westliche und südliche Tiefland Mexikos, dann nach Guatemala und über die karibischen Inseln schließlich an die Küste Kolumbiens und Ecuadors (um 4200 v. Chr.). Von dort aus gelangte der Mais vermutlich ins peruanische Hochland und taucht dann um 2500 v. Chr. in der Hälfte der archäologisch erforschten Stätten auf. Dass der Mais vergleichsweise spät an der peruanischen Küste ankam, liegt an den klimatischen Bedingungen: Mais ist ein Gras der Kategorie C4, was bedeutet, dass er sehr empfindlich ist und viel Licht und Sauerstoff braucht, um zu gedeihen, da er sehr schmale Blätter hat. Erst die klimatischen Bedingungen, die sich um 3000 v. Chr. einstellten, erlaubten daher eine Kultivierung von Mais auf breiterer Basis.

Mais war als Nahrungspflanze zunächst nicht von Bedeutung. Man nimmt vielmehr an, dass der ›teosinte‹ ursprünglich vor allem wegen seines hohen Zuckergehaltes kultiviert wurde, denn Zucker war für die Herstellung alkoholischer Getränke, die man für Rituale benötigte, sehr begehrt. Folgerichtig findet sich Mais zu Beginn seiner Erfolgsgeschichte vorwiegend – wenn nicht ausschließlich – in rituellem Kontext.

Ein weiterer Meilenstein in der Geschichte der andinen Kulturen, auf den schon mehrfach hingewiesen wurde, war die Domestikation der Kameliden. Man geht gegenwärtig davon aus, dass das Lama um 2500 v. Chr. im Hochland Perus durch Züchtung entstand, wobei das Guanaco die Urform der Lamas und später der Alpakas ist. Das Lama züchtete man ursprünglich vorwiegend als Tragetier, das Alpaka als Wolllieferant.

## Caral – die älteste Stadt Amerikas

Auch in der Periode des späten Archaikums hat der zentrale Andenraum oder, genauer gesagt, die peruanische Nordküste mit einer Sensation aufzuwarten: der ältesten Stadt Amerikas.

Am Ufer des Río Supe, ungefähr 200 km nördlich der Hauptstadt Lima, entdeckte die peruanische Archäologin Ruth Shady Solis in den 1990er Jahren 24 km von der Küste entfernt eine Ruinenstadt, die sie während einer bisher mehr als 11 Jahre dauernden Grabungskampagne erforschen konnte. Sie identifizierte insgesamt 18 Fundstätten, die sich als Haupt- und Nebensiedlungen erwiesen. Die größte dieser Hauptsiedlungen ist *Caral*. Die gegenwärtigen Daten ergeben einen Besiedlungszeitraum von ungefähr 3000–1200 v. Chr.

Die an beiden Seiten des Río Supe gelegenen Siedlungen waren eng miteinander vernetzt. Die Menschen lebten in Kernsiedlungen, in deren Zentren sich Zeremonialgebäude befanden. *Caral* selbst besteht aus sechs Siedlungen und einer komplexen, sorgfältig geplanten Stadtanlage mit pyramidenförmigen Gebäuden, großen Plätzen und einigen Wohnvierteln. Der Wald am Flussufer war eine natürliche Barriere gegen Hochwasser und schützte die am Ufer gelegenen Felder, die durch Bewässerungskanäle mit Wasser versorgt und gegeneinander abgegrenzt wurden. In manchen Flussabschnitten steigt der Grundwasserpegel stark an und es wird sumpfig. Dort wachsendes Totora-Rohr lieferte wertvolles Material für Boote oder Flechtarbeiten, Fischteiche konnten angelegt werden und zahlreiche Vogelarten fanden Nahrung. Die erhöhten Abhänge der rechts und links ansteigenden Hügel waren durch Ackerbauterrassen kultivierbar; auf die Existenz solcher Terrassen weist die Tatsache hin, dass die Abhänge von Wasserrinnen durchzogen sind. Weiter oben, auf den stabilen Terrassen, errichtete man die Siedlungen und legte die Straßen an.

Die Geschichte *Carals* begann ungefähr 3000 v. Chr., als Küstenfischer vermutlich einen steigenden Bedarf an Baumwolle für Fischernetze verzeichneten, da sich die Fangmengen im Humboldtstrom erhöhten, denn immer mehr Menschen brauchten immer mehr Nahrung. Zusätzlich zur Baumwolle für ihre Netze brauchten die Fischer außerdem Flaschenkürbisse als Behälter. Die erhöhten Fangmengen und die damit sogar erzielten Überschüsse erlaubten wiederum erst den Tauschhandel mit Gruppen im Landesinneren, so dass sich nach und nach eine überregionale Spezialisierung auf die Herstellung bestimmter Güter beziehungsweise auf die Gewinnung bestimmter Nahrungsmittel herausbildete.

Die wirtschaftliche Grundlage von *Caral* war Handel und Landwirtschaft: Getrocknete Sardellen sowie Meeresfrüchte gelangten durch Transport von der Küste ins Landesinnere, wo man sie gegen Baumwollnetze und Angelschnüre aus Baumwolle tauschte. Ebenfalls aus dem Inland stammten Früchte und Gemüse. Ihre rege Handelstätigkeit übten die Bewohner *Carals* jedoch nicht nur in Richtung der Küste aus, sondern sie pflegten auch Beziehungen zu entlegeneren Regionen. So bezog man Salz aus den Salzminen von Huacho, ungefähr 50 km südlich in Richtung Lima gelegen, Spondylusmuscheln aus dem Norden, der Region des heutigen Ecuador, Agavenfasern aus höher gelegenen Gebieten und aus den Tropen des Andenostrandes die Schneckenart Megalobulimus. Auch Mais, der in *Caral* erstmals gegen 2300 v. Chr. und nur in rituellem Zusammenhang verwendet wurde, kam zunächst über Handelswege dorthin. Wahrscheinlich liefen diese Handelsbeziehungen als sogenannter trickle-trade, was bedeutet, dass die getauschten Güter von Stamm zu Stamm oder von Dorf zu Dorf weitergereicht wurden. Möglicherweise gab es aber bereits Handelskarawanen, wie in späterer Zeit. Deutliche Hinweise darauf fehlen jedoch bislang.

Die geschätzte Einwohnerzahl *Carals* wird auf dem Höhepunkt der Stadtentwicklung mit ungefähr 1000 Personen angegeben. Rekonstruktionsversuche mithilfe von Computeranimationen ergaben dabei das Bild einer Stadt mit einem wichtigen Zeremonialzentrum, einer *Pyramide* (Abb. 3), die einem *Amphitheater* ähnelt, mit dem *Altar des heiligen Feuers*. Dies wiederum bedeutet, dass es in *Caral* – zumindest zur Zeit seiner Hochblüte – eine hoch entwickelte, geschichtete Gesellschaft gegeben haben muss. So muss es Bauern, möglicherweise Händler, Handwerker und eine Schicht von Priestern gegeben haben, die mit Sicherheit nicht mehr auf dem Feld mitgearbeitet hat, sondern bereits zu den religiösen Spezialisten zu rechnen ist. Diese Priester waren – geht man von späteren, besser bekannten Gesellschaften aus – in der Lage, zentrale, für die ganze Gemeinschaft bedeutende Rituale durchzuführen und Arbeiter für den Bau der aus Stein und Lehm bestehenden *Tempelpyramiden* zu rekrutieren, also Steuern einzuziehen, sei es in Form von Gütern, Nahrungsmitteln oder Arbeitsleistung. Diese gesellschaftliche Schichtung ist auch aus der Architektur und Lage sowie der Ausstattung der Siedlungen und der einzelnen Gebäude abzuleiten: Es gibt einfache Wohnviertel und große, ummauerte Residenzen höhergestellter Persönlichkeiten. Im Südosten der Stadt entdeckte man außerdem ein Gebäude, das möglicherweise ein *Observatorium* gewesen ist. Aus der Struktur der gesamten Siedlung geht zudem klar eine Zweiteilung in ›Unten‹ und ›Oben‹ hervor, die sich in allen Siedlungen Alt-Perus findet. Sie spiegelt die auf S. 26 beschriebene Kosmologie. Insgesamt scheint die Architektur der Stadt *Caral* eine Kopie der hinter ihr liegenden Berge darzustellen – wie später auch die meisten Zeremonialbauten der Küste. Ihre *Ritualzen-*

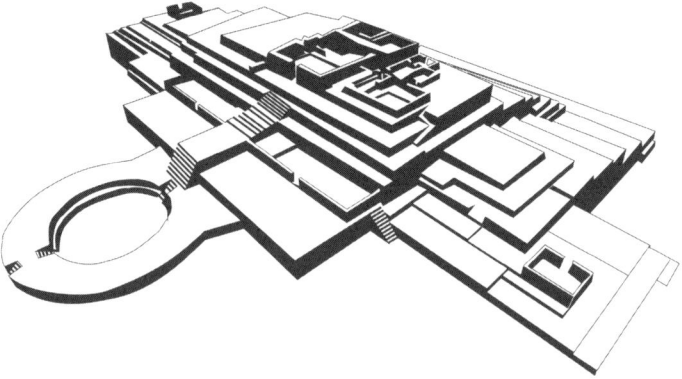

Abb. 3: Rekonstruktion der Großen Pyramide von Caral

*tren* waren komplexe Gebilde mit Höfen, verschiedenen Zugängen, Treppenaufgängen, Plattformen und Räumen, die noch mit recht einfachen Zeichen und Symbolen versehen waren.

## Weitere Siedlungen des späten Archaikums

*Caral* war jedoch nicht die einzige Siedlung des späteren Archaikums. Von überregionaler Bedeutung waren außerdem *Kotosh* (ca. 2000 m ü.N.N.) in der Nähe der Stadt Huánuco im Hochland, *La Galgada*, gelegen in der Region Ancash auf ungefähr 1100 m. ü.N.N., und *Huaca Prieta* im Moche-Tal sowie *El Paraiso* und *Aspero* an der Küste (s. Karte 2, S. 49).

*Kotosh*

*Kotosh* (entstanden ca. 2000 v. Chr.) besteht im Wesentlichen aus zwei großen Hügelplattformen, die möglicherweise Dualität symbolisieren (Abb. 4). Beide dienten zeremoniellen Zwecken. Für die Gesellschaft gilt Ähnliches wie für die *Carals* und der anderen großen Zentren: Wichtig war vor allem der Handel, der es ermöglichte, sich mit Produkten aus anderen ökologischen Zonen zu versorgen. *Kotosh* liegt in gleichem Abstand zwischen der Küste und der subtropischen Region des Río Huallaga, der in Richtung Amazonien fließt. Man geht daher davon aus, dass es intensive Beziehungen in beide Richtungen gab. Berühmt wurde *Kotosh* durch das *Ornament der ›gekreuzten Hände‹*, das in zwei Varianten vorhanden ist: Einmal ist die linke Hand über die rechte gekreuzt, einmal umgekehrt. Auch dies wird als Symbol für Dualität angesehen. Der *Tempel* und die *Plattformen* von *Kotosh* werden auf 2000–1500 v. Chr. datiert und fallen in die sogenannte Kotosh-Mito-Tradition, deren Merkmale sich an verschiedenen Orten wiederholen: Der *Tempel* weist in der Mitte seines Inneren eine *Vertiefung* auf, die für Feueropfer verwendet wurde; er hat einen quadratischen Grundriss und nur einen Zugang.

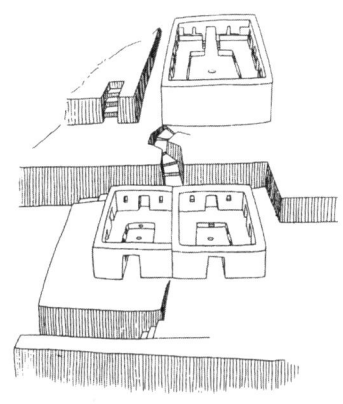

Abb. 4: Rekonstruktion von Kotosh

## La Galgada

*La Galgada* ist das am aufwendigsten gestaltete frühe Zeremonialzentrum im andinen Bereich (Abb. 5). Es besteht aus einem Wohnbereich und zwei *Hügeln*, auf denen sich jeweils eine der typischen halbrunden *Galgada-Kammern* befindet. Jede der Kammern hat nur einen Eingang, in Richtung Westen, und eine Vertiefung in der Mitte. Dort wurden, wie in *Kotosh*, Pflanzen als Opfer verbrannt.

Leider ist *La Galgada* bisher nicht ausgegraben und restauriert. Man sieht lediglich einen

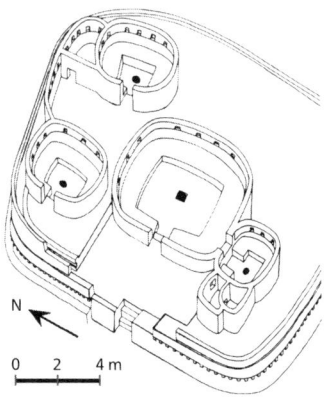

Abb. 5: Rekonstruktion von La Galgada

unförmigen Hügel, an manchen Stellen sind die ehemaligen *Mauern* unsachgemäß freigelegt. Die ursprüngliche Struktur erkennt man nur, wenn man die Grafik hinzunimmt.

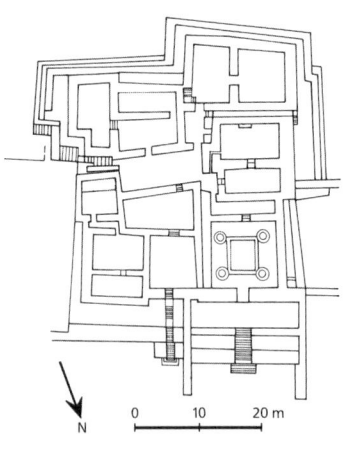

Abb. 6: Plan der Stufenpyramide Unidad Uno in El Paraiso

## El Paraiso

Die monumentalsten Bauwerke der präkeramischen Periode liegen jedoch an der Küste: Das riesige, U-förmige Zeremonialzentrum von *El Paraiso* im Chillon-Tal beispielsweise (ca. 2000 v. Chr.) bestand aus zahlreichen, miteinander verbundenen Räumen, Plattformen und Innenhöfen. Reste von Nahrungsmitteln und Werkzeugen weisen auch hier auf überregionale Handelsbeziehungen hin. Zu sehen ist noch eine recht gut erhaltene, aus Steinen errichtete kleine *Stufenpyramide* (Abb. 6), auf deren zweiter und höchster Stufe sich eine Anlage aus Räumen und kleinen Innenhöfen befindet.

*Aspero*

Die Anlage von *Aspero* wurde bereits in den 1970er Jahren ausgegraben. Sie besteht aus sechs großen und elf kleineren künstlichen Hügeln und wird auf etwa 3000 v. Chr. datiert. Die drei ausgegrabenen Pyramiden, die *Huaca de los Idolos* (Abb. 7), die *Huaca Alta* und die *Huaca de los Sacrificios*, waren ähnlich komplexe Gebilde wie *El Paraiso*: Ein riesiger Sockel bildet die Basis, auf der eine Anordnung von Räumen, Innenhöfen und Gängen ange-

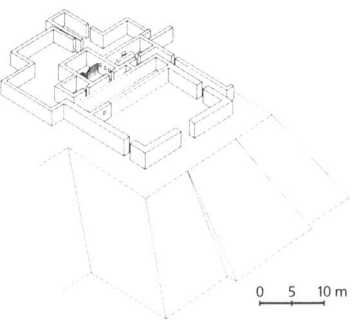

0    5    10 m

Abb. 7: Plan der Huaca de los Idolos

legt ist; man nimmt an, dass dies Wohnanlagen von Priestern und gleichzeitig Tempel waren. In einigen Bestattungsstätten fand man Baumwolltextilien mit einfachen Mustern, die jedoch jünger sind als die aus der *Huaca Prieta*. Ebenfalls gefunden wurden Objekte, die Fernhandel belegen: Fragmente der Spondylus-Muschel und Federschmuck. Die roten und gelben Federn stammen entweder von der tropischen Küste Ecuadors oder aus dem Amazonasgebiet.

Die *Huaca Prieta* – Perus Textiltradition beginnt

Die spektakulärsten Funde bezüglich der peruanischen Textilproduktion ergab die Pyramide von *Huaca Prieta,* denn ihr entstammen die ältesten Textilfunde Perus: Sie liegt im Chicama-Tal, in der Nähe der Fundstelle der *Huaca El Brujo* aus der späteren Moche-Zeit. Das am frühesten zu datierende Fundstück aus der *Huaca Prieta* liegt bei 3100 v. Chr. Begonnen hat die textile Produktion mit einfachen Bastgeflechten, die durch einen Querstreifen verknüpft sind. Etwas später kam Baumwolle hinzu, die eine regelrechte Revolution in der Textilherstellung auslöste: Einfach geknüpfte Fischernetze bildeten hier den Anfang, aufwendig gewebte Kleidungsstücke mit religiösen Motiven den Höhepunkt. Die ältesten Baumwollgewebe aus der *Huaca Prieta* entstammen der frühesten Schicht. Schon hier ist neben zahlreichen Fischernetzen ein Stück Stoff mit einem eingewebten Kondormotiv vorhanden (Abb. 8). In der nächst jüngeren Schicht (ca. 2900 v. Chr.) zeigen die Gewebe bereits geometrisch-abstrakte Motive, Raubkatzen, Krabben, Schlangen und Papageien in unter-

Abb. 8: Gewebe mit Kondormotiv von ca. 2900 v. Chr.

schiedlichen Kombinationen und Ausformungen; die Stoffe sind nicht mehr einfarbig, sondern beige-braun und beige-oliv und manche enthalten blau gefärbte Fäden. Zu den Textilien als Motivträgern kamen jetzt außerdem Flaschenkürbisse hinzu, wobei die heiligen Tiere oder geometrischen Motive hier eingeschnitzt oder eingebrannt wurden. Eine weitere Entwicklung zeigt die nächste Schicht, datiert auf ungefähr 2500 v. Chr.: Die Webtechniken wurden merklich komplizierter, komplexere geometrische Muster entstanden und die Zahl der hergestellten Textilien nahm auffallend zu. Um diese Zeit scheint sich die Umwelt an der Küste geändert zu haben, denn die Menschen stellten ihre Ernährung von Vögeln und Fischen nach und nach auf große Meeresfrüchte um.

Die nächste dokumentierte Schicht datiert um 2000 v. Chr., also wesentlich später, was der damals verantwortliche Archäologe, Junius Bird, auf den Verlust einer Schicht durch Naturereignisse zurückführt. Die vergleichsweise junge Schicht deutet einen Rückgang in der Qualität der Weberzeugnisse an: Viele Webfehler manifestierten sich, die Varietät an Farben nahm deutlich zu, die an Motiven ab. Als ganz neues Motiv finden sich jedoch hier erstmals stilisierte menschliche Gesichter. Die jüngste Schicht (um 1500 v. Chr.) fällt bereits in die keramische Periode. Sie zeigt einen weiteren Niedergang der Webqualität. Auffallend ist zudem, dass den Baumwollgarnen zu diesem Zeitpunkt Bast beigemischt wurde. Möglicherweise gab es also einen Mangel an Baumwolle.

# Schlussbetrachtung

Das ca. 8500 Jahre umfassende Archaikum beinhaltet entscheidende Entwicklungen, die maßgeblich für die Wirtschafts- und Kulturgeschichte der Anden waren: Beginnend mit sehr kleinen Siedlungen im Hochland und an der Küste entwickelten sich die Gesellschaften des zentralen Andenraums bis 1500 v. Chr. zu großen sozialen Einheiten, die man wohl guten Gewissens als hochentwickelte Häuptlingstümer bezeichnen kann. Die sozialen Einheiten waren nach dem Prinzip der Dualität in zwei Teile geteilt, die sich gegenseitig ergänzten. Großbauwerke und auch Feldbau sowie Fischerei wurden gemeinsam angegangen, wobei Herrscher Steuern einziehen konnten, zumeist in Form von Arbeitsleistung. Wurden zunächst kleine, U-förmige Heiligtümer, deren ›Rücken‹ sich gegen die Küste wandte, während die beiden ›Arme‹ in Richtung der Wasser spendenden Berge zeigten, errichtet, so baute man am Ende des Archaikums vor allem an der Küste riesige Tempelanlagen. Fernhandel mit dem tropischen (heutigen) Ecuador und dem Amazonasgebiet war von entscheidender Bedeutung, er versorgte die religiösen Eliten mit Luxusgütern und die Bevölkerung mit Nahrungsmitteln und Produkten aus Baumwolle.

Die Nahrungsgrundlage für die Bevölkerung an der Küste war Fisch. Vorwiegend wurden Sardellen gefangen, aber auch Meeressäuger wurden gegessen. Meeresfrüchte ergänzten die Nahrung. Als Kohlehydratlieferanten wurden vermutlich Kürbis und gesammelte Knollenfrüchte verzehrt. Möglicherweise waren zudem auch an der Küste schon sehr früh im Hochland kultivierte Nahrungspflanzen wie Bohnen oder Erdnüsse verfügbar. Im Inland und in den Hochtälern lebten die Völker überwiegend vom Feldbau, wobei dort auch die Jagd eine große Rolle spielte. Feldbau größeren Umfangs setzte indes erst im nächsten Zeitabschnitt, dem Formativum, ein.

Im Archaikum tauchten auch die ersten Manifestationen religiöser Kunst auf. So belegen die Funde für das späte Archaikum einfache Wandzeichnungen, Steinlegungen und Reliefs. Am deutlichsten zeigen die Textilien aus der *Huaca Prieta* einen Teil der verehrten Gottheiten: Raubkatze, Schlange, Kondor, menschliche Gestalt. Dazu kommen spiegelbildlich angeordnete, abstrakte Motive.

All diese sich gegen Ende des Archaikums abzeichnenden Entwicklungen nahmen in der darauffolgenden Phase, dem Formativum, einen rasanten Verlauf, wobei hier auf manchen Gebieten bereits künstlerische und handwerkliche Höhepunkte erreicht wurden, die die späteren, meist bekannteren Kulturen nicht mehr erreichten.

# 3. Eine Gesellschaft formiert sich

Im nächsten großen Zeitabschnitt (1500 v. Chr. – 200 n. Chr.) kam es zu entscheidenden wirtschaftlichen und kulturellen Entwicklungen im zentralen Andenraum: Es ›formierten‹ sich – weshalb die Zeit ›Formativum‹ genannt wird – Strukturen, die über viele Jahrhunderte oder sogar Jahrtausende hinweg erhalten bleiben sollten (Karte 2). Um einen besonders entwicklungsintensiven Abschnitt zu kennzeichnen, führten die Archäologen für die Zeit von 2150–1000 v. Chr. den Begriff ›Initialperiode‹ ein, wobei hier Teile des späten Archaikums und des frühen Formativums überlappen. Es ist die Zeit, in der die kulturelle Entwicklung im Andenraum ein rasantes Tempo annahm, eine Zeit, in der ›alles begann‹. Sicher lag dieser Zunahme des Entwicklungstempos auch eine klimatische Veränderung zu Grunde: Die Erwärmung des Klimas schuf bessere Rahmenbedingungen für die Einführung von Feldbau in großem Stil.

Ein kurzer Rückgriff auf den Anfang der Initialperiode sei erlaubt, um die bedeutendsten Errungenschaften des späten Archaikums nochmals zusammenzufassen: Beginn der Monumentalarchitektur, erkennbar am Bau riesiger Zeremonialzentren mit komplexer Architektur; damit verbundene, umfassende Rekrutierung und Organisation menschlicher Arbeitskraft; Umstellung der Nahrungsgrundlage von Fischfang, Sammeln und Jagd auf Feldbau: zunächst Schwemmlandagrikultur an den Flussufern; Beginn der Textilproduktion; erste Formulierungen religiöser Kunst.

Im darauffolgenden Formativum setzte sich diese Entwicklung fort und nahm sogar noch an Geschwindigkeit zu: Die erste Keramik erschien, der Feldbau wurde durch das Anlegen umfassender Bewässerungsanlagen intensiviert, die Anbauflächen wurden entscheidend erweitert, die religiöse Kunst und die Textilproduktion entstanden – in einem Umfang und einer Qualität, die danach nur noch selten erreicht werden konnten. In dieser Zeit entwickelten sich also die wirtschaftlichen, gesellschaftlichen und künstlerischen Strukturen, die später in allen Kulturen Alt-Perus zu erkennen sind.

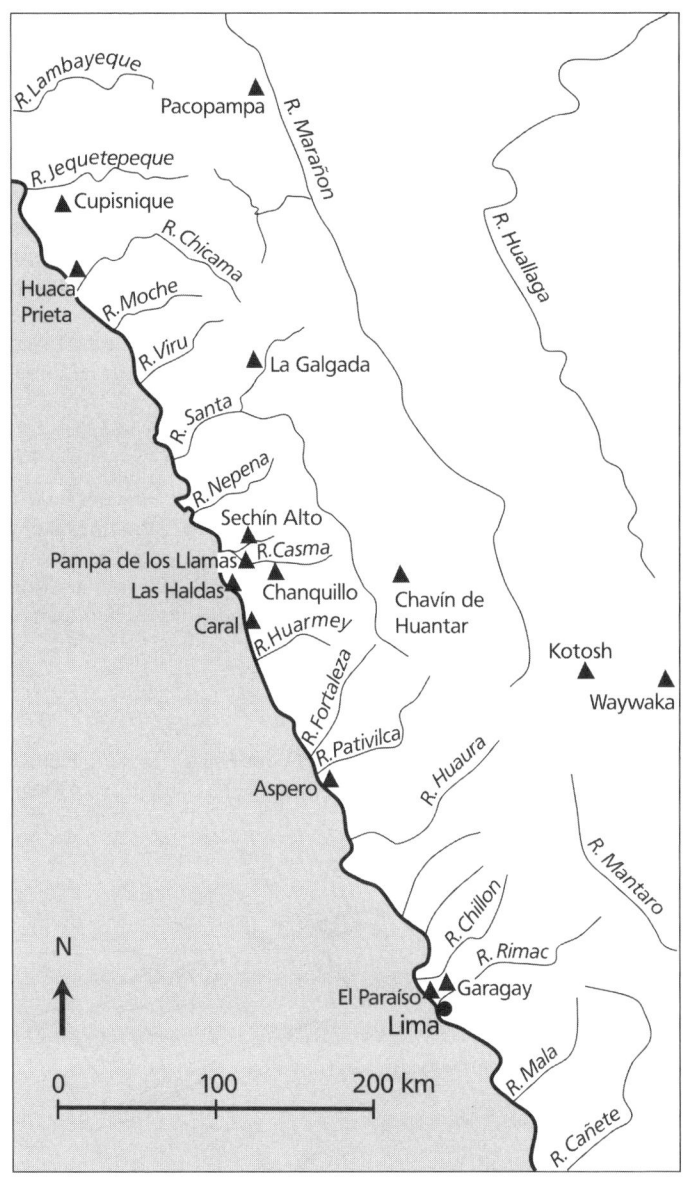

Karte 2: Kulturelle Zentren in der Zeit des Formativums

# Das frühe Formativum (1500–1000 v. Chr.)

Die kulturelle Entwicklung im frühen Formativum fand vorwiegend im zentralen und nördlichen Küstenabschnitt Perus sowie im nördlichen Hochland statt. An der südlichen Pazifikküste ist dagegen zu dieser Zeit noch keine vergleichbare Kulturentwicklung zu erkennen. Obwohl viele der in diesem Kapitel beschriebenen Kulturentwicklungen bereits in der frühen Initialperiode oder sogar noch davor ihren Anfang nahmen, werden sie erst hier beschrieben, denn erst in der späten Initialperiode gelangten sie zu voller Blüte und erlebten die maximale Ausdehnung ihres wirtschaftlichen und religiösen Einflusses.

## Die Anlage von *Sechín*

Die archäologische Gesamtanlage von *Sechín Alto* ist eine der bedeutendsten des zentralen Andenraumes. Sie liegt in der Provinz Casma, 5 km von der gleichnamigen Stadt und 10 km von der Pazifikküste entfernt. Der Río Casma grenzt im Süden, der Río Sechín im Norden an das Gebiet. *Sechín Alto* besteht aus insgesamt vier Fundstätten, die im Laufe mehrerer Jahrhunderte entstanden sind: *Sechín Alto*, *Sechín Bajo*, *Taucachi-Konkan* und *Cerro Sechín*.

### Sechín Alto

Die älteste Fundstätte (ca. 2000 v. Chr.) der Anlage ist die gleichnamige von *Sechín Alto* (Abb. 9). Ihre Grundfläche beträgt 250×300 m,

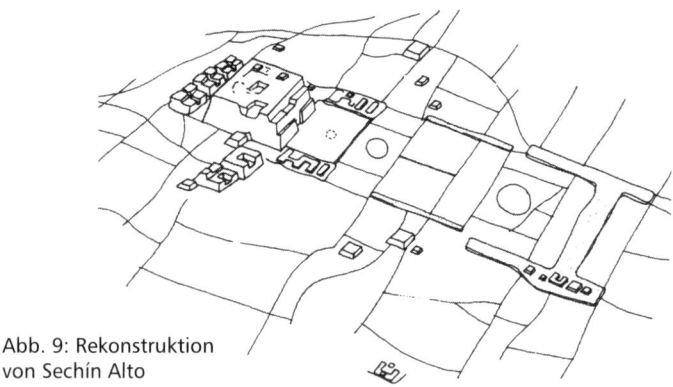

Abb. 9: Rekonstruktion von Sechín Alto

die Höhe 35 m. Die Basis dieses Gebäudes sind große, behauene Fels-
blöcke, die zu einem pyramidenartigen Gebilde aufgeschichtet sind;
die flach gehaltene Oberfläche der Zeremonialplattform hat drei abgesenkte Innenhöfe. Das Hauptgebäude ist von mehreren kleineren
Gebäuden umgeben, die in der Nähe von Feldern liegen. *Sechín Alto*
ist sicher das älteste Zeremonial- und Verwaltungszentrum der gesamten Anlage. Leider ist es bis heute nicht archäologisch erforscht,
so dass nur wenig von der Struktur erkennbar wird. In seinem jetzigen Zustand ähnelt es eher einem natürlichen Hügel. Festzuhalten
gilt dennoch, dass die Pyramide von *Sechín Alto* das größte Gebäude
seiner Zeit in Amerika ist.

## Cerro Sechín – das erste Fruchtbarkeitsritual

Der nächste bedeutende Schritt in der Kulturentwicklung des Alten
Peru manifestierte sich in der von einem deutsch-peruanischen Aus-
grabungsteam in den 1980er Jahren und auch in neuerer Zeit erforschten religiösen Stätte von *Cerro Sechín*.

*Cerro Sechín* (Abb. 10) besteht aus zwei Teilen: einem inneren Teil,
der aus Lehmziegeln errichtet wurde, mit *farbigen Reliefs*, die Tiergottheiten und eine menschliche Gestalt zeigen. Dieser *Lehmtempel* ist der
ältere Teil der Anlage, sein Baubeginn wird auf ungefähr 2000 v. Chr.
datiert. Den alten *Tempel* umschließt eine jüngere *Mauer* aus Steinen
(der äußere Teil der Anlage), die ein eigenständiges Heiligtum gewesen zu sein scheint. Spektakulär und berühmt sind die *Steinreliefs*, die
uns auf dieser Mauer begegnen: Es ist ein umlaufender Fries, der stab-
oder symboltragende Würdenträger zeigt, die sich auf die zentrale
*Doppeltreppe* zubewegen. An der Treppe begegnen sich dann die
Würdenträger von beiden Seiten. Ein Archäologe, Henning Bischof,
beschrieb diesen Fries als »Stein gewordene Prozession, die den Bau

Abb. 10: Rekonstruktion von Cerro Sechín

umkreist« (Abb. 11). Auf kleineren Blöcken, die sich zwischen den großen Stelen befinden, sind zerstückelte menschliche Körperteile dargestellt, vorwiegend Köpfe, die an die Trophäenkopfdarstellungen späterer Kulturen erinnern, aber auch Arme, Beine, Gedärm, Knochen, Augen und Ohren. Nur die Geschlechtsteile fehlen. Aus manchen Mündern abgetrennter Köpfe treten Blutströme aus.

Geht man davon aus, dass die Darstellung der »Stein gewordenen Prozession« auf einen wirklichen religiösen Umzug zurückgeht, dann stellt sich natürlich die Frage nach dem Anlass oder Hintergrund, wozu etwas weiter ausgeholt werden muss: Betrachtet man die vorgeschlagene Interpretation im Zusammenhang mit den späteren Kulturen und deren religiöser Kunst, so scheint sie tatsächlich naheliegend zu sein: Sowohl die ›Moche‹-Kultur des 3. und 4. Jh. n. Chr. als auch die ›Nasca‹-Kultur derselben Zeit haben in ihrer Kunst Darstellungen von Prozessionen. Darüber hinaus ist bekannt, dass Prozessionen und Pilgerfahrten in ganz Alt-Peru von großer Bedeutung waren und teilweise noch bis heute vollzogen werden: Jedes große Zeremonialzentrum war neben seiner Funktion als Schauplatz für Zeremonien, in deren Rahmen auch Prozessionen oder Tänze stattfanden, auch Pilgerzentrum. Neben den regionalen, zu denen die bisher beschriebenen Ruinenstätten zählen, gab es dabei auch überregionale Zentren, zu denen die Menschen über viele Hunderte von Kilometern hinweg zogen.

Ob *Cerro Sechín*, wie später *Chavín de Huantar, Pachacamac, Tiahuanaco* oder heute *Collur Ritty*, ein überregional bedeutendes Zentrum war, weiß man noch nicht. Es ist jedoch mit Sicherheit ein Ort, an dem sich uns die Grundzüge der altperuanischen religiösen Kunst zum ersten Mal in komplexer Weise präsentieren: Nicht einzelne Gottheiten wurden hier dargestellt, sondern Menschen, die religiöse Zeremonien vollziehen, wobei es sich auch um Menschen handeln

Abb. 11: Die »Stein gewordene Prozession« von Cerro Sechín

kann, die Gottheiten symbolisieren, durch die Kleidung bzw. die Kostüme, die sie tragen.

Die Prozessionsteilnehmer des *Cerro Sechín* sind sämtlich männliche Kriegergestalten: Sie tragen Lendenschurze aus dicken Tüchern, aus denen Bänder oder lange Federn heraushängen; mindestens in einem Fall hängen zudem Trophäenköpfe herunter. Einige der Männer tragen Keulen und Kopfbedeckungen. Sieht man die Darstellungen der Prozessionsteilnehmer im Zusammenhang mit den auf den kleineren Steinen abgebildeten Körperteilen, so kann man von Opferritualen ausgehen, bei denen auch Menschen geopfert wurden, die entweder Gefangene waren oder – wie später bei den Moche – Krieger der eigenen Gruppe, die die Opferpriester nach verlorenen Zweikämpfen opferten. Ihr Blut sollte Wasser und Fruchtbarkeit spenden oder – folgt man einem Inka-Mythos – eine Quelle hervorbringen. Möglicherweise stehen die Darstellungen auch mit dem sich ausbreitenden Feldbau in Zusammenhang, denn auch hier gibt es in Mythen Hinweise auf eine Verbindung zwischen Menschenopfern und der Entstehung von Nahrungspflanzen.

Alte Mythen, nicht nur aus Südamerika, sondern aus der ganzen Welt, geben bis heute Aufschluss über Gedankenwelten der vorgeschichtlichen Zeit. Die Mythen wurden über Jahrtausende hinweg mündlich überliefert und ähneln sich teilweise sehr stark, ungeachtet dessen, in welcher Region der Welt sie entstanden. Einen solch mehr oder weniger ›universellen‹ Mythos gibt es auch für die Feldbau betreibenden Völker. Es handelt sich hierbei um das sogenannte ›Hainuwele-Mythologem‹. Es stammt aus Indonesien, genauer gesagt von der Insel Ceram. Dieser Mythos erzählt von einem Mädchen namens Hainuwele (Kokosnuss-Mädchen), das getötet wird. Seine Leichenteile werden vergraben und nach einiger Zeit wachsen daraus die ersten Nutzpflanzen, in diesem Fall Knollenfrüchte. Der Mythos erscheint in abgewandelter Form in vielen Regionen der Erde, so auch

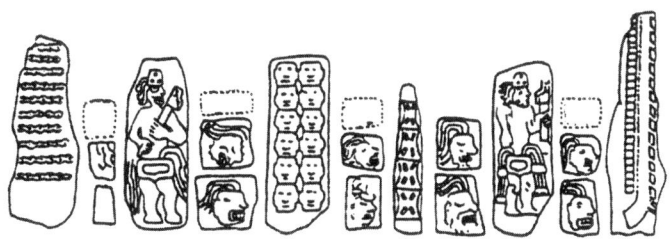

in Alt-Peru: Blut und abgetrennte Gliedmaßen sind in vielen Kulturen Nahrung spendend und auch in späteren Darstellungen alt-peruanischer Kunst finden wir dieses Motiv.

Häufig sind religiöse Rituale nichts anderes als nachgespielte Ursprungs-mythen: Während ihrer Durchführung entsteht die Welt jedes Mal wieder aufs Neue, die gewaltigen Kräfte der Urzeit kommen wieder zum Vorschein, der Lauf der Welt, der Kreislauf des Lebens, wird in Gang gehalten. Wir haben es bei dem äußeren *Ring aus Stein* also wohl mit der Darstellung eines Fruchtbarkeitsrituals zu tun, das Menschenopfer einschloss (Abb. 12). Die Entwicklung des Feldbaus von der einfachen Schwemm-landagrikultur hin zum großflächigen, systematisch betriebenen und überwachten Bewässerungsfeldbau führte zu einer größeren Abhängigkeit von den Naturgewalten. Die Rituale nahmen in der Folge an Bedeutung zu, die damit verbundene religiöse Kunst ebenfalls: Das Frucht-barkeitsritual sollte den Regen im

Abb. 12: Zerteilter Körper mit austretenden Gedärmen

Hochland sichern, der die Flüsse an der Küste mit Wasser füllte, das man für die Bewässerung der immer ausgedehnter werdenden Felder brauchte, oder es stand im Zusammenhang mit der Entstehung der Nahrungspflanzen.

Die *Fresken*, die den *Lehmtempel* verzierten, der sich innerhalb der *Steinmauer* befindet, sind für die grundlegende Bedeutung von *Cerro Sechín* indes ebenso maßgeblich wie die Darstellungen auf der Steinmauer. Die *farbigen Reliefs* des Lehmziegelbaus zeigen nach Ansicht des deutschen Archäologen Henning Bischof ein ›marines Opfapritual‹: Die dargestellten Fische scheinen aus mehreren Raubfischarten, die alle an der peruanischen Küste heimisch sind, zusammengesetzt zu sein (Abb. 13); hinzu kommen Blutstrom-Symbole auf den Treppenwangen der zentralen *Zugangstreppe*. Ein weiterer Fries zeigt einen menschlichen Torso, der auf dem Kopf steht und als ›Hinabstürzender‹ (Abb. 14) bezeichnet wird, und an der Wand neben dem Eingang

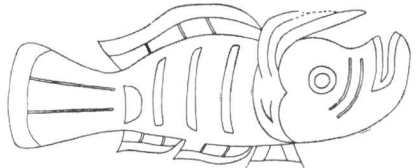

Abb. 13: Polychromes
Fischrelief

zum zentralen Raum in der Mitte des Tempels findet sich ein Puma
mit stark betonten Krallen. Die Kombination dieser drei Bildmotive
lässt, wie die *Steinreliefs*, an eine Opferstätte denken, nur dass hier nicht
ein Ritual oder ein ritueller Tanz abgebildet ist, sondern ein Wasser-
tier und ein Landtier, die die sich ergänzenden Gegensätze darstellen.
Das Motiv des ›Hinabstürzenden‹ kennen wir zudem aus der späteren
Moche-Kunst, die solche Opferungen durch Hinabstürzen eines Gefangenen von einem Berg oder einer Klippe sehr plastisch darstellte.
In Anbetracht des Fisches als Symbol für das Meer könnte hier ein
Meeresopfer gemeint sein: Meerwasser spielte bei Fruchtbarkeitsritualen für die Felder eine enorme Rolle. Eine andere Möglichkeit der
Interpretation bestände darin, die Gesamtanlage als ein sich ergänzen-
des Gegensatzpaar zu deuten. Der innere *Tempel* wäre demnach den
Wasserkulten, der äußere *Steinring* den Nahrungspflanzen zuzuordnen. Im Rahmen der andinen Kosmologie wäre das durchaus denkbar, auch wenn die beiden Tempel nacheinander entstanden sind.

Bestimmte Elemente aus der Kunst von *Cerro Sechín* finden wir
auch an anderen archäologischen Stätten Nordperus aus derselben
Zeit wieder: etwa eine Raubkatzendarstellung im Nepeña-Tal (*Punkurí*), Felsbilder im Raum Templa-
dera und viele weitere. Das alles deutet auf einen weit verbreiteten Stil
hin, der in *Cerro Sechín* jedoch am
deutlichsten hervortritt. Viele seiner
Elemente flossen in den späteren
Chavín-Stil ein, der für eine lange
Zeit und für ein über tausend Kilometer an der Küste und im Hochland sich erstreckendes Gebiet prä-
gend sein sollte.

*Cerro Sechín* wurde um 1000
v. Chr. nach katastrophenartigen
Regenfällen und Überschwemmungen (El Niño?) aufgegeben.

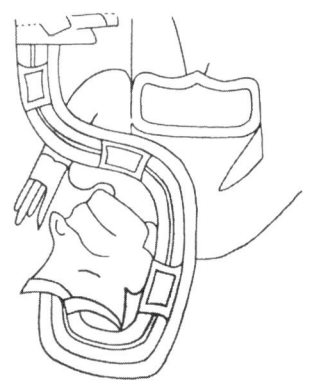

Abb. 14: Hinabstürzender

## Pampa de los Llamas – Moxeke

Das gleichzeitig wie oder wenig später als *Sechín Alto* entstandene *Pampa de los Llamas – Moxeke* (1800–900 v. Chr.) bildet einen zweiten Schwerpunkt. Die Anlage ist dank seit 1980 erfolgter Ausgrabungen wesentlich besser erschlossen und erforscht als *Sechín Alto*. So fanden die Archäologen heraus, das *Pampa de los Llamas – Moxeke* eine voll durchkonzipierte Stadtanlage ist (Abb. 15), in der auf einem Gebiet von ca. 2 km² möglicherweise bis zu 2500 Menschen lebten. Sie wird dominiert von zwei pyramidenähnlichen Gebilden, *Moxeke* und *Huaca A*, die rechts und links eines *Hauptplatzes* liegen. Die Stufenpyramide von *Moxeke* besteht aus drei großen Plattformen, die durch eine zentrale Treppe zugänglich sind. Auf ihnen liegen wiederum kleinere Plattformen, auf die zahlreiche Rundhütten gebaut waren. *Moxeke* war der Haupttempel der Stadt. Auf der Außenwand der dritten Plattform waren neun aus Lehm modellierte, farbig bemalte *Skulpturen* aufgebracht, die teilweise rekonstruiert werden konnten. Zwei davon zeigen Torsi, einer davon trägt Gürtelbänder aus Schlangen, eine andere hält in jeder Hand einen Zipfel eines Umhanges. Eine weitere *Skulptur* zeigt einen Jaguarkopf, aus dessen Augen ›Tränenbänder‹ fließen, mit aufgerissenem Maul, seine großen Zähne fletschend. Die *Huaca A* wiederum besticht durch ihre Architektur: Auf einer riesigen Plattform (136×119 m) sind 77 kleine *Räume* errichtet, die einer strikten Anordnung folgen (Abb. 16). Untersuchungen ergaben, dass

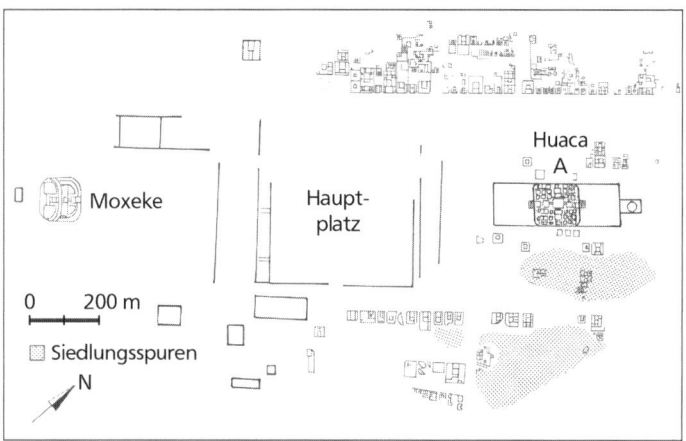

Abb. 15: Gesamtkomplex Pampa de los Llamas – Moxeke

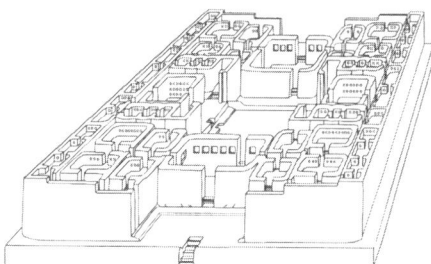

Abb. 16: Rekon-
struktion der Huaca

in diesen *Räumen* Nahrungsmittel wie Bohnen, Kürbisse und Erdnüsse, aber auch Baumwolle gelagert wurden. Die Archäologen nehmen
daher an, dass die *Huaca A* eine zentrale Lagerstätte für die in den umliegenden Häusern lebende Bevölkerung war. Die in der Pyramide
aufbewahrten Nahrungsmittel wurden von hochrangigen Beamten,
die der politisch-religiösen Elite angehörten, verwaltet.

Spektakulär ist vor allem das kosmologische Konzept der gesamten
bis ins Detail durchkonzipierten Anlage, das hier deutlich erkennbar
ist – die sich ergänzenden Gegensätze, die Dualität: Die Wände der
Plattformen, die Treppen, die Lagerräume und die generelle Ausrichtung der beiden *Pyramiden* am *Hauptplatz* bilden Achsen, die verschiedene Elemente jeweils in zwei sich gegenüberliegende Gegensätze unterteilen; andere Achsen teilen die Gesamtanlage sowie die
einzelnen Gebäude in vier Teile, ein System, das wir später bei den
Inka in ihrem ›Tahuantinsuyu‹, ›Die vier zusammengehörenden Teile‹ (s. S. 254), wiederfinden. Eingetiefte Wege entlang des zentralen
*Platzes* zeigen außerdem von oben betrachtet ein ›U‹, also die für diese Zeit typische Grundform kultischer Gebäude.

Man geht heute davon aus, dass die politisch-religiösen Eliten in
*Sechín Alto* und *Pampa de los Llamas – Moxeke* ein größeres Gebiet
kontrollierten. 85 Strukturen, die als mittlere Verwaltungszentren interpretiert werden, finden sich in ihrer unmittelbaren Umgebung.
Wahrscheinlich waren sie den großen Zentren unterstellt und überwachten die Ablieferung der Tribute und die kollektiven Arbeiten.

# Garagay

Die *Hauptpyramide* von *Garagay* ist das am südlichsten gelegene große
Zeremonialzentrum der Initialperiode. Es liegt heute in einem Vor-
ort (San Martín de Porras) der peruanischen Hauptstadt Lima. Sein
Grundriss ist, wie der vieler Zeremonialgebäude der Initialperiode

an der Zentralküste und deren nördlichen Ausläufern, ›U‹-förmig; den Rücken des ›U‹ bildet dabei eine lang gezogene *Pyramide*, die rechts und links von rechtwinklig abzweigenden *Seitengebäuden*, den Schenkeln des ›U‹, flankiert wird. Der Baubeginn wird auf ungefähr 1400 v. Chr. geschätzt, aufgegeben wurde *Garagay* um 600 v. Chr. Die *Pyramide* ist, wie die meisten anderen auch, von mehreren Überbauungen gekennzeichnet, wobei sich hier drei Phasen erkennen lassen: In der jüngsten Überbauung, die zeitlich mit der Blüte des Pilgerzentrums von *Chavín de Huantar* korrespondiert, fand man Wandmalereien, die die typischen Gottheiten der Initialperiode und des Formativums zeigen (Abb. 17). Für eine detailliertere Beschreibung und Interpretation dieser Gottheiten sei auf das Chavín-Kapitel (s. S. 77) verwiesen.

Heute führt *Garagay* ein eher trauriges Dasein: Auf der obersten Plattform der *Pyramide* steht ein Strommast, das Innere ist geplündert und größtenteils verfallen.

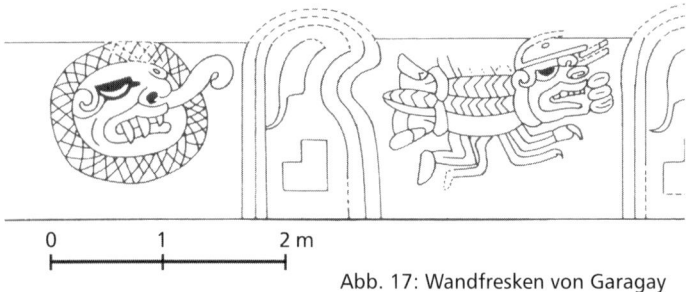

0    1        2 m

Abb. 17: Wandfresken von Garagay

## Götter aus Ton: Die erste Keramik entsteht

Um 2000 v. Chr. begann an der Küste und im Hochland Perus die Produktion von Keramik. Warum das erst ungefähr 1000 Jahre nach dem Brennen der ersten Keramik in Ecuador geschah, ist unklar. In vergleichsweise kurzer Zeit entstanden dann jedoch zahlreiche Regionalstile, die von hoher Experimentierfreudigkeit der einzelnen Gruppen zeugen. Teilweise hatten dabei schon einzelne Täler einen eigenen Keramikstil, der sich von dem des Nachbartales stark unterschied – möglicherweise auch ein Zeichen für eine starke lokale oder regionale Identität der Menschen. Innerhalb einiger Jahrhunderte entwickelte sich die nordperuanische Keramik von einfachen Formen hin zu bedeutenden Trägern der Zeichen und Symbole, durch die die religiöse Gedankenwelt der Menschen Alt-Perus festgehalten und weitergegeben wurde; Keramikprodukte gewannen als Grabbeigaben einen wichtigen Status und waren bereits um 1200 v. Chr., zur Zeit der ›Tembladera‹-Kultur, formvollendet.

Nahezu gleichzeitig mit der ersten gebrannten Keramik tauchte auch Gold als Materialgruppe auf. Im südlichen Hochland, in *Waywaka*, einem kleinen Dorf der initialzeitlichen Periode, verarbeitete man offensichtlich das erste Gold. Hier fand man Dutzende kleiner, dünner Goldblättchen, die man auf 1900–1450 v. Chr. datieren konnte. Neun solcher Blättchen fand man in der Hand eines Toten, zusammen mit Perlen aus Lapislazuli – die erste bekannte Grabbeigabe aus Gold. Wahrscheinlich wurden kleine Goldnuggets mithilfe von Steinmeißeln zu diesen Plättchen verarbeitet. Erstaunlich ist dabei, dass sich das technologische Niveau der Goldverarbeitung fast ein Jahrtausend lang nicht signifikant weiterentwickelte.

Sowohl die Keramik als auch das bearbeitete Gold sind Teil einer größeren sozioökonomischen Transformation, die den gesamten zentralen Andenraum erfasste und besonders gut an dem Küstenstreifen zwischen den modernen Städten Lima und Chiclayo nachzuvollziehen ist: Es kam zu einer Verlagerung der Siedlungen bzw. größerer Aktivitätszentren von der Küste ins Inland. Damit zusammenhängend verlagerte sich die Ernährung schwerpunktmäßig von Fisch auf Feldbauprodukte; Nahrungspflanzen dominierten nun. Die Versorgung einer stetig anwachsenden Population setzte daher die Erweiterung von Anbauflächen voraus: Schwemmlandagrikultur reichte nicht mehr aus; großflächig wurden Bewässerungssysteme angelegt; um in den Küstenoasen mehr fruchtbares Land zu gewinnen, wurden Kanäle vom Hochland zur Küste gezogen. Die landwirtschaftliche Produktion musste zudem fortan großflächig organisiert werden, denn sie war nicht mehr auf individuellem Niveau zu bewerkstelligen. Im Zuge dessen entstanden auch große Handelszentren und Lagerstätten.

# Das mittlere/späte und das Endformativum – *Chavín de Huantar* (1200–200 v. Chr.)

Das Heiligtum von *Chavín de Huantar* ist mit Sicherheit eine der attraktivsten archäologischen Stätten im gesamten zentralen Andenraum, wenngleich sich die Bedeutung dieser Ruine dem Besucher nicht auf den ersten Blick erschließt. Es ist nicht die äußerliche Attraktivität des Bauwerkes oder die faszinierende Lage wie im Fall von *Machu Picchu*, sondern es ist vielmehr der ›Inhalt‹, der hier beeindruckt. *Chavín de Huantar* war eines der großen Pilgerzentren des zentralen Andenraumes, dessen Bedeutung bis weit in das 16. Jh. hineinreichte. Noch spanische Eroberer berichteten von Pilgerfahrten der einheimischen Bevölkerung an diesen Ort. Es liegt am Fuße der östlichen Abhänge der Weißen Kordillere auf einer Höhe von 3150 m. Der Río Mosna, an dem *Chavín* liegt, mündet dort in den Huari, dessen Fluten über den Marañon schließlich in den Amazonas fließen. Der Zusammenfluss der beiden Flüsse war möglicherweise von Bedeutung für die Errichtung des Heiligtums: Solche Zusammenflüsse werden als ›tinkuy‹ bezeichnet, das harmonische Zusammentreffen zweier gegensätzlicher Kräfte. Von *Chavín* braucht man zu Fuß sechs Tage in Richtung Osten bis in den tropischen Regenwald. Der Fußmarsch an die Pazifikküste erfordert die Überquerung von zwei Andenketten, nimmt insgesamt jedoch ebenfalls nur sechs Tage in Anspruch. *Chavín* liegt also genau in der Mitte zwischen Pazifikküste und tropischem Regenwald und war somit bestens für Fernhandelsbeziehungen geeignet: Hier trafen Produkte aus dem Tiefland und von der Küste aufeinander, die die dort residierenden politisch-religiösen Eliten tauschten. Es gab folglich sowohl ökonomische als auch ideologische Gründe für die Lage *Chavíns*. Die Umgebung *Chavíns* ist dagegen nicht außergewöhnlich, was die wirtschaftlichen Möglichkeiten betrifft. So ist Kamelidenzucht wie auch Feldbau möglich: Es fällt ausreichend Niederschlag und darüber hinaus steht genügend Gletscherwasser für Bewässerungsfeldbau zur Verfügung. Bedingt durch die Höhe kommt es jedoch zu recht starken Frösten, was mehr als eine Ernte pro Jahr unmöglich macht.

Im Allgemeinen versteht man unter dem Zeremonialzentrum von *Chavín* eine Anlage, die eine Ausdehnung von ungefähr 500×500 m hat. Die archäologischen Untersuchungen beweisen dabei, dass die Gebäude nicht alle gleichzeitig entstanden, sondern, wie auch alle anderen Zeremonialzentren, nacheinander in unterschiedlichen Kulturabschnitten und Bauphasen. *Chavín de Huantar* als Gesamtkomplex wurde im Rahmen zweier großer Vorhaben in vier Bauphasen errichtet, was sich sowohl an der ergrabenen Keramik als auch an den *Steinstelen* erkennen lässt. Insgesamt datiert man die gesamte Chavín-Phase auf 1200–200 v. Chr.

Die Besiedlung der Stätte begann zwischen 1200 und 800 v. Chr., wobei die erste Besiedlung wahrscheinlich durch Bauern geschah, die der sogenannten Kotosh-Kultur (s. S. 43) zuzurechnen sind. Wer die Erbauer von *Chavín* selbst waren, ist jedoch unklar. Man nimmt an, dass der Komplex das Ergebnis vieler unterschiedlicher Einflüsse ist. So suchten möglicherweise Küstenbewohner nach geeigneten Standorten für Wettervorhersagen und trafen so auf die Kotosh-Mito-Bauern, die sich bereits in der Region niedergelassen hatten. Der Zeremonialkomplex ähnelt in einigen Details sowohl den großen Zentren der Küste als auch der ›Kotosh-Mito‹-Tradition im Hochland und ist trotz aller Ähnlichkeiten mit anderen Stätten doch etwas völlig Eigenes. Die Besonderheit dieser Anlage besteht dabei vor allem darin, dass sie nicht nur überirdisch, sondern auch unterirdisch angelegt ist.

In dem Heiligtum selbst und der unmittelbaren Umgebung lebten zwischen 1200 und 500 v. Chr. wohl nicht mehr als 500 Menschen. Dabei ist jedoch zu berücksichtigen, dass es in der weiteren Umgebung unzählige kleinere Siedlungen und auch einzelne kleine Tempel gab, die zumindest teilweise gleichzeitig mit *Chavín* entstanden sind. Insgesamt schätzt man die Ausdehnung des gesamten Komplexes einschließlich der kleineren Siedlungen auf 1,8 km Nord-Süd; die Ost-West-Ausdehnung ist wegen der Begrenzung durch die Andenketten deutlich geringer. Die Bewohner waren, geht man von den Strukturen in anderen Gebieten aus, sowohl für die wirtschaftlichen als auch für die religiösen Belange verantwortlich. So organisierten die ranghöchsten Priester sehr wahrscheinlich auch den Handel und die sonstigen wirtschaftlichen Aktivitäten des Zentrums, während die übrigen Bewohner die Priesterschaft, aber auch die zahlreichen Pilger, die ständig nach *Chavín* kamen, versorgten. Die Funktion als Pilgerzentrum erforderte eine unglaubliche Logistik, was Nahrungsversorgung und Unterkunft für Tausende von Pilgern angeht, die vermutlich länger als nur ein paar Tage in *Chavín* verweilten. Geht man von Berichten aus, die aus dem späteren *Pachacamac* in der Nähe des heutigen Lima stammen, dann blieben die Pilger sogar recht lange, unter Umständen mehrere Monate. Hier liegt der Vergleich mit christlichen und muslimischen Pilgerstätten sehr nahe: Vor einigen Jahrhunderten war auch eine Pilgerfahrt nach Mekka, nach Jerusalem oder Rom eine Unternehmung, die ein Jahr oder auch länger dauern konnte.

*Chavín de Huantar* sieht, nähert man sich ihm wie die meisten Besucher über die Wege, die entlang des Río Mosna oder des Río Huachecsa führen, völlig unscheinbar aus: Über diese Pfade erreicht man den westlichen, südlichen oder nördlichen Gebäudekomplex und läuft im eigentlichen Sinne zunächst ›gegen Mauern‹. Um sich einen

Gesamteindruck zu verschaffen, ist es daher empfehlenswert, einen der umliegenden Hügel zu erklimmen und *Chavín* von oben zu betrachten, denn erst in der Gesamtansicht wird klar, dass die Anlage eine von vornherein durchkomponierte Architektur besitzt. Das Heiligtum ist also nicht nach und nach mehr oder weniger ›zufällig‹ entstanden, sondern war von Anfang an exakt durchkonzipiert und präzise geplant: Die Ausrichtung des ›U‹-förmigen Grundrisses des *Alten Tempels* ist nach der Wintersonnenwende vorgenommen; sie lässt sich mithilfe von nach den Grundmauern gezogenen Linien genau bestimmen, wobei alle alten Gebäude dieselbe Ausrichtung nach Nordosten haben. Sie scheinen zudem auch in gleichmäßigem Abstand an einer imaginären Achse ausgerichtet zu sein. Die Öffnung des ›U‹-förmigen *Alten Tempels* zeigt in Richtung Osten, der aufgehenden Sonne entgegen. Der *Runde Platz* in der Mitte entspricht auch nach modernsten und präzisesten Messdaten exakt einem Kreis mit einem Durchmesser von 20,1 m.

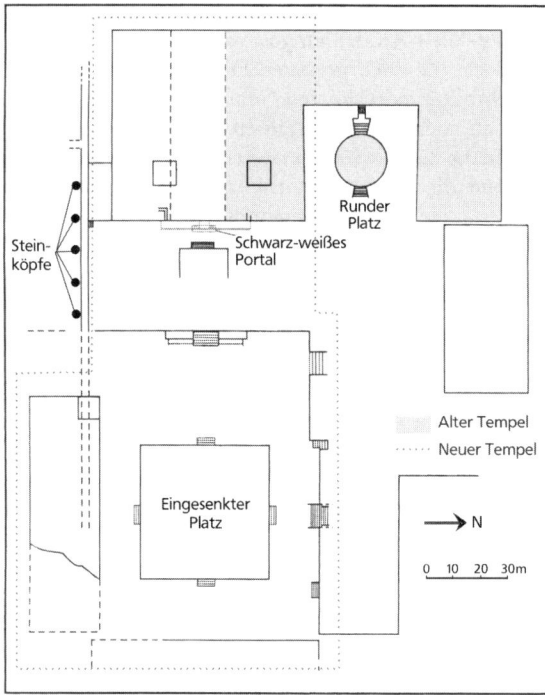

Abb. 18:
Plan der
Anlage von
Chavín de
Huantar

*Chavín* wird aber noch spannender, wenn man weiß, was sich hinter und unter den Mauern verbirgt und wie opulent und perfekt sein Kunststil gewesen ist. Existieren auch Vorläufer, bei denen es in Ansätzen eingelassene Plätze oder auch Räume unter der Oberfläche gab, so ist *Chavín* mit seinem ausgefeilten Labyrinth an *unterirdischen Gängen* doch einzigartig: In seiner Grundstruktur besteht es aus zwei Tempelanlagen: dem *Alten Tempel* und dem *Neuen Tempel* (Abb. 18), wobei der *Alte Tempel* in seiner ursprünglichen Ausdehnung viel weiter nach Norden reichte. Zwischen dem Hauptgebäude und dem Río Mosna lagen die wichtigsten zeremoniellen Gebäude und Plätze. Nach und nach versah man das Hauptgebäude zudem mit Nebengebäuden. Am zentralen Platz entstand im Zuge dessen der *Runde Platz*, der als eingesenkter *Innenhof* noch zu sehen ist. In der unmittelbaren Umgebung dieses eingesenkten, *Runden Platzes* befinden sich die unterirdischen Gänge der *Galería de las Ofrendas*. Der *Neue Tempel* ist eine bedeutende Erweiterung des *Alten Tempels*. Infolge dieser Erweiterung entstanden neue architektonische und künstlerische Elemente.

*Chavín* wurde im Gegensatz zu vielen anderen Zeremonialzentren ausschließlich aus großen Steinblöcken errichtet, die zu Schalenwänden verbaut wurden. In den Raum zwischen den Wänden füllte man unregelmäßiges Bruchsteinwerk und Erde. Die Gebäude hatten Säulen, Gesimse, Türstürze, Steinplatten, Obelisken und Skulpturplatten; die Außenmauern der Tempel sind mit glatten sowie reliefbehauenen Steinplatten verziert. Die Wände des Tempels sind um sieben Grad geneigt, was die Anlage die zahlreichen Erdbeben relativ gut überstehen ließ. Auf diese Weise war der ganze Tempel mit Götterfiguren versehen. Die *Galerías*, die *unterirdischen Gänge*, deckte man mit gleichmäßig behauenen Steinplatten ab. Ihre Wände sind mit Steinplatten verblendet oder mit Lehmputz versehen. Die *Galerías* waren wesentlicher Bestandteil des Gebäudes. Ihre Funktion betreffend gibt es verschiedene Annahmen: Sie dienten möglicherweise als Abflusskanäle, Geheimgänge, Lüftungsanlagen, Schächte für akustische Effekte, als Vorratskammern und Aufbewahrungsorte für Opfergaben, vielleicht auch als tatsächliche Opferorte.

# Der *Alte Tempel* (1200–500 v. Chr.)

Der *Alte Tempel* hat keine sichtbaren Eingänge und das war mit Sicherheit Absicht. Das Orakel – wenn es eines war – oder die Aktivität der Priester sollte von den Außenstehenden nicht gesehen werden: Jedes Zeremonialzentrum hatte seine eigene rituelle Dramaturgie.

Erreichte der Pilger *Chavín* zu der Zeit, als es noch in Funktion und architektonisch intakt war, so sah er als erstes eine *Mauer*, aus der imposante und furchterregende *Steinköpfe* herausragten. Diese Köpfe waren doppelt so groß wie ein menschlicher Kopf und ihr Gewicht überschritt manchmal eine halbe Tonne. Sie sahen teilweise menschlich aus, teilweise ähnelten die Züge aber auch Jaguaren, Affen oder Harpyen. Leider wurde *Chavín*, wie die meisten anderen Ruinen Perus, stark geplündert. Es lässt sich daher nicht mehr exakt rekonstruieren, wie die Köpfe angeordnet waren und wie viele es gewesen sind. Einige Schemata lassen sich jedoch noch rekonstruieren. So scheinen die Köpfe menschliche Wesen, wahrscheinlich Priester, in ›Transformation‹ repräsentiert zu haben. Das heißt, dass die erste Darstellung noch weitgehend menschlich ist, die zweite zeigt den menschlichen Kopf bereits mit Schlangenhaaren und markanten Zügen um den Mund, während die dritte Darstellung ein völlig verändertes Wesen mit Schlangenhaaren und Raubtiergebiss zeigt. Andere menschliche Wesen verwandeln sich in Affen mit Raubtierzähnen oder in Vögel (Abb. 19).

Es gab jedoch nicht nur diese *Steinköpfe*, die sich dem Ankommenden präsentierten, sondern auch Steinplatten waren mit *Reliefs* versehen, die nicht von ungefähr an die Darstellungen von *Cerro Sechín* erinnern. Der *Runde Platz*, wohl ein Veranstaltungsort, in dem ungefähr 500 Menschen Platz fanden, ist mit solchen Steinplatten eingefasst. Sie sind in neun Gruppen angeordnet, innerhalb derer sich jeweils zwei dünne, horizontale Platten mit größeren, rechteckigen Platten abwechseln. Die *östliche Treppe* wurde von kleinen, verzierten Steinplatten eingefasst; die meisten Steinarbeiten fand man jedoch in der Nähe der *westlichen Treppe* am Fuße des *Alten Tempels*. Die *großen Steinplatten* zeigen verkleidete menschliche Figuren, und zwar immer

Abb. 19: Steinköpfe, die eine Transformation darstellen

zwei gleichartige, die sich alle paarweise in Richtung der großen Treppe zu bewegen scheinen. Die Ausstattung der menschlichen Figuren, die Krieger, Tänzer oder auch verkleidete Priester sind, wirkt stark Symbol beladen; sie mag aber – denkt man wiederum an die spätere Moche-Kultur – durchaus realistisch gewesen sein. Unter den großen Platten befindet sich eine Reihe mit *kleineren Steinplatten*, auf denen Jaguare abgebildet sind, die sich ebenfalls wie in einer Prozession auf die Treppe zubewegen. Auch die Jaguare sind paarweise gearbeitet – immer zwei sind identisch.

Viele der *Steinplatten* sind stark verwittert, aber einige Details lassen sich durchaus noch erkennen. So hat eine der menschlichen Gestalten Vogelklauen an Händen und Füßen, Schlangenhaare und ein Raubtiergebiss (Abb. 20). In der rechten Hand hält sie einen großen San-Pedro-Kaktus, der im nördlichen Hochland und der unmittelbaren Umgebung von *Chavín* sehr häufig vorkommt. Sein Saft enthält Mescalin und ruft Rauschzustände und Halluzinationen hervor. Der San-Pedro-Kaktus ist in der Kunst *Chavíns* und des gesamten Formativums der peruanischen Nordküste sehr häufig anzutreffen. Eine andere Figur trägt Ohrgehänge und eine kronenartige Kopfbedeckung, von der ein Jaguarschwanz den Rücken hinunterhängt. Die Figur trägt einen Schild und bläst in ein Schneckenhorn, ›pututu‹ genannt. Dieses ›pututu‹ wird noch heute von Würdenträgern der Quechua-Indianer im Hochland geblasen: Beim Sonntagsmarkt von Pisac, zu dem die Bürgermeister (›alcaldes‹) der umliegenden Indianerdörfer aus den Bergen nach Pisac hinuntergehen, blasen sie bei ihrem Einzug in die Stadt das Schneckenhorn. Es ist immer noch, wie auch der silberbeschlagene Stock (›varayoc‹), ein bedeutendes Statussymbol, dem auch magische Fähigkeiten zugesprochen werden.

Abb. 20: Abrollung eines Reliefs des Runden Platzes

## Die unterirdischen *Galerías*

Die unterirdischen *Galerien* wurden erst 1965 entdeckt und sind größtenteils immer noch nicht ausgegraben (Abb. 21). Die meisten Gänge sind durch Erde, Steine und herabgestürztes Mauerwerk verschüttet: *Chavín* liegt in einer Region, in der starke Erdbeben keineswegs selten sind. Außerdem wurde es über Jahrzehnte hinweg als Steinbruch missbraucht. Man nimmt deshalb an, dass es noch weitere, bis heute nicht entdeckte unterirdische Gänge gibt.

### *Galería de las Ofrendas*

Eine der Galerien, die systematisch ausgegraben werden konnte, lieferte bedeutende Erkenntnisse: die *Galería de las Ofrendas*, der *Galerie der Opfergaben*. Sie besteht aus einem etwa 1,90 cm hohen, 90 cm breiten und 24 m langen Zentralgang, der in ost-westlicher Richtung angelegt ist und dessen ursprünglicher Eingang im äußersten Westen lag. Von diesem Zentralgang gehen rechtwinklig, also in Nordsüd-Richtung, neun Nischenräume als Seitenkammern von insgesamt etwa 360 m Länge und 1 m Breite mit nach Süden ausgerichteten Eingängen ab. Die gesamte *Galerie* war mit einem Lehmverputz verkleidet, der bemalt war.

Die Ausgrabungen in der *Galería* erfolgten vor allem im Zentralgang, in dem sich eine Menge Erde, vermischt mit Fundstücken, befand. Man fand dabei neben Tausenden von Keramikfragmenten, von denen viele zu insgesamt 681 Gefäßen rekonstruiert werden konn-

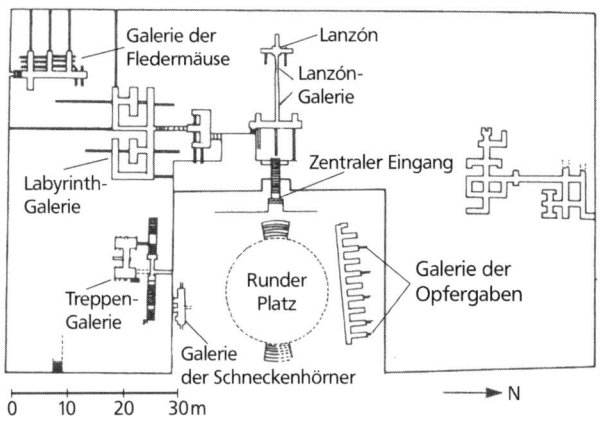

Abb. 21: Plan der Galerien

ten, zahlreiche Überreste von Säugetieren (darunter Lamas und Alpakas, Viscachas, Meerschweinchen, Andenhirsche, Füchse, Beutelratten und Opossums), Vögeln, Fischen und Weichtieren. Die Vogelknochen konnte man in drei Kategorien einteilen: a) essbare Vögel, b) mit der Liturgie verbundene Vögel und c) Wasservögel. Spektakulär waren aber insbesondere die Funde von Menschenknochen, die offensichtlich gekocht worden waren. Sie stammen von Männern, Frauen, Kindern und sogar einem Fötus. Die Knochen waren zerschmettert und zerteilt worden, danach legte man sie mit den anderen Opfergaben in der *Galería* ab. Es ist also wohl nicht zu bestreiten, dass es sich hierbei um Menschenopfer handelt. Außerdem treffen wir auch hier wieder auf das Zerstückeln wie in der Kunst von *Cerro Sechín* und auf das Zerschmettern, das aus der späteren Moche-Kultur bekannt ist.

In vielen der Keramiken, vor allem in den größeren Bruchstücken, fand man Speise- und Getränkereste. Man stellte zudem fest, dass die Keramiken nicht zufällig, sondern in einem bestimmten rituellen Kanon aufgestellt worden waren. Es handelte sich demnach ausschließlich um Ritualkeramik und nicht um für den alltäglichen Gebrauch verwendete ›Kochtöpfe‹. Man achtete bei der Auswahl der Keramiken, die in der *Galería* niedergelegt wurden, offenbar weiterhin auf Ausgewogenheit und eine große Bandbreite von Keramikformen und Tonqualitäten. Die Formen und dekorativen Elemente sind ebenfalls vielseitig, wobei es den Archäologen gelang, aus dieser Vielzahl zwei große Gruppen herauszufiltern: eine ist die sogenannte Chavín-Keramik oder der Chavín-Stil. Die andere Gruppe setzt sich aus verschiedenen Stilen oder Töpferwaren zusammen, die sich deutlich vom Chavín-Stil unterscheiden. Manche der Keramiken stammen folglich aus anderen Regionen; teilweise wurden sie aus bis zu 200 km Entfernung herantransportiert. Auffallend ist dabei vor allem die Verzierung der Gefäße. So sind Keramiken, die den sogenannten Drachen-Stil aufweisen, besonders häufig anzutreffen: Der Drache mit Krokodilkopf ist hier in vielfältiger Weise dargestellt, häufig sogar als ›duales Wesen‹, das heißt sowohl in männlicher als auch in weiblicher Form. Sein wichtigstes Merkmal ist der Kopf, der sich aus einem Kopfband zusammensetzt, einem ringförmigen Nüster, einem länglichen Auge in der Kopfmitte sowie einem langen, hervorstechenden Maul, das mit zahlreichen, gebogenen Reißzähnen versehen ist. Wahrscheinlich handelt es sich um ein Wesen, das eher mit dem an der ecuadorianischen Küste (Guayas und Manabí) vorkommenden ›Crocodrilus acutus‹ in Verbindung zu bringen ist als mit dem Kaiman oder Alligator der amazonischen Gebiete (Abb. 22). Dies ist insofern sehr aufschlussreich, als es sich hier um dasselbe Gebiet handelt, aus dem die Angehörigen der Chavín-Kultur sowie andere andine Völker für ihre Kulte und als Grabbeigabe die Spondylus–Muschel importierten. Aus derselben Region stammen auch die Meeresschnecken, aus denen man die ›pututus‹, die Schneckenhörner, herstellte. Die ›pututus‹ treten entsprechend in der Kunst immer zusammen mit der Spondylusmuschel, in Quechua ›mullu‹ genannt, auf. Ob der Drache einen Krokodilkopf hat oder in Form einer Schlange erscheint – immer wirkt das Wesen bedrohlich.

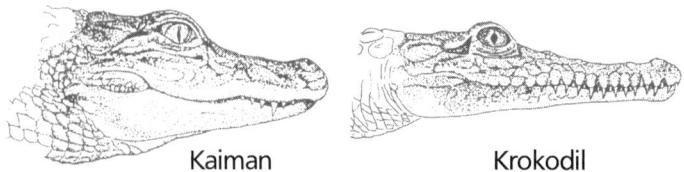

Kaiman            Krokodil

Abb. 22: Unterschied zwischen Kaiman und Krokodil

Die *Lanzón-Galerie*
Bedrohlich wirkt auch die Gestalt, die die größte Skulptur einer anderen Galerie ziert: der *Lanzón* (der ›Lanzenartige‹). Der *Lanzón* ist eine Steinskulptur, die im Boden und in der Decke der Galerie verankert ist und ihr ihren Namen gibt (Abb. 23). In seiner Form erinnert er an den Grabstock, der in den Anden bis heute beim Feldbau verwendet wird.

Die *Lanzón-Galerie* liegt unter dem Hauptflügel des ›U‹ und kann heute durch einen zentralen Eingang südlich der Haupttreppe erreicht werden. Dies ist jedoch nicht der ursprüngliche Eingang; dieser war, wie alle anderen Eingänge auch, vor den Augen der Besucher, die sich auf dem *Runden Platz* aufhielten, verborgen. In die Wände der

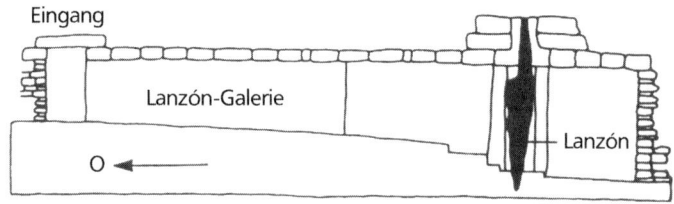

Abb. 23: Querschnitt der Lanzón-Galerie

*Galerie* sind Nischen eingelassen, in denen möglicherweise Opfergaben lagen. Im Zentrum befindet sich der *Lanzón*, was die Vermutung nahelegt, dass er das Haupthelligtum des *Alten Tempels* war. Er ist imposante 4,53 m hoch und mit dem Bild einer mit Raubzähnen versehenen menschenartigen Gottheit verziert. Das untere Ende ist in den Boden des Ganges eingelassen. Der rechte Arm der Skulptur ist erhoben, mit der Handfläche nach oben, und ihr linker Arm ist herabhängend, mit dem Handrücken nach vorne gewandt (Abb. 24). Das ist die typische Körperhaltung einer Gottheit als Mittler zwischen den Gegensätzen: eine Personifizierung des Prinzips von Balance und Ordnung. Möglicherweise war der *Lanzón* dabei nicht nur Standbild, sondern verkörperte eine Achse, die die drei Welten (Ober-, Mittel- und Unterwelt) verband, also die Weltenachse (›axis mundi‹) oder den Weltenbaum darstellte. In die Skulptur eingearbeitet ist außerdem ein Kanal, der von oben nach unten führt. Der peruanische Archäologe Luis Lumbreras schloss daraus, dass das Blut von Opfern von oben über den *Lanzón* gegossen wurde. Da sich oberhalb der Skulptur eine

Abb. 24: Lanzón

weitere, leicht zugängliche Galerie befindet und nur eine Steinplatte abgehoben werden muss, um an den *Lanzón* zu gelangen, klingt dies plausibel.

Was waren die *Galerías*?

Die Anlage von *Chavín* hat zahlreiche weitere unterirdische Gänge oder Galerien; zusammengenommen machen sie ungefähr ein Viertel des Gesamtvolumens der ganzen Anlage aus. Außer den beiden eben beschriebenen, bedeutendsten *Galerías* wurden beispielsweise die *Treppengalerie* und die *Galerie der Schneckenhörner* (Fundort unzähliger Schneckenhörner) entdeckt. Möglicherweise ist auch noch mit mehr Entdeckungen zu rechnen. Welche Funktion hatten aber diese unterirdischen Gänge, in die kein natürlicher Lichtstrahl gelangte, die auch bei künstlichem Licht kaum zu erkennen waren, die verwinkelte Grundrisse hatten und in denen man sich leicht verlief?

Manche Galerien, so nimmt man an, waren unterirdische Kultplätze, andere Vorratskammern, in denen Kultgegenstände gelagert wurden, was in späteren Kulturen durchaus üblich war. Eine besonders unkonventionelle Idee entwickelte der peruanische Archäologe Luis Lumbreras. Er behauptete, dass die unterirdischen Galerien ein hydraulisches System waren, durch das man akustische Effekte erzielen konnte. Er testete seine Hypothese, indem er Wasser vom Río Mosna in den *Alten Tempel* leitete, was ein Geräusch von klatschenden Händen erzeugte. Weiterhin entdeckte er, dass man durch das Anheben und Absenken bestimmter Steinplatten die Geräusche verändern konnte. Seiner Ansicht nach imitierte *Chavín de Huantar*, zumindest was den *Alten Tempel* angeht, demnach akustisch die Bewässerungssysteme der Küstenkulturen: Es sei ein ›tosendes, donnerndes‹ Heiligtum gewesen, das mit optischen und akustischen Effekten gleichermaßen arbeitete. Umfangreiche Versuche um diese Hypothese zu erhärten stehen indes noch aus.

Klar ist, dass *Chavín* von seiner Architektur her sehr gut gegen starke Regenfälle und Wassereinbrüche gesichert war: Der Tempel hatte eine wasserundurchdringliche Außenwand, die durch die Versiegelung mit gebranntem Ton erreicht wurde. Zahlreiche Drainagekanäle führten vom *Alten Tempel* aus weg, das Tempelinnere war durch horizontale Lagen von Stein und ungebranntem Ton, die sich abwechselten, vor Wasserstau geschützt. Planspiele am Computer ergaben, dass dieses ausgeklügelte Entwässerungssystem auch extreme Wettersituationen bewältigen konnte. So drang selbst bei heftigen, länger andauernden Niederschlägen keine Feuchtigkeit in das Innere des Tempels.

Archäologen konnten zudem beweisen, dass das Heiligtum über mehrere Jahrhunderte hinweg ›funktionierte‹: Die unterirdischen *Galerien* hatten ein Belüftungssystem, das alle Gänge und Kammern des *Alten Tempels* in ein einziges System zur Luftzirkulation einbezog. Das Innere des *Alten Tempels* blieb auf diese Weise immer kühl und wohltemperiert sowie gut belüftet.

## Der *Neue Tempel* (500–200 v. Chr.)

Der *Neue Tempel* ist wesentlich größer als der *Alte Tempel* und eines der bedeutendsten Bauwerke Alt-Perus. Die Bevölkerung der *Chavín* umgebenden Siedlung wuchs in der betreffenden Zeit (500–200 v. Chr.) von ursprünglich ungefähr 500 auf 2000 bis 3000 Personen an, was die steigende Bedeutung *Chavíns* anzeigt und zu einer Intensivierung der Handelsbeziehungen zum Hochland und zur Küste führte: Man fand beispielsweise eine große Menge an Pfeilspitzen aus Obsidian, vulkanischem Glas, das nur in ungefähr 500 km Entfernung abgebaut werden konnte. Zumindest für das Formativum sind weiterhin Handelsbeziehungen bekannt, die das Hochland mit Fischmehl versorgten: Getrockneter Fisch, Fischmehl und Meersalz gehören mit zu den ältesten Handelsgütern im zentralen Andenraum, was damit zusammenhängen mag, dass das Andengebiet eine Region des Jodmangels ist, der zu schweren Krankheiten führen kann. Archäologische Ausgrabungen ergaben außerdem einen hohen Spezialisierungsgrad der Bevölkerung: Es scheint große Werkstätten zur Herstellung von Gütern gegeben zu haben, die dann mit dem Hochland, der Küste oder dem Amazonasgebiet getauscht wurden. So brachten Lamakarawanen Spondylus-Muscheln aus Ecuador nach *Chavín*, wo man sie zu Schmuck verarbeitete, und auch die Herstellung von Goldobjekten war Teil des Handwerks in *Chavín*. Man erreichte aber nicht nur einen höheren Spezialisierungsgrad, sondern auch die Art der Siedlungen und die hierarchische Ordnung änderte sich: Streusiedlungen wurden zu größeren Orten in der unmittelbaren Umgebung des Zeremonialzentrums, mit Ortsteilen, die erkennbare soziale Unterschiede aufwiesen. So fand man etwa in einigen Bereichen deutlich mehr Reste von Fischen, die aus dem Pazifik stammen, als in anderen. Ein Teil der Bevölkerung hatte demnach offensichtlich Zugang zu Ressourcen, die einem anderen verwehrt waren.

Was sich hingegen in der strikten Tradition des alten *Chavín* weiterentwickelte, war die religiöse Kunst: Durch die Erweiterung des *Alten Tempels* war es nötig, für die Steinverkleidungen der Wände des

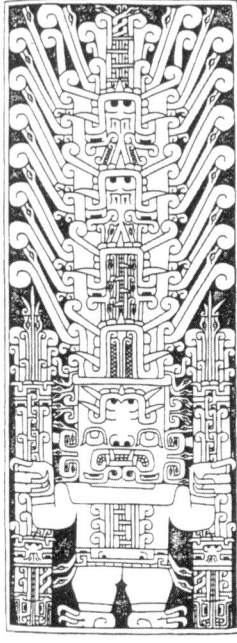

Abb. 25: Raimondi-Stele

*Neuen Tempels* oder *Castillos* neue Stein-reliefs, Steinköpfe und Stelen herzustel-len. Die Darstellungen blieben dabei im Formenkanon und den Konventionen *Chavíns*, diese wurden sogar noch ver-stärkt bzw. perfektioniert: Die Darstel-lungen wurden wesentlich komplexer, was zum Beispiel die Präsentation der Chavín-Gottheit auf der nach ihrem Entdecker ›*Raimondi-Stele*‹ (Abb. 25) ge-nannte Stele des *Neuen Tempels* zeigt.

Der Eingang zum *Neuen Tempel* war mit einem ›*Schwarz-Weißen*‹ *Portal* ver-sehen: Weiße Granitplatten auf der lin-ken und schwarze Kalksteinsäulen auf der rechten Seite flankierten den Auf-gang. Er war zusätzlich mit zwei Stein-platten versehen, die *Vogelfiguren* zeigen (Abb. 26). Sie hatten wohl eine Funk-tion als Wächter des Hauptheiligtums des *Neuen Tempels*: das *Relief der höchsten Gottheit* oder auch die *Lächelnde Gottheit* (Abb. 27). Dieses *Relief* zeigt im Prinzip die gleiche Gottheit wie der *Lanzón*, der einige Jahrhunderte vorher gefertigt wurde. Der einzige Unterschied besteht in der Spondylus-Muschel und der Strombusschnecke, die die *Lächelnde Gottheit* in ihren Händen hält. Dass diese beiden, aus den warmen Gewässern Ecuadors stammenden Meerestiere derart pro-minent dargestellt sind, lässt aufmerken. Es könnte ein Hinweis auf den stark zunehmenden Handel sein oder auch auf die Zunahme der

Abb. 26: Vogel-Wächter am Schwarz-Weißen Portal

Kulte bzw. die Steigerung ihrer Bedeutung. Wie an der Küste: Mehr Menschen brauchten mehr Nahrung und waren dadurch stärker auf die regelmäßige Wiederkehr der Regenzeit angewiesen. Tatsächlich stehen beide – die Spondylus-Muschel wie auch die Strombusschnecke – für das tropische Tiefland Ecuadors, für Regen, für Fruchtbarkeit und für Wasser. Eine weitere Dar-

Abb. 27: Lächelnde Gottheit

stellung derselben Gottheit findet sich auf einem vermutlich jüngeren Kunstwerk: der oben bereits erwähnten *Raimondi-Stele*, wobei die Gottheit auf dieser *Stele* zum ersten Mal den sogenannten Stabgott repräsentiert, der in Frontalansicht gezeigt wird und in beiden Händen einen aufgerichteten Stab hält. Er trägt üppigen Kopfschmuck, der aus sich wiederholenden Krokodilköpfen besteht. Die Haare sind Voluten und Schlangen, er hat Vogelkrallen und eine Gesichtsmaske mit Raubtierzügen. Bemerkenswert ist ferner, dass diese Abbildung auch funktioniert, wenn man sie auf den Kopf stellt. Es tritt dann die Chavín-Konvention der modularen Weite (s. S. 75) ganz klar hervor: Das Bild besteht aus drei nebeneinander angeordneten Bändern. In der Mitte teilt ein als Zunge mit Krokodilköpfen ausgebildetes Band das Bild in zwei Hälften.

Die ehemals in die Außenwände des *Neuen Tempels* eingelassenen *Steinköpfe* zeigen analog die gleichen Motive wie die *Steinköpfe* des *Alten Tempels*: Mensch-Tier-Transformationen und halluzinogene Pflanzen wie den San-Pedro-Kaktus. Der *Neue Tempel* zeigt zudem auch die gleichen architektonischen Merkmale wie der *Alte Tempel*: Im Zuge der Erweiterung wurden neue *Galerien* angelegt, ebenso *Kammern*, deren Wände mit Wesen verziert sind, die als eine Mischung aus Fisch und Raubkatze erscheinen. Hier wird die Bedeutung des Wassers nochmals betont.

## Die Kunst von *Chavín*

Besonders bestechend an der Anlage vor allem des *Alten Tempels* von *Chavín* ist die Kunst, die hier ihren Anfang nahm, über Jahrhunderte oder sogar Jahrtausende hinweg im Kern erhalten blieb und gegen

Ende der von Chavín geprägten Epoche sogar an der Küste Südperus, in *Curayacu*, südlich von Lima, auftauchte und in der gesamten südlichen Region die Kulturentwicklung prägte.

Problematisch für die Erforschung der Kunst *Chavíns* ist natürlich der Vandalismus: Die meisten der Kunstwerke stehen nicht mehr an ihren ursprünglichen Plätzen, was das Erkennen von Zusammenhängen selbstredend sehr erschwert; denn eines erscheint klar: Jede Skulptur, jedes Relief wurde für eine ganz bestimmte Stelle gearbeitet, wobei sie Zugänge zu anderen Welten oder die Anwesenheit von Göttern symbolisierten. Auch die zeitliche Abfolge und damit die Entwicklung der Kunst nachzuvollziehen, war erst über einen Umweg möglich: Eine Ausgrabung in Südperu, in Ica, ermöglichte durch die Darstellungen auf der Keramik, die stark von Chavín beeinflusst war, die Einordnung der Kunstelemente in frühere und spätere. Ein anderer Weg führte über die früheren Bauwerke und Kleinfunde: Wie und wo flossen Elemente, die schon in *Cerro Sechín*, *Garagay*, *Moxeke* oder *Huaca Prieta* vorhanden waren, in die Kunst von *Chavín* ein? Dieser ehrgeizige Forschungsansatz, der sich mangels zuverlässiger Datierungen größtenteils auf das Erkennen von Kunststilen stützen muss, bestätigt im Großen und Ganzen die fast 40 Jahre früher ›ergrabenen‹ Resultate.

Steht der Betrachter der Kunst des *Alten* und des *Neuen Tempels* von *Chavín* das erste Mal gegenüber, so ist er verwirrt und fasziniert zugleich: Es handelt sich um Bilder, die wiederum aus Bildern bestehen, deren Zusammenhang nicht auf den ersten Blick erkennbar ist. Die Faszination, die von diesen Kunstwerken ausgeht, rührt von ihrer Perfektion und ihrer Ästhetik: Die Eleganz der Linienführung und die Ausdruckskraft der Bilder sind bestechend. Durch einfache Mittel werden starke Effekte erzielt. Die Kunst des *Alten Tempels* besteht dabei fast ausschließlich aus steinernen *Flachreliefs*, *Steinköpfen* und aus Stein gearbeiteten *Mörsern*. Die sicher einmal vorhandenen bemalten Lehmreliefs sind nicht erhalten. Spricht man daher von der Kunst *Chavíns*, so sind damit in der Regel die prominentesten Beispiele, die *Steinstelen*, gemeint. Diese Kunst, die sich an den Reliefs am komplexesten darstellt, erscheint in Einzelelementen auch auf Keramiken, Schmuck aus Muscheln oder Gold und in Südperu auch auf Textilien.

Die gesamte Kunst *Chavíns* folgte, ebenso wie die Kunst Alt-Perus insgesamt, strengen Konventionen. Es war und ist eine religiöse Kunst, die künstlerische Freiheiten wahrscheinlich, wenn überhaupt, nur in der Ausführung, nicht aber in der Wahl der Motive, erlaubte. Es war keinesfalls eine ›l'art pour l'art‹. Grundsätzlich dominieren in

*Chavín*, wie bereits angedeutet, *Flachreliefs*, keine plastischen Kunst-werke. Die einzigen Ausnahmen sind die *Steinköpfe*. Für die Aus-drucksweise in Flachreliefs mussten aber entsprechende Übersetzun-gen gefunden werden: Wie stelle ich Volumen oder die beiden Arme in Seitenansicht dar? Diese Problematik erinnert an die Konventio-nen in der Kunst des Alten Ägypten.

Die wichtigsten Konventionen der Kunst *Chavíns* sind folgende:

a) Symmetrie: Die Darstellungen *Chavíns* sind grundsätzlich an einer vertikalen Achse spiegelbar, beide Seiten sind symme-trisch, wenn auch mit Abweichungen im Inhalt, wie beispiels-weise bei der *Lächelnden Gottheit*, die in einer Hand eine Spon-dylus-Muschel und in der anderen eine Strombusschnecke hält (Abb. 27). Der Rest der Figur ist spiegelbildlich identisch. Ein spektakuläres Beispiel für eine solche Symmetrie ist auch der *Tello-Obelisk* (Abb. 29), der ein Krokodilpaar spiegelt.

b) Wiederholung: Es werden einzelne Elemente oder manch-mal auch ganze Figuren wiederholt, und zwar in Reihen, was der Kunst einen rhythmischen Eindruck verleiht. Ein schönes Beispiel hierfür ist die *Raimondi-Stele* (Abb. 25): Der Kopfauf-satz der Figur ist eine mehrfache Wiederholung desselben Elements. Ebenso verhält es sich bei der Darstellung eines *Ad-lers* mit gespreizten Schwingen (Abb. 28): Die Federn sind ex-akte Wiederholungen einzelner Elemente. Dieses *Relief* ist auch ein gutes Beispiel für das ›Bild im Bild‹: In dem *Adler* verbirgt sich ein Ge-sicht: Der Rücken des Vo-gels bildet die Nase, die Federn der Flügel die Haare und aus dem Mund scheinen Federn zu wach-sen – die Schwanzfedern des Vogels.

Abb. 28: Vogelgottheit

c) ›Modulare Weite‹: Dieser Begriff wurde eigens für die Kunst *Chavíns* kreiert. Er bezeichnet parallel laufende, breite Bänder, die mit Inhalten versehen sind. Sehr gut ist dies wie-derum am *Tello Obelisk* zu sehen (Abb. 29). Das Krokodilpaar ist hier in vier gut erkennbare Bänder gegliedert, die einzel-nen Seiten des *Obelisks*; die einzelnen Bänder sind voll mit

Elementen wie Federn, Strombusschnecken usw. Auch hier ist wieder die ›Bilder im Bild‹-Technik zu erkennen. Die Bänder müssen grundsätzlich nicht immer strikt gerade parallel zueinander verlaufen, sondern können auch geschwungene Linien sein.

d) Reduktion der Figuren auf eine Kombination von geraden Linien, einfachen Kurven und ›Schnörkeln‹: Schlangen sind beispielsweise nicht als Schlangen dargestellt, sondern nur als Auge in einer bestimmten Form. Sieht man ein solches Auge in einer der komplexen Darstellungen, so weiß man sofort, dass damit die Schlange gemeint ist. Analog symbolisieren Kreuze die Zeichnung eines Jaguarfells, drei Blätter in einer bestimmten Anordnung stehen für einen Maiskeimling und Schnörkel für Haare.

Das Erkennen und Benennen der Konventionen stellt allerdings den einfacheren Teil der Interpretation dar. Der weitaus schwierigere besteht in der Deutung des Inhalts, der Rekonstruktion der Bedeutung der einzelnen Elemente und ihrer Kombination. Mehrere Autoren, die sich dieses Themas angenommen haben, vergleichen die Kunstelemente *Chavíns* mit den ›Kennings‹. Dieser Begriff entstammt der ›Old Norse‹-Sprache, die von skandinavischen Völkern zur Wikingerzeit gesprochen wurde. Insbesondere eine höfische, poetische Form bediente sich mit Vorliebe der ›Kennings‹, die von einem isländischen Gelehrten aus dem 13. Jh. mit diesem Begriff belegt wurden. Damit sind bildhafte Vergleiche gemeint, die nur von einer ›eingeweihten Gemeinde‹ verstanden werden konnten, wobei man den ursprünglichen Begriff in ein und derselben Sprachhandlung verglich und ersetzte. Sprach man damals etwa von der ›Walstraße‹, so wusste jeder dieser Gemeinschaft, dass ›das Meer‹ damit gemeint war. Ein Süd- oder Mitteleuropäer hätte dagegen mit diesem Begriff nichts anzufangen gewusst. Problematisch wird es hinsichtlich einer Interpretation der ›Kennings‹ vor allem dann, wenn es sich um den ›Kenning der Kennings‹ handelt: Ein Begriff wie ›Walstraße‹ oder ›Robbenfeld‹ bedeutete ›das Meer‹; der Begriff ›das Meer‹ wiederum stand aber in der Poesie für einen ›militärischen Angriff‹. Verwendete der Vortragende also den Begriff ›Walstraße‹, so meinte er eigentlich einen ›militärischen Angriff‹. Je komplizierter die ›Kennings‹ waren, desto kleiner war normalerweise der Kreis von Personen, der sie verstand. Auf diese Weise entstand eine Art Geheimsprache, deren Verständnis auf einen eingeweihten Zirkel beschränkt war.

Einige solcher komplizierten ›Kennings‹ sind in der Kunst Chavíns klar zu erkennen. Problematisch ist nur, dass wir die Geschichten, in denen die ›Kennings‹ eingeführt wurden, nicht mehr kennen. Uns fehlt demnach die Erklärung der verwendeten Begriffe, deren Bedeutung nur durch Interpretation und Kombination herausgefunden werden kann. Um die Funktionsweise der Chavín-Kunst zu verstehen, beginnt man am besten mit einfacheren Darstellungen: Ein angedeuteter Fang mit Reißzähnen bedeutet in der Regel Jaguar. Damit ist es aber wahrscheinlich nicht der Jaguar als Tier gemeint, sondern das Tier steht wiederum für das Göttliche oder für übernatürliche Mächte. Es wäre also anzunehmen, dass Figuren mit Jaguarelementen als göttlich anzusehen sind, Figuren ohne Jaguarelemente dagegen als Kreaturen dieser Welt. Eine gesicherte Deutung ist aber wegen der fehlenden Bedeutungshintergründe nicht möglich.

## Die Götter von *Chavín*

Was für Gottheiten wurden in *Chavín* verehrt? Da es kaum verlässliche Datierungen gibt und auch die ursprünglichen Standorte der Kunstwerke nicht bekannt sind, ist es nahezu unmöglich, *Chavín* als Gesamtkomplex zu rekonstruieren. Ebenso ist es nahezu unmöglich, die Beziehung der Gottheiten untereinander zu entschlüsseln. Wer war die höchste Gottheit? Wer war der Schöpfergott, gab es einen? Für fast jede der entdeckten Steinstelen oder Steinreliefs gibt es daher mehrere Interpretationsvorschläge. So hält z.B. ein Archäologe den *Lanzón* für den Schöpfergott, ein anderer sieht in ihm einen Himmelsgott oder einen Gott für Blitz und Donner, also einen, der letztlich mit Regen und Fruchtbarkeit in Verbindung steht.

Interessante Annäherungen oder sogar Erkenntnisse liefern die Kunstwerke selbst. Ist der *Lanzón* in seiner Ausgestaltung noch recht einfach gehalten, so kann man die Darstellung auf dem ca. 2,50 m hohen *Tello Obelisk* (Abb. 29) wohl als komplex bezeichnen; mit den oben aufgelisteten Konventionen lässt sie sich jedoch wenigstens zum Teil entschlüsseln: Vier parallel verlaufende Bänder, jeweils zwei große (1 und 3) und zwei kleine (2 und 4), bilden in ihrer Gesamtheit ein Krokodilpaar. Beide Tiere haben einen vogelartigen Schwanz, was klar macht, dass es Mischwesen sind. Besonders auffallend sind die Köpfe mit den Reißzähnen. Die Krokodile scheinen in Ruheposition zu sein. Auf ihren Körpern finden sich zahlreiche Bilder. Was den *Tello Obelisk* so besonders macht, sind dabei vor allem die Pflanzendarstellungen: Aus verschiedenen Körperteilen wachsen Nahrungspflanzen, aus dem Penis eines Krokodils keimt eine Maniokpflanze und unter seinem Hinterlauf erscheint ein menschlicher Kopf, aus dessen Mund und Nase Maniokknollen nach unten wachsen. Über diesem Kopf sind Erdnüsse zu erkennen. Das andere Krokodil hält einen Kopf, aus dem Früchte und Chilipfeffer herauswachsen, in seiner hinteren Klaue, die Blüte und die Frucht der Flaschenkürbisse ragen aus einem kleinen, mit Raubzähnen versehenen Gesicht in der Körpermitte.

Bedeutend ist hier sicher zunächst die Tatsache, dass das linke Krokodil Pflanzen zeigt, die unter der Erde wachsen, während das rechte Krokodil Pflanzen zeigt, die über der Erde wachsen. Dies verleitete dazu, die beiden Krokodile nicht nur als Paar, sondern wiederum als sich ergänzende Gegensätze, als

Darstellung des andinen Konzeptes der Dualität, zu interpretieren. Derselbe Forscher, der diesen Gedanken vertrat, ging sogar noch weiter: Er sah das eine Krokodil als Repräsentanten des Himmels – nämlich das rechte, das auf seiner Schnauze eine sich nach oben reckende Vogeldarstellung zeigt; das linke Krokodil wäre dann der Repräsentant der Unterwelt, die in vielen Kulturen als ›aquatisch‹ angesehen wird: Es hat eine stilisierte Spondylus-Muschel auf der Schnauze. Luis Lumbreras deutet das eine Krokodil als Repräsentanten der Regenzeit, das andere als Repräsentanten der Trocken- und Erntezeit. Man sieht an diesem Beispiel sehr gut, wie unterschiedlich die Interpretationen sein können. Klar erkennbar sind aber die Grundstrukturen der sich ergänzenden Gegensätze und die Entstehung von Pflanzen aus Körperteilen. Um die genaue Bedeutung der Gottheiten herausfinden zu können, bräuchte man jedoch die Mythen, die die Bedeutung der ›Kennings‹ entschlüsseln.

Abb. 29: Tello-Obelisk

Auffallend ist insgesamt, dass die in *Chavín* verehrten Gottheiten, Pflanzen oder Tiere aus tropischen Regionen stammen und nicht aus der andinen Umgebung. Ob es sich dabei allerdings tatsächlich um das Amazonasgebiet handelt, wie manche Forscher behaupten, oder nicht doch um den dichten Regenwald Ecuadors oder Westkolumbiens, ist nicht klar. Die dargestellten Raubvögel etwa sind nicht, wie ursprünglich irrtümlich angenommen, Kondore, sondern Harpye-Adler, ein im tropischen Regenwald gefürchteter Raubvogel. Er kommt sowohl in Amazonien als auch in Zentralamerika vor und ist sogar das Wappentier Panamas. Charakteristisch für diesen Vogel sind seine Krallen, darunter vor allem die berüchtigte Bärenkralle, die es ihm erlaubt, auch größere Tiere mit einem Schlag zu töten. Harpyen sind sogar stark genug um einen kleinen Menschen umzubringen. Der Jaguar, der sehr häufig dargestellt ist, gilt als prominenter Vertreter aus dem Amazonasgebiet, wobei festzuhalten ist, dass es auch in den Yungas Perus bis in das 20. Jh. hinein Jaguare gab. Entscheidend ist aber sicher das Habitat dieser Tiere: der Regenwald, Symbol für Wasser und Fruchtbarkeit. Dasselbe gilt auch für die häufig dargestellte Schlange. So ist wohl die Anaconda gemeint, die sich vorwiegend in sumpfartigen, ruhig fließenden Seitenarmen des Amazonas und seiner Nebenflüsse aufhält, doch gibt es in den feuchten Abhängen der pazifischen Seite der Anden ebenfalls Riesenschlangen, wie beispielsweise die Boa Ortonii. Die Anaconda ist bei den Völkern Amazoniens häufig die ›Urmutter‹, die Spenderin des Lebens, die Urahnin der indigenen Völker. Und Anacondas sind gefährlich: Sie erlegen nicht nur mühelos große Tiere wie Tapire, sondern sie töten auch Menschen, wenngleich selten.

Die Kunst *Chavíns* zeigt jedoch nicht nur Tiere und Pflanzen aus dem Amazonasgebiet, sondern auch die Spondylus-Muschel und die Meeresschnecke aus den warmen Gewässern Ecuadors. Die Motive mischen sich. Da *Chavín* am Kreuzweg zwischen Amazonas und Pazifikküste liegt, wurde die Kunst wohl von beiden Gebieten beeinflusst. Ganz sicher ist indes nur, dass alle diese Elemente für Regen und Fruchtbarkeit stehen, ungeachtet ihrer Herkunft.

## Schamanen auf Seelenreise – Transformations-darstellungen in der Kunst von *Chavín*

Ein Element tritt in der Kunst *Chavíns* besonders stark hervor: der ›Schamanismus‹. Der Begriff bezeichnet ein magisch-religiöses Phänomen, das seinen Namen wahrscheinlich aus dem Tungusischen, einer sibirischen Sprache, hat, und bedeutet sinngemäß ›der Erregte‹, ›der Ekstatische‹. Der Schamanismus beschäftigt die Religionswissenschaft seit Langem, ist er doch kein unumstrittenes Phänomen. Besonders Interessierte seien daher auf Spezialliteratur verwiesen. An dieser Stelle soll der Schamanismus nur so weit skizziert werden, wie er für die Kunst *Chavíns* und für andere präkolumbische religiöse Kunst relevant ist.

Der Schamanismus ist eng mit der dualistischen Weltanschauung verbunden: Es gibt ein Diesseits und ein Jenseits. Im Diesseits leben die Menschen, Pflanzen, Tiere, alles Vergängliche, im Jenseits leben die Seelen der verstorbenen Lebewesen, also auch der Tiere und Pflanzen, sowie die unsterblichen Gottheiten und die Ahnen der Menschen, die noch leben. Diese Ahnen sind von immenser Bedeutung, da sie häufig Mittlerpositionen zwischen beiden Welten einnehmen.

Zu dieser Zweiteilung kommt noch eine zweite Vorstellung über die Beschaffenheit der Welt, nämlich der Glaube, dass der Kosmos aus drei Welten – der Ober-, Mittel- und Unterwelt – besteht. Diese drei Welten sind nicht starr voneinander abgegrenzt, sondern durch den Weltenbaum oder die Weltenachse miteinander verbunden. Es gibt jedoch noch weitere Übergänge, die durch Besonderheiten gekennzeichnet sind: Wasserfälle, Quellen, Seen, Höhlen, die ›Passagen‹ in eine der anderen Welten oder auch in das Jenseits darstellen. Auch Berge können die Funktion einer Weltenachse erfüllen. Wichtig ist in diesem Kontext die Annahme, dass nicht nur bestimmte Menschen unter bestimmten Bedingungen diese Passagen nutzen können, sondern dass auch die Geistwesen oder Gottheiten auf diesem Weg zu den Menschen gelangen können.

Als drittes wichtiges Grundelement des Schamanismus kommt das Verständnis des Begriffs ›Seele‹ hinzu. Viele Völker gehen davon aus, dass ein Mensch mehrere Seelen hat und dass es unterschiedliche Wege gibt, zu diesen Seelen zu gelangen. Meistens geht man dabei davon aus, dass der Mensch mit mindestens einer Seele auf die Welt kommt. Dies ist seine ›Vitalseele‹, die dem Körper Lebenskraft verleiht. Zusätzlich zu dieser Seele wird den Menschen jedoch noch eine ›Freiseele‹ zugesprochen, die sie erst im Laufe ihres Lebens hinzugewinnen. Dieses Hinzugewinnen erfolgt bei manchen Völkern im Rahmen eines schmerzlichen Rituals, das die Probanden durchlaufen müssen. Bestehen sie es erfolgreich, so gelangen sie in den Besitz der Freiseele, die sie stark, mächtig und vor allem aggressiv macht.

Entscheidend ist hier, dass die Vitalseele untrennbar mit dem Körper verbunden ist, die Freiseele nicht. Sie löst sich vom Menschen, wenn er schwach ist oder wenn er schläft. Im Hochland der Anden gibt es entsprechend bis heute das Krankheitsbild des ›susto‹, des Seelenverlustes, das durch ein Schockerlebnis entsteht: Die Seele flieht, der Mensch bleibt apathisch, paralysiert zurück. Wenn die Freiseele aber den Menschen verlässt, ist sie in Gefahr: Sie kann geraubt, entführt oder gefangen genommen werden, was wiederum den eigentlichen ›Besitzer‹ in große Gefahr bringt und krank macht. Der Mensch ist nur dann völlig gesund, wenn alle drei Kernelemente Leib, Vitalseele und Freiseele sich in einem harmonischen Ganzen befinden, wobei der Leib verletzt, die Vitalseele durch Zauber oder feindselige Gefühle anderer geschädigt und die Freiseele durch Verlust oder Inbesitznahme durch einen übel wollenden Geist (Besessenheit) Schaden nehmen kann. Krankheit ist in diesen Kulturen daher niemals nur eine Fehlfunktion des Körpers, sondern auch immer das Ergebnis eines Ungleichgewichts der Seelen oder eines Vergehens gegen die Geister oder Gottheiten, denn ein Vergehen gegen die Gottheiten oder auch die Ahnen wird von diesen sanktioniert: Sie schicken Unheil über die Menschen, das die Form von Krankheit, Tod, Verlust oder Naturkatastrophen annehmen kann.

Man brauchte und braucht also Mittler zwischen den Menschen und dem Jenseits, den drei kosmischen Ebenen und deren Bewohnern. Diese Mittler waren und sind die Schamanen. Sie unterscheiden sich von ›normalen‹ Menschen dadurch, dass sie ihre Freiseele bewusst abtrennen und auf eine Seelenreise in eine der anderen Welten schicken können. Dies ist ein schmerzlicher und gefährlicher Prozess. Der Schamane muss zudem die Fähigkeit besitzen, die eigene Freiseele zu kontrollieren, um mit den Freiseelen der anderen Menschen umgehen zu können. Er muss weiterhin in der Lage sein, Kontakt zu den Jenseitsmächten aufzunehmen, die das Geschick der Welt und der Menschen bestimmen. Um diese gefahrvolle Aufgabe zu meistern, bedient sich der Schamane seiner Hilfsgeister, zumeist Tiere, die ihn auf der Seelenreise begleiten. Ein Schamane wird berufen, meist durch die Gottheiten, mit denen er später kommuniziert. Er durchläuft daraufhin mehrere sehr schmerzhafte Weihen, zu denen auch ein Traum gehört, in dem der Schamane auf grausamste Weise zerstückelt und dann wieder zusammengesetzt wird.

Die zentrale Aufgabe des Schamanen ist die des Heilens. Da dem Begriff ›Krankheit‹ ein anderes Konzept zu Grunde liegt als in unserer Kultur, wird er Heilung suchen, indem er die aus den Fugen geratenen Verhältnisse wieder ins Gleichgewicht bringt oder gefangen genommene Seelen befreit, böse Geister, die in Menschen wohnen, vertreibt. Eine weitere wichtige Funktion des Schamanen ist der Erhalt der Nahrungsquellen und sicher die damit verbundene Vermeidung von Naturkatastrophen. Den heilenden Handlungen und der Abwendung von Naturkatastrophen muss dabei selbstverständlich eine Ursachenforschung, eine Diagnose vorausgehen. Diese Diagnose stellt der Schamane, indem er eine Seelenreise vollzieht und bei den Gottheiten nachforscht, warum sie Unheil über die Menschen geschickt haben. Um diese Seelenreise vollziehen zu können, muss er sich in Trance versetzen. Dies geschieht in manchen Kulturen mittels körperlicher Grenzerfahrungen durch Schmerz oder Überanstrengung. In Mittel- und Südamerika geschah und geschieht dies mithilfe halluzinogener Drogen, die nur ein geschulter Schamane einnehmen darf und kontrollieren kann. Durch die Einnahme dieser Drogen versetzt er sich in einen ekstatischen Zustand, in dem er nur noch Seele ist; daher wird die Seelenreise von manchen Forschern auch Wanderekstase genannt. Während der Seelenreise nimmt der Schamane in vielen Kulturen die Gestalt seines jeweiligen Hilfs- oder Schutzgeistes an, der ihn auf der Reise begleitet. Man sieht dem Schamanen zudem diese Wandlung an, denn er benimmt sich nicht mehr wie ein Mensch, sondern wie ein Jaguar, eine Harpye oder ein anderes Tier, das in diesem Fall der Schutzgeist ist. Diese sogenannte Mensch-Tier-Transformation findet sich in der alt-amerikanischen Kunst sehr häufig wieder: Nicht nur in *Chavín* und der religiösen Kunst Alt-Perus finden sich entsprechende Darstellungen, sondern bis nach Zentralamerika und Mexiko. Ein weiterer wichtiger Bestandteil einer Schamanen-Seance ist das Kostüm. Auch dieses kann seinen Schutz- oder Hilfsgeist verkörpern.

Die Kunst *Chavíns* bietet viele mögliche Beispiele für Schamanen ›in Aktion‹. So zeigen die *Steinköpfe* Mensch-Tier-Transformationen (Abb. 19). Sie zeigen darüber hinaus die Verwendung halluzinogener Drogen, was man an dem starken Nasenausfluss sehen kann, der mit der Einnahme von Halluzinogenen, die geschnupft werden, verbunden ist (Abb. 30). Das häufige Auftreten des mescalinhaltigen San-Pedro-Kaktus weist ebenfalls auf das Schamanentum hin.

Abb. 30: Raubkatzenkopf mit Nasenausfluss

# Blüte und Ausbreitung des Chavín-Kultes

In der Blütezeit *Chavíns* reichten seine Handelsbeziehungen, wie bereits erwähnt, über sehr weite Strecken. Über diesen Handel gelangten vermutlich auch Elemente der religiösen Kunst in den gesamten Bereich Nordperus und sogar bis südlich der heutigen Hauptstadt Lima. Die Ausbreitung der Kunst *Chavíns*, die ja auch die Verbreitung seiner religiösen Kulte und des Götterpantheons widerspiegelt, mag mit Vorkommnissen an der Nordküste Perus zu tun gehabt haben: Man konnte feststellen, dass es ab ungefähr 700 v. Chr. zu einer Verminderung der Bautätigkeit an der Zentralküste und sogar zur Aufgabe großer, noch nicht fertiggestellter Zeremonialzentren kam. Der Siedlungsschwerpunkt der Bevölkerung scheint sich dabei von der Küste weg in Richtung der mittleren Abschnitte der Flusstäler verschoben zu haben. Zu dieser Zeit wurde auch *Garagay* aufgegeben. Noch früher setzte dieser Prozess in *Sechín Alto* ein, wo man am Ruinenkomplex von *Taucachi-Konkan* unvollendetes Mauerwerk entdeckte. An anderer Stelle des Casma-Tales, in *Las Haldas*, stoppte man den Bau einer riesigen Treppe inmitten der Fertigstellung: Man ließ sprichwörtlich das Handwerkszeug fallen; hölzerne Hilfskonstruktionen, die zum Errichten der Treppe dienten, blieben stehen, Baumwollseile hängen. Offensichtlich bauten neue Nutzer der Pyramide ihre einfachen Häuser später auf die oberste Plattform und warfen ihren Abfall schlicht den Hang hinunter, was eine völlige Respektlosigkeit gegenüber der bis dahin die Zeremonialzentren verwaltenden Priesterschaft, wenn nicht gegenüber den Gottheiten selbst, bedeutete.

Die auf diese Phase folgenden Siedlungen an der Zentralküste hatten keine großen Zeremonialkomplexe mehr. Die Menschen lebten in kleinen Orten, dicht zusammengedrängt. Die Orte selbst machten einen burgenartigen Eindruck und hatten oft Verteidigungsmauern. Hinzu kamen regelrechte Festungsanlagen wie beispielsweise in *Chankillo* im Casma-Tal. All dies weist auf eine zumindest vorübergehende Verschlechterung der Lebensbedingungen hin. Den Grund dafür kennt man nicht. Häufig werden Naturkatastrophen oder Klimaveränderungen als Ursache angenommen. Es kam offensichtlich zu Missernten und diese wiederum verursachten Kriege auf breiter Front um die verbliebenen Ressourcen. Zu diesen Auseinandersetzungen kamen die internen Instabilitäten dieser Gesellschaften: Die politisch-religiöse Elite schöpfte ihre Macht aus dem Kontakt zu den Gottheiten und ihrem daraus resultierenden Einfluss auf diese. So lange die Lebensbedingungen der Menschen gut waren, also auch der Kontakt zu den Gottheiten intakt, war dabei alles im Lot. Ging dieses Vertrauen in die Macht der Priester aber durch Naturkatastrophen oder Überfälle anderer Gruppen verloren, so war auch ihre Macht und damit ihr Status dahin. Sogenannte Kollapse, wie es sie im zentralen Andenraum immer wieder – und noch berühmter im Maya-Gebiet Mexikos und Guatemalas – gab, waren folgerichtig zumeist und zuallererst Kollapse der politisch-religiösen Eliten. In keinem Fall ist indes die gesamte Bevölkerung ›verschwunden‹, wenngleich sie erheblich zurückging, es also hohe Opferzahlen gab. Die übrigen Menschen trugen die Traditionen weiter, nur die religiöse Kunst und teilweise auch die angebeteten Götter änderten sich.

Bemerkenswert ist, dass sich parallel zum Zusammenbruch an der Küste im Hochland eine wirtschaftliche und kulturelle Blüte entwickelte, die *Chavín* nicht nur entstehen, sondern auch weit über seine Kernregion hinausstrahlen ließ: Die *Huaca los Reyes* im oberen Moche-Tal gehört zu den schönsten Beispielen (Abb. 31) eines solchen Einflussbereiches. Die auf einem Hügel gelegene *Stufenpyramide* ist der ›Cupisnique‹-Kultur zuzurechnen. Diese Kultur wird auch als ›Küsten-Chavín‹ bezeichnet, da ihre Keramik deutlich verwandte Züge zur religiösen Kunst *Chavíns* zeigt. Sie ist zumeist anthrazitfarben, sehr feinwandig und von erstaunlicher Eleganz (Abb. 32). Die Ausdehnung der Cupisnique-Kultur reichte von einer Region südlich des Moche-Tals bis weit in den Norden, fast bis an die heutige ecuadorianische Grenze. Viele Friedhöfe dieser Kultur wurden durch Raubgrabungen geplündert; auffallend bei den Grabbeigaben war aufwendig gearbeiteter Schmuck aus Perlmutt und auch aus Gold, wobei viele Objekte Bezüge zum Schamanismus zeigen: Darstellungen des San-Pedro-Kaktus' sind zahlreich, ebenso wie die des Riesenkaktus', dessen Saft, wie der des San Pedro, bei Genuss Halluzinationen auslöst. In der Keramik der Cupisnique-Kultur kommen zudem große Landschnecken vor, die von den Rie-

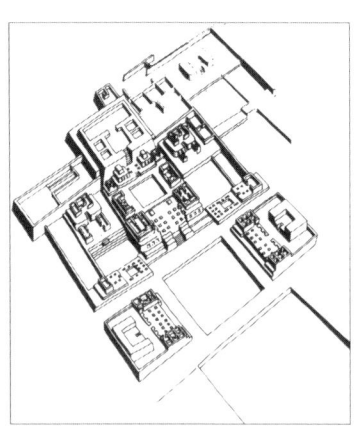

Abb. 31: Huaca los Reyes

Abb. 32: Keramik, Cupisnique-Kultur

senkakteen leben und, wenn man sie roh verspeist, ebenso Halluzinationen auslösen. Im gekochten Zustand ist dies nicht der Fall; noch heute werden sie in manchen Regionen der nordperuanischen Küste gegessen. Von der Qualität der religiösen Kunst der Cupisniques-Kultur zeugen auch Knochenspatel, die es in einigen Museumssammlungen gibt. Drei ineinander verwobene Motive zieren einen Spatel, der sich im Linden-Museum in Stuttgart befindet (Abb. 33). Sie zeigen Raubkatzenköpfe, Vogelkrallen, menschliche Hände: insgesamt möglicherweise ein weibliches Vogel-Monster, das gerade eine menschenähnliche Kreatur gebiert. Der Spatel ist aus einem Knochen einer Großkatze, möglicherweise einem Ozelot, gearbeitet. Die Verwendung dieser Spatel ist nicht gesichert, doch halten es Archäologen für wahrscheinlich, dass man sie für die Einnahme halluzinogener Drogen gebrauchte. Der ›Stuttgarter‹ Spatel ist auf einen Zeitraum von 500–300 v. Chr. datiert.

Im nördlichen Hochland finden sich weitere große Zentren, deren religiöse Kunst eng mit *Chavín* verbunden ist: Das Heiligtum von *Kuntur Wasi*, das *Haus des Kondors*, beispielsweise wurde durch einen sensationellen Goldfund berühmt. Das in der Nähe von Cajamarca, am Oberlauf des Río Jequetepeque in der Übergangsregion zwischen den Yungas und der Quechua-Zone gelegene Zeremonialzentrum entspricht den Bautraditionen des Formativums: Es ist eine auf einem Hügel in 2300 m Höhe gelegene, terrassierte Anlage, deren Steinkonstruktion mit einer dicken, wahrscheinlich bemalten Lehmschicht verkleidet war. Das bereits 1946 von dem peruanischen Ar-

Abb. 33: Knochenspatel, Cupisnique-Kultur

Abb. 34: Türsturz aus Kuntur Wasi

chäologen Tello entdeckte Gebäude blieb lange Zeit relativ unbe-
achtet. Berühmt waren nur die dort gefundenen großen *Steinblöcke*,
die mit der Kunst von Chavín eng verwandte Darstellungen aufweisen: Einer der Monolithe ist Teil eines Türsturzes, ein anderer eine
Schwelle; die Fronten zeigen jeweils ein menschenähnliches Gesicht
mit Raubtierzähnen und Schlangenhaaren in bester Chavín-Tradi-
tion (Abb. 34). Bei den Ausgrabungen kamen zudem erste Goldfun-
de zum Vorschein. Erst ein japanisches Archäologen-Team machte
jedoch während einer Kampagne in den Jahren 1989 und 1990 den
bedeutenden Fund von vier Grabstätten, die reich mit Goldgegen-
ständen ausgestattet waren. Die Ausgrabungen ergaben darüber hinaus recht genaue Datierungen für die einzelnen Bauphasen, so dass
man *Kuntur Wasi* nun in einen Zeitraum zwischen ungefähr 1000
v. Chr. für den Baubeginn und 450 v. Chr. für das Verlassen des Zentrums datieren kann.

Von den aufeinander folgenden Bauphasen soll uns hier indes nur
eine interessieren, die den gleichen Namen trägt wie das Heiligtum
selbst und die wichtigste ist: die Phase ›Kuntur Wasi‹, ungefähr von
750 v. Chr. bis zum Verlassen des Zentrums: Alle gefundenen Gräber
gehören in diesen Zeitraum, wobei die insgesamt sieben Gräber in
engem rituellen Zusammenhang mit einer der Überbauungsphasen der *Zeremonialplattform* stehen: Einer Überbauung geht immer
eine zeremonielle Bestattung der vorherigen Plattform selbst voraus,
manchmal verbunden mit Menschenopfern, vor allem in späterer
Zeit. Die sieben Gräber waren entsprechend in die *Plattform* eingelassen, die unter der *Hauptplattform* der Phase ›Kuntur Wasi‹ liegt. Auf
den Gräbern wurde also sozusagen die *Hauptpyramide* errichtet. Von
den sieben Gräbern waren fünf völlig intakt, in einem befand sich das
Skelett eines alten Mannes mit deformiertem Schädel, mit Grabbeigaben aus Gold, Strombusschnecke (›pututu‹), Keramik und Stein.
Die Goldobjekte waren eine Krone, die aus zwei Streifen besteht,
zwischen denen menschliche Köpfe hängen, und ein Goldplättchen

(Abb. 35). In einem zweiten Grab, ebenfalls das eines alten Mannes, befand sich eine zweite Goldkrone, mit alternierenden Raubkatzenköpfen. Weiterhin fand man Pektorale, Brustplatten mit komplizierten, stark stilisierten Jaguardarstellungen. In der Mitte einer der Brustplatten befindet sich ein Jaguarkopf, rechts und links davon sitzt ein Mensch, der oben und unten von Schlangen eingerahmt wird. Weitere Goldobjekte sind Schmuckscheiben für Ohrlöcher und kleinere Schmuckplatten. Fast alle Objekte sind aus einer Gold-Silberlegierung gearbeitet mit weit überwiegendem Goldanteil. Sie sind aus Goldblech gehämmert, ein Charakteristikum der Goldobjekte aus Peru. Weiter nördlich, im heutigen Kolumbien, bevorzugte man die Wachsausschmelztechnik, auch ›Guss in verlorener Form‹ genannt.

Abb. 35:
Goldkrone aus Kuntur Wasi

Wie genau sich die Beziehungen zwischen *Chavín* und *Kuntur Wasi* gestalteten, ist nicht mehr nachvollziehbar. Sicher ist, dass *Kuntur Wasi*, wie auch *Chavín*, ein bedeutendes Handelszentrum war, das an zwei sich kreuzenden Handelsrouten lag. Es gab also sehr wahrscheinlich Handelsbeziehungen zwischen beiden Zentren.

In *Kuntur Wasi* gibt es ein kleines, 1994 eröffnetes *Museum*, das von der lokalen Bevölkerung betrieben wird. Es befindet sich in unmittelbarer Nähe der rekonstruierten *Pyramide* und zeigt sowohl ein Modell des Zeremonialzentrums als auch einen großen Teil der Funde aus den Gräbern, außerdem beherbergt es inzwischen die berühmten *Steinblöcke*: ein UNESCO-finanziertes Projekt, das ein wichtiges Element des kulturellen Erbes Perus schützt und der lokalen Bevölkerung ein, wenn auch geringes, Einkommen verschafft. Es möchte darüber hinaus der einheimischen Bevölkerung ihr eigenes kulturelles Erbe bewusst machen.

Ein weiteres Bauwerk in der Nähe von Cajamarca verdient nähere Betrachtung: der *Kanal von Cumbemayo*. Er beginnt auf 3555 m Höhe, am Fuße des Cerro Cumbe, als offener Kanal mit 35,5 cm Breite und 30–65 cm Tiefe. Um den Kanal sind zwei große Zeremonialplattformen gruppiert: *Layzón* und *Agua Tapada*. Man geht davon aus, dass sie um die gleiche Zeit angelegt wurden wie der Kanal selbst: ungefähr um 1500 v. Chr. Einige Hundert Meter nach Beginn taucht der Kanal ab, verläuft unterirdisch und erscheint kurz danach wie eine Quelle wieder an der Oberfläche. An dieser Stelle teilt er sich: Ein Arm führt in Richtung *Agua Tapada*, einer in Richtung *Layzón*. Unterhalb der beiden Anlagen vereinigen sich die beiden Kanalarme wieder und fließen dann als ein Kanal in Richtung Küste. Insgesamt ist der Kanal, der Wasser von der pazifischen zur atlantischen Seite der Anden transportiert, 9 km lang. Auf der atlantischen Seite wird das Wasser dann bewusst und gezielt verteilt, wogegen der Kanal nicht für die Bewässerung der Felder an der Küste geeignet war; er ist eine hydraulische Anlage, wie möglicherweise auch die *Galerien von Chavín*, die dem Kult um das Wasser und der damit verbundenen Fruchtbarkeit gewidmet war. Bemerkenswert ist vor allem die blitzzackenartige Gestaltung im Verlauf der ersten 850 m. Manche der Kanalwände sind zudem mit *kurvilinearen Petroglyphen* verziert, für die der *Kanal von Cumbemayo* berühmt ist.

Die Kunst an den Zeremonialgebäuden des späten Formativums und vor allem auch die Kleinobjekte wie Keramik, Schmuck, Gold, Knochenspatel, Steinarbeiten zeugen also von einer großen Verbreitung Chavín-beeinflusster religiöser Kunst vom Tal des Río Zaña im Norden bis zum Río Nazca im Süden. Die Einflusssphäre umfasste dabei die Küste, die Lomas-Region, das Hochland und in einzelnen Bereichen auch die Übergangszone zum Anden-Ostrand in Richtung Amazonasgebiet. Daher sprechen einige Archäologen hier von einem ›Horizont‹, dem ersten, frühen Horizont Perus. Wie hat man sich die Ausbreitung der religiösen Kunst von Chavín indes konkret vorzustellen? Die Forschung ist sich einig, dass es sich in diesem Fall nicht um eine militärische Eroberung handelt. *Chavín* war nicht das Zentrum eines Staates, der die Möglichkeit hatte, ein großes Heer aufzustellen und andere Gebiete zu erobern. Es war vielmehr ein Pilgerzentrum sowie ein bedeutender Handelsknotenpunkt. Über diese Wege muss sich demnach auch der Kult und die religiöse Kunst ausgebreitet haben.

Wie weit hier der religiöse Einfluss reichte, zeigt ein Zufallsfund von der peruanischen Küste, weit südlich von Lima: In *Carhua* (s. Karte 3, S. 96), einem Ort, der 8 km südlich der Paracas-Halbinsel liegt, fanden Grabräuber im Jahre 1970 ein für diese Region außergewöhnliches Grab. Da der Archäologe Tello die Grabräuber überzeugen konnte, ihm ihre Beute zu zeigen, ist der Fund gut do-

kumentiert: In den Gräbern waren mehrere Körper bestattet und
die Beigaben bestanden aus Keramiken im typischen Chavín-Stil
und Textilien, die nicht in der Art
der gleichzeitig dort beheimateten Paracas-Kultur, sondern ebenfalls in der Art Chavíns gearbeitet sind. Es handelt sich dabei um
bemalte Baumwollgewebe, von
denen eines sogar eine Gottheit
Chavíns zeigt, jedoch in weiblicher Form (Abb. 36); die Aus-

Abb. 36: Carhua-Textil mit weiblicher Chavín-Gottheit

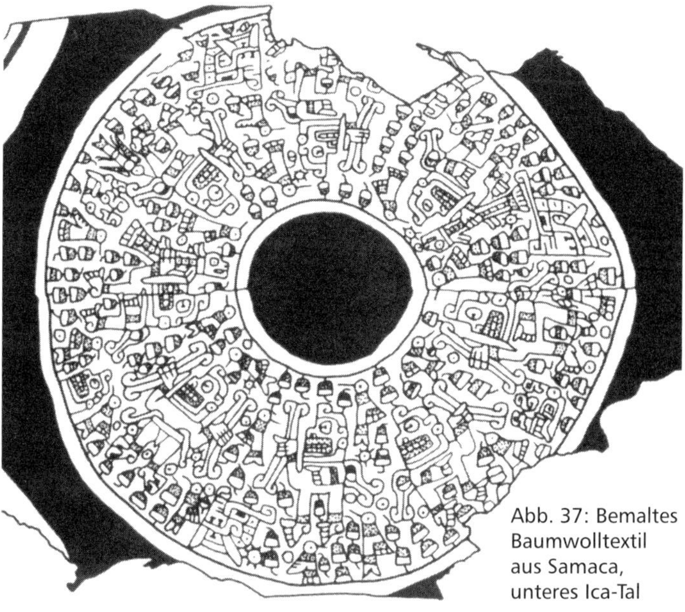

gestaltung folgt dem strengen Formenkanon Chavíns, mit ›Kennings‹, modularer Weite und Symmetrie. Ein weiteres Textil zeigt ein
Band von aneinandergereihten Stabgottheiten, ebenfalls im typischen Chavín-Stil. Vor allem die Darstellung der weiblichen Gottheit
löste etliche Interpretationsversuche aus: Eine Hypothese besagt, dass
es sich um eine Verwandte – Tochter, Schwester oder Frau – des

Abb. 37: Bemaltes
Baumwolltextil
aus Samaca,
unteres Ica-Tal

Stabgottes handle. Diese These hat durchaus ihre Berechtigung, da aus der Inka-Zeit bekannt ist, dass die Herrscher und die Gottheiten in verwandtschaftlicher Beziehung zueinander standen und auch die Gottheiten untereinander verwandt waren. Eine andere Hypothese besagt, dass die Stabgottheit sowohl eine männliche als auch eine weibliche ›Seite‹ gehabt habe, also aus zwei sich ergänzenden Gegensätzen bestand. Der Stabgott von *Chavín* würde hierbei die männliche, die Stabgöttin aus *Carhua* die weibliche Seite repräsentieren.

Dass es sich bei dem Kult, aus dem die Grabfunde von *Carhua* hervorgingen, indes um einen eigenständigen, wenn auch stark an Chavín angelehnten Kult handelte, erkennt man ebenfalls an der religiösen Kunst: So eng sich die Kunst von *Carhua* an *Chavín* orientiert, zeigt sie doch eigene stilistische Elemente, die in *Chavín* nicht auftauchen und der Kunst von *Carhua* einen eigenen Charakter verleihen: konzentrische Kreise sowie ›komplexe‹ Darstellungen – szenische Darstellungen, ausgeschmückt mit unendlich vielen Details, die man so in *Chavín* nicht findet: Ein Textil scheint eine Prozession zu zeigen, deren Teilnehmer große Knochen und Fische in den Händen halten; die Szene ist mit vielen Kolibris und Blumen aufgefüllt (Abb. 37). Ein anderes Textilfragment, das man nicht direkt in *Carhua*, sondern in der näheren Umgebung fand, zeigt einen Krokodiltorso, ausgeschmückt mit Raubkatzenköpfen (Abb. 38).

Problematisch ist bei allen diesen Textilien, dass sie nicht aus gesicherten Fundumständen, sondern aus Raubgrabungen stammen. So kann man ihre Verwendung nicht mehr rekonstruieren. Angeblich, nach Aussage einiger der Grabräuber, waren sie als Mumientücher gebraucht worden. Möglich wäre auch eine Verwendung als Wandbehang, wie es später üblich war.

Abb. 38: Bemaltes Baumwolltextil, wohl aus Callango im Ica-Tal. Eine ›komplexe‹ Darstellung, wie sie auch in der Paracas- und Nasca-Kultur vorkommen.

# Das Ende *Chavíns*

Im Zeitraum von 300–200 v. Chr. begann der Niedergang des religiösen Netzwerkes von *Chavín* mit all seinen Konsequenzen. Was an der Küste bereits 600 Jahre zuvor im späten Archaikum geschehen war, setzte im Endformativum auch im zentralen Andenraum ein: Zeremonialzentren wurden verlassen, Bauwerke blieben unvollendet, in manchen Fällen ist ein abruptes Ende der Bauarbeiten nachweisbar. Teilweise geschahen dabei auch hier Dinge, die eine völlige Respektlosigkeit gegenüber der Vergangenheit vermitteln: Zeremonialbauten wurden geschleift, Ortschaften auf den Ruinen errichtet und Stelen oder andere Architekturelemente mit religiösen Motiven in profanen Bauwerken als Konstruktionsmaterial verwendet. Auch viele vormals bedeutende Zentren wie *Kuntur Wasi*, *Kotosh*, *Pacopampa* und andere erlitten dieses Schicksal. Die Chavín-verwandte Keramik vieler Zeremonialzentren wurde im Zuge dessen abrupt durch eine Vielzahl von Lokalstilen ersetzt, die einen deutlichen Bruch mit der Kunsttradition Chavíns zeigen. Parallel verlief, wie zuvor auch an der Küste, die Befestigung von Siedlungen und die Errichtung von Forts in geschützten Lagen. Ob dieser Prozess innerhalb einer relativ kurzen Zeit ablief oder über ein Jahrhundert hinweg, ist zum gegenwärtigen Zeitpunkt noch nicht zu sagen. Im Vergleich zu der nahezu 2500 Jahre dauernden Blüte dieses Kunststils und der dem Stil zu Grunde liegenden religiösen Konzepte wäre allerdings auch ein Niedergang im Laufe eines Jahrhunderts abrupt.

Wir sehen hier einen Prozess, der sich in der Geschichte des zentralen Andenraumes – und nicht nur dort – noch einige Male wiederholen sollte: Eine Kultur, ein religiöses Netzwerk, ein Staat entsteht, erblüht und geht unter. Die Gründe für den Untergang sind unterschiedlich und manchmal, besonders was die frühen Kulturen betrifft, bisher nicht nachzuvollziehen. Meistens ist, wie auch bei der Maya-Kultur in Mesoamerika, eine Verkettung mehrerer Ursachen der Grund für den Zusammenbruch: Zu innenpolitischer Zerrüttung und kriegerischen Auseinandersetzungen mit benachbarten Gruppen kommen Naturkatastrophen oder das Entstehen einer bedeutenden Konkurrenzmacht mit eroberischen Absichten. Manchmal reicht aber auch schon eine längere Phase politischer und wirtschaftlicher Instabilität, um durch ständige, lang andauernde kriegerische Auseinandersetzungen die Bevölkerung zu zermürben. Die lokale oder auch überregionale Autorität gerät daraufhin ins Wanken und wird beseitigt, die Menschen ziehen sich in befestigte Siedlungen, in Europa in

Burgen, zurück. Zerstört werden im Zuge eines solchen Prozesses üblicherweise vorwiegend die Symbole religiöser und weltlicher Macht: Zeremonialzentren werden geschleift, Skulpturen zerstört und – wie im Maya-Gebiet – den Herrscherbildern werden die Köpfe abgeschlagen. Häufig sieht die danach entstehende Siedlungsform ›demokratischer‹ aus: Das politisch-religiöse Zentrum ist bescheiden, dicht darum herum gruppieren sich die Häuser der Bewohner – keine Streusiedlungen mehr oder große Orte, deren Bewohner sozusagen im ›Schatten‹ eines großen Zeremonialzentrums leben.

Was am Ende des Formativums im zentralen Andenraum genau geschehen ist, entzieht sich bislang unserer Kenntnis. Fest steht, dass es – zumindest im nördlichen Küstenbereich und im nördlichen Hochland – anschließend ungefähr 200 Jahre lang kaum eine nennenswerte kulturelle Entwicklung gab. *Reliefs*, die man in *Festungen* im Casma-Tal entdeckte, zeigen dagegen schwer bewaffnete Krieger. Offensichtlich gewann diese Gruppe stark an gesellschaftlicher Bedeutung. Hochqualitative religiöse Kunst aus dieser Zeit hingegen fehlt. Erst um die Jahrtausendwende begannen sich an der Nordküste und im Hochland wieder kulturelle Aktivitäten zu regen: Langsam wuchsen an der Nordküste die ›Gallinazo‹- und ›Salinar‹-Kulturen heran, im Hochland *Recuay*, benachbart zu den Ruinen von *Chavín*. Nur im Süden Perus erreichte das kulturelle Schaffen schon früher einen weiteren Höhepunkt: die ›Paracas‹-Kultur, teilweise zeitgleich mit Chavín, knüpfte in mancher Hinsicht an dessen religiöse Konventionen an. An der Peripherie scheint man den Glauben an den Götterpantheon Chavíns demnach nicht ganz so radikal verloren zu haben wie im Zentrum selbst. Trotz alledem blieb *Chavín* bis weit in das 16. Jh. hinein ein wichtiges Pilgerzentrum.

Als Errungenschaften des Formativums sind folgende Elemente festzuhalten: das Erscheinen einer äußerst ausgefeilten, komplexen religiösen Kunst, das Anlegen großer Bewässerungssysteme in den mittleren Flusstälern der Küste, die Verfeinerung eines intensiv betriebenen, dichten überregionalen Handelsnetzes, an reich ausgestatteten Gräbern deutlich erkennbare soziale Schichtung der Gesellschaft. Diese ›Errungenschaften‹ sehen wir auch deutlich an der Entwicklung in Südperu, die zu dieser Zeit die erste beinahe als ›industriell‹ zu bezeichnende Textiltradition hervorbrachte.

# 4. Das Erbe Chavíns – die frühe Zwischenperiode

Während der Einfluss Chavíns im 3. Jh. v. Chr. nach und nach ab-
nahm, kam es an der Südküste Perus zu einer eigenständigen Kulturentwicklung. Diese lehnte sich zwar in der religiösen Kunst an Chavín an, durch die gleichzeitige Aufnahme lokaler Flora und Fauna
schuf sie indes etwas völlig Eigenes: Die Kulturen von Paracas und
Nasca, einzigartig in der Umsetzung ihrer religiösen Kunst, dominierten nacheinander den Zeitraum von 400 v. Chr. – 600 n. Chr. Sie
brachten die vollkommenste Textilkunst und die am reichsten verzierte Keramik Südamerikas hervor.

## Paracas – Textilien für das Diesseits und das Jenseits

Die ›Paracas‹-Kultur, deren Anfänge weit in das späte Formativum –
bis in die Zeit um 800 v. Chr. – zurückreichen, hat ihren Namen von
der Paracas-Halbinsel an der Südküste Perus (Karte 3). Dieser ungefähr 250 km südlich der Hauptstadt Lima gelegenen Halbinsel sind
die Islas Ballestas, unter ihnen einige der größten Guano-Inseln Perus,
vorgelagert. Die Paracas-Halbinsel selbst ist nach den heftigen Sandstürmen benannt, die dort nahezu jeden Nachmittag anzutreffen sind.
Sehr häufig, ja mehrmals am Tag, sind hier darüber hinaus kleine
Windhosen zu sehen, die wie Säulen aus Sand in den Himmel ragen:
›Para-ako‹ bedeutet auf Quechua ›der Sandsturm‹. Die Halbinsel ist
daneben Schauplatz eines der sehenswertesten Naturschauspiele Perus: Die Farbe des Sandes schillert von beige über rosa bis hin zu verschiedenen Gelb- und Lila-Tönen. Dagegen steht der Kontrast des
Pazifiks mit seinem tiefen Blau, die rot-weiß Färbung der Flamingos
in der Bucht von Paracas und die Üppigkeit der Pflanzenwelt in den
kleinen Oasen der Küste. Direkt vor der Küste, im Humboldtstrom,
findet sich zudem ein reiches Tierleben: Seelöwen, Humboldtpingui-
ne, Pelikane sowie unzählige Guano-Kormorane schätzen die Islas
Ballestas als bevorzugten Aufenthaltsort. Hier bekommt man trotz der

drohenden Überfischung einiger Arten immer noch einen Eindruck von der fast unbegreiflichen Fülle an Meeresfauna. Jedem Reisenden sei also eine Exkursion hierher nachhaltig empfohlen.

Die Nordspitze der Halbinsel wartet mit einer weiteren Sehenswürdigkeit auf: Im Wüstensand ist eine riesige Zeichnung zu sehen, die einem dreiarmigen Leuchter oder auch einem Kaktus ähnelt.

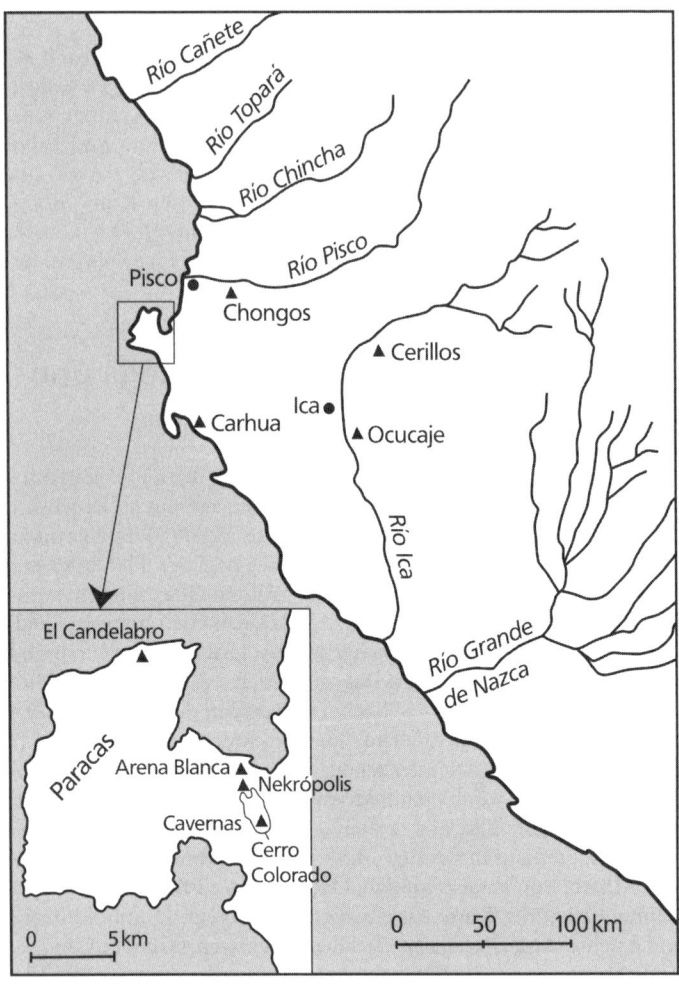

Karte 3: Das Verbreitungsgebiet der Paracas-Kultur

*El Candelabro* hat eine Ausdehnung von über 180 m in der Höhe und 70 m in der Breite. Wer diese Sandzeichnung erschaffen hat, die trotz des permanenten Windes an der Küste nie zugeweht wird, ist noch nicht geklärt. Es wird vermutet, dass *El Candelabro* aus der Kolonialzeit stammt, aber auch bei diesem vergleichsweise jungen Alter ist es bemerkenswert, dass er noch heute zu bestaunen ist.

Der Name ›Paracas‹ steht aber eben nicht nur für die Halbinsel, sondern auch für eine Kultur, deren religiöses Zentrum man auf der Paracas-Halbinsel vermutet, wobei auch angenommen wird, dass die Angehörigen dieser Kultur dort lebten. Paten für die Namensgebung der Kultur waren die Funde von mehreren Hundert Mumienbündeln in Grabstätten der Halbinsel, die der berühmte peruanische Archäologe Julio C. Tello machte: Am 25. Oktober des Jahres 1927 entdeckte Tello mit seinem Assistenten Mejía eine Grabstätte am nördlichen Abhang des Cerro Colorado, eines Hügels auf der Paracas-Halbinsel, in der nicht weniger als 429 Mumienbündel lagen. Dies war nicht die erste Entdeckung auf der Halbinsel, aber die bedeutendste; so hatten schon Ende des 19. Jh. sowohl Forscher als auch Grabräuber dort Textilfragmente, Totenschädel, Keramikscherben oder auch ganze Gefäße gefunden.

Die starke Erosion durch Wind legt vor allem an der peruanischen Südküste häufig Grabstätten frei, die dann sehr schnell von Grabräubern geplündert werden. Je länger das Vorhandensein solcher Stätten bekannt ist, desto systematischer erfolgt dabei die Plünderung. Die ersten Textilien aus Paracas, meist in kräftigen Rot- und Blautönen, tauchten auf dem Antiquitätenmarkt schon 1911 auf. Entsprechend waren 1925, als die regulären Ausgrabungen durch peruanische Archäologen begannen, bereits ungefähr 100 spektakuläre Stücke in privaten Sammlungen oder Museen in Peru, den USA oder Europa angekommen. Die von den peruanischen Archäologen dann 1927 geborgenen Mumienbündel wurden in das *Nationalmuseum für Archäologie* (*Museo Nacional de Arqueología y Antropología*) nach Lima gebracht. In der dortigen Dauerausstellung sind meist einige wenige der prachtvollsten Umhänge ausgestellt, ebenso wie im *Museo de la Nación*, Lima, das eine noch umfangreichere archäologische Ausstellung zeigt.

Nach der aufsehenerregenden Entdeckung der Mumien gab es während des 20. Jh. einige internationale archäologische Forschungsprojekte, die es ermöglichten, eine zeitliche Abfolge für die Paracas-Kultur zu erstellen sowie ihre gesellschaftlichen Strukturen und Ausbreitung zu skizzieren. Auch im 21. Jh. bleibt indes noch genug zu tun: Die Kommission für Außereuropäische Archäologie des Deutschen Archäologischen Instituts ist in dieser Region tätig. Im Rahmen dieses Projektes sollen Siedlungsmuster, darunter die der Paracas-Kultur, von der Küste bis zu den Anden erforscht werden.

## Eine Kultur entwickelt sich

Die Paracas-Kultur war über mindestens sechs Flusstäler an der Südküste Perus verbreitet: Vom Tal des Río Cañete über das Topará-, Chincha-, Pisco- und Ica-Tal bis hin zum Tal des Río Grande de Nazca hatte sie eine Ausdehnung von ungefähr 350 km in nord-südlicher Richtung. Ihre Ernährungsgrundlage wurde durch einfachen Feldbau gesichert, betrieben in den Schwemmlandoasen der oben genannten Flusstäler. Den ersten Hinweis auf das Entstehen einer eigenständigen Kultur fand man bei umfangreichen Ausgrabungen im Ica-Tal, die eine zeitliche Kulturabfolge von annähernd 2300 Jahren ergaben: vom mittleren Formativum bis zur Inka-Zeit. Den Beginn einer eigenständigen Kultur setzt man üblicherweise mit der Ausbreitung eines Kunststils über eine größere Region hinweg an, wenn er sich also über einen reinen Lokalstil hinausentwickelt. Sichtbar wird eine solche Entwicklung im Falle der Paracas-Kultur für die Zeit um 800 v. Chr., wobei sie in den Flusstälern der mittleren Paracas-Zone ihren Ausgang nahm.

Die ältesten textilen Fundstücke dieser Region sind 150 Textilfragmente aus dem oberen Ica-Tal (Cerrillos), deren Stil nach ihrem Fundort auch als ›Cerrillos‹-Stil bezeichnet wird. Weiterhin entdeckte man im unteren Ica-Tal Textilfragmente aus derselben Zeit, die man noch der Chavín-Kultur zuordnen konnte und die nach ihrem Fundort ›Carhua‹ genannt werden. Der ältere Teil der auf Abb. 39 zu

0    10    20 cm

Abb. 39:
Carhua-Textil

sehenden Carhua-Textilien gehört in den betreffenden Zeitraum, den man zwischen 800 und 600–550 v. Chr. ansetzt.

Etwa 150 Jahre später entstand dann ein neuer Stil, den man ›Paracas-Cavernas‹-Stil nannte. Die ältesten Textilien dieser eigenständigen, wenngleich ebenfalls durch Chavín beeinflussten Kunstform stammen aus der Fundstätte von Cavernas auf der Paracas-Halbinsel. Sie werden auf ungefähr 400 v. Chr. datiert. Andere Textilfragmente dieser Zeit, die zum Paracas-Stil gerechnet werden, stammen aus dem Ica-Tal. Zu dieser Zeit existierte auf der Paracas-Halbinsel selbst auch noch der Carhua-Stil.

Während der Phase, in der in *Chavín* der *Neue Tempel* gebaut wurde – nach der kennzeichnenden Keramik ›Janabarriú-Phase‹ genannt –, und an deren Ende um 200 v. Chr. man die höchste Blüte, den größten Einfluss und die stärkste Ausbreitung des religiösen Kunststils von Chavín, wenn nicht sogar des Kultes selbst verzeichnet, entwickelten sich südlich der heutigen Hauptstadt Lima folglich zwei Kulturen parallel, die zwar in gewissen Grundzügen eng verwandt, in der Ausformung des Stils jedoch sehr unterschiedlich waren. Eine klare räumliche Trennung der beiden Stile ›Carhua‹ und ›Paracas‹ lässt sich dabei nicht feststellen: Sowohl der größte Fund an Carhua-, also Chavín-nahen Textilien, als auch an Paracas-Textilien wurde auf der Paracas-Halbinsel selbst gemacht.

Zu den beiden erwähnten Kunststilen (Carhua, 500–200 v. Chr.; Paracas-Cavernas, 400–200 v. Chr.), die nicht unbedingt mit zwei unterschiedlichen Völkern gleichgesetzt werden können, kommen noch ein dritter und ein vierter Stil hinzu: eine lokale Variante der Paracas-Kunst, und zwar ›Ocucaje‹, aus dem Ica-Tal (300 v. Chr. bis um die Zeitenwende) sowie die jüngste Ausformung des Paracas-Stils, der Nachfolger von Cavernas: ›Nekrópolis‹ (200 v. Chr. – 100 n. Chr.). Aus diesem letzten Abschnitt, der Phase ›Paracas-Nekrópolis‹, stammen die meisten sogenannten Paracas-Textilien. Zu besichtigen sind Fundstücke aus der Region in dem kleinen *Museo J. Tello* nahe der Fundstelle *Nekrópolis* sowie im *Paracas-Hotel*. Außerdem beherbergen das *Hotel Las Duñas* und das *Museo Regional* in Ica Zeugnisse der Textil- und Keramikkunst.

Ähnliches wie für diese Textilien, wenngleich weniger kompliziert, gilt für die Keramik der Paracas-Kultur. Hier wird lediglich zwischen zwei Varianten unterschieden: dem ›Paracas‹- und dem ›Topará‹-Stil. Die Paracas-Keramik ist gekennzeichnet durch eine nach dem Brennen aufgetragene, sehr intensiv leuchtende, harzhaltige Farbe und durch Keramiken, die im sogenannten Negativstil gearbeitet sind.

Dieser Keramikstil erstreckt sich über einen langen Zeitraum, von ca. 700–200 v. Chr., und geht mit der Textiltradition von Paracas-Cavernas einher. Die etwas später auftauchende, dann aber parallel dazu verbreitete ›Topará‹-Keramik, eine einfarbige, sehr elegante Keramikware, wird in die Frühe Horizont-Phase von 300 v. Chr. – 100 n. Chr. datiert. Sie wurde in Gräbern und Mumienbündeln der Paracas-Nekrópolis-Phase gefunden. Während sich die Zeremonialkeramik dieser beiden Stile beträchtlich unterscheidet, ist ihre Gebrauchskeramik allerdings nahezu identisch. Es scheint sich demnach um verwandte, aber autonome Gruppen gehandelt zu haben. Die beiden Keramikstile weisen zudem mancherorts verschiedene Datierungen auf: Wo vorher Paracas-Keramik verwendet wurde, endete dies offenbar an einigen Orten abrupt, sobald Topará-Keramik auftauchte. Eine Erklärung dafür gibt es bislang nicht; auf der Paracas-Halbinsel selbst koexistierten beide Stile über ein Jahrhundert hinweg, bevor sich der Topará-Stil endgültig durchsetzte.

Die hier skizzierte kulturelle Entwicklung ist durchaus typisch für Alt-Peru. So finden sich häufig koexistierende Kunststile, von denen dann gewöhnlich einer im anderen aufging – so eben auch in Paracas, wo der Chavín-Stil (Carhua) nach und nach auslief und sich parallel dazu ein neuer Kunststil entwickelte, der wesentliche Chavín-Merkmale aufgriff, so dass durch die Hinzunahme neuer, lokaler Elemente etwas Neues entstand, das jedoch die Elemente des ›Alten‹ in sich trug. Wir werden sehen, dass sich die in *Chavín* entwickelten Konventionen teilweise bis kurz vor die Inka-Zeit verfolgen lassen.

# Siedlungsformen der Paracas-Kultur

Die Siedlungen der Häuptlingstümer an der Südküste Perus befanden sich an den Rändern der Flusstäler und auf der Halbinsel Paracas selbst. An einigen Beispielen kann man erkennen, wie diese Siedlungen aussahen: Sie ähnelten Apartmenthäusern, eng aneinander gebaut, mit Konstruktionen aus Holz oder Walrippen. Die Dächer waren mit Schilf und Baumwolltextilien abgedeckt. Manche der Siedlungen waren stark in den Boden eingetieft, nahezu unterirdisch, und mit Steinwällen vor dem starken Wind geschützt.

Zum gegenwärtigen Zeitpunkt geht man davon aus, dass die Häuptlingstümer auf Paracas und in den Flussoasen nördlich und südlich davon ungefähr von 600–175 v. Chr. als eigenständige Kultur existierten. Zunächst handelte es sich wohl um mehrere kleinere Fischerdörfer, wobei die Bewohner der Halbinsel ihre Toten in dieser ersten Siedlungsphase in tiefen Schachtgräbern bestatteten, die manchmal ganze Clans enthielten: Männer, Frauen und Kinder (Abb. 40). Deshalb bezeichnet man diese Phase als ›Cavernas‹. Im Laufe der Zeit muss es dann ein erhebliches Bevölkerungswachstum gegeben haben, was sich in der Veränderung der Siedlungsstrukturen niederschlug. So wurde etwa eine ältere Siedlung am nördlichen Abhang des Cerro Colorado von der größeren Anlage von *Arena Blanca* und kleineren Einheiten am Ufer der Bahia de Paracas abgelöst. Dort gibt es ein kleines *Museum*, in dessen unmittelbarer Nähe *Reste der Häuser* zu sehen sind. Allerdings gibt es keine archäologisch erforschten und rekonstruierten Siedlungsreste.

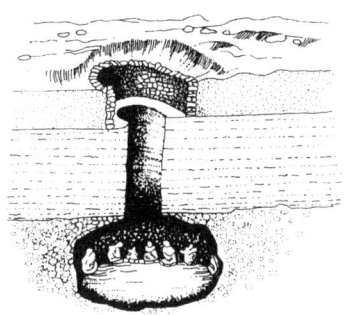

Abb. 40: Schachtgrab der Paracas-Cavernas-Phase

Die Bestattungssitten änderten sich im Laufe der Zeit ebenfalls: Nach und nach gab man die Bestattung in Schachtgräbern auf und begrub die Toten in der Nähe der Häuser oder in den Häusern selbst, eine bis heute bei den indigenen Andenbewohnern gepflegte Tradition. In einer weiteren, späteren Phase legte man schließlich große Begräbnisstätten an, sogenannte Nekropolen (Abb. 41). Die jüngere Phase (200 v. Chr. bis zur Zeitenwende), gekennzeichnet durch die Änderung der Bestattungsweise, nennt man daher ›Nekrópolis‹. Während dieser Zeit lebten zwischen 3700 und 5000 Menschen in diesem Gebiet, je nachdem wie viele Bewohner man einem Haus zuordnet. Die obige Schätzung geht von 5 Bewohnern pro Haus aus. Es ist jedoch immer in Betracht zu ziehen, dass die sol-

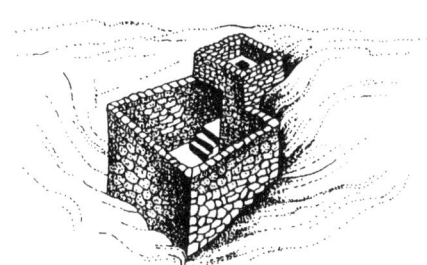

Abb. 41: Friedhof der Paracas-Nekrópolis-Phase

chen Zahlen zu Grunde liegende Forschung alles andere als umfassend und lückenlos ist. So ist beispielsweise bis heute nicht geklärt, welche der Häuser gleichzeitig bewohnt waren, und man ist auch nicht sicher, ob alle Siedlungsreste erfasst sind.

Die Nahrungsgrundlage der Menschen in den Häuptlingstümern war vorwiegend Fisch, aber sie betätigten sich auch als Feldbauern. Da die Halbinsel für Agrikultur zu trocken ist, vermutet man die Felder in nahegelegenen Flusstälern wie beispielsweise dem des Río Pisco, des Río Ica oder Río Chincha, wo Bohnen, Mais, Chili, Maniok und Erdnüsse angebaut wurden – und selbstverständlich Baumwolle, die Grundlage für die Weberei. Gleichzeitig müssen die Häuptlingstümer in weitreichende Handelsnetze eingebunden gewesen sein, denn die andere ›Hälfte‹ des für die Textilien benötigten Materials kam aus den Anden: Lama- und vor allem Alpakawolle, die in bereits gesponnener und gefärbter Form als Knäuel nach Paracas gebracht wurde.

## Animas Altas

Die Kulturentwicklung in Paracas nahm wie beschrieben nicht auf der Halbinsel ihren Anfang, sondern in einem der Flusstäler der Südküste. Vermutlich war dies die Region um Callango im Ica-Tal, wo Zeremonialplattformen gefunden wurden. Die bedeutendste davon ist *Animas Altas* (ab 350 v. Chr.), eine vergleichsweise kleine Anlage, bei der vor allem die stark von Chavín beeinflussten *Wandfresken* von Bedeutung sind (Abb. 42); da die Anlage bis heute nicht restauriert ist, bietet sie dem Besucher nur wenig. Sie bestand aus einem natürlichen Erdhügel und mithilfe von getrockneten Lehmziegeln, den sogenannten ›adobes‹, errichteten *Mauern*. Einige Gebäude waren um einen großen Platz herum angeordnet. Sie waren teilweise Wohnhäuser und teilweise Lager, wobei sie halb unterirdisch angelegt

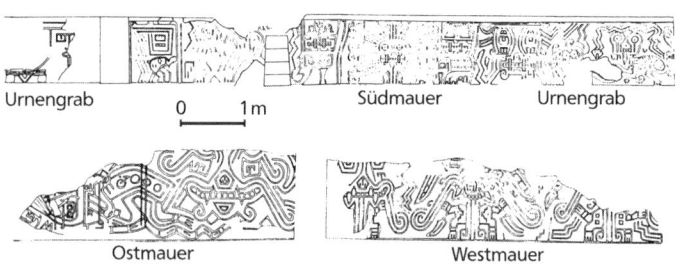

Abb. 42: Reliefs aus Animas Altas

waren, was typisch für die Region ist und wahrscheinlich als Schutz vor den ständigen Sandstürmen diente. Eine der Wände eines kleineren Hügels ist mit noch im nassen Zustand eingearbeiteten *Lehmfresken* verziert, die zum ersten Mal das ›Augenwesen‹ zeigen, eine Gottheit, die in der Paracas-Kunst durchaus dominant werden sollte (Abb. 43). Charakteristisch sind – wie der Name schon sagt – die Augen, die als konzentrische Kreise erscheinen. Die Gottheit hat einen Raubkatzenkörper, der mit Schlangen durchsetzt ist, stark stilisierte Trophäenköpfe hängen an ihrem Schwanz. Ein anderer *Fries* zeigt eine menschliche Gestalt mit einem Raubkatzenkopf in drei unterschiedlichen Ausformungen. Die Gestalten unterscheiden sich jeweils durch ihre Kleidung.

Abb. 43: Kopf des Augenwesens

*Animas Altas* wurde im groben Zeitraum um 200 v. Chr. militärisch erobert: Zahlreiche Pfeilspitzen aus Obsidian wurden geborgen. Die Archäologen konnten in diesem Fall einen eindeutigen Zusammenhang zwischen kämpferischen Handlungen und der darauffolgenden Räumung der Siedlung und des Zeremonialzentrums herstellen. Wer die Eroberer waren, weiß man jedoch nicht. Man kann davon ausgehen, dass es zu dieser Zeit an der Südküste Perus zahlreiche sogenannte Häuptlingstümer gegeben hat, deren jeweiliger Anführer, der ›Häuptling‹, zugleich religiöses und weltliches Oberhaupt war – wie an der Nordküste. Diese Häuptlingstümer lebten nicht immer friedlich nebeneinander, sondern versuchten sich immer wieder gegenseitig Ressourcen oder lukrative Handelswege streitig zu machen, wie Beispiele aus dem besser erforschten Mayagebiet in Mexiko und Guatemala zeigen. Die Eroberung und Zerstörung von *Animas Altas* geht mit dem Wechsel des Kunststiles von Paracas-Cavernas zu Paracas-Nekrópolis (Topará) einher.

## Die Mumienbündel von Paracas

Berühmt wurde die Paracas-Kultur, wie bereits am Anfang des Kapitels erwähnt, durch ihre Textilkunst. So fand man bei Ausgrabungen an vier Orten auf der Paracas-Halbinsel am Cerro Colorado, die man ›Cavernas‹ (Cavernas-Phase), ›Cabezas Largas‹, ›Arena Blanca‹ und

›Wari Kayán‹ (Nekrópolis-Phase) nannte, Friedhöfe, von denen alleine Wari Kayán 429 Mumienbündel, reich mit Textilien ausgestattet, barg. Es stellte sich heraus, dass die sehr unterschiedlich ausgestatteten Bündel mumifizierte Körper von Menschen enthielten, die nicht nur ihre reich verzierte und aufwendig gearbeitete Kleidung mit ins Grab bekamen, sondern noch zahlreiche weitere Grabbeigaben, die größtenteils ebenfalls aus Textilien bestanden. 75 Bündel fallen innerhalb der 429 durch ihre besondere Größe und ihr Gewicht (bis 130 kg) auf. Diese Bündel bergen verstorbene Häuptlinge, deren Ausstattung für das Jenseits besonders umfangreich war. Von diesen 75 Bündeln sind bisher 50 geöffnet, aber nur sehr wenige untersucht und beschrieben worden. Eines davon wird im Anschluss genauer beschrieben. Zu besichtigen sind einige der Bündel in den *Museen* von Paracas, Ica und Lima.

Das extrem trockene Klima (nur selten war ein El Niño stark genug, dass auch so weit im Süden Regen fiel) sowie der salpeterhaltige Boden bewahrten die Zeugnisse der Textilkunst von Paracas über mehr als zwei Jahrtausende hinweg. Selbstverständlich hat es auch an der Nordküste Perus Textilien gegeben, fein gearbeitet und mit den typischen Gottheiten verziert. Die höhere Feuchtigkeit und die häufiger über dieses Gebiet hereinbrechenden El Niños verhinderten jedoch, dass sich hier nennenswerte Textilbestände erhielten.

## Die Bestattungsweise von Paracas

Die Grundlage eines jeden Bündels, das man auf der Paracas-Halbinsel fand, war gleich: In einen aus Schilfrohr geflochtenen Korb wurde der nackte Leichnam auf Tücher gesetzt, mit angezogenen Beinen, in der sogenannten Hockstellung, die Finger durch fein gearbeitete Baumwollkordeln aneinander gebunden. Dann kamen kleinere Grabbeigaben hinzu wie Keramiken, Obsidianklingen, Nahrungsmittel. Man umwickelte den Körper anschließend mit größeren und kleineren Textilien aus Alpakawolle, Baumwolle oder einer Mischung aus beidem; zwischen die Lagen großer Tücher legte man kleinere Kleidungsstücke wie Lendenschurze, Mützen, Stirnbänder, Turbane, Cocataschen, Gürtel. Keines der 429 Bündel gleicht sich dabei vollständig, auch die 75 Häuptlingsbündel sind nicht identisch. Jedes spiegelt die Lebensgeschichte, den sozialen Status und die Bedeutung des Verstorbenen wider.

Neuere Forschungen ergaben weiterhin, dass man die Leichname zumindest zum Teil nicht unbehandelt in die Körbe setzte: Manche wurden mit Salz eingerieben, um den durch die trockene Umge-

bung ohnehin entstehenden Austrocknungsvorgang zu beschleuni-
gen. Prinzipiell muss jedoch festgehalten werden, dass es sich bei den
Bestatteten der Paracas-Kultur nicht um aufwendig präparierte Mumien handelt, wie sie aus Ägypten oder von der Chinchorro-Kultur
bekannt sind, sondern um natürlich ausgetrocknete Körper. Diese
natürliche Austrocknung war indes offenbar durchaus willkommen
und wurde in einigen Fällen auch künstlich unterstützt. Die Natur
nahm den Menschen also die Technik der Mumifizierung ab. Manche Wissenschaftler wehren sich deswegen gegen die Verwendung
des Begriffs ›Mumie‹; es solle hier besser von ›Totenbündeln‹ gesprochen werden. Weitere Forschungen mögen Erkenntnisse hervorbringen, die doch von einer weitergehenden Mumifizierungstechnik

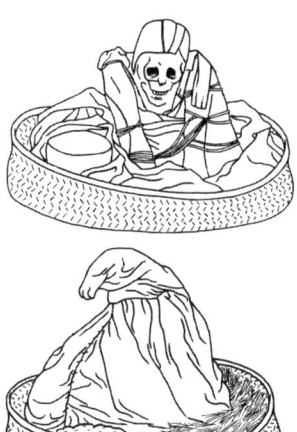

oder einer Präparierung der Körper zeugen, zur Zeit ist dies jedoch
nicht der Fall.

Das ›Mumienbündel 378‹ war vor
seiner Öffnung ungefähr 150 cm
hoch und genauso breit (Abb. 44).
Über die Bestattungssitten, denen es
entstammt, verrät es Folgendes: Ungeachtet der Tatsache, ob der Körper präpariert wurde oder nicht,
band man den Leichnam, um ihn zu
stabilisieren, mit Schnüren zusammen, schmückte den nackten Körper mit einer Halskette – in diesem
Fall aus Kormoranknochen – und
stellte einen Flaschenkürbis mit
Maiskörnern daneben. Dann legte
man einige Textilien direkt an den
Körper, weshalb diese nicht mehr
gut genug erhalten sind, um sie
identifizieren zu können. Nun kamen weitere Beigaben hinzu – hier
etwa eine kleine Schachtel aus
Schilf, ein Büschel menschlicher
Haare, ein Textilbündel, das fünfzehn kleine Stücke gehämmerten
Goldes enthielt, außerdem über
zwanzig sehr kleine Webarbeiten,
Teile von Schnüren und schließlich

Abb. 44: Mumienbündel 378

Federn. Wahrscheinlich wurden anschließend Stoffstreifen zu einem Turban um den Kopf und auch um den ganzen Körper gewickelt, wobei darauf geachtet wurde, ein ›dichtes Paket‹ zu schnüren: Hohlräume wurden vermieden, Textilien zusammengenäht und an einigen Stellen fixiert, damit sie nicht verrutschen konnten. Dann legte man ein weiteres, sehr großes Textil um den Körper und vernähte es, so dass eine Art Leichensack entstand. Am Kopf ließ man dabei einen ›Zipfel‹ stehen, der mit einer Schnur umwickelt wurde. Darüber legte man einen anderen Teil des Textils, der mehrmals gefaltet wurde. Das bis dahin entstandene Bündel kam in einen vorbereiteten Korb, der mit Lama- oder Alpakawolle und Schilf ausgelegt war. Man füllte den Korb mit Schilf, bis das Bündel bedeckt war, setzte nochmals einen kleinen Korb auf den Kopf und wickelte vier weitere Textilien um das Ganze, so dass der Korb, in dem sich das Leichenbündel befand, auch selbst völlig von Textil bedeckt war; bei diesem Prozess achtete man indes darauf, dass eine Art Kopf sichtbar blieb, so dass klar war, was bei dem Bündel oben und was unten war. Es folgte noch eine weitere Lage von Textilien: ein großes, weißes Tuch und vier sehr aufwendig und wertvoll bestickte Tücher, die wohl einmal die Umhänge des Häuptlings waren. Ein Stück Leder auf dem Kopf und ein weiterer reich bestickter Umhang, der um das Bündel gewickelt wurde, sowie ein Fuchsfell mit einem Federkopfschmuck auf dem oberen Ende bildeten den Abschluss, bevor man um das Ganze das äußerste Tuch wickelte. Die Unterseite des Bündels bedeckte man am Ende mit Schilfmatten.

Die Archäologin Anne Paul verglich u. a. das ›Häuptlingsbündel 378‹ mit zahlreichen anderen; eine systematische Untersuchung aller Bündel, mit Materialanalysen und detaillierten Studien, steht indes bis zum heutigen Tage aus. Feststellen ließen sich dennoch einige Punkte, die einen interessanten Einblick zulassen. So sind in allen geöffneten Häuptlingsbündeln hochkarätige Kopfbedeckungen, meist mit Federn, enthalten. Ebenfalls stets enthalten sind die Umhänge, allerdings in unterschiedlicher Zahl. Variationsreich sind die Bündel bezüglich der Tuniken, Ponchos, Turbane und sonstiger kleinerer Beigaben. Generell konnte man für diesen Punkt feststellen, dass zu Beginn der Nekrópolis-Phase die Tuniken, Turbane und Röcke wesentlich häufiger vorkamen als gegen Ende. Die ›Mode‹ änderte sich also offenbar im Laufe der Zeit. Leider enthielten die Bündel keine speziellen Merkmale, die Rückschlüsse auf die konkreten rituellen Aufgaben der einzelnen Häuptlinge erlauben würden.

Der interessierte Besucher findet im *Museo Regional* in Ica eine hervorragend bestückte Dauerausstellung, in der neben Textilien und Keramik sowie Metallobjekten aus unterschiedlichen Epochen auch geöffnete Mumienbündel, ebenfalls aus verschiedenen Zeiten, präsentiert werden.

## Was sagen uns die Bündel?

Beigaben und Struktur der Bündel werfen nun natürlich die Frage auf, was sie bedeuten: Was haben uns die Inhalte der Bündel zu erzählen? Was hat es mit den Unterschieden zwischen den Bündeln auf sich? Und schließlich: Welche Funktion hatten die als Grabbeigaben beigefügten Textilien zu Lebzeiten der Bestatteten?

›Bündel 378‹ beinhaltet eindeutig die Ausstattung eines Häuptlings. Besonders aussagekräftig sind hierbei die Kopfbedeckungen sowie der Kopfschmuck, die Halsketten und die Umhänge: Der Kopfschmuck besteht jeweils aus Federn, die von Falken und Aras stammen; die Halsketten sind in diesem Fall aus Knochen lokaler Vogelarten, in einem anderen Fall aus einer sehr prestigeträchtigen Handelsware, der Spondylusmuschel, gearbeitet. Letzteres könnte bereits auf einen etwas höheren Status hinweisen, da Fernhandelsbeziehungen immer ein Statussymbol waren.

Die den Bündeln beigelegten Textilien wurden mit großer Wahrscheinlichkeit zu Lebzeiten von den jeweiligen Häuptlingen getragen; sie waren entsprechend ihrer ursprünglichen Funktion an den Leichnamen angebracht: Kopfbänder, Turbane und Federkopfschmuck am Kopf, Tuniken, Röcke und Ponchos in der Körpermitte. Auch die Umhänge lagen so um die Bündel herum, wie sie früher um die Schultern der Träger gelegen hatten.

Weitergehende Aufschlüsse über die Bündel geben die Motive, die vor allem auf den Umhängen aufgestickt oder in deren Ränder eingewebt wurden: Sie zeigen den Träger in seiner jeweiligen rituellen Funktion, das heißt, sie zeigen ihn als Verkörperung bestimmter Gottheiten, denen er zu dienen hatte.

Die Ikonographie der Textilien

Nähere Informationen darüber, wie die Kleidung selbst getragen wurde und welche symbolische Bedeutung sie hatte, liefert die Untersuchung und Aufschlüsselung der figürlichen Darstellungen auf den Textilien: Die meisten Umhänge sind einfarbig gewebt und wurden anschließend bestickt, wobei auffallend ist, dass das einmal gewählte, aufgestickte Motiv innerhalb eines Umhanges stets beibehal-

Abb. 45: Pampaskatze mit Limabohnen ohne Schote auf dem Körper und mit Schoten vor ihr.

ten wird. Was sich dagegen ändert, ist die Farbigkeit der einzelnen Elemente – zumeist kleine Figuren, Pflanzen oder Tiere, deren Anordnung systematisch und vorgeplant ist. Der aussagekräftigste, weil naturalistischste Stil ist hier der ›Farbblock-Stil‹. Er zeigt Motive, deren Konturen zunächst mit einigen Stichen festgelegt und dann ausgefüllt wurden. Sie sind am leichtesten zu identifizieren. So kommt auf den Textilien des ›Bündels 378‹ als häufigste Pflanze die Lima-Bohne vor (Abb. 45), ergänzend erscheinen Chili und Knollenfrüchte. Das häufigste Tier ist die Pampaskatze, hinzu kommen der Fuchs, Guano-Kormorane, Kondore, Makaos, Mealy-Papageien, Haie, Falken sowie Schlangen. Alle Motive entstammen also der unmittelbaren Umgebung von Paracas: Der Kondor nistet zwar in den Anden und lebt vorwiegend von dort vorgefundenem Aas, aber er kommt auch regelmäßig an die Küste um zu fischen; die Makaos und Papageien stammen zwar vom Ostrand der Anden, wurden aber an der Küste häufig in domestizierter Form gehalten, und die Lima-Bohne gehörte sicher ebenso wie die Knollenfrüchte zu den Grundnahrungsmitteln der Bewohner von Paracas. All diese Tiere und Pflanzen stehen allerdings nicht für ihr reales Vorbild, sondern es handelt sich erneut um Kennings, wie auch in der Kunst von Chavín: Sie alle stehen für etwas Göttliches, das wir nicht verlässlich interpretieren können, da wir, wie bereits im Kapitel zur Kunst von Chavín erläutert (s. S. 76), die Mythen, die die Kennings erklären, nicht kennen. Möglicherweise steht der Kondor jedoch für den Gott der Lüfte oder des Himmels, der Papagei für die Fruchtbarkeit und den Regen des Anden-Ostrandes. Auch hier kreisen die Themen also wieder um Regen, Fruchtbarkeit, Nahrung. Und wenn man auch nicht jede Pflanze oder jedes Tier seiner genauen Bedeutung zuordnen kann, so fällt doch auf, dass die drei Elemente Wasser, Erde und Luft immer vertreten sind. Verehrt wurden demnach Naturgottheiten, die einzeln oder, wie auch in *Chavín*, in kombinierter Form dargestellt wurden. Zum Beispiel hat in einigen Bildern die Pampaskatze einen Schwanz aus Federn.

Die ›Farbblock‹-Stickereien auf anderen Umhängen, die in Häuptlingsbündeln gefunden wurden, zeigen weitere Pflanzen und Tiere,
teilweise in sehr komplexen Darstellungen, die an den *Tello-Obelisk*
von *Chavín* erinnern. Dabei ist nahezu die gesamte Flora und Fauna
der peruanischen Südküste abgebildet – mit Aus-
nahme der kleinen, wenig repräsentativen Tierarten. So zeigen sie Seelöwen, Wale oder Haie
ebenso wie Kolibris, Eulen, Füchse und Fischotter.
An Pflanzen finden wir die Lucuma-Frucht, die
Süßkartoffel, Mais, die Pepino-Frucht, Maniokknollen und Ají-Pfeffer.

Die Tiere und Pflanzen, die einzeln oder in
Kombination dargestellt sind, kommen auch in den
Kostümen menschlicher Gestalten vor, die ebenfalls und sogar in prominenter Form auf die Umhänge aufgestickt sind. Es handelt sich um Tänzer
und/oder Priester, die in vollem Ornat während einer rituellen Handlung dargestellt sind – auch dies
eine Parallele zur formativen Kunst, man denke
etwa an *Cerro Sechín*: Ein Tänzer, der auf einem
Umhang des ›Bündels 378‹ dargestellt ist, hat eine

Abb. 46:
Schamane

Vogelmaske auf, Flügel am Rücken befestigt und hält in einer Hand

Abb. 47: Menschliche Figur mit
Augenwesenmaske

einen menschlichen Trophäen-
kopf, in der anderen einen Stab.
Eine andere Gestalt konnte als
Schamane (Abb. 46) identifiziert
werden, wobei viele der abgebildeten Figuren oder Gestalten dieser Definition sehr nahe kommen. Sie sind zudem häufig in
fliegender Haltung dargestellt,
sehr ähnlich wie einige Motive in
*Chavín*.

Ein Motiv, das auf den Textilien des ›Bündels 378‹ mehrmals
auftaucht, zeigt eine menschliche
Gestalt mit einer Maske, die das
oben bereits genannte ›Augenwesen‹ repräsentiert (Abb. 47).
Die Gestalt trägt außer der Maske in einer Hand einen Trophä-

Abb. 48: Menschliche Figur

enkopf und in der anderen einen Stab. Sie ist mit einem Poncho bekleidet sowie mit einem Lendenschurz, der um die Beine geschlungen ist. Eine Maske, wie sie das Augenwesen trägt, wurde bei einer Raubgrabung in Chongos in Südperu gefunden. Sie befindet sich heute im *Brooklyn Museum*, New York.

In einem anderen Häuptlingsbündel, ›Bündel 310‹, fand sich ein Umhang, der u.a. eine Figur mit einem Rock zeigt, die einen Gürtel trägt, an dem Trophäenköpfe hängen, eine Maske, einen Pektoral und einen Kopfschmuck in Form eines Vogels mit gespreizten Flügeln (Abb. 48); vom Kopfschmuck hängen rechts und links des Gesichts Schmuckbänder herunter (diese Art des Kopfschmuckes gab es auch in der späteren Nasca-Zeit, aus Gold gearbeitete Exemplare finden sich in einigen Museumssammlungen). Auf ihrem Kopf trägt die Figur einen Federschmuck, rechts und links davon sprießen kleine Schlangen heraus. Auch aus den Schultern der Gestalt kommen Schlangen, die möglicherweise Rückenbänder darstellen sollen, aus den Ellenbogen wachsen weitere Schlangen. In der rechten Hand hält die Gestalt ein Instrument, das aussieht wie ein Opfermesser der mit Nasca zeitgleichen Moche-Kultur der Nordküste; in der linken Hand hält sie einen Stab – wie die Stabgottheit *Chavíns*. Ein Bein der Gestalt ist angewinkelt, sie bewegt sich, möglicherweise tanzt sie. Der Häuptling, der in ›Bündel 310‹ bestattet wurde, führte also wohl unterschiedliche Rituale durch, die sicher mit Fruchtbarkeit zu tun hatten, worauf auch die zahlreichen Trophäenköpfe (s. S. 145) hinweisen.

Abb. 49: Linear-Stilstickerei

Einige wenige Textilien, die sich am ›Bündel 378‹ fanden, zeigen Figuren, die in einem anderen Stil, dem sogenannten Linear-Stil (Abb. 49), gearbeitet sind. Dieser Stil zeigt mythische Wesen in sehr stark abstrahierter Form. Folgt man der Archäologin, die das Bündel analysiert hat, so stellte der Farbblock-Stil mit seinen naturalistisch anmutenden Figuren den Bezug zum tatsächlichen Dasein des Trägers der Kleidung dar, während die Figuren im Linearstil die mythischen Wesen oder Gottheiten wären, mit denen er in Beziehung stand – seien dies seine Ahnen oder die Gottheiten, denen er zu dienen hatte, denn der verstorbene Häuptling, so die Interpretation der Archäologin, war für die Durchführung von Ritualen zuständig, die die Nahrungsbeschaffung aus dem Meer und der Erde sicherstellen sollten.

Die Analyse der in den Bündeln gefundenen Textilien gibt einen repräsentativen Einblick in die Ikonographie der Paracas-Textilien, wenngleich auch einen kleinen. Die Paracas-Textilien, die aus den Grabfunden von Wari Kayán stammen, zeigen also ein System bildhafter Darstellungen, das vielfältiger als das *Chavíns* ist, teilweise noch seinen Konventionen folgt, daraus aber eine völlig eigenständige Kultur entwickelte, die ihre Fortsetzung in der überaus reichen kulturellen Tradition der auf Paracas folgenden Nasca-Kultur fand.

## Die Weberinnen

Betrachtet man den immensen Reichtum an Textilien, der über den Zeitraum von 450 v. Chr. bis zum Jahr 0 entstand, so stellen sich natürlich Fragen: nach den Herstellern, den Webern – oder wohl eher den Weberinnen –, nach der Herkunft der Materialien, den Web- und Sticktechniken und der Zeit, die für die Herstellung eines einzigen großen Umhanges benötigt wurde.

Alle vorhandenen Hinweise deuten auf Weberinnen hin (Abb. 50): Darstellungen auf Keramiken aus der späteren, im

Abb. 50: Darstellung einer Weberin aus der Inka-Zeit

Norden beheimateten Moche-Kultur, Grabbeigaben wie Spindeln, Webkämme und Materialkörbchen in Frauengräbern und Berichte aus der Inka-Zeit belegen die Existenz von Weberinnen. Später soll es an der Südküste zwar auch männliche Weber gegeben haben, aber überwiegend waren es mit Sicherheit Frauen, die auf sogenannten Rückenbandwebgeräten webten. Diese Geräte werden bis heute benutzt und zeichnen sich durch ihre einfache Technik aus. Darüber hinaus bestehen sie lediglich aus einigen kleineren Holzstäben und den dazugehörigen Garnen, was sie leicht transportierbar macht – sei es, um der Lamaherde zu folgen, zum Markt zu gehen oder sich mit anderen Weberinnen zu treffen. Wenn man sich die großen Textilien genauer ansieht, so kann man zudem erkennen, dass sie alle aus mehreren Bahnen, in der Regel nicht breiter als 90 cm, zusammengenäht wurden.

Wegen der schlechten archäologischen Erforschung der Paracas-Kultur können bisher keine Aussagen darüber getroffen werden, ob die Webtätigkeit in den Haushalten oder in größeren Werkstätten ausgeübt wurde. Hochrechnungen ergaben, dass für einzelne Mumienbündel bis zu 30 000 Arbeitsstunden aufgewendet werden mussten. Geht man davon aus, dass 8 Stunden am Tag gewebt werden konnte, denn es ist das ganze Jahr über täglich nur 12 Stunden hell, so entspräche das annähernd 10 Jahren Herstellungszeit. Zudem darf man sich nicht vorstellen, dass die Frauen ständig und ausschließlich webten, zumindest nicht vor der Einrichtung von Werkstätten: Bis heute ist es so, dass von den indigenen Frauen immer mehrere Tätigkeiten gleichzeitig ausgeübt werden. So hat der andine im Gegensatz zum europäischen Bauern keinen ›langen Winter‹, das heißt, keine Ruhephase, in der geschnitzt, gebastelt, erfunden oder eben gesponnen und gewebt werden kann: Wenn die Regenzeit vorbei ist, setzt die Ernte ein und nach der Ernte die mühsame und zeitintensive Instandhaltung der Bewässerungsanlagen. Die Felder müssen außerdem ständig von Unkraut gesäubert werden, da es keine Fröste gibt, die das Pflanzenwachstum eine zeitlang zum Stillstand bringen. Das typische Bild einer indigenen Frau aus dem Hochland, die mit dem Baby auf dem Rücken eine Spindel drehend zum Markt läuft, um dort dann im Sitzen ihr Webgerät aufzuschlagen und nebenher Kartoffeln zu verkaufen, entspricht also wohl recht genau auch dem Leben in der präkolumbischen Zeit. Die Herstellung der gesamten Stoffe für ein einziges Grabbündel dauerte daher, wenn nur eine Frau daran arbeitete, wohl sogar eher mehr als 10 Jahre.

# Medizin und Ästhetik in Paracas

## Die Trepanation: die Schädelöffnung

Als 1867 in Europa der erste aus Peru stammende Schädel mit Öffnungsspuren (›Trepanationsspuren‹) präsentiert wurde, war das eine Sensation, denn man hatte geglaubt, dass die in vielen Kulturen der anderen Kontinente übliche Technik der Schädelöffnung in Südamerika nicht praktiziert werden konnte, da man die Kulturen dort schlicht nicht in der Lage glaubte, einen solchen Eingriff vorzunehmen. Heute wissen wir es besser: Schädeltrepanation war im Alten Peru durchaus gebräuchlich: Die über 1000 Schädel aus Peru, die sich in Museumssammlungen Perus, der USA und Europas befinden, bilden einen größeren Bestand als die Exemplare aller anderen Kulturen zusammengenommen. Die frühesten Schädel mit Trepanationsspuren stammen dabei von der peruanischen Südküste, aus den Anfängen und den Höhepunkten der Paracas-Kultur, und sind auf 400–200 v. Chr. datiert, also in die Paracas-Cavernas-Phase. In dieser Phase trepanierte man die Schädel durch das Ab- und Aufkratzen der Schädeldecke mithilfe von sehr scharfen, zweischneidigen Obsidianmessern. Diese frühen Trepanationen waren zwangsweise sehr groß, da die Messer im Vergleich zu später verwendeten Bronze- oder Kupferbestecken äußerst grob waren (Abb. 51). Im Laufe der Zeit experimentierte man auch mit anderen Methoden, wovon Schädeltrepanationen, die unterschiedliche Öffnungstechniken aufweisen, zeugen. Die perfektesten und kleinsten Trepanationen vollzog man während der Inka-Zeit (Abb. 52).

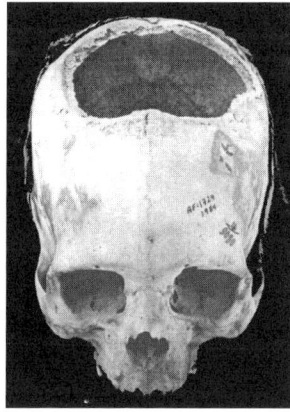

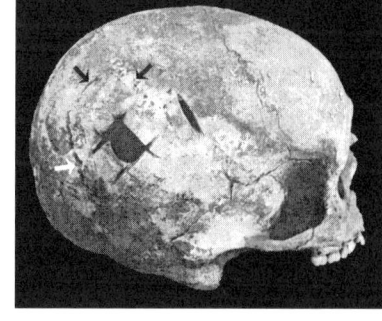

Abb. 51: Trepanation in der Paracas-Kultur

Abb. 52: Trepanation in der Inka-Zeit

Obwohl die frühen Trepanationen sehr groß waren – teilweise wurde die ganze obere Schädeldecke entfernt –, überlebten die behandelten Menschen den Eingriff offenbar zumindest eine zeitlang: An einem Schädel mit einer großen Trepanation aus Paracas kann man einige Zentimeter nachgewachsene Knochensubstanz erkennen. Über 600 untersuchte Schädel aus Alt-Peru, darunter eine repräsentative Anzahl aus der Paracas-Kultur, ergaben, dass von den frühen Trepanationspatienten ungefähr 36 % tatsächlich lange Zeit, also mehrere Jahre, überlebten, das heißt, der Schädelknochen ist signifikant verheilt; 24 % überlebten kurze Zeit, wobei von einigen Wochen auszugehen ist, und 40 % starben sofort oder überlebten nur einige Tage. Vor der spanischen Eroberung, also zur Inka-Zeit und damit ungefähr 1400 bis 1600 Jahre später, überlebten 78 % den Eingriff sehr lange, ca. 10 % kurz und nur 12,5 % gar nicht. Kleine, flach angelegte Trepanationen, bei denen der Schädelknochen durch Schaben und Kratzen entfernt wurde, scheinen dabei die am wenigsten riskanten gewesen zu sein. Die Trepanationen durch Bohren oder Sägen hingegen verursachten eine hohe Mortalitätsrate, denn bei diesen Techniken war die Gefahr, die unter dem Knochen liegende Hirnhaut zu verletzen, und damit die Infektionsgefahr, wesentlich größer. Besonders erstaunlich ist zudem die Tatsache, dass es nicht wenige Schädel (allerdings nur aus der Inka-Zeit) gibt, die mehrere verheilte Trepanationsspuren aufweisen.

Die Mortalitätsrate in Paracas war trotz der relativ ungefährlichen Methode des Schabens wegen der Größe der Trepanationswunden, was die Infektionsgefahr steigerte, sehr hoch. Warum trotzdem so viele Schädeltrepanationen durchgeführt wurden, weiß man leider nicht. Sie müssen aber wohl einen hohen Stellenwert in der Medizin der altperuanischen Völker eingenommen haben, da die Entwicklung und Verbesserung der Operationstechniken stetig vorangetrieben wurde. Man vermutet, dass der Eingriff aus – aus unserer Sicht – medizinischen Gründen geschah: zur Behandlung von Kopfschmerzen, Epilepsie oder Hirnschwellungen nach Verletzungen. Eine andere Möglichkeit wäre, dass die Trepanation eine rituelle Handlung war.

Zumindest ein Teil der Trepanationen in Alt-Peru, soviel ist nachweisbar, geschah tatsächlich aus medizinischen Gründen. So weisen viele der erhaltenen Schädel – auch die von Frauen und Kindern – zusätzlich zu den Spuren der Trepanation Verletzungsspuren auf, die durch Kampfhandlungen entstanden sind. Steinschleudern (die wichtigste Angriffswaffe im Alten Peru) oder Keulen scheinen demnach mindestens im Hochland – auch gegen Frauen und Kinder – häufiger zum Einsatz gekommen zu sein. Archäologen sehen in diesen Verletzungen Parallelen zum bis heute im Hochland von Bolivien veranstalteten ›Tinkuy‹, einem rituellen Kampf, bei dem ganze Dörfer zu Beginn der Regenzeit gegeneinander antreten: Der Tinkuy ist erst dann erfolgreich beendet, wenn Blut geflossen ist, und zwar möglichst das Blut von Angehörigen sowohl des Dorfes aus dem ›oberen‹ Bereich als auch des Dorfes aus dem ›unteren‹ Bereich der Anden. Das alte Prinzip der sich ergänzenden Gegensätze ist hier also bis heute vorhanden.

## Deformierte Schädel

Nahezu alle von der Südküste stammenden Schädel sind ›deformiert‹. Allerdings handelt es sich hierbei nicht um eine ›Verformung‹ in unserem Sinne, sondern um eine ›Formung‹. Dafür umwickelte man den Kopf eines Neugeborenen fest mit Bandagen und fügte an der Stirn- und Hinterhauptseite noch ein kleines Brett oder ein hartes Baumwollkissen ein. Auf diese Weise erhielt der Schädel eine hohe, längliche Form. Diese Formung des Schädels war in Süd- und Mittelamerika sehr weit verbreitet; zumindest bei einigen Gruppen des vorspanischen Kolumbien war sie ein Merkmal kultureller Zugehörigkeit. So grenzten sich dort manche Völker durch Schädelformung gegen andere ab. Bei anderen Völkern war der verformte Schädel ein Schönheitsideal. Da wir aus dem Alten Peru keine schriftlichen Belege haben, kennen wir die Gründe für die Schädelformung an der Südküste bei den Paracas- und Nasca-Völkern indes nicht.

# 5. Nasca – Pilgerstätten und *Scharrbilder* im Süden Perus

Um es gleich vorweg zu nehmen: Es gibt zwei unterschiedliche Schreibweisen des Namens dieser Kultur – ›Nasca‹ oder ›Nazca‹ –, was häufig zu Verwirrung führt. Die Forschung geht davon aus, dass die ursprüngliche Schreibweise aus der Zeit der Conquista die mit ›s‹ ist, und belegt daher alles, was mit der vorspanischen Kultur zu tun hat, mit dem Begriff ›Nasca‹. Das ›z‹ ist offensichtlich eine Erfindung bzw. ein Versehen aus der Kolonialzeit, denn damals wechselten die geographischen Bezeichnungen plötzlich von ›s‹ nach ›z‹. Alle Ortsnamen und sonstigen geographischen Bezeichnungen werden daher mit ›z‹, also ›Nazca‹, geschrieben.

Die Nasca-Kultur (150 v. Chr. – 600 n. Chr.) führte lange Zeit ein Schattendasein. Berühmt wurde und ist sie vor allem wegen der feinwandigen, sehr aufwendig mehrfarbig bemalten Keramik und noch mehr wegen der mysteriösen ›*Scharrbilder*‹. Man ging ursprünglich davon aus, dass die extrem schwierigen Lebensbedingungen – die Flusstäler der Region, in der die Nasca lebten, sind wesentlich schmäler und steiler ansteigend und die Flüsse führen weniger Wasser als die der Nordküste (Karte 4) – eine der Nordküste vergleichbare Kulturentwicklung schlicht unmöglich machten. Mangels großflächiger Ausgrabungen stellte man sich Nasca bis Ende der 1970er Jahre deshalb als eine Ansammlung von kleinen, politisch eher unbedeutenden Häuptlingstümern vor, die außer der berühmten Keramik und den *Scharrbildern* nichts Wesentliches hervorgebracht hatten. Es ist nämlich nicht so, dass qualitätvolle handwerkliche Arbeit nur unter der Kuratel einer starken politischen Einheit stattfinden kann. Schon der Norden Südamerikas, das heutige Kolumbien, zeigt, dass auch vergleichsweise kleine Häuptlingstümer enorme kulturelle Leistungen hervorbringen können. Eines der besten Beispiele dafür ist der ›Schatz der Quimbaya‹, datiert in die gleiche Zeit wie die Nasca- und Moche-Kulturen, der die qualitativ besten Goldarbeiten Amerikas birgt.

Im Gegensatz zu der relativen Geringschätzung der Nasca-Kultur standen und stehen indes die Spekulationen und die scharfe Polemik der Auseinandersetzung – auch unter Wissenschaftlern – sowohl bezüglich der *Scharrbilder* als auch bezüglich der Grundlagen für die landwirtschaftliche Produktion. So wollte insbesondere die Anlage der *Scharrbilder* von Anfang an nicht zu dem Bild von einer eher einfach strukturierten, kleinen Gesellschaft passen; doch erst Forschungen aus der zweiten Hälfte des 20. Jh. und die weitergeführte archäologische Erschließung des Tempelzentrums von *Cahuachi* brachten

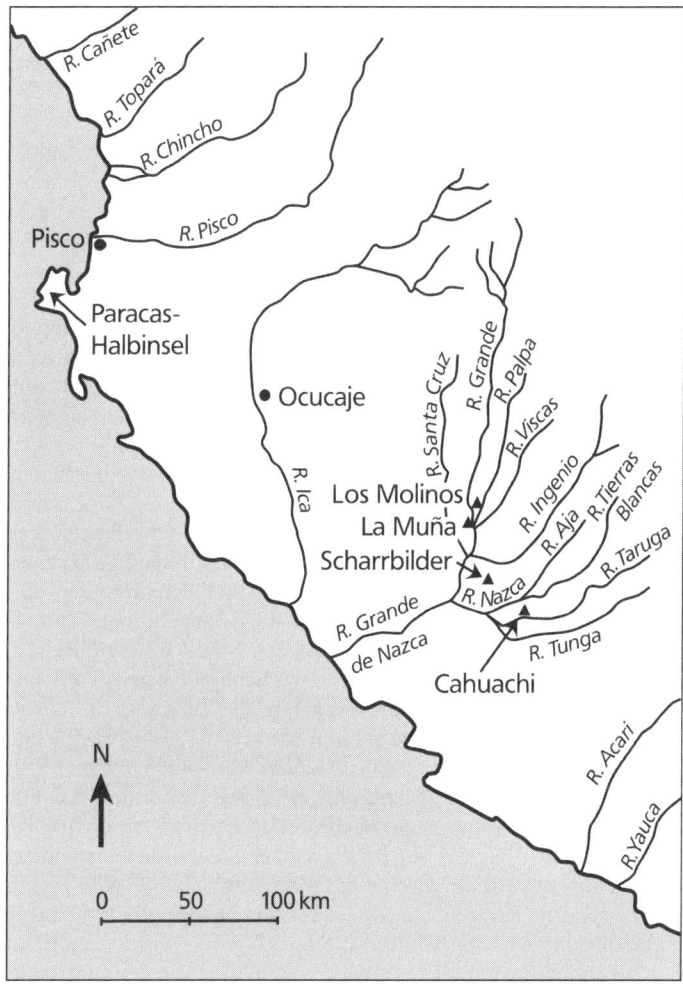

Karte 4: Die Verbreitung der Nasca-Kultur

hier tatsächlich neue Erkenntnisse, die die Nasca in ein neues Licht – und etwas stärker an die Seite der weitaus berühmteren Moche-Kultur an der Nordküste Perus – rückten. Nach wie vor ist aber die Frage, wie das politisch-religiöse System von Nasca funktionierte, nicht völlig geklärt.

# Von Paracas zu Nasca – von den Textilien zur Keramik

Das Ende der Paracas-Kultur kam wie bei Chavín mehr oder weniger abrupt. Warum dieser Kunststil, an dem der Wechsel von der Paracas- zur Nasca-Kultur erkennbar wird, sich signifikant änderte, ist nicht nachzuvollziehen, lediglich, dass er es tat. Zu den Erkenntnissen der neueren Forschung gehört dabei, dass die Menschen, die die Nasca-Kultur entstehen ließen, mindestens im Bereich des bedeutenden Ica-Tales eindeutig die genetischen Erben der Bevölkerung waren, die einige Jahrhunderte zuvor die Paracas-Kultur begründete. Klar ist auch, dass sich die religiöse Kunst in diesem Raum weg vom Paracas- und hin zum Nasca-Stil entwickelte, wobei sich der Siedlungsschwerpunkt gegen Ende der Paracas-Zeit weg vom Cañete- und Pisco-Tal und hin zum Tal des Río Grande de Nazca, also in Richtung Süden, verlagerte. Einzig die Bedeutung des Ica-Tales blieb im Zuge dessen erhalten: Die Anfänge der Nasca-Kultur, ihr Hervorgehen aus Paracas, lassen sich an der durch ihre lückenlose Kulturabfolge berühmt gewordenen Ausgrabung im Ica-Tal belegen, die Folgendes zutage gefördert hat: Die der Paracas-Nekrópolis-Phase zugeordnete Topará-Keramik entwickelte sich nach und nach zur Nasca-1-Keramik, die in ihren Formen und aufgemalten Motiven häufig Pflanzen, Tiere und Gottheiten der Paracas-Kultur übernahm. Was allerdings die Textilkunst betrifft, so gab es nur zu Beginn der Nasca-Phase (Nasca 1 und 2: 150 v. Chr. – 100 n. Chr. und 100–200 n. Chr.) auch in dieser Kultur eine hochentwickelte Textilkunst, die indes etwas andere Akzente setzte als die von Paracas und nach und nach ärmer wurde; parallel dazu wurde die Keramik von Nasca reicher: Sie wurde feinwandiger und technisch perfektioniert, eine Weiterentwicklung von Topará. Häufig zeigt sie Figuren, die wir auf Paracas-Nekrópolis-Umhängen aufgestickt finden: Die Konturen dieser Figuren wurden zunächst durch Einritzungen stark betont; später kam man von den Einritzungen ab und übermalte die Übergänge zwischen den farbigen Feldern

– die zuerst aufgemalt wurden – mit schwarzen Rändern. In Phase Nasca 3 (200–400 n. Chr.) war diese Form vollendet, die Motive waren sehr komplexer Natur; in den folgenden Jahrhunderten wurden sie dann zwar noch stilistisch verändert, im Kern blieben sie jedoch dieselben.

# Wirtschaft und Gesellschaft

## Die Bewässerungsanlagen der Nasca

Die Nasca, deren Hauptsiedlungsgebiet sich im Ica-Tal und dem südlich davon gelegenen Tal des Río Grande de Nazca und seinen Zuflüssen befand, waren in erster Linie Feldbauern, die ihren Fleischbedarf hauptsächlich durch Fischfang im Meer, aber auch durch die Jagd auf Kameliden (wahrscheinlich Guanakos) und die Haltung und Züchtung von Meerschweinchen deckten. Archäologen sprechen daher für Nasca von einer weniger maritimen Ausrichtung der Wirtschaft als sie für die Zeit der Paracas-Kultur angenommen wird. Offensichtlich züchtete man außerdem Lamas: sowohl als Lasttiere als auch zum Schlachten und als Opfertiere für Fruchtbarkeitsrituale.

In der Region des Río Grande de Nazca findet sich eine geographische Besonderheit: In diesem Küstenabschnitt fließen die Flüsse aus den Anden nicht direkt in den Pazifik, sondern vereinen sich viele Kilometer vor der Küste zum Río Grande de Nazca. Die Täler der einzelnen Flussläufe (Santa Cruz, Río Grande, Palpa, Viscas, Ingenio, Aja, Tierras Blancas, Taruga und Tunga) bilden direkte Zugänge zum Hochland von Ayacucho und auch zum Titicacasee. Die Flüsse führen dabei nur in der Regenzeit gleichzeitig Wasser, da ihre Quellgebiete sehr weit auseinander liegen und die Niederschläge im Hochland als heftige, aber lokale Regengüsse niedergehen. Da sie zudem alle im südlichen Bereich des Hochlandes liegen, fällt die Regenzeit (Januar und Februar) insgesamt kürzer aus als im Norden (Dezember bis März). Die Täler selbst, vor allem das des Río Grande, sind sehr eng, sehr heiß und extrem trocken. Hier stellt sich schon angesichts der geringen Fläche – lediglich im Tal des Río Grande de Nazca bzw., in wesentlich kleinerem Umfang, in den Tälern der Zuflüsse steht Boden für Feldbau zur Verfügung –, vor allem aber angesichts der Trockenheit, die Frage nach den Möglichkeiten zur Bewässerung der Felder. An diesem Punkt ist zwischen Archäologen ein heftiger Streit entbrannt.

Problematisch erscheint in diesem System von Flüssen zunächst die Tatsache, dass sie, mit Ausnahme des Hauptflusses, selbst während der Regenzeit kaum Wasser führen, das an der Oberfläche abzuschöpfen wäre: Manchmal fließt das Wasser an der Oberfläche, manchmal taucht es ab und kommt erst sehr viel weiter unten wieder zum Vorschein. Man ist also gezwungen, unterirdische Wasserläufe anzuzapfen. Und tatsächlich finden sich im Tal des Río Grande de Nazca und in denen seiner aus den Anden kommenden Zuflüsse ungefähr 50 unterirdische Bewässerungskanäle – ›Puquios‹ –, von denen 36 bis heute in Funktion sind (Abb. 53). Diese Bewässerungskanäle sammeln einerseits Wasser, das von der Oberfläche nach unten sickert, und andererseits schneiden sie immer wieder unterirdisch verlaufende Wasseradern an und leiten das Wasser mehr oder weniger waagerecht an die Oberfläche. Zu diesen Kanälen führen Schächte – ›ojos‹ = ›Augen‹ genannt – hinab, die mit großen Flusskieseln befestigt sind. Sie dienen als Lichtschächte, als Zugänge – die über spiralförmige Pfade begehbar sind, um die Kanäle instand zu halten und zu reinigen – und natürlich nicht zuletzt als Quellen.

Der Streit der Archäologen entzündet sich nun bereits seit einigen Jahrzehnten an der Frage, ob dieses System vorspanischen Ursprungs ist oder ob es über den Orient, wo solche Bewässerungskanäle als ›Qanats‹ bekannt sind, und damit erst mit den Spaniern, nach Amerika kam. Um es gleich vorweg zu nehmen: Die Streitfrage ist bis dato nicht geklärt, die Argumente stehen einander nach wie vor unbewiesen gegenüber: Die Befürworter eines präkolumbischen Ursprungs führen bei der Freilegung der Kanäle gefundene vorspanische Keramikscherben an, ebenso wie einen Besiedlungsbeginn der trockensten Täler zur Zeit von Nasca 5 (430–600 n.Chr.), in die diese Wissenschaftler den Bau der Kanäle datieren. Die Gegner zweifeln diese Daten an bzw. sie sehen nicht notwendigerweise eine Verbindung zwischen ihnen. Außerdem führen sie an, dass das gleiche Bewässerungssystem an mehreren Stellen Lateinamerikas auftaucht, unter anderem auch in

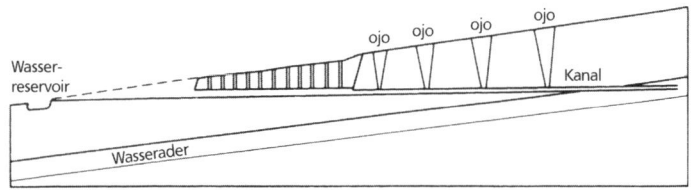

Abb. 53: Skizze eines unterirdischen Bewässerungskanals (Puquio)

Mexiko. Schließlich weisen sie darauf hin, dass die rege und unglaublich starke Erdbebentätigkeit in dieser Region ein derart langes Überleben eines Kanalsystems unmöglich mache. Der italienische Archäologe Guiseppe Orefici nimmt hingegen an, dass die Kanäle sogar nur der Rest eines ehemals wesentlich größeren und mehrere Täler umfassenden Bewässerungssystems sind, das auf das gesamte Siedlungsgebiet der Nasca-Kultur ausgedehnt war. Auf diese Weise bezieht er das Argument der starken Erdbeben in dieser Region in seine Theorie mit ein und hält die noch bestehenden ›Puquios‹ für die einzigen Teile, die diese Naturkatastrophen überstanden haben.

Keine der beiden Seiten hat wirklich stichhaltige Argumente um die Richtigkeit der jeweiligen These zu belegen: So sind in der vorspanischen Zeit viele sich ähnelnde Dinge an mehreren Stellen Lateinamerikas unabhängig voneinander entwickelt worden. Selbst die Gottheiten ähneln sich. Andererseits haben einzig Bauwerke aus der Inka-Zeit die unendliche Serie stärkster Erdbeben nahezu unbeschadet überstanden. Berechtigt ist auch die Kritik an den Datierungen anhand der Keramikscherben, die nicht wirklich zuverlässig mit den Kanälen in Zusammenhang zu bringen sind. Betrachtet man indes die Vorgehensweise der spanischen – und im heutigen Brasilien der portugiesischen – Kolonisatoren, so erscheint es doch recht unglaubwürdig, dass diese in der frühen Kolonialzeit, also in den ersten fünfzig Jahren nach der Ermordung des Inka Atahuallpa, ein derartiges Bauvorhaben in Auftrag gegeben oder gar selbst durchgeführt haben sollen: Die Strategie der Kolonisatoren bestand stets darin, unter minimalem Aufwand ein Maximum aus den eroberten Ländern herauszuholen; das schnelle Geld war, damals wie heute, ihr einziges Streben. Die Spanier waren deshalb in den archäologisch reichen Gebieten des heutigen Nordkolumbien bis nach Südperu und Nordchile auch die ersten Grabräuber. So entdeckten sie sehr bald, wie reich viele Fürstengräber mit Goldobjekten ausgestattet waren, holten sie heraus, schmolzen sie ein und verkauften das Gold. Wenn zu dieser Zeit bemerkenswerte Bauwerke errichtet wurden, dann waren es große Kirchen, Kathedralen oder Paläste für die Vizekönige, nicht aber Infrastruktur für die Nutzbarmachung des Landes. Zu dieser Zeit verfielen sogar in Spanien selbst – in Andalusien – die von den Mauren errichteten Bewässerungssysteme. Ich sehe also keinen Grund, warum die spanischen Kolonisatoren derart viel Aufwand getrieben haben sollten, um ausgerechnet eines der am schwierigsten zugänglichen und trockensten Täler der peruanischen Küste urbar zu machen. Die spanischen Haziendas siedelten sich ohnehin vorwiegend in den großen nördlichen Tälern und im nahegelegenen Ica-Tal an, wo man leicht Zuckerrohr, Baumwolle, Mais oder auch Wein anbauen konnte. Im Tal des Río Grande de Nazca findet sich nur eine Hazienda und weiter oberhalb in den Tälern der Zuflüsse errichteten Jesuitenmissionäre kleine Missionssiedlungen. Und auch die kleine kolonialzeitliche Stadt Nazca entstand am Ufer eines Zuflusses – dem Río Tierras Blancas. Im Hochland verfielen dagegen die Feldbauterrassen aus der Inka-Zeit sehr schnell, weil die Kolonisatoren sich in den fruchtbaren Tälern niederließen und kein Interesse am Erhalt der inkazeitlichen Anlagen hatten. Hinzu kam das dramatische Massensterben der einheimischen Bevölkerung unmittelbar nach dem Eintreffen der Spanier und teilweise schon davor – die Pocken hatten Peru vor den Spaniern erreicht. Über 90 % der Bevölkerung überlebten die ersten hundert Jahre nach dem Kontakt mit den Europäern nicht, wodurch auch der Bedarf an fruchtbarem Land stark zurückging. Das Anlegen eines derart riesigen Bewässerungssystems ausgerechnet im Nazca-Tal ist also aus der Sicht der Spanier meiner Meinung nach sehr unwahrscheinlich. Und dass die indigenen Ingenieure schon zur Zeit der Nasca-Kultur wahre Meister ihres Fachs waren, beweist *Chavín de Huantar* mit seinem hydraulischen System, das sogar einige Jahrhunderte älter ist. Sie wären folglich sehr wohl in der Lage gewesen, so etwas zu schaffen. Dem Erdbebenargument kann entgegengehalten werden, dass die ›Puquios‹ möglicherweise über die Jahrhunderte hinweg von der Bevölkerung in Stand gehalten wurden.

Trotz meiner eigenen Neigung, die Anlage der präkolumbischen Zeit zuzuordnen, lässt sich abschließend dennoch nur festhalten, dass eine genaue Datierung anhand des heutigen Wissensstandes nicht möglich ist. An die Stelle weiterer Schlagabtausche sollten daher systematische Ausgrabungen rücken, die mit sorgfältigen und umfassenden Datierungen das Alter der Kanäle klären. Da jedoch die Zugänge zu den Kanalsystemen in Cantalloc im Nazca-Tal archäologisch interessierten Reisenden bei der Besichtigung als eindeutige Errungenschaft der indigenen Vorfahren präsentiert werden, sei der Disput an dieser Stelle zumindest erwähnt.

## Leben und Sterben in Nasca

Wie auch immer die Bewässerungssysteme im Bereich des Tals des Río Grande de Nazca tatsächlich ausgesehen haben mögen – durch den Anbau einer Vielfalt von Kohlehydrate liefernden Pflanzen, wie unter anderem Süßkartoffel und Maniok, die Kultivierung von Obstbäumen mit sehr nahrhaften Früchten wie Avocados, Papayas oder Guaven und eine ausreichende Versorgung mit Eiweiß durch Fischfang, Jagd und Tierhaltung war es der Bevölkerung nicht nur möglich den eigenen Lebensunterhalt zu sichern, sondern sie konnten auch Kapazitäten für eine bemerkenswerte Kulturentwicklung schaffen.

Nichtsdestotrotz war das Leben für die Nasca hart: Analysen von Mumien ergaben, dass jedes zweite Kind vor Vollendung seines 10. Lebensjahres starb, nur 27 % der Erwachsenen wurden älter als 40 Jahre (wie allerdings auch in Europa zu dieser Zeit). Die Menschen litten an Tuberkulose, Malaria, Atemwegserkrankungen, bakteriellen Infektionen und gastrointestinalen Problemen wie Wurm- und Parasitenbefall. Hinzu kamen Naturkatastrophen, die durch moderne Ausgrabungen auch für die Nasca-Zeit belegt werden konnten: Bei starken El Niños regnet es selbst an der Südküste Perus sehr stark; durch den steilen Anstieg und die Enge der Täler erhöht sich die Fließgeschwindigkeit des Wassers dabei sehr schnell. Es kommt in diesen Tälern daher bis heute zu katastrophalen Überschwemmungen, verbunden mit Erdrutschen, die ganze Siedlungen verschütteten, was ein deutsch-peruanisches Archäologenteam im Palpa-Tal nachweisen konnte, und immer noch verschütten.

Das deutsch-peruanische Archäologenteam entdeckte im Tal des Río Palpa außerdem über 150 Siedlungsreste, darunter zwei deutlich größere Orte, die *Los Molinos* und *La Muña* genannt wurden. Die offensichtlich bedeutendere Siedlung von *Los Molinos* hat ein klares Zentrum mit *Monumentalarchitektur*, mit *Rampen* und *Plattformen*, die für Rituale genutzt wurden. *La Muña* ist etwas kleiner, erstreckt sich jedoch immer noch über 200 m auf einem Hügelkamm und ist in eine spätere Phase der Nasca-Kultur datiert. Bemerkenswert ist in beiden Fällen, neben den ebenfalls vorhandenen architektonischen Besonderheiten der Bauwerke, die *Friedhofsarchitektur* mit speziellen Bestattungsorten für die politisch-religiöse Elite.

Die Nasca lebten also offenbar in Siedlungen, die an den Rändern der fruchtbaren Flussoasen angelegt waren; einige lagen auf benachbarten Hügeln, in die für den Häuserbau Terrassen eingegraben wurden. Es sieht dabei so aus, als ob die Nasca die höher gelegenen Regionen, also auch die oberen Flussläufe im Bereich der Chala-Zone (s. S. 15), bevorzugt hätten, möglicherweise wegen der besseren Wasserversorgung und der geringeren Überschwemmungsgefahr: In diesem Bereich herrscht eine Niederschlagsmenge von ungefähr 150 mm pro Jahr. Das ist zwar sehr wenig, aber im Vergleich zur Küstenzone, wo die Niederschlagsmenge bei 2,5 mm pro Jahr liegt, eine deutliche Verbesserung. Im Ica-Tal hingegen entdeckte man auch im Mündungsbereich des Flusses, also am Ufer des Pazifik, Siedlungsreste aus der Nasca-Zeit. Eines oder mehrere wirtschaftliche Zentren sind unter den Siedlungen beziehungsweise deren Resten indes nicht mehr zu erkennen. Problematisch erweist sich hierbei auch, dass die Siedlungen im Ica-Tal zusätzlich durch moderne Landwirtschaft nahezu völlig zerstört sind.

Im Zentrum der Siedlungen lebten höherrangige Personen, die mit Verwaltungsaufgaben und der Durchführung von Zeremonien betraut waren. In den Haushalten wurde, wie zur Zeit der Paracas-Kultur, gewebt und wohl auch getöpfert. Im Gegensatz zu späteren Kulturen, wie beispielsweise Huari, konnte für die Nasca-Zeit bisher allerdings kein eindeutiges Töpferzentrum gefunden werden, was vermuten lässt, dass das Töpfern nicht nur von Haushaltskeramik, sondern auch der hochwertigen mehrfarbigen Zeremonial- und Grabkeramik nach wie vor Sache der einzelnen Haushalte war. Die Nasca praktizierten, wie auch die Paracas-Kultur, die Schädeldeformation.

Ihre Toten bestatteten die Nasca vorwiegend in zylindrisch geformten, nicht allzu tiefen Schächten, in die der Körper in Hockstellung gesetzt wurde. Man versah die Gräber mit Beigaben, darunter die mehrfarbige Keramik, und deckte darüber ein Dach aus Schilf. Auf größeren Friedhöfen wie in *La Muña* im Palpa-Tal findet sich auch Grabarchitektur: kleine Gebäude mit Gräbern darin; Urnenbestattungen gab es ebenfalls. Keine andere Kultur des Alten Peru wurde dabei derart geplündert wie Nasca. Die wunderbaren, mehrfarbigen Tongefäße, die schon Ende des 19. Jh. die USA und Europa erreichten, wurden der archäologischen Erforschung also zum Verhängnis: Alle Friedhöfe der Nasca-Kultur wurden ausgeraubt. Leider fielen den Raubgräbern auch mögliche Fürsten- oder Häuptlingsgräber zum Opfer. Die Sammlungen in peruanischen, US-amerikanischen und europäischen Museen legen jedoch nahe, dass es solche Gräber gegeben haben muss: Feinster Federschmuck, erlesene Textilien und Mundmasken aus Gold wurden sicher, wie in anderen Gesellschaften des Alten Peru, nur von einer Elite getragen. Vor wenigen Jahren konnte außerdem ein unversehrtes, vollständiges Grab geborgen werden, das auf eine höherrangige Persönlichkeit hinweist. Es enthielt 46 feine, mehrfarbige Keramiken, einige Goldobjekte, darunter eine goldene Maske, Nasenschmuck und zwei Anhänger.

Für die Erforschung der Kultur ist – außer dem Fehlen vieler Grabbeigaben –, vor allem die Tatsache problematisch, dass bei den Plünderungen alles zerstört wurde: Bei den Nasca gab es ebenfalls die bei Paracas bereits beschriebene Tradition, die Toten in ihren ehemaligen Wohnhäusern zu bestatten. Aufgrund der Raubgrabungen ist es aber fast unmöglich nachzuvollziehen, ob es sich bei den durchpflügten Flächen jeweils um einen Friedhof, um eine Siedlung oder auch um beides handelte. Man ging daher lange Zeit davon aus, dass es sich bei den Ansammlungen mit Tausenden von geplünderten Gräbern immer nur um Friedhöfe gehandelt habe; erst sorgfältige Nachgrabungen führten letztlich zu der Erkenntnis, dass es häufig gleichzeitig Siedlungen waren.

Die unglaubliche Nachfrage nach den Keramiken der Nasca-Kultur auf dem internationalen Kunstmarkt, verbunden mit der Tatsache, dass mittlerweile wohl auch der letzte Friedhof geschändet ist, führte selbstverständlich zu einer regen Fälschertätigkeit: Mittlerweile gibt es in der Stadt Nazca und ihrer Umgebung eine regelrechte Fälscherindustrie, die durchaus respektable Kopien, die man zuweilen auf den ersten Blick nicht von echten Keramiken unterscheiden kann, herzustellen versteht. Der Reisende sei an dieser Stelle doppelt gewarnt: Durch den Kauf von echter, antiker Keramik heizt man die Raubgrabungen an; gleichzeitig kann man nie sicher sein, nicht einer gekonnten Fälschung aufzusitzen. Außerdem ist die Ausfuhr nationalen Kulturgutes – und dazu zählen archäologische Keramiken – strengstens verboten und wird empfindlich bestraft.

# Das Heiligtum von *Cahuachi*

Das Heiligtum von *Cahuachi*, das in die frühe Nasca-Zeit (Nasca 1–3) datiert werden konnte, scheint das einzige religiöse Zentrum von überregionaler Bedeutung gewesen zu sein. Die Anlage liegt am Río Nazca, noch bevor er durch alle einverleibten Zuflüsse zum Río Grande de Nazca wird; lediglich die Flüsse Aja und Tierras Blancas sind einige Kilometer flussaufwärts bereits zum Río Nazca zusammengeflossen. Dabei weist die Region um *Cahuachi* eine Besonderheit auf: Nachdem das Flusswasser zuvor über mehrere Kilometer unterirdisch geflossen ist, tritt es nun plötzlich und quellenartig an die Oberfläche. Die Vegetation ist vergleichsweise üppig, früher gab es in diesem Gebiet sogar ›Huarango‹-Wälder.

Ein von den Archäologen im Laufe der letzten Jahrzehnte durch Ausgrabungsprojekte erzieltes Ergebnis sei an dieser Stelle vorweggenommen: *Cahuachi* war nicht, wie ursprünglich angenommen, die ›Hauptstadt‹ eines Nascareiches, sondern es war ein Zeremonialzen-

trum oder noch besser gesagt: ein Schrein, eventuell eine Tempelanlage, wobei noch nicht einmal sicher ist, ob dort Priester gelebt
haben. Keines der beiden Archäologenteams, weder das peruanisch-
italienische unter der Leitung von Guiseppe Orefici noch das perua-
nisch-US-amerikanische unter der Leitung von Helaine Silverman,
fanden irgendeine Spur von Bewohnern. Gesichert ist indes, dass die
Pyramiden von *Cahuachi* dazu benutzt wurden, Rituale abzuhalten
und Opfergaben niederzulegen. Später kamen rituelle Bestattungen
hinzu ebenso wie das Anlegen von Friedhöfen. Wie aus Berichten
hervorgeht, wurden in *Cahuachi* zum Beispiel rituelle Bestattungen
von Textilien gefunden, das heißt, Vertiefungen, in die große Umhänge, zusammengelegt, hineingegeben wurden. Andere Vertiefungen bargen sogenannte Trophäenköpfe (s. S. 145), wieder andere
Lamas – daher die Annahme, dass hier während großer Rituale Opferungen stattfanden bzw. Opfergaben niedergelegt wurden. Die de-
taillierte Publikation dieser Funde steht aber noch aus.

Leider erschließt sich dem Besucher *Cahuachi* nicht als das, was es
einmal war. Es sieht vielmehr aus – um eine amerikanische Archäologin zu zitieren – »wie eine Ansammlung von erodierenden Hügeln,
unterbrochen von flachen Zwischenräumen, die wiederum aussehen
wie nach einem Bombenangriff nach dem 2. Weltkrieg« (Silverman,
1994). Ersteres ist das Werk der Zeit, zweiteres das Werk einer Grab-
raubkampagne aus dem Jahre 1984, die einen erheblichen Teil des
Heiligtums zerstörte. Italienische und amerikanische Archäologen,
die bis heute unbeirrt kartieren, freilegen und ausgraben, müssen
nach Beendigung ihrer jährlichen Kampagnen die Stellen, an denen
sie gearbeitet haben, wieder zuschütten, um sie dadurch für nachfolgende Grabräuber unkenntlich zu machen. Wie groß das Problem ist,
werden wir nochmals sehen, wenn die Ausgrabungen der *Moche-Ne-
kropole* von *Sipán* besprochen werden.

Dennoch wurde erfreulicherweise ein kleiner Teil von *Cahuachi*
rekonstruiert und dem Besucher zugänglich gemacht, so dass man
sich einen guten Eindruck von dem einstigen Aussehen der Anlage
verschaffen kann: Zugänglich sind die ehemals größte *Pyramide* – be-
zeichnenderweise ›*Große Pyramide*‹ genannt – und der nach einem
dort gefundenen *Fresko* ›*Treppen-Tempel*‹ genannte Hügel, von dem
jedoch nur ein Teil einer *Mauer* zu sehen ist. Als Ergänzung zu einem
Besuch in *Cahuachi* sei das *Museo Antonini* in Nazca empfohlen, das
Rekonstruktionen von *Cahuachi* zeigt und vor allem sensationelle
Funde des italienischen Architekten und Archäologen Guiseppe
Orefici. Das *Museum* wird von einem italienischen Forschungs-

zentrum betrieben, das auch die Ausgrabungen in *Cahuachi* betreut und finanziert hat.

*Cahuachi* wurde auf eine besondere Weise erbaut: Es besteht nicht nur aus Lehmziegeln oder Steinblöcken wie die Zentren der Nordküste, sondern zusätzlich, wenn nicht hauptsächlich, wurden natürliche Hügel, insgesamt 40, zurechtgeformt. Die Anlage erstreckt sich insgesamt über ungefähr 1,5 km², wenn man auch die weit außen gelegenen Reste von Architektur mit einbezieht. Die Kernzone des Zentrums breitete sich dagegen nur über 0,25 km² aus. Dort befanden sich die wichtigsten Plattformen und die größten Friedhöfe. Innerhalb der Kernzone lassen sich vier große Bereiche ausmachen; sie ist durch eine Mauer von den anderen Gebieten klar abgetrennt und entspricht in etwa dem wiedererrichteten Bereich. Diese Zone wurde von Orefici *Zone A* genannt. Die vier Bereiche sind die *Große Pyramide*, der *Große Tempel*, der *Tempel der Treppen* und die *Hügel 1* und *2*; jeder der Hügel weist zumindest in der Kernzone zwei große Flächen, die sich vor ihm und an seiner Seite befinden, auf. Solche Anordnungen setzen sich als kompakte Einheiten fort, werden jedoch stetig kleiner. *Cahuachi* wurde dabei nicht wie *Chavín* als Gesamtanlage konzipiert, sondern es entstand nach und nach in fünf Phasen durch mehr oder weniger starke Überbauungen: Die erste Phase fällt noch in die Zeit der Paracas-Kultur und zeigt ähnliche Merkmale wie deren Bauwerke im Ica-Tal aus der gleichen Zeit. Von dieser Phase ist in *Cahuachi* jedoch kaum noch etwas zu sehen, da sie komplett überbaut wurde.

In der zweiten Phase (um die Zeitenwende) legte man die ersten noch heute deutlich sichtbaren *Terrassen* an: Man schnitt sie in die Seitenwände der Hügel bzw. grub Vertiefungen in deren Kuppen. Die Wände stützte man mit getrockneten Lehmziegeln ab; natürliche Terrassen wurden mit Füllmaterial stärker herausgearbeitet. Über Rampen wurden die einzelnen Ebenen miteinander verbunden.

In der dritten Phase (um 100 n. Chr.) erlebte *Cahuachi* seinen Höhepunkt: Der *Große Tempel* und die *Große Pyramide* wurden angelegt. Der relative Wohlstand der Nasca-Gesellschaft zu diesem Zeitpunkt ist an der Qualität und Anzahl der Opfergaben und des Füllmaterials der Terrassen erkennbar.

Während der vierten Phase (um 300) wurden dann bestehende Räume weiter unterteilt; vor allem wurden als neues architektonisches Element *Säulen* verwendet, die dazu dienten, Dächer abzustützen und den architektonischen Konstruktionen mehr Stabilität zu verleihen. Möglicherweise waren starke Regenfälle, bedingt durch einen El Niño – man spricht sogar von einem ›Mega-El Niño‹, der annähernd 10 Jahre gedauert haben soll –, der Hintergrund für diese Maßnahmen.

In der fünften und letzten Phase ist schließlich bereits der Niedergang erkennbar: Mauern wurden eingerissen; die Wände der *Pyramiden* wurden nicht mehr, wie vorher, mehrfarbig bemalt, sondern nur noch mit Lehm verputzt. In diese Phase, die um 400 n. Chr. datiert, gehört auch ein Opfer von 64 Lamas, das zusammen mit Keramik und einigen Trophäenköpfen gefunden wurde.

Ein vorübergehender Rückzug, eine Krise, ein teilweiser Niedergang der Nasca-Kultur, ist für diese Zeit auch in den benachbarten Tälern festzustellen. Die Archäologen führen die deutlich sichtbare Krise auf einen Klimawandel zurück, der für den betreffenden Zeitraum belegt ist. Allerdings spricht Orefici für *Cahuachi* von einem regelrechten Kollaps, von einem abrupten Ende der wahrscheinlich davor abgehaltenen Pilgerfahrten dorthin. Aus der Zeit nach dem 5. Jh. n. Chr. sind denn auch keine Opfergaben aus *Cahuachi* mehr bekannt. Das ehemalige Heiligtum wurde ab dieser Zeit nur noch als riesiger Friedhof benutzt.

Außer der genannten weist *Cahuachi* noch eine Besonderheit auf. So zielen etliche der Linien, die Teil der *Scharrbilder* von Nasca sind, direkt auf das Heiligtum.

# *Scharrbilder* und *Felsmalereien*

Die *Scharrbilder* von Nasca sind neben der Inkastadt *Machu Picchu* sicher das berühmteste archäologische Monument Südamerikas. Um ihre Entstehung und Bedeutung ranken sich Mythen, die nicht einmal vor der angeblichen Erschaffung durch Außerirdische haltmachen. Letztere haben mit den *Scharrbildern* oder *Linien* von Nasca nun ganz sicher nichts zu tun. Auch der Kölner Dom hat einen Grundriss (ein Kreuz), der nur aus der Luft zu erkennen ist, und auch er wurde deswegen noch lange nicht von ›kleinen grünen Männchen‹ erbaut, wie eine amerikanische Archäologin ganz zu Recht mit spitzer Feder bemerkte. Damit sei das Thema der Außerirdischen erledigt, der Leser wird auch in der Literaturliste kein Zitat in dieser Richtung finden.

*Felszeichnungen* (Abb. 54), die vor allem im Palpa-Tal entdeckt wurden, deuten darauf hin, dass die *Scharrbilder* Vorläufer hatten: Die in eine wesentlich frühere Epoche datierten, in den Fels geritzten *Zeichnungen* weisen die gleichen Motive auf wie die *Scharrbilder*, nur in deutlich einfacherer Ausführung, wobei aber die Linien und geometrischen Figuren nicht auftauchen. Es handelt sich hier insbesondere um Götterfiguren oder Tiere. Die frühesten *Scharrbilder* oder *Bodenzeichnungen* findet man an den Talhängen, gut sichtbar für die dort lebende Bevölkerung. Nach und nach ›wanderten‹ sie dann auf die Ebene, auf der sich diese Form der religiösen Kunst uneingeschränkt entfalten konnte.

Die *Scharrbilder* von Nasca wurden von der deutschen Mathematikerin Maria Reiche entdeckt oder besser gesagt, als das erkannt, was sie sind: ein archäologisches Monument, geschaffen von den indigenen Bewohnern des Andengebietes. Sie liegen auf einer dreieckig geformten Hochebene, die vom Río Ingenio und dem Río Nazca begrenzt wird. Am besten sind die *Scharrbilder* aus der Luft zu erkennen; sogar auf einer Aufnahme, die aus einem Space Shuttle aus 220 km Höhe gemacht wurde, sind sie noch schemenhaft sichtbar. Das bedeutet aber nicht, dass man sie nur aus der Luft erkennen kann. Wenn man sich die Mühe macht, einen der umgebenden Hügel zu erklimmen, erzielt man ein gutes Ergebnis, wenngleich ein Überflug natürlich wesentlich beeindruckender ist (Abb. 55).

Die *Scharrbilder* sind, wie der Name bereits sagt, in den Boden eingekratzt. Man entfernte dafür die oberste, oxidierte, dunkle Sand- und Steinschicht und machte eine Furche in das darunterliegende, kompakte, helle Sandsediment. Die abgetragenen Steine dienten als seitliche Begrenzung der jeweiligen Linie. Sieht man die Bilder aus der Luft, so ist es an vielen Stellen alles andere als einfach, die einzelnen Elemente zu erkennen: Die Darstellungen stellen sich als Wirrwarr von Linien, Kreisen, Figuren und Plätzen dar, die auf den ersten

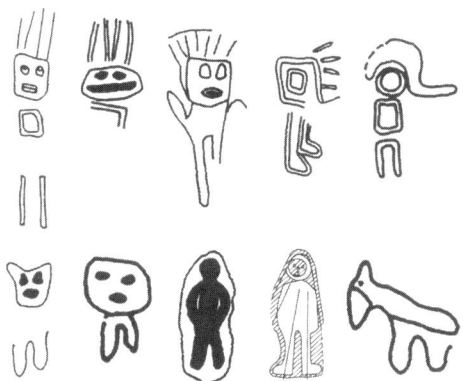

Abb. 54: Felszeichnungen im Palpa-Tal

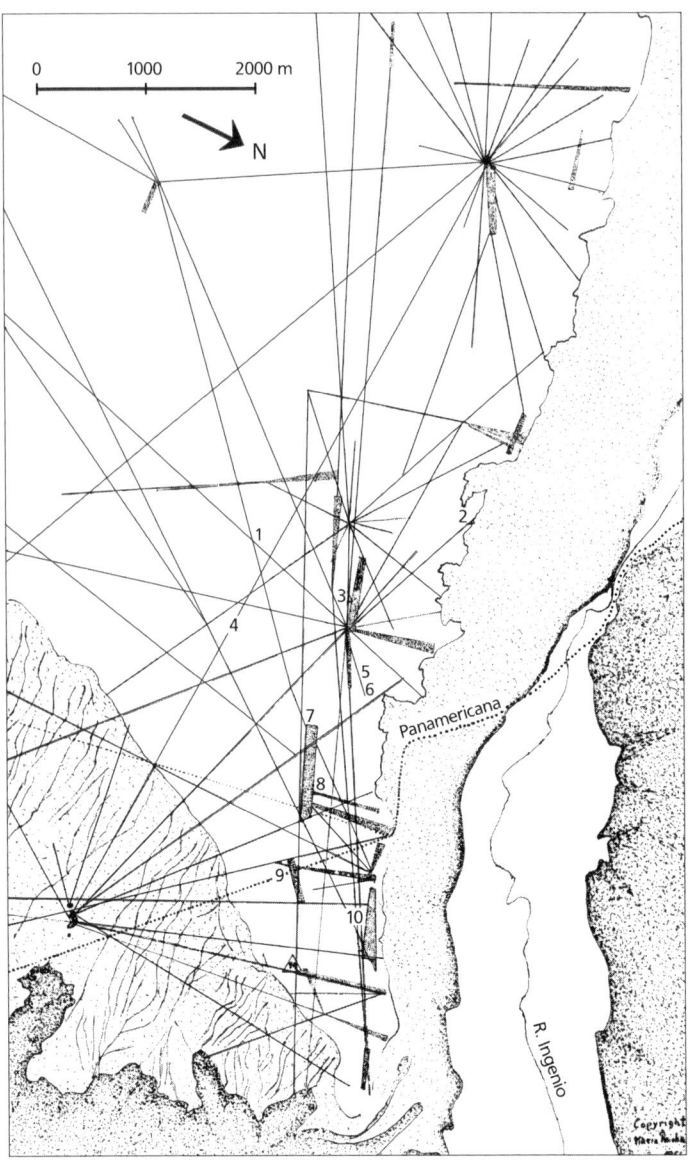

Abb. 55: Übersicht über die Scharrbilder bei Nazca; die Position der Tierbilder der gegenüberliegenden Seite sind durch Ziffern gekennzeichnet

Blick nicht sofort auseinanderzuhalten sind. Das liegt daran, dass sich viele Bilder kreuzen und überlappen; leider haben aber auch zahlreiche Spuren von Autoreifen dafür gesorgt, dass einige Bilder schon fast nicht mehr erkennbar sind. Sicher ist, dass sich im Gewirr der Linien drei Bildertypen verbergen:

a) bio- und zoomorphe Elemente wie Pflanzen oder Tiere. Die meisten Tiere sind Vögel oder Fische.

b) geometrische Elemente: abstrakte Formen wie Dreiecke, Trapeze, Rechtecke, Spiralen oder Zickzacklinien

c) gerade Linien: die häufigste Form

Betrachtet man die von Maria Reiche gezeichnete Karte, so kann man zudem erkennen, dass die geraden Linien nicht zufällig verlaufen, sondern sich an neun Stellen zu Strahlen bündeln, die von einem Punkt auszugehen scheinen. Spätere Vermessungen ergaben, dass es insgesamt 88 gerade Linien auf einer über 50 km² großen Fläche gibt, die sich entweder kreuzen oder parallel verlaufen, wobei sie alle in einem der neun Punkte oder Zentren enden. Es gibt also keine Linie, die ohne eine Bündelung verläuft.

Zwei Archäologen, Anthony Aveni und Tom Zuidema, die zuvor in der ehemaligen Inka-Hauptstadt *Cuzco* geforscht hatten, widmeten sich eingehend den Linienzentren Nascas und kamen zu erstaunlichen Ergebnissen. Die beiden Forscher hatten in der Inka-Stadt Angaben von spanischen Chronisten überprüft, die behauptet hatten, ausgehend vom *Sonnentempel* der Inka, dem zentralen Heiligtum des ganzen Reiches, führten Pilgerpfade, 41 an der Zahl, strahlenförmig durch das ganze Reich. Tatsächlich handelte es sich nicht nur um Pfade, sondern um ein komplexes System von Zeichen, die Verwandtschaftssysteme, Hierarchien, Konzepte von Zeit und Raum und nicht zuletzt ein Kalendersystem darstellten. Allein in der näheren Umgebung von *Cuzco* waren an diesen 41 Pilgerpfaden oder ›Zeq'es‹ 328 kleine Heiligtümer, Opfer- oder Gebetsstätten verzeichnet (s. S. 270). Dasselbe Prinzip, wenn auch in anderer Form, erkannten die beiden Archäologen in den Linien von Nasca wieder.

Während ihres Aufenthaltes untersuchten sie ein weit ausgedehnteres Gebiet als das, das von Maria Reiche erfasst worden war; sie entdeckten dabei insgesamt 62 Linienzentren und ein interessantes Verteilungsmuster. So sind die meisten der Nasca-Linien – oder besser gesagt die Linienzentren – nicht zufällig über die Hochebene verteilt: Die Zentren sind teils am Fuße von Hügeln angelegt, die Ausläufer von Bergen der Anden sind, teils entlang der Grenze der Hochebene, an der sich der Río Nazca und der Río Ingenio sowie deren Zuflüsse befinden, sowie teils auf Hügeln, von denen aus man das Gebiet gut übersehen kann, und zwar jeweils auf dem höchsten vorhandenen. Mitten in der freien Fläche gibt es dagegen so gut wie keine Linienzentren. Einige der zentralen Punkte befinden sich zudem genau gegenüber dem Tempelzentrum von *Cahuachi*, etliche Linien zielen genau darauf hin.

Weiterhin ist festzustellen, dass viele Linien, die von einem der Zentren ausgehen, in einer trapezförmigen Fläche enden; diese Linien verlaufen in ihrer Hauptachse immer parallel zu einem Wasserlauf. Ein Linienzentrum konnte als astronomisch orientiert gedeutet werden, wobei eine kalendarische Funktion denkbar wäre – entscheidend ist hierbei immer der Tageshöchststand der Sonne: Zwei der Linien dieses Zentrums zeigen in ihrer Verlängerung die Zeitpunkte an, während derer die Sonne im Zenith und im Anti-Zenith (Nadir) steht; der Stand der Sonne im Zenith markiert die Sommersonnenwende bzw. den Beginn der Regenzeit und somit den Zeitpunkt für die Aussaat, der Stand im Nadir dagegen markiert die Wintersonnenwende, also das Ende der Regenzeit und damit den Beginn der Ernte. Zwischen diesen zwei ›Hauptlinien‹ befinden sich Linien, die kürzer oder länger sind, die also Sonnenstände zwischen diesen beiden zentralen Ereignissen anzeigen: Die Regenzeit etwa setzt im nördlichen Hochland gegen Ende November ein und breitet sich dann nach Süden aus. Nach und nach beginnen sich die Zuflüsse zum Río Grande de Nazca dabei immer mehr mit Wasser zu füllen, bis sie im Januar und Februar ihren Höchststand erreichen. Das Datum des Regenzeitbeginns wird uns in den andinen Kulturen immer wieder begegnen. Andere Linien dieses Linienzentrums stimmen, wenn man den Sternenhimmel aus dem Jahre 500 n. Chr. zugrunde legt, mit dem Stand der Plejaden überein, der Alpha- und Beta Zentaurus-Sterne und noch einiger anderer, für die mindestens für die Inka-Zeit bekannt ist, dass sie eine große Rolle im Kalendersystem und der Astronomie spielten.

Die bio- und zoomorphen Figuren bilden nur einen kleinen Teil der Anlage: Sie sind auf ein vergleichsweise überschaubares Gebiet verteilt, das nur ungefähr 5 % der Gesamtfläche der Hochebene einnimmt, und zwar im Nordwesten. Nach Ansicht von Anthony Aveni und Tom Zuidema ist dieser Teil der *Scharrbilder* älter als die geraden Linien. Durch Winderosion und, so wird kritisch angemerkt, die gründlichen Reinigungsaktivitäten durch Maria Reiche, ist diese Tatsache jedoch nur noch an sehr wenigen Figuren durch Überlagerung zu erkennen, dort aber deutlich. Auffallend ist auch, dass die Figuren schon rein optisch mit den geraden Linien nicht harmonieren. So werden sie von ihnen durchkreuzt, regelrecht ›überfahren‹, und keine der geraden Linien nimmt an einer Figur ihren Ausgang oder endet dort. Die Analyse von Keramikscherben untermauert die These vom unterschiedlichen Alter der *Scharrbilder.* Man datiert die figürlichen Linien daher in die Nasca-Zeit, während die geraden Linien und die geometrischen Figuren in den mittleren Horizont, also die darauffolgende Huari-Zeit (660–1000 n. Chr.), und teilweise in einen noch späteren Zeitraum verwiesen werden.

De facto entsprechen die tier- und pflanzenähnlichen Bilder den Gottheiten und mythischen Wesen, die auf den Keramiken der Nasca-Kultur auftauchen: Wir finden den *Affen*, einen auf spitzen ›Zehen‹ die Pampa durchquerenden *Fuchs* oder *Hund*, einen *Hai*, einen *Fisch*, eine *Spinne*, eine *Eidechse* und etliche andere. Die häufigsten Figuren sind jedoch Vögel, unter anderem der *Kolibri*, der *Pelikan*, der *Kondor* und der *Kormoran*, sogar ein *Fregattvogel* ist dabei, die größte Vogelfigur. Auffallend ist ferner, dass sämtliche Tiere in einer für sie typischen Bewegung dargestellt sind: Der *Kormoran* taucht, was sein gezackter Hals nahelegt (beim Suchen nach Nahrung fliegt der Kormoran Zickzacklinien, bevor er ins Wasser stürzt und nach Sardellen taucht), der *Fuchs* läuft, der *Kondor* überquert fliegend die Pampa. Für die Bedeutung oder besser gesagt, die Annäherung an die Bedeutung der dargestellten Tiere und Pflanzen sei indes auf das folgende Kapitel über die Nasca-Keramik verwiesen.

Man vermutet nun, dass bei der Durchführung von Fruchtbarkeitsritualen Prozessionen auf den *Scharrbildern* stattfanden, in deren Rahmen dann auch Keramiken mit Götterdarstellungen geopfert, das heißt, zerschlagen wurden. Begleitet wurden diese Prozessionen oder vielleicht auch Aufmärsche von Pilgern durch Musik, gespielt auf Panflöten, Trommeln, Trompeten. Vielleicht waren die einzelnen Tiere der *Scharrbilder* dabei jeweils an bestimmte Rituale gekoppelt. Vielleicht gab es also das ›Ritual des mythischen Mörderwals‹, bei dem auf dem gleichnamigen *Scharrbild* gelaufen und getanzt, danach Keramik mit diesem Motiv geopfert wurde? Man weiß es nicht. Hypothesen aus den letzten Jahren weisen zumindest darauf hin, dass solche Prozessionen auf den *Scharrbildern* tatsächlich stattfanden – eine Annahme, die von der Tatsache unterstützt wird, dass die Zeichnungen der Tierbilder jeweils aus nur einem Strich, ohne abzusetzen, angelegt wurden. Diese Anlage ist also ideal für Prozessionen, die an einer Stelle das Bild betreten und es, nachdem sie es ganz abgelaufen haben, an einer anderen Stelle wieder verlassen. Tatsächlich hat ein Archäologe in einem Feldversuch mit einer Schulklasse auf diese Weise eine eigenes ›Scharrbild‹ hergestellt.

Die geometrischen Elemente, wie *Spiralen*, *Rechtecke*, *Trapeze* und *Mäander*, nehmen eine größere Fläche ein als die geraden Linien und die Figuren zusammengenommen. Insgesamt sind es 227, vorwiegend *Rechtecke*, *Trapeze* oder *Dreiecke*. Durch ihre auffallende Dimension – das größte *Trapez* ist 156 000 m² groß – vermuten die Archäologen, dass es sich hierbei um Versammlungsplätze handelte. Auf vielen der geraden *Linien* konnten zudem antike Fußspuren nachgewiesen werden. Möglicherweise waren die Linien also Pilgerpfade, die in diese großen *Versammlungsplätze* mündeten, wo dann die Rituale zum Erbitten von Regen und Fruchtbarkeit – dem zentralen Anliegen der Menschen in den andinen Kulturen – stattfanden.

# Die Keramik der Nasca-Kultur

## Phasen und Merkmale

Die Keramik der Nasca-Kultur gehört wie schon erwähnt zu den besten Keramiken, die in Amerika jemals hergestellt wurden. Sie ist feinwandig, sehr hart gebrannt, mehrfarbig bemalt und Träger bedeutender Zeichen und Symbole, die über die religiöse Gedankenwelt der Nasca-Kultur Aufschluss geben: Die Keramik zeigt Gottheiten, Tiere, Pflanzen und Muster. Für die Nasca war sie ein Kommunikationsmedium; für uns ist sie darüber hinaus Ausdruck einer Kulturentwicklung. Schließlich zeigt sie das Ende von Nasca (Abb. 57).

Die früheste Keramik von der Südküste Perus wird in die Initialperiode datiert (2150–1000 v. Chr). Sie stammt teilweise aus dem Ica-Tal, teilweise aus dem südlich des Río Grande de Nazca gelegenen Acari-Tal. Es handelt sich hier um meist grob gearbeitete Schalen, die ungleichem Brand ausgesetzt waren, das heißt, dass sie an einigen Stellen stärker gebrannt sind als an anderen. Diese erste Keramik ist noch sehr einfach verziert. Danach folgt die Keramik im Paracas-Stil, ausdrucksstark und figürlich, Schalen, Masken, Behältnisse. Sie wurde nach dem Brand mit leuchtenden, harzhaltigen Pigmentfarben bemalt, die aus dem Saft eines Akazienbusches oder Pfefferbaumes bestanden, der mit fein gemahlenen Mineralpigmenten vermischt wurde: Hämatit oder Zinnober für rote Farbe, Limonite für gelbe und braune Farbe, Goethite sowie Malachit für Grün und Azurit für Blau. Hätte man diese Farben schon vor dem Brand aufgetragen, wären sie zerstört worden, denn das Harz hält den Temperaturen nicht stand. Die einzelnen Farb-

Abb. 56: Keramik, mittlere Nasca-Kultur

Abb. 57: Keramik, späte
Nasca-Kultur

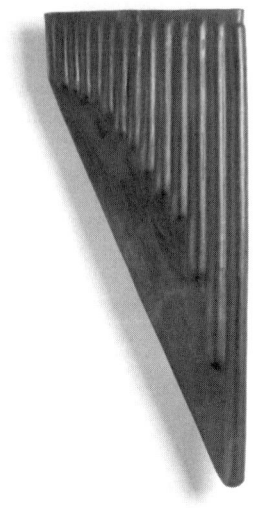

Abb. 58:
Panflöte aus Ton,
Nasca-Kultur

flächen grenzte man durch eingeritzte
Linien, die gleichzeitig die Konturen der
Figuren bildeten, ab.

Der entscheidende, folgende Schritt
der Nasca bestand nun darin, die Farbe
dauerhaft und nicht angreifbar in den
Ton einzuarbeiten, damit sie haltbarer
wurde. Dies erreichte man, indem man
das Harz durch Ton ersetzte: Man ver-
mischte die Farbpigmente mit einer ver-
dünnten Tonmasse und bemalte mit dieser das ungebrannte, nur getrocknete und
glattpolierte Gefäß. Dann erst wurde die
Keramik gebrannt, wobei die Farbe sich
mit dem Ton des Gefäßes verband – ein
langwieriger und komplizierter Prozess,
denn die Farbpigmente verhalten sich anders, wenn sie erhitzt werden. Um eine
bestimmte, und immer genau diese Farbe
zu erhalten, muss die Mischung der Pig-
mente also exakt stimmen. Diese Technik
der Bemalung vor dem Brand nennt man
›Schlicker‹- oder ›Engobebemalung‹.

Die Formgebung der Keramiken erfolgte ohne mechanische Töpferscheibe.
Zwar gab es Tonplatten, die während des
Aufbaus der Tonwülste als Hilfsmittel
zum Drehen benutzt wurden, aber auf
der Töpferscheibe hochgezogen wurden
die Gefäße nicht. Es handelt sich folglich
um Aufbaukeramik, bei der Tonwülste
aufeinander geschichtet und dann glatt-
gestrichen wurden, eine Technik, die bis
zur Inka-Zeit beibehalten wurde. Der
Formenkanon der Nasca war dabei sehr
breit: Schalen, Becher, Vasen, Figuren,
Kugeln mit doppeltem Ausguss gehörten dazu (Abb. 56). Neu in das Inventar der Keramik wurden von den Nasca
Musikinstrumente aufgenommen – wie
im Norden bei den Moche. Berühmt

sind vor allem die Panflöten aus Ton, die noch heute bespielbar sind, neben Trommeln, Rasseln, Trompeten und Pfeifen (Abb. 58).

Die konkrete Bemalung der Keramiken erfolgte keinesfalls willkürlich, sondern nach strikten Konventionen, die wir bereits aus der Kunst von Chavín und auch von den Textilien von Paracas kennen: Die zu bemalende Fläche wurde in einzelne Bereiche eingeteilt, die dann mit bestimmten Motiven oder Motivteilen gefüllt wurden. Und auch weitere, aus *Chavín* bereits bekannte Konventionen kamen zum Einsatz: die modulare Weite, die Kennings und die Symmetrie.

Um die Malereien auf den Keramiken zu verstehen, teilen Forscher sie in Phasen ein, die gleichzeitig die Kulturentwicklung spiegeln. Man geht inzwischen von insgesamt 7 Phasen aus, die um 200 v. Chr. mit dem sogenannten Proto-Nasca oder Nasca 1 beginnen und mit Nasca 7 um 600 n. Chr. enden. Die beiden darauffolgenden Stilphasen Nasca 8 und 9 werden mittlerweile nicht mehr zur Nasca-Kultur gerechnet. Sie gehören klar zu Huari, der darauffolgenden Kultur. Durch Forschungen der letzten Jahre verfügt man in diesem Bereich über recht genaue Datierungen.

Die erste Phase, Nasca 1, die bis 75 v. Chr. dauerte, lehnte sich zu Beginn noch sehr eng an die Ikonographie von Paracas an; tatsächlich sind viele Figuren darunter, die vorher im Farbblock-Stil auf die Umhänge der Nekrópolis-Phase aufgestickt wurden. Die Konturen sind eingeritzt, die Farbe noch recht dick aufgetragen und nicht so klar im Farbton (Abb. 59). Das änderte sich indes schnell: Für das Ende der Phase 1 spricht man bereits von einem voll entwickelten ›Nasca-Stil‹,

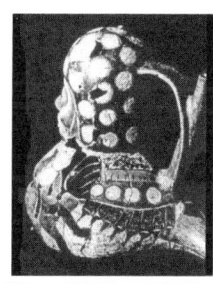

1

2

Abb. 59:
Vergleich zwischen
1. Proto-Nasca-
Keramik und
2. Paracas-
Nekrópolis-

der später zwar aufwendigere Ausformungen erlebte, in der Grundstruktur aber erhalten blieb (Abb. 60). Diese nächste Stilperiode wird
›Monumental‹ genannt; sie erstreckt sich über die Phasen 2 und 3 und
den Zeitraum von 75 v. Chr. – ca. 175 n. Chr. In diese Zeit fällt auch
die Blütephase von Nasca sowie der Höhepunkt der Bedeutung des
Pilgerzentrums von *Cahuachi*. Der darauffolgende Einbruch, möglicherweise durch die oben bereits angesprochene Naturkatastrophe
bedingt, zog auch den Niedergang von *Cahuachi* nach sich. Den ent-
sprechenden Phasen 4 und 5, von 175–425 n. Chr., wird die Stilperiode ›Transitional‹ zugeordnet. Die letzte Periode vor dem endgültigen
Zusammenbruch Nascas und der Eroberung durch die aus dem
Hochland stammenden Huari von 425–600 wird dann als ›Prolife-
rous‹ (›Ornamentvervielfältigung‹) bezeichnet und umfasst die Phasen 6 und 7. Die Phasen 8 und 9 sind schließlich die ›Disjunctive‹ (die
›Auflösenden‹), in denen der recht abrupte Übergang von Nasca zu
Küsten-Huari vollzogen wurde (600–800).

Der markante Unterschied im Übergang von Paracas zu Nasca war
also die Erfindung der ›Schlicker‹- oder ›Engobebemalung‹ der Keramik. In den meisten anderen Bereichen der Kultur war ›Nasca 1‹

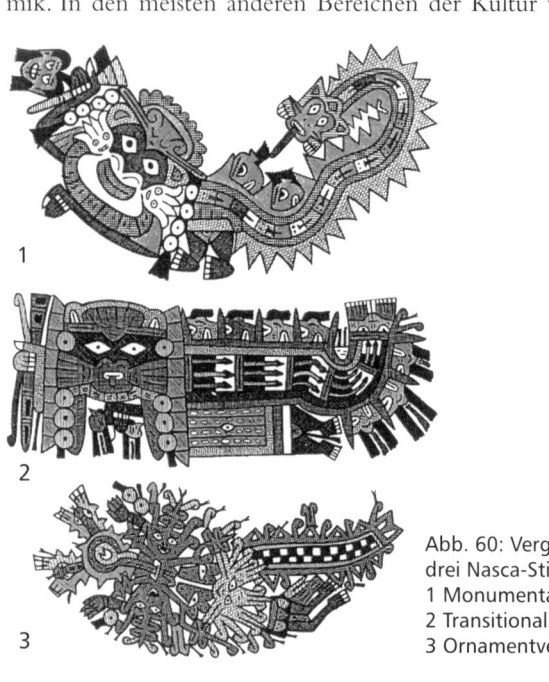

Abb. 60: Vergleich der
drei Nasca-Stilfolgen:
1 Monumental,
2 Transitional
3 Ornamentvervielfältigung

oder ›Proto-Nasca‹ schlicht die Fortsetzung von Paracas: Die Formen der Darstellungen waren weiterhin figürlich und, wie bereits beschrieben, die Farbfelder noch durch Einritzungen getrennt. Außer Figuren, meist sitzende Krieger, die Waffen und Trophäenköpfe halten, wurden dabei Pflanzen und Tiere noch in sehr einfacher, naturalistischer, aber dennoch sehr eleganter Weise dargestellt. Auch mythische Darstellungen fehlen nicht; manche der Figuren scheinen Schamanen zu sein, erkennbar an ihren Masken und anderem religiösen ›Zubehör‹. Zum ersten Mal taucht indes das Motiv des Fischers auf, das uns noch häufig begegnen wird: Es handelt sich um eine Figur, die ein Fischernetz, gefüllt mit Fischen, auf dem Rücken trägt. In die Phase Nasca 1 fällt außerdem das Motiv des sogenannten Treppentempels in *Cahuachi*, das zwei gegeneinander gerichtete, kleine Treppen zeigt. Es entwickelte sich zu einem der zentralen Motive der andinen Kunst, das bis zur Zeit des Königreichs von Chimor dargestellt wurde (900–1472 n. Chr.). In manchen Formen und mit seiner Dünnwandigkeit ähnelt Nasca 1 sehr stark dem Keramikstil von Nekrópolis, nämlich Toparí.

Die Keramik der Phase Nasca 2 ist von den Motiven her bereits voll entwickelt. Die Ritzung hörte auf, die Farbfelder wurden nun durch dicke schwarze Linien gegeneinander abgegrenzt. Noch sind allerdings Spuren von Experimentierfreudigkeit zu sehen: Die Engobebemalung ist manchmal dicker, manchmal dünner, das Farbspektrum erweitert sich ständig. Die Keramik der Phase Nasca 2 zeigt außerdem mehr mythische Wesen als die der Phase 1, wie beispielsweise das ›Anthropomorphe Mythische Wesen‹, den ›Mythischen Mörderwal‹ oder die ›Gefleckte Katze‹, ›Bringerin der Lebensmittel‹ (Abb. 61). Neben dem Ica-Tal scheint sich in Phase 2 zudem ein weiterer regionaler Schwerpunkt der Keramikherstellung etabliert zu haben: das Tal des Río Grande de Nazca und seine Seitentäler. Ein neues kulturelles Zentrum entstand.

Abb. 61:
Gefleckte Katze
oder Bringerin
der Lebensmittel

Phase Nasca 3 brachte eine Vielzahl neuer Formen und vor allem wichtige technische Neuerungen, die eine Perfektionierung der Keramik bedeuteten: Die Engobe wurde jetzt ganz regelmäßig, die schwarzen Striche, die die Farbfelder trennen, sehr fein. In dieser Phase nahm die Keramikproduktion stark zu: Die Funde aus dieser Zeit stellen gegenüber früheren Phasen ein Vielfaches dar. Neben den mythischen Wesen wurden nun ganze rituelle Szenen dargestellt, mit Tänzern und Musikanten. Weiterhin nahmen Darstellungen von Trophäenköpfen zu; die in Phase 2 eingeführten mythischen Wesen nahmen aufwendigere Formen an und neue, wie der ›Schreckliche Vogel‹ und die ›Mythische Harpye‹, wurden eingeführt. Darüber hinaus entstand in Phase 3 eine gänzlich neue Keramikform, die ›Kopfgefäße‹ genannt wird (Abb. 62). Es handelt sich hierbei um Becher, die wirklich einen Kopf darstellen: Manchmal sind die Augen zu und der Mund durch zwei Kakteendornen verschlossen (1), bei anderen sind die Augen geöffnet, um den Kopf sind Steinschleudern gewickelt, man erkennt Haare (2).

Nasca 4 ist vor allem gekennzeichnet durch den Niedergang *Cahuachis* als Pilgerzentrum und seine Entwicklung hin zu einer Nekropole. Wahrscheinlich ging dieser Niedergang auch mit einer Veränderung der politisch-religiösen Landschaft einher: Gab es eine Machtzentrale oder mehrere regionale Machtzentren, so erlebten diese ebenfalls einen dramatischen Rückgang ihres Einflusses. Was die Keramik betrifft, so sind für diese Zeit mehrere Lokalstile nachweisbar, was ebenfalls auf eine Zersplitterung der geistig-religiösen Führung hindeutet. Dennoch verschwanden hier einerseits bestimmte Keramikformen und andererseits erschienen neue mythische Wesen: Der ›Mythische Affe‹, neue Varianten des ›Schrecklichen Vogels‹ und der ›Anthropomorphen Gefleckten Katze‹ scheinen in dieser Phase zen-

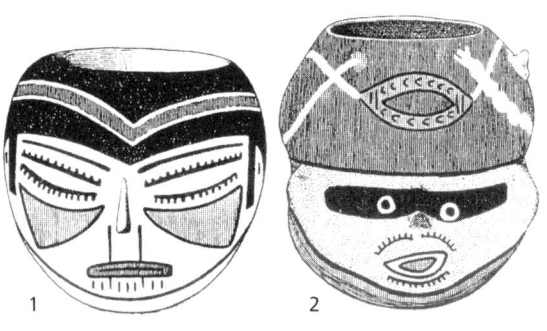

Abb. 62:
Kopfgefäße

1                            2

trale Motive gewesen zu sein. Das Konzept der modularen Weite nahm damals noch an Bedeutung zu, ein Charakteristikum, das sich in den anschließenden Phasen fortsetzte.

Nasca 5 war wie Nasca 1 eine Phase des Übergangs – dieses Mal zur Auflösung der Kultur. So nahmen die auf der Keramik dargestellten Gottheiten zunehmend abstrakte Formen an, wobei sie weiterhin deutlich erkennbar blieben. Weiterhin wurden mehr und mehr sogenannte Gesichtsgottheiten dargestellt (Abb. 63). Die Malereien auf der Keramik von Nasca 5 nahmen dabei die merkwürdige Änderung des Stils, die Nasca 6 prägt, vorweg: Nach und nach begann man mit dem Auffüllen ›leerer‹ Räume durch geschwungene Linien, Wellen, Voluten; später wurden dann Wesen, die vorher komplex dargestellt worden waren, zerstückelt abgebildet: Teilweise zeigen die Gefäße nur noch einzelne Körperteile oder andere, nun isolierte Elemente der ursprünglichen Darstellung, wie beispielsweise Gesichter. Der Hintergrund, auf dem die Motive dargestellt wurden, war zudem immer häufiger auch weiß. Kopfgefäße, wie sie in Nasca 3 eingeführt wurden, wurden weiterhin hergestellt, zunächst nur solche, die noch Lebende darstellen, gegen Ende zunehmend wieder Tote. Hinzu kamen Figurgefäße, vor allem in Frauengestalt, die indes im Gegensatz zu späteren Phasen noch recht klein waren. Die Frauen sind nackt und sitzend dargestellt (Abb. 64), die meisten haben Tätowierungen auf ihren Körpern, die übernatürliche Wesen zeigen wie den ›Mythischen Mörderwal‹, Gesichter oder Raubkatzenköpfe. Andere Keramiken zieren Gesichterreihen, meist erkennbar weibliche und wie an einer Perlenschnur aufgereiht; der ›Pflanzer‹ erscheint, eine männliche Gestalt mit einer konischen Kopfbedeckung, die in beiden Händen Nahrungspflanzen trägt (Abb. 65). Während dieser Zeit und den folgenden Phasen wurde er zu einem der Hauptthemen. Als bedeu-

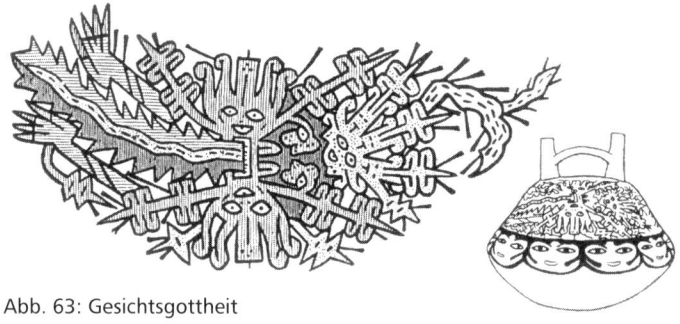

Abb. 63: Gesichtsgottheit

Abb. 64:
Sitzende Frau

tendstes neues mythisches Wesen tauchte in Nasca 5 der ›Stabgott mit
den gekreuzten Beinen‹ auf, der ebenfalls bis an das Ende der Nasca-
Kultur bestehen blieb. Für andere Themen bedeutete die Phase das
Ende: Die ›Gefleckte Katze‹ tauchte danach nicht mehr auf, Fische,
Vögel und Pflanzen wurden generell weniger. Trophäenkopfdarstellungen nahmen dagegen mit der Zeit wieder zu, ebenso wie kriegerische Darstellungen, was auf steigende rituelle Aktivitäten ebenso wie
auf kriegerische Auseinandersetzungen schließen lässt. Manche Forscher vermuten, dass steigender Siedlungsdruck hinter diesen Phäno-
menen steckt: Mehr Menschen brauchen mehr fruchtbares Land; dieses wiederum braucht Regen um die erhofften Ernten abzuwerfen.

Die Zeit der kulturellen Blüte von Nasca 5 war auch für die Gesellschaft eine Blütezeit. Sollten die ›Puquios‹ in der Tat vorspanisch sein,
dann wurden sie wohl in dieser Zeit errichtet, denn damals wurden
die landwirtschaftlich nutzbaren Flächen entscheidend erweitert. Die
Siedlungen wuchsen nicht nur, sondern ließen immer deutlicher soziale Unterschiede erkennen; gab es besonders aufwendig ausgestattete Gräber – der Stil der Goldobjekte in diversen Museumssammlungen deutet darauf hin –, so wären sie in dieser Zeit entstanden. Der

Abb. 65:
Vegetations-
dämon, ›der
Pflanzer‹

kulturelle Schwerpunkt der Nasca-Gesellschaft befand sich jetzt eindeutig im Tal des Río Grande de Nazca und seiner Zuflüsse.

Phase Nasca 6 stellte dann den technologischen Höhepunkt dar: Nie war die Keramik besser: dünnwandig, mehrfarbig, präzise und perfekt bemalt, wobei die sogenannte Aureolisierung stark zunahm: Das Gesicht der Gesichtsgottheit wurde immer kleiner und die Strahlen darum immer größer, so dass man die ursprüngliche Gottheit kaum noch erkennen kann.

In Nasca 7, der letzten Phase, die noch als ›Nasca‹ bezeichnet wird, erfuhr die Zeremonialkeramik ihre größte räumliche Ausdehnung: Sie wurde im Norden im Cañete-Tal gefunden, im Süden bis in die Gegend um Arequipa, im Osten bis in das Hochland um Ayacucho. In dieser Zeit beeinflussten aber auch andere Kulturen die religiöse Ikonographie der Nasca-Kultur: Motive, die aus dem Hochland oder dem Norden bekannt sind, wie etwa der Speerläufer, tauchen nun auf Nasca-Keramik auf. Die früher opulent ausgeführten Darstellungen des ›Anthropomorphen Mythischen Wesens‹ erscheinen dagegen stark verkürzt nurmehr als Gesicht – als Gesichtsgottheit; der Rest des Körpers ist in der Form von Voluten oder Strahlen dargestellt, die vom Kopf ausgehen. Als neue Gottheit erscheint der ›Affendämon‹. Sehr prominent waren in Phase 7 auch bewaffnete Krieger (Abb. 66).

Die Archäologie konnte für das Ende von Phase 7 einen direkten, intensiven Kontakt mit einer Kultur nachweisen, die aus der Nähe der heutigen Stadt Arequipa kam. Es handelt sich dabei um die sogenannte Huarpa-Kultur. Deutlich wird dieser Kontakt an der Keramik der Nasca beispielsweise durch Zickzack-Linien. Umgekehrt übernahm die Huarpa-Kultur die Farbe Rot als Hintergrundfarbe in ihre Keramik, die bis dahin nur schwarz-weiß gewesen war. Zudem erschienen hier plötzlich Keramikformen, die bis dahin nur an der Nordküste gebräuchlich gewesen waren: Kugelgefäße mit Ausguss und Henkel.

Abb. 66: Mit Keulen bewaffnete Krieger mit einem Gefangenen und einem Trophäenkopf

# Was sagen uns die Darstellungen?

Ist im letzten Abschnitt auch von sich ablösenden Phasen und stilistischen Änderungen die Rede, so sollte man sich dennoch bewusst
machen, dass man es auch bei Nasca mit einer sehr langen kulturellen
Kontinuität zu tun hat. Der eigentliche Nasca-Stil überdauerte im-
merhin 700 Jahre. Rechnet man noch den eng verwandten Paracas-
Stil hinzu, so kommt man auf weit über 1000 Jahre ungebrochener
kultureller Kontinuität – ein durchgängiges Merkmal der andinen
Kulturen. Nach der Skizzierung der technischen und stilistischen
Entwicklung der Nasca-Keramik stellt sich nun selbstverständlich die
Frage nach den Inhalten, der Deutung der dargestellten mythischen
Mischwesen, der Göttergestalten.

Genau wie die Kunst von Chavín folgt auch die religiöse Kunst
von Nasca bestimmten Darstellungsprinzipien, einem System von
Zeichen und Symbolen, das uns eine Deutung, soweit sie überhaupt
möglich ist, erleichtert, wobei dieses System im Falle von Nasca, wie
oben beschrieben, schon in der 2. Phase vollständig festgelegt erscheint. Was danach kam, waren nur noch Variationen. Grundsätzlich kann gesagt werden, dass auf den meisten Gefäßen, mit Ausnahme der klar erkennbaren Einzeldarstellungen, komplexe Szenen zu
sehen sind, allerdings nicht auf den ersten Blick: Sieht man das erste
Mal eine Keramik der Nasca-Kultur mit einer sogenannten komplexen Darstellung, dann denkt man zunächst an eine Figur, die mit
mehr oder weniger vielen Attributen ausgestattet ist. Aber auch hier
handelt es sich in Wirklichkeit nicht um einfache Abbildungen, sondern um die Versinnbildlichung von religiösen Handlungen, also um
Szenen, die Rituale darstellen, mit ihren Haupt- und Nebendarstel-
lungen, Tätern und Opfern. Dass diese Erkenntnis in Nasca so viel
schwerer fällt als bei den gleichzeitig im Norden beheimateten Moche, liegt an den Darstellungsprinzipien selbst: Die Darstellungen
der Nasca haben keine räumliche Tiefe. Um ihren Motiven dennoch Räumlichkeit zu verleihen, wurden sie ›aufgeklappt‹; Vorder-
und Seitenansicht sowie der Blick von oben und von unten auf das
Motiv wurden also gleichzeitig dargestellt. Elemente, die in Wirklichkeit vor der Hauptfigur stehen, sind auf den Bildern daher unterhalb von ihr platziert, hinter ihr platzierte Elemente tauchen über
ihr auf. Der Künstler musste demnach, um alle Beteiligten ›unterzu-
bringen‹, die Elemente nebeneinander auf einer Freifläche verteilen.
Folglich sind einige Bildelemente in ihrer wirklichen Position abgebildet, andere muss man sich räumlich denken. Damit aber nicht

genug: Der Künstler versuchte darüber hinaus, möglichst viele Einzeldarstellungen und Details zu integrieren, um dem Dargestellten eine hohe Informationsdichte zu geben. Der Nasca-Künstler malte demzufolge nicht die sichtbare Wirklichkeit, sondern eine Komposition, die über verschiedene verschlüsselte Darstellungsprinzipien eine ganze Geschichte erzählt. Man denke an die Mythen, die hinter einem religiösen Ritual stehen.

Was die Abbildung der einzelnen mythischen Wesen angeht, so kommt auch hier, wie in *Chavín*, ein Grundprinzip der andinen religiösen Kunst zum Tragen: die Zerteilung realer Pflanzen, Tiere und Menschen und ihre Neuzusammensetzung zu einem mythischen Wesen, das eine biologisch nicht mögliche Körperstruktur hat. Die einzelnen Wesen werden demnach aus ihrem natürlichen Kontext herausgelöst und in eine Kombination von standardisierten Teilen unterschiedlicher Tier- und Pflanzenspezies integriert. Dieses Prinzip erlaubt die Schaffung eines sehr breiten Götterpantheons, innerhalb dessen sich die Gottheiten durch die unterschiedliche Kombination von Tier-, Pflanzen- und menschenartigen Elementen unterscheiden – ein Prinzip, das sich nicht nur im Andengebiet, sondern auch in der frühen Kunst Mesoamerikas, vor allem der Olmeken, findet.

Ein weiteres wichtiges Element der Nasca-Kunst ist die ›visuelle Metapher‹: das Ersetzen einzelner Körperteile durch Teile von Tieren oder Pflanzen. So wird beispielsweise die Zunge eines Tieres oder einer menschenähnlichen Gottheit durch einen Tausendfüßler ersetzt – ein Element, das uns aus *Chavín* wohl bekannt ist, wo immer wieder Schlangen an die Stelle von Haaren treten. Hinzu kommt in Nasca noch der ›Röntgenblick‹: die Sichtbarmachung von Körperinhalten: Dem Betrachter wird erlaubt bzw. er muss das mit Beute gefüllte Innere der Gottheit zu sehen bekommen, wobei die Anhäufung von Beutegut um die Gottheit herum ebenfalls ein Stilelement von sehr großer Bedeutung ist – zuhauf finden sich Diademe, Muschelpektorale, Kulturpflanzen und Trophäenköpfe – ein Stilelement, das uns später im Hochland wiederbegegnen wird.

Um dem Betrachter der Nasca-Keramik nahezubringen, wie eine solch komplexe Darstellung aufgeschlüsselt werden kann, dient das folgende Beispiel, wobei wir hier der Deutung der Archäologin Christiane Clados folgen: Abb. 67 zeigt eine vierarmige Mega-Gesichtsgottheit, die das orgienartige Ritual der Flüssigkeitsspende beaufsichtigt. Das Gefäß, auf dem sich die Darstellung befindet, stammt aus der Phase Nasca 4. Als erster Schritt der Analyse muss immer die

Umzeichnung erfolgen, die das Motiv aufklappt. Auf dem Hintergrund einer sowohl fundierten als auch detaillierten Kenntnis der natürlichen Umgebung, der andinen Mythologie und der materiellen Kultur kann man sich nun an die Analyse selbst wagen: Im linken Armpaar hält die Gottheit einen keulenartigen Gegenstand, neben dem rechten Armpaar windet sich eine gefleckte Schlange, die das Umfeld ›Wüste‹ andeutet. Das Gesicht der Gottheit ist raubkatzenartig. Aus einer gliederfüßergestaltigen Zunge, die in einem weiteren raubkatzenartigen Kopf endet, wachsen zwei gezackte, blasenartige Gebilde, die mit bechertragenden Kriegern gefüllt sind, welche sich, links aufrecht, rechts auf dem Kopf stehend, in einer prozessionsartigen Formation auf den Raubkatzenkopf der stark vergrößerten Zunge zubewegen. Sie scheinen mehr zu torkeln denn zu gehen – möglicherweise sind die Prozessionsteilnehmer betrunken, die Becher in den Händen der Torkelnden sprechen dafür. Dass ein alkoholisches Getränk, wohl das ›Chicha‹ genannte Maisbier, unter den Teilnehmern ausgeschenkt wird, lässt sich auch dem Bildabschnitt unter dem Kopf mit den ›Blasen‹ entnehmen: Aus zwei spitzbodigen Ritualgefäßen entnehmen die Männer mit Bechern den Alkohol, weitere Becher stehen auf dem Gefäßmund bereit. Vier taumelnde Festteilnehmer, die sich rechts und links unterhalb der Armpaare der Gottheit finden, scheinen dieser den ›Chicha‹ in Bechern zu offerieren.

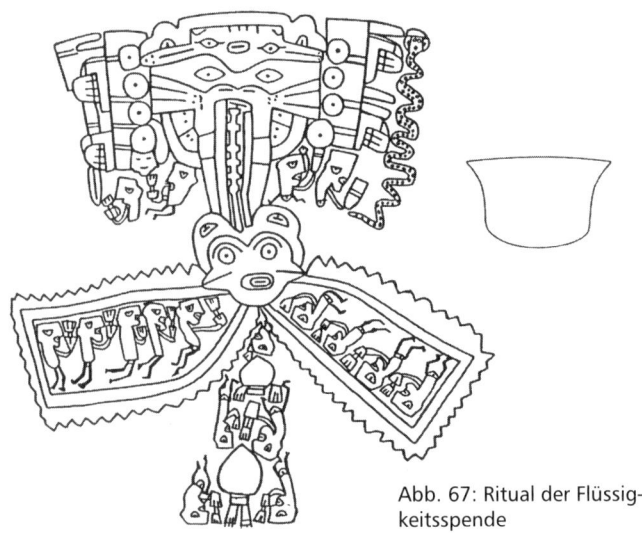

Abb. 67: Ritual der Flüssigkeitsspende

Das Beispiel zeigt sehr schön, welcher Art die Rituale waren, die man in Nasca durchführte: Wie bereits in *Chavín* kreisen sie grundsätzlich um Wasser und Fruchtbarkeit für die Felder, was aber nur verschlüsselt mitgeteilt wird. So bezieht sich das abgebildete Ritual recht eindeutig auf Ernte und Fruchtbarkeit: Trinkgelage sind und waren immer schon Bestandteil von Ritualen; die dafür notwendige Herstellung alkoholischer Getränke hat möglicherweise ursprünglich sogar entscheidend zur Ausbreitung von Mais beigetragen.

Auf derselben Grundlage lassen sich zahlreiche Darstellungen auf den Keramiken und Textilien der Nasca aufschlüsseln, auch wenn wir die meisten Rituale, die dahinter stehen, noch nicht verstehen. Direkt oder indirekt haben jedoch alle mit Fruchtbarkeit zu tun. Die Ikonographie von Nasca ist entsprechend voller Darstellungen des Zyklus' Tod-Wiedergeburt-Fruchtbarkeit.

Christiane Clados versuchte eine eigene Deutung bestimmter Gottheiten und gelangte zu der Überzeugung, dass es sich bei einigen der Mega-Gesichtsgottheiten um Darstellungen von Gestirnen handelt. So ist Clados etwa der Ansicht, dass die zweiköpfige Raubkatzen-Schlange, die in Nasca häufig gekrümmt auftritt (genau wie in der religiösen Kunst der Moche), den Nachthimmel symbolisieren könnte. Die Gottheiten wären dann Tier-, Pflanzen- und Objektherren, die beispielsweise aus einem Raubkatzenkopf und einem menschlichen Körper bestehen bzw. sogenannte ›animierte‹ Pflanzen und Objekte sind. In der Tat scheinen die Darstellungen eine Hierarchie auszudrücken. Die Nasca-Gottheiten könnten also wirklich so etwas wie Herren der Tiere, Pflanzen und Objekte zu sein. Grundsätzlich weist das reiche Götterpantheon Nascas durchaus Ähnlichkeiten mit dem der Moche-Kultur aus dem Norden Perus auf.

## Die ›Trophäenköpfe‹

Die bereits angesprochenen Trophäenköpfe sind vom Rumpf abgetrennte menschliche Köpfe, die alle auf die gleiche Weise präpariert wurden: Das Gehirn wurde entfernt, die Stirn durchbohrt. Durch das Loch in der Stirn wurde dann eine Schnur gezogen. Der Mund wurde in den meisten Fällen mit Kakteenstacheln verschlossen. Es handelt sich um die Köpfe von Männern, Frauen, jungen Erwachsenen, Jugendlichen und in seltenen Fällen auch von Kindern, wobei die Köpfe erwachsener Männer dominieren. Dies und der Fakt, dass der Mund mit Kakteendornen verschlossen wurde, verleitete eben zu der

Annahme, dass es sich, wie es die bisherige Bezeichnung nahelegt, um Kopftrophäen handelte, wie wir sie von den Jivaro-Indianern Ecuadors bis in die Mitte des 20. Jh. hinein kennen: Die Jivaro erbeuteten Köpfe ihrer Gegner und präparierten diese zu den berühmten ›Schrumpfköpfen‹. Die hinter diesem Vorgang stehende Auffassung von der Seele ist hingegen weniger bekannt: Im Prinzip, um das Ganze sehr stark verkürzt darzustellen, waren die Schrumpfköpfe Seelenfänger, in denen die kämpferische Seele (denn auch bei den Jivaro hat der Mensch mehrere Seelen) des getöteten Gegners eingesperrt wurde. Der Mund wurde verschlossen, damit sie nicht entweichen und dem Mörder Schaden zufügen konnte. In der Tat zeigen auch vereinzelte Darstellungen von kriegerischen Handlungen auf Nasca-Keramiken, wie der unterlegene Gegner am Schopf gepackt und enthauptet wird.

Der Kontext der vorspanischen Kulturen des Andenraumes deutet indes auf einen anderen Zusammenhang hin. So spricht Guiseppe Orefici, der in *Cahuachi*, wo bis zu 48 Köpfe in ein Grab gelegt wurden, einige bestattete Trophäenköpfe entdeckte, von ›Opferköpfen‹. Das Thema des Enthauptens ist in der andinen Kunst schon seit dem Archaikum das Alten Peru sehr weit verbreitet – man denke hier etwa an *Cerro Sechín* und die dort dargestellten enthaupteten Krieger und abgetrennten Gliedmaßen. Schon an diesem Punkt konnte gezeigt werden, dass abgetrennte Köpfe Teile von Ritualen waren, bei denen Menschenopfer eine zentrale Rolle spielten. Das dabei vergossene Blut galt als Garant für genügend Regen und Fruchtbarkeit, denn aus abgetrennten Gliedmaßen erwuchsen angeblich die ersten Nahrungspflanzen (s. S. 53). In diesem Kontext sind auch die ›Opferköpfe‹, als die man sie in der Tat besser bezeichnet, zu sehen: Unabhängig davon, ob die dargestellten Kampfhandlungen kriegerischer oder aber auch ritueller Natur sind (im folgenden Kapitel über die Moche Nordperus werden wir sehen, dass rituelle Zweikämpfe ein zentraler Bestandteil der Religion und damit der religiösen Kunst waren) – das Aufschlitzen der Halsschlagader und das danach folgende Abtrennen des Kopfes sind Teil des Rituals. Die Köpfe stehen also in der Nasca-Kultur nicht für den Kriegserfolg eines einzelnen Kämpfers, sondern sie sind Symbole für Fruchtbarkeit und treten entsprechend im Zusammenhang mit Fruchtbarkeit bringenden oder die Fruchtbarkeit verteidigenden Gottheiten auf. Vielleicht stammten die Köpfe ursprünglich von unterlegenen Kriegsgegnern, aber das ändert nichts an ihrer Bedeutung als Symbol für Fruchtbarkeit.

# Das Ende von Nasca

Das Ende der Nasca-Kultur kam ebenso abrupt wie das anderer Kulturen, nur dass man in diesem Fall den Grund dafür kennt: Nasca wurde erobert. Die während der Blütezeit Nascas sich langsam im südlichen Hochland um Ayacucho entwickelnde Huarpa-Huari-Kultur erreichte um 600 n. Chr. ihre sogenannte Expansionsphase, die sich in imperialen Kriegs- und Eroberungszügen manifestierte. Ihr Einfluss strahlte über ein riesiges Gebiet bis weit an die Nordküste Perus aus. Erobert aber hat das Reich von Huari nur den südlichen Teil der peruanischen Küste, wobei die religiöse Kunst und die Kultur von Nasca innerhalb relativ kurzer Zeit von Huari völlig überlagert wurde. Eine kulturelle Identität von Nasca gab es daher schon kurze Zeit nach 600 n. Chr. nicht mehr.

# 6. Die Moche – Aufstieg und Untergang einer Kultur an der Nordküste

Bereist man die peruanische Nordküste im Bereich des ehemaligen Reiches der Moche – auch ›Mochica‹ genannt – (Karte 5), also zwischen dem südlichen Huarmey-Tal und dem äußersten Norden, dem über die Sechura-Wüste hinausreichenden Gebiet des Río Piura, so wird man keinen indigenen Kulturen mehr begegnen, die ihre Traditionen äußerlich sichtbar leben, wie dies im Hochland der Fall ist, denn hier treten uns die als ›Mestizen‹ bezeichneten Menschen entgegen: Nachfahren von Verbindungen aus Indigenen und Spaniern. Dennoch – genaues Hinsehen empfiehlt sich – trifft man sehr häufig auf Menschen, deren Gesichter den auf den Moche-Keramiken abgebildeten deutlich ähneln. Und nicht nur dies: Die peruanische Nordküste ist eine der Regionen Perus, in der der Schamanismus nicht nur gepflegt wird, sondern in denen er – wie auch in Amazonien – noch heute von großer Bedeutung ist. Hier geht man zum Schamanen wie man andernorts zum Schulmediziner geht. Die Vergangenheit ist also doch präsent, wenn auch erst auf den zweiten Blick.

Auf einer Reise entlang der peruanischen Nordküste fallen zunächst die zahlreichen künstlichen Hügel auf, die einst Tempelplattformen oder Grabstätten waren. Eine dieser Grabstätten, in der Nähe von Lambayeque, barg den Herrn von Sipán, einen Fürsten, dessen Grabbeigaben den größten Hortfund an Goldobjekten nach der Entdeckung der Grabkammer Tut Ench Amuns stellen. Die sehr stark korrodierten Objekte konnten in Deutschland, im *Römisch-Germanischen Zentralmuseum in Mainz*, restauriert werden. Bei seiner Rückkehr nach Peru wurde der Herr von Sipán von dem damaligen peruanischen Präsidenten Alberto Fujimori mit den Ehren eines Staatsmannes begrüßt. Das Grabinventar von Sipán ist dabei nicht nur eine der bedeutendsten Sehenswürdigkeiten Perus und daher in einem eigens dafür errichteten Museum, dem *Museo Tumbas Reales* in Lambayeque, ausgestellt, sondern es brachte die archäologische For-

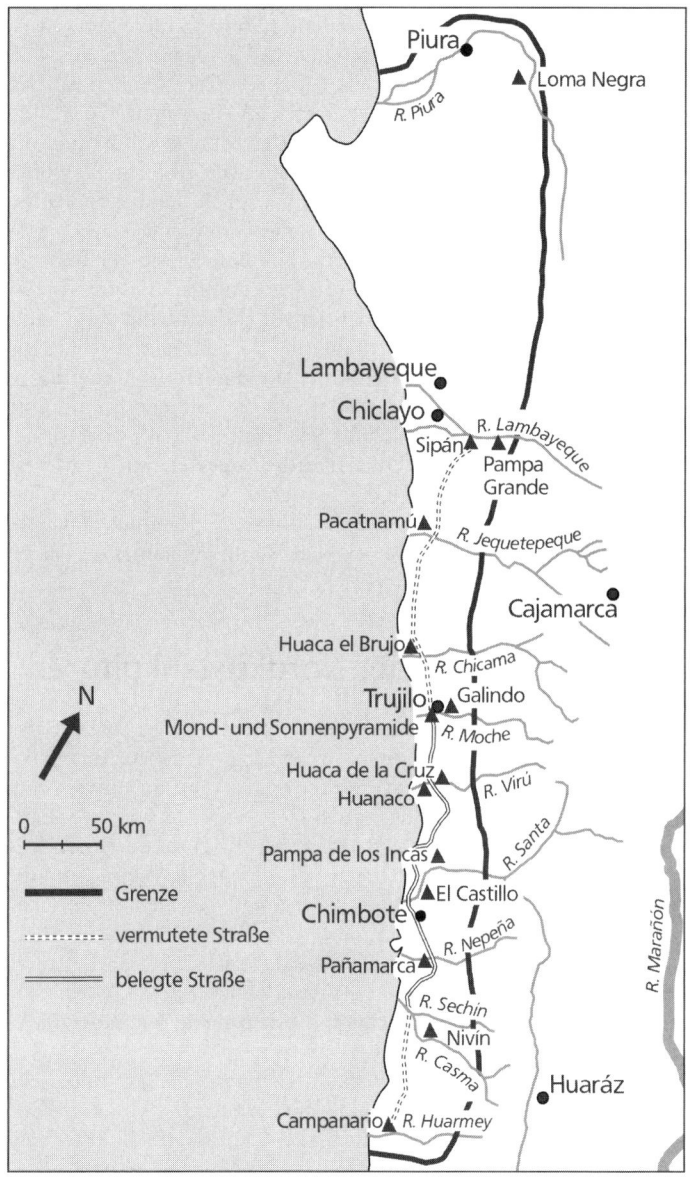

Karte 5: Der Siedlungsraum der Moche-Kultur

schung die Kultur der Moche betreffend außerdem um einen Quantensprung voran. Weitere Fürstengräber, die inzwischen entdeckt werden konnten, sowie mehrfarbige Hochreliefs an Wänden von Pyramiden und Opferplattformen ergänzten und verfeinerten das Bild.

Von einem umfassenden Verständnis der Moche-Kultur sind die Forscher jedoch leider nach wie vor relativ weit entfernt. So gibt es immer noch zahlreiche Unklarheiten bezüglich der Interpretation der Darstellungen auf den Keramiken, der Gold- und Silberobjekte sowie der Reliefs. Wir kennen auch das politisch-religiöse System der Moche de facto nicht, auch wenn die Vermutungen und Interpretationen sich hier nach und nach zu einem klareren Bild verdichten. Ebenso vage sind Informationen über die Beziehungen der Fürstenhöfe der einzelnen Täler untereinander und auch die Datierungen sind noch nicht ausreichend – weder, was die zeitliche Einordnung noch, was die räumliche Ausdehnung der Kultur betrifft, da es immer noch nicht geklärt ist, ob die Unterschiede in der Keramik der Moche räumlich bedingt sind oder in der zeitlichen Abfolge begründet liegen. Weiterhin werfen die erotischen Motive der Keramik, denen im *Museo Larco Herrera* in Lima ein eigener Raum gewidmet ist, Fragen auf.

# In der Tradition der Nordküstenkulturen

Wer waren die ›Moche‹? Unter dem Begriff versteht man zunächst eine archäologische Kultur, die nach der Region, die zu Anfang des 20. Jh. die höchste Funddichte entsprechender Objekte aufwies, dem Tal des Río Moche, benannt wurde. Dort befinden sich zwei Bauwerke, die man schon kurz nach der Eroberung Perus durch die Spanier für die Hauptpyramiden der Region hielt: die *Sonnen-* und die *Mondpyramide* (*Huaca del Sol* und *Huaca de la Luna*), die ihre Bezeichnungen von den Spaniern bekamen. Der Name ›Moche‹ übertrug sich von der archäologischen Kultur dann auch auf die Menschen, die Träger dieser Kultur waren. Man fasst sie unter dem Begriff ›Moche‹ zusammen, obwohl tatsächlich bis dato nicht geklärt ist, ob es sich um ein oder mehrere Völker handelte.

Wie Paracas und Nasca entwickelte sich auch die archäologische Moche-Kultur indirekt aus dem kulturellen Erbe Chavíns: Das Küsten-Chavín oder besser ausgedrückt, die ›Cupisnique‹-Kultur, deren Angehörige einen kleinen Teil des späteren Moche-Gebietes besiedelten, nahm bereits vieles vorweg, was von den Moche dann wieder aufgegriffen und in eine eigene Kulturform überführt wurde. So führten die Cupisnique beispielsweise die Keramikform der ›Gabelhalsflasche‹ ein sowie viele Motive, die später von den Moche in einer eigenen Kunstform umgesetzt wurden: Nach dem Niedergang Chavíns und der verwandten Cupisnique-Kultur um 200 v. Chr. entwickelten sich an der Nordküste Perus und im benachbarten Hochland zwei kleinere Regionalkulturen: Gallinazo und Salinar. Ihr Hauptsiedlungsgebiet war die Großregion des Virú-Tales sowie das Tal des Río Moche. Archäologisch stellen sie das Bindeglied zwischen Cupisnique und Moche dar: Beide Kulturen griffen Cupisnique-Traditionen auf und entwickelten sie, vor allem die Keramik betreffend, weiter, wobei die ehemals graue, sehr figürliche Keramik mit der Zeit durch rötliche und beige Ware ersetzt wurde.

# Gesellschaftliches Leben der Moche

Zu einer überregional bedeutsamen Kulturentwicklung war es im Zeitraum von 200 v. Chr. bis ungefähr 100 n. Chr. nicht gekommen. Um das Jahr 0 begann sich in einigen Flusstälern indes eine neue, eigenständige religiöse Kunst zu entwickeln, die zunächst parallel zu Gallinazo existierte, Letztere dann jedoch recht plötzlich überlagerte: Von 100–750 n. Chr. sprechen wir von der wechselhaften Geschichte der ›Moche‹-Kultur, der ersten überregional bedeutsamen Küstenkultur im Norden Perus.

Die gesellschaftliche Basis der Moche-Kultur waren die Bauern, die in kleinen Gehöften in der Nähe ihrer Felder lebten. Daneben gab es kleinere Siedlungen, die an den Rändern der fruchtbaren Gebiete in den Flusstälern angelegt waren. Zum ersten Mal begegnen uns bei den Moche außerdem große Siedlungen, die direkt an die bedeutenden Pyramiden angegliedert waren, wobei der Zugang zu ihnen vermutlich sehr restriktiv gehandhabt wurde. Leben durften in diesen Siedlungen wohl nur Priester, Elitehandwerker, adlige Familien und Verwalter.

Die Gehöfte der Bauern waren einfach: Wenige Räume und ein mit Schilfrohr gedecktes Dach bildeten die Grundausstattung; im Inneren gab es Bänke aus Stein, die mit Gips beschichtet waren. Zahlreiche Webutensilien wie Spindeln, Spinnwirtel, Nähnadeln und Ähnliches belegen zudem die Weberei als häusliche Tätigkeit. Angegliedert an das Wohnhaus war ein ummauerter Hof, in dem sich die Kochstelle befand, Materialien gelagert wurden und wo auch die zur

Abb. 68: Fischerboote aus Totora    Chimú-Keramik mit einem Fischer

Fleischgewinnung gehaltenen Meerschweinchen ihren abgetrennten Bereich hatten. Manche Gehöfte waren zu mehreren um einen großen Platz errichtet, auf dem dann gemeinsame Aktivitäten stattfanden: Beratungen, Treffen, Feste oder die gegenseitige Hilfe bei den auf die Ernte folgenden Tätigkeiten. Deutlich erkennbar sind außerdem Unterschiede in der Größe und Ausstattung der Häuser: Die größeren Gehöfte hatten neben dem ummauerten Innenhof noch Gehege für die Haltung von Lamas und Stauräume für die Lagerung von Materialien, wahrscheinlich von Handelsgütern oder Ernteerträgen (Baumwolle oder Nahrungsmitteln). Man bezieht diese recht genauen Informationen aus Ausgrabungen in zahlreichen Siedlungen an der Nordküste. Im Bereich der Dorfplätze fand man dabei auch eine Vielzahl kleiner Tonfigürchen, teilweise mit religiösen Merkmalen wie Jaguarzähnen. Vielleicht fanden dort also sogar Zeremonien statt. Im Hochland Perus und Boliviens kann man diese traditionelle Lebensweise bis heute finden.

Die Moche betrieben keine Schwemmlandagrikultur mehr, sondern bauten ihre Nahrungsmittel (Mais, Bohnen, Kürbisse, Chili, Süßkartoffeln, Maniok, Avocados und eine Vielzahl tropischer Früchte) auf bewässerten Feldern an. In den Flussoasen der Nordküste, die wesentlich breiter sind als die der Südküste, gab es daher riesige Bewässerungsanlagen, die das Wasser über Kanäle und Aquädukte vom Hochland zur Küste führten und es dort auf die Felder der Bauern verteilten. Man vermutet sogar, dass kleine Lehmplattformen in den Feldern Überwachungsstationen waren, von denen aus die Wassermengen verteilt und die Instandhaltungsarbeiten überprüft wurden.

Die ungeheure Dimension der Bewässerungssysteme an der Küste setzt in jedem Fall ein hohes Maß an Organisation und Arbeitsteilung voraus.

Von großer Bedeutung waren für die Moche aber nicht nur die Bauern, sondern selbstverständlich auch die Fischer. Der Humboldtstrom mit seinem enormen Reichtum an Sardellen war die wichtigste Quelle für tierisches Eiweiß; frischer, aber auch getrockneter und zu Fischmehl verarbeiteter Fisch gehörte demnach zu den Grundnahrungsmitteln. Gefangen wurden die Fische mit Netzen, die die Fischer von Schilfbooten aus auslegten, die den heute in Huanchaco noch verwendeten ›Seepferdchen‹ sehr stark ähnelten, die aus Totora-Schilfbündeln gearbeitet sind: Der Fischer paddelt kniend, genau so, wie es auf den Keramiken der Moche abgebildet ist (Abb. 68).

Neben den Bauern, Fischern und Händlern gab es als weitere wichtige Berufsgruppe die Handwerker – Töpfer, Gold- und Silberschmiede sowie Weber (bzw. Weberinnen) –, die nicht nur Dinge für den täglichen Gebrauch herstellten, sondern auch absolute Meister in der Herstellung religiöser Kultobjekte waren, die teils in den Besitz der politisch-religiösen Elite übergingen und teils bei Ritualen geopfert oder als Grabbeigaben niedergelegt wurden. Ein Moche-Gefäß zeigt Weberinnen bei der Arbeit (Abb. 69): Man sieht einzelne Werkstätten, die aus einfachen Holz-Schilfmatten-Konstruktionen bestehen, um einen Kreis herum angeordnet; möglicherweise sollte damit ein Hof angedeutet werden, wie er für die Moche-Gehöfte

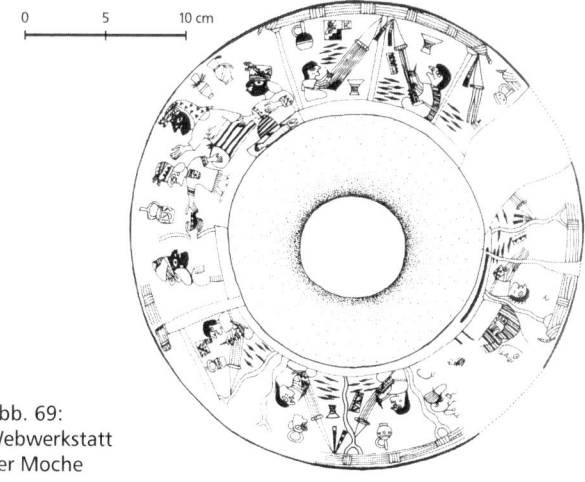

0      5      10 cm

Abb. 69:
Webwerkstatt
der Moche

beschrieben wurde. In den einzelnen Werkstätten sitzen Weberinnen, um deren Taille ein Rückenbandwebgerät geschlungen ist. Neben den Webgeräten erkennt man Spindeln. An manchen Stellen sind oberhalb der Köpfe der Weberinnen Textilien zu sehen, neben der ganzen Bandbreite von Moche-Keramik: Gabelhalsflaschen, Flaschen mit einem Bügel, Schalen und Krüge. Bemerkenswert ist die zentrale, wohl männliche Figur in der Mitte, und zwar die unter dem Dach: Sie hat über ihre Tunika – auch der Diener trägt eine – ein Hüfttuch geknüpft, ebenso wie die andere zentrale, sitzende Figur. Der männliche Würdenträger trägt außerdem die typische Moche-Kopfbedeckung: eine Art Turban mit einem großen, mit Baumwolle ausgestopften Nackenschutz. Ihm wird ein Gefäß gereicht, in dem wahrscheinlich ›Chicha‹, Maisbier, ist. Im Gegensatz zu denen der Weberinnen sind die Gesichter der drei zentralen Figuren – abgesehen von dem des Dieners – schwarz. Sie sind also bemalt oder die Männer tragen Masken. Da die Zeichnung auf einem Objekt aus religiösem Kontext (Grabkeramik) zu finden ist, haben wir es hier wohl mit der Darstellung einer religiösen Handlung zu tun: Es wird gewebt, aber keine Alltagstextilien. Gewebt wird für den oder die Repräsentanten der Gottheiten: die adligen Würdenträger, die politisch-religiöse Elite – daher auch der hochrangige ›Bewacher‹ der Werkstätten. Weberwerkstätten wie diese sind auch aus der Inka-Zeit bekannt: Die besten Weberinnen aus dem ganzen Inka-Reich wurden in die Hauptstadt *Cuzco* gebracht, wo sie in großen Werkstätten Kleidung für den Inka, den Sohn der Sonne, und seine Familie herstellen mussten – ein Brauch, der seine Wurzeln aber offensichtlich weit in der Vor-Inka-Zeit hat.

Die Töpfer der Moche – damit sind an dieser Stelle ausschließlich die für die Zeremonialkeramik zuständigen Handwerker gemeint – stellten verschiedene Keramikformen her: Gabelhalsflaschen, Krüge, Schalen, figürliche Keramik, Flaschen mit einem Griff, Trompeten, Rasseln und Flöten. Die Moche-Keramik war Serienware: Sie wurde in Tonmodeln hergestellt, bemalt und anschließend gebrannt, also in Engobe-Technik gearbeitet. Nach einem Bericht des deutschen Archäologen Max Uhle war es den Töpfern der Moche dabei sehr wichtig, auch Ton aus den oberen Bereichen der Flusstäler heranzuschaffen. Es war also offenbar von Bedeutung, Ton von ›oben‹ und von ›unten‹ zu verwenden – das duale Prinzip. Hergestellt wurden die Moche-Keramiken ebenfalls in Werkstätten, die von den Töpfereien, in denen einfache Gebrauchskeramik hergestellt wurde, strikt getrennt waren: Die Werkstätten für die politisch-religiöse Elite befanden sich in den großen Siedlungen, die Töpfer selbst wohnten in der unmittelbaren Umgebung. Ihre Keramik wurde vielfältig verwendet: Die feine, hochwertige Töpferware fand man in den Häusern der politisch-religiösen Elite, in Tempeln und in Gräbern. Die Werkstätten für die Gebrauchskeramik lagen dagegen außerhalb der Siedlungen an den Handelswegen, wobei an jede Werkstatt ein Gehege für die Lamas angegliedert war, mit denen in Karawanen der gesamte Handel abgewickelt wurde. So transportierten die Lamas das Rohmaterial wie Ton und Brennholz heran und brachten die fertige Ware zu den entlegenen Dörfern und Gehöften. Der Lamadung selbst diente getrocknet als Brennmaterial.

Der Arbeit der Goldschmiede musste zunächst die Metallgewinnung vorausgehen. Das gold- und silberhaltige Material stammte aus den oberen Bereichen des Zaña- und Lambayeque-Tals: Gold gewann man meist als Schwemmgold aus den Flüssen, während Kupfer im Bergbau abgebaut werden musste. Die Bergarbeiter der Moche benutzten Hacken mit Steinklingen, um das Kupfer im Tagebau zu gewinnen, die Schmelzöfen lagen nicht allzu weit von den Fundstätten entfernt. Das ausgeschmolzene Metall brachte man dann in Form von kleinen Plättchen in die großen Zentren an der Küste, in denen die Goldschmiede lebten. Gearbeitet wurde auch hier offensichtlich in großen, zentralen Werkstätten, wo die Öfen von zahlreichen Arbeitern ständig auf Temperatur gehalten wurden; die Luftzufuhr erfolgte über Tonrohre. Die Arbeit dieser Goldschmiede selbst war sehr elitär. So durften nur ausgewählte Personen die Wohnbezirke dieser Handwerker betreten, die in der unmittelbaren Nähe der Herrscher lebten.

Die Versorgung mit anderen Rohstoffen, die zur Herstellung von Zeremonial- und Luxusgütern gebraucht wurden, Spondylus, Lapis-

Abb. 70: Ein Lama transportiert Strombusschnecken

lazuli, Grünstein, Federn tropischer Vögel, Nahrungsmittel und vieles andere, lag in der Verantwortung der Händler. Zu Land waren sie mit Lamakarawanen unterwegs (Abb. 70) – aus der Inka-Zeit gibt es Berichte, die besagen, dass zu dieser Zeit eine Lamakarawane mehrere Tausend Tiere umfassen konnte –, zu Wasser mit Booten: im Norden bis nach Ecuador, um Spondylus-Muscheln und Strombusschnecken zu besorgen, und im Süden, um Guano-Dünger für die Felder zu beschaffen; auf einer Guano-Insel in Südperu, in der Nähe von Chincha, fand man Moche-Keramik, die dort vermutlich als Opfergabe niedergelegt worden war. Die Händlerkarawanen transportieren außerdem Fischmehl und Baumwolle ins Hochland und brachten von dort Alpakafaser und Federn von Amazonaspapageien mit. Salz war ebenfalls ein wichtiges Handelsgut: Noch heute ziehen Lamakarawanen vom Hochland Boliviens in die tiefer gelegenen Gebiete, um dort Salz gegen Nahrungsmittel zu tauschen.

Eine weitere wichtige Gruppe bildeten die Architekten, Baumeister und Bauhandwerker, die für das Errichten der großen Bauwerke verantwortlich waren, welche dem Abhalten von großen, kollektiven Ritualen dienten. Vermutlich errichteten die Moche die Tempelplattformen und Pyramiden in Gemeinschaftsarbeit, die jeweils den Clans oder ›Ayllus‹, der sozialen Kerngruppe der andinen Völker, zugeteilt wurde: Ungefähr die Hälfte der getrockneten Lehmziegel der *Sonnen-* sowie der *Mondpyramide* trägt das Zeichen derer, die sie geschaffen haben. Vermutlich handelt es sich dabei um ›Ayllu‹-Zeichen.

# ›Fürsten‹-Höfe und Zeremonialkomplexe

Sieben bisher entdeckte, große und reich ausgestattete ›Fürsten‹-Gräber, 25 bedeutende Fundstätten und nahezu unzählige kleine Siedlungen und Gehöfte zeugen von einer komplexen Gesellschaftsstruktur bei den Moche. Leider konnten nur wenige der Fürstengräber archäologisch genau erkundet werden, denn die meisten, wie *La Mina*, wurden von Grabräubern geplündert. Dennoch konnte die Erforschung der wenigen, überaus reichen Gräber einen enormen Beitrag zum Verständnis der Moche-Kultur leisten. Die Entschlüsselung der Keramik kam so ebenfalls einen großen Schritt voran: Systematische Ausgrabungen gab es an den Fürstengräbern von *Sipán*, *San José de Moro*, *El Brujo* und an den Siedlungen und Zeremonialkomplexen der *Mondpyramide*, von *Galindo*, *Pampa Grande* und *Pacatnamú*, um nur Einige zu nennen. Sie ergaben Erkenntnisse über den

Status und die Funktion der politisch-religiösen Elite sowie über die Geschichte und das Schicksal der Moche. Noch nicht geklärt ist indes, ob diese Kultur von einer übergreifenden, zentralen politischen Macht regiert wurde oder ob die einzelnen Fürstenhöfe über verwandtschaftliche oder religiös-zeremonielle Beziehungen miteinander verbunden waren.

## Erste Spuren der Moche-Kultur

Wie bereits erwähnt (s. S. 91), änderte sich für die Bauern, Fischer und Handwerker der Region mit dem Niedergang Chavíns zunächst nichts Grundlegendes, obwohl die betreffende Phase natürlich generell von Instabilität und kriegerischen Auseinandersetzungen gekennzeichnet war. Entscheidend ist im gegebenen Zusammenhang jedoch, dass die Bevölkerung in ihrer Substanz erhalten blieb, dass sie die Lebensweise und auch die Religion weiter tradierte, was um das Jahr 0 schließlich erneut zum Aufkeimen einer überregionalen religiösen Kunst führte. Im Vergleich zur vorangehenden Gallinazo-Kultur änderte sich vorerst also sehr wenig – mit Ausnahme der Zeremonialausstattung und vor allem von deren bildlichen Darstellungen: In dieser Hinsicht begann eine Gruppe tatsächlich einen neuen Weg zu beschreiten, der sich dann für die Zeit um 100 n. Chr. klar als der der ›Moche‹-Kultur erkennen und definieren lässt. Ihre figürliche oder später bemalte Engobe-Keramik verbreitete sich dabei zu Beginn offenbar nur in einzelnen Tälern: im Tal des Río Moche, des Oberlaufes der Flüsse Zaña und Lambayeque, im Chicama-, im Jequetepeque-, im La Leche- und im Piura-Tal, also im späteren nördlichen Einflussgebiet der Moche-Kultur, wobei die Archäologen eine ›Kernzone‹ im Moche-Chicama Bereich ausmachen konnten.

Die Geschichte der Moche nachzuvollziehen ist nach wie vor schwierig, was an den unzureichenden Datierungen liegt. Über etliche Jahrzehnte hinweg orientierte sich die Archäologie an der ›Larco‹-Sequenz, die auf der Basis kunsthistorischer Betrachtungen erstellt wurde: Die Grundlage für die von Larco erstellte zeitliche Abfolge waren die Gefäßformen der typischen Moche-Gabelhalsflaschen, wobei die unterschiedlichen Formen als Ausdruck einer chronologischen Entwicklung interpretiert wurden, die mit Moche I begonnen und mit Moche V geendet habe. Den Beginn der ersten charakteristischen Moche-Kunst und damit die Entstehung eines neuen kulturellen Horizontes an der peruanischen Küste schob man in den letzten beiden Jahrzehnten jeweils um mehrere Jahrhunderte hin und her. So lag der angebliche ›Beginn‹ von Moche früher um 200 v. Chr., heute liegt er bei 100 n. Chr. Es gibt zudem sehr starke Tendenzen, die Larco-Sequenz eben nicht als zeitliche Abfolge zu deuten, sondern die unterschiedlichen Stile regional zu begründen. Um hier zu einer endgültigen Festlegung zu gelangen, bedarf es noch mehr systematischer Ausgrabungen mithilfe von modernen Datierungsmethoden. Fest steht indes, dass die sogenannte Moche-I-Keramik, die schon von ihrer perfekten Erscheinung her schwerlich am Beginn stehen kann, de facto weitaus später einzuordnen ist als ursprünglich angenommen; Moche III wiederum findet man nur in der Kernzone, nicht aber im Norden.

Was wir an dieser Stelle festhalten können, ist Folgendes: Um 100 n. Chr. scheinen sich die Häuptlinge mehrerer Häuptlingstümer an der Nordküste in den erwähnten Tälern entweder einer neuen Ideologie angeschlossen oder diese entwickelt zu haben. Mit dem Beginn dieser neuen Ideologie – die in wesentlichen Zügen so neu nicht war – ging die drastische Ausweitung des Bewässerungsfeldbaus einher. Bevölkerungswachstum, das Anlegen neuer Felder und die Urbarmachung von wesentlich mehr Land durch den Bau von Aquädukten, Kanälen und Verteilerrinnen scheinen in der Folge eine Organisation auf höherer Ebene oder die Spezialisierung eines Teils der Bevölkerung auf die Verwaltung und das Management der Bewässerungsanlagen notwendig gemacht zu haben. Gleichzeitig stieg die Abhängigkeit von der Fruchtbarkeit der Felder und damit vom Wohlwollen der dafür verantwortlichen Gottheiten enorm an. Dies wiederum sorgte für ein Erstarken der politisch-religiösen Elite, die – als Stellvertreter, vielleicht sogar, wie bei den Inka, als ihre Abkömmlinge – den Kontakt zu den Gottheiten herstellte. Starb ein Vertreter dieser Elite, so nahm er seinen Ornat mit ins Grab um im Jenseits als Ahne weiter für das Wohl der ihm anvertrauten Menschen zu sorgen. Die damit verbundenen Opferkulte erreichten bei den Moche einen ersten Höhepunkt, für sie wurden riesige Opferplattformen errichtet. Es entstand eine gesellschaftliche Gruppe von Opferpriestern als Hauptpersonen bei den großen Opferritualen. Das Menschenopfer in Verbindung mit Fruchtbarkeit, Wachstum und Fortpflanzung steht auch im Zentrum der religiösen Kunst, wobei wir viele Kernelemente dieser Kunst bereits aus *Chavín* und von dessen Vorläufern kennen. Insofern setzte Moche im Norden ebenso eine Tradition fort wie Paracas und Nasca im Süden, freilich mit einem eigenen Stil und einer eigenen Ausprägung, die vor allem im Bereich der Goldarbeiten herausragende Kunstobjekte hervorbrachte.

# Cerro Blanco – Die Stadt am weißen Berg

Eine der größten Siedlungen im Moche-Gebiet lag im Tal des Río Moche, unterhalb des ›Cerro Blanco‹, des weißen Berges (Abb. 71). Die Fundstätte liegt heute etwas außerhalb der peruanischen Stadt Trujillo. Im Wesentlichen bestand die Siedlung von Cerro Blanco aus zwei sich gegenüberliegenden Pyramiden: der *Sonnen-* und der *Mondpyramide*; wie schon an anderer Stelle erwähnt, stammen diese Namen aus der Kolonialzeit und haben demnach nichts mit der Bedeutung der beiden Bauwerke zu tun. Zwischen den beiden Pyramiden, die ungefähr 500 m voneinander entfernt liegen, befand sich eine Siedlung mit Wohnhäusern und Werkstätten sowie ein *Gräberfeld*, ein Friedhof aus der Moche-Zeit. Bereits Ende des 19. Jh. begann ein deutscher Archäologe, Max Uhle, Ausgrabungen in diesem Friedhof vorzunehmen. Sein Ausgrabungsbericht wurde nur teilweise veröffentlicht; das Originalmanuskript, das zusätzliche Informationen enthält, hat mir das Ibero-Amerikanische Institut in Berlin jedoch freundlicherweise zugänglich gemacht: Trotz seiner Klage, dass wohl keines der Gräber von Grabräubern verschont geblieben sei, entdeckte er schließlich doch noch einige unversehrte Gräber, die er öffnen konnte. Vor allem fand er eine kleine Nekropole, deren Grabstätten er

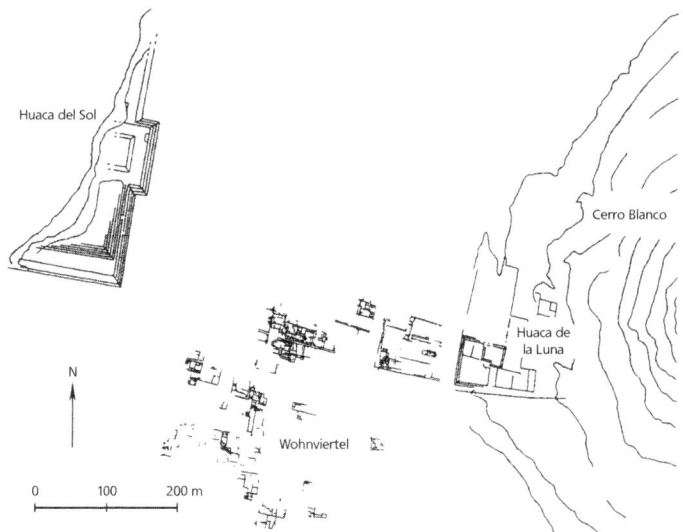

Abb. 71: Plan von Cerro Blanco mit Sonnen- und Mondpyramide

als »laubenartige gemauerte Grabmäler« bezeichnete; acht solcher Gräber barg die von ihm gefundene Nekropole, nur eines davon war leer. Uhle konnte nachvollziehen, dass die Toten hier in hockender Stellung bestattet worden waren, was für die Nordküste, wo die Toten üblicherweise in liegender Haltung bestattet wurden, ungewöhnlich ist. Die Grabmäler selbst waren scheinbar wie kleine Wohnungen ausgestattet:

> Hier sass also der Todte seinem im nördlichen Theile der Kammer ausgebreiteten Hausrathe gegenüber, offenbar mit dem Gesicht nach Norden gewendet, mit einem Überblick über sein Besitzthum wie vormals in seinem eigenen Hause. In solchen Begräbnissen war jedenfalls zumeist der, dem das Begräbnis galt, nicht der einzige Todte. So fanden sich in dem Grabe wenigstens 4 Todte, den gefundenen Schädelresten nach […]. Dort hatten also die Hauptpersonen des Grabes ihren Platz gehabt. Bei den übrigen Schädelresten, zumal bei denen der Nordostecke, fehlten solche Beigaben. Die Vertheilung des Inhaltes des Grabes […] ist für das Verständnis seiner ursprünglichen Anordnung besonders lehrreich. Reste von drei Todten wurden in dem nördlichen Theile des Grabes in einiger Entfernung einander gegenüber gesetzt. Zwischen […] befanden sich Reste des Skelettes eines Llamas. Der übrige Raum der Kammer war zumeist mit Gefässen gefüllt, […]. Nun war der östlichste Todte im nördlichen Theile der Kammer der Hauptsächlichste des Grabes. Außer einem silberenen Schild, der seinen Kopf deckte, fanden sich von ihm die beiden Ohrpflöcke. Er war ein Erwachsener.

Uhle beschreibt in der Folge noch die Position einer Frau und eines Kindes mit ähnlicher Ausstattung. Offensichtlich handelt es sich um ein Familiengrab einer hochrangigen Moche-Familie, der ein Lama als Opfergabe mit ins Jenseits gegeben wurde. Nahrungsmittel und Webzubehör lagen ebenfalls in der Grabstätte, zusammen mit bemalten Keramiken. Die Schädel, die um die Toten gruppiert waren, interpretiert Uhle als die Köpfe von Sklaven, die ihre Herrschaft in den Tod begleiteten. Dass er damit durchaus richtig lag, zeigt das *Fürstengrab von Sipán*.

Besondere Brisanz für das Verstehen der religiösen Kunst birgt die Beschreibung eines Priestergrabes, das Uhle entdeckte: Auf dem Grab stand eine Keramik, eine gleichartige fand sich im Grab. Uhle interpretiert beide Gefäße als Paar, das wohl absichtlich getrennt worden

Abb. 72: Keramik der ›tanzenden Priester‹

sei: oben und unten, die sich ergänzenden Gegensätze. Auch habe die auf das Grab gestellte Keramik ein Zeichen setzen sollen; sie stelle also so etwas wie einen ›Grabstein‹ dar. Im Grab fand Uhle außerdem einen vergoldeten Würfelbecher mit Würfeln, die seiner Ansicht nach zum Wahrsagen verwendet wurden, was er eben als Zeichen dafür deutete, dass es sich um das Grab eines Priesters handelte. Weiterhin fand er die »Keramik der tanzenden Priester in religiöser Funktion« (Abb. 72) sowie die Figur eines betenden Priesters, eine Flasche mit der Darstellung eines Kondors und weitere Gefäße, die mit Mäandern und Treppendreiecken verziert waren (Abb. 73).

Interessant sind auch die Beobachtungen, die Uhle bei der Nachuntersuchung geplünderter Gräber machte: Oberhalb der *Mondpyramide* fand er eine große Anzahl an zerbrochenen Keramiken, die nackte, sitzende oder gefesselte Krieger darstellen, sowie an anderer Stelle viele Fragmente zerbrochener Musikinstrumente. Bereits Uhle erkannte die *Mondpyramide* folgerichtig als Opferstätte, in deren unmittelbarer Nähe zahlreiche geopferte Menschen bestattet wurden ebenso wie die Priester und Kunsthandwerker, die in der Siedlung von Cerro Blanco lebten, wobei es sich hier sicher nicht um eine ›normale‹ Stadt handelte; sie war unfraglich den Zeremonialkomplexen zugeordnet und diente als Wohnort und Versorgungszentrum für die beiden Pyramiden.

Abb. 73: Keramik mit Nachbildung eines Kondorkopfes

Vor knapp 20 Jahren begann man wieder mit Ausgrabungen an der *Mondpyramide*, die mittlerweile einen großen Beitrag zum Verständnis des Zeremonialkomplexes geleistet haben. Vor wenigen Jahren begann man zudem mit Ausgrabungen an der *Sonnenpyramide*, deren Ergebnisse das Bild des Gesamtkomplexes von Cerro Blanco erst abrunden werden. Der Besuch der Ausgrabungen an der *Mondpyramide* und des kleinen, an die Ausgrabungsstätte grenzenden *Besucherzentrums* lohnt eine Reise in die Region. Als Ergänzung empfiehlt sich ein Besuch des kleinen *Museums* in Trujillo und ein ausgiebiger Abstecher zu den Ausgrabungen von *El Brujo*, einer Zeremonialplattform, die in engen Beziehungen zur *Mondpyramide* gestanden haben muss, auch wenn man diese im Einzelnen noch nicht kennt. Die Reliefs und die Struktur sind indes so ähnlich, dass man an einer engen Verwandtschaft nicht mehr zweifelt. Auch *El Brujo* wurde und wird für die Besucher zugänglich gemacht. Der erhobene Eintritt unterstützt die Ausgrabungsprojekte.

## Die *Sonnen*- und die *Mondpyramide*

Die *Sonnenpyramide* (*Huaca del Sol*) war zu ihrer Zeit (fertiggestellt um 450 n. Chr.) das größte Bauwerk Amerikas (Abb. 74). Ihr Grundriss war ursprünglich kreuzförmig, was man jedoch momentan noch sehen kann, ist lediglich etwa ein Drittel des Bauwerkes. Das Hauptzerstörungswerk erledigten die spanischen Eroberer bereits im 17. Jh. (1602), als sie den Río Moche umleiteten um die Pyramide wegzuspülen und auf diese Weise die darin enthaltenen Goldobjekte zu bergen. Das Hinwegspülen des grandiosen Bauwerkes erbrachte angeblich wirklich eine Menge Goldobjekte, die eingeschmolzen und nach Europa verschifft wurden.

Erbaut wurde die *Sonnenpyramide*, die vermutlich administrativen Zwecken diente, während die *Mondpyramide* (*Huaca de la Luna*) als Zeremonialplattform fungierte – ein in den Anden oft praktiziertes Mo-

Abb. 74: Foto der Sonnenpyramide

dell, das wir schon aus dem Archaikum kennen –, in acht Phasen. Ihre Längenausdehnung betrug 345 m, ihre Breite 160 m; sie erhob sich bis in 40 m Höhe. Die Technik, mittels derer die Pyramide errichtet wurde, kann man noch sehr gut erkennen: Wenn man davor steht, sieht man – ebenso wie bei der *Mondpyramide* – große, fast quadratische, aneinander gefügte Säulen, die wiederum aus getrockneten Lehmziegeln bestehen. Man hat errechnet, dass 145 Millionen Lehmziegel (›Adobes‹) nötig waren, um die *Sonnenpyramide* zu errichten. Viele der ›Adobes‹ sind mit Markierungen ihrer Hersteller versehen, von denen ungefähr 100 verschiedene zu finden sind. Relativ oberflächliche Untersuchungen ergaben zudem, dass die *Sonnenpyramide* vermutlich aus vier großen, aufeinander gebauten Plattformen mit rampenartigen Zugängen bestand. Die Wände dieser Plattformen waren zumindest teilweise rot bemalt und wahrscheinlich, wie auch die Wände der *Mondpyramide* und von *El Brujo*, mit Reliefs versehen. Erst wenn der noch verbliebene Rest der *Sonnenpyramide* freigelegt und dokumentiert ist, werden wir im Zusammenhang mit den Ausgrabungsergebnissen der *Mondpyramide* und *El Brujos* den gesamten Komplex verstehen. Man darf gespannt sein, ob ähnlich sensationelle Funde wie in den beiden anderen Ausgrabungsstätten zum Vorschein kommen werden.

Die *Mondpyramide* (Abb. 75) ist deutlich kleiner als die *Sonnenpyramide*. Ihr Grundriss ist rechteckig, mit einer Länge von 290 m in Nord-Süd-Ausdehnung und einer Breite von 210 m in Ost-West-

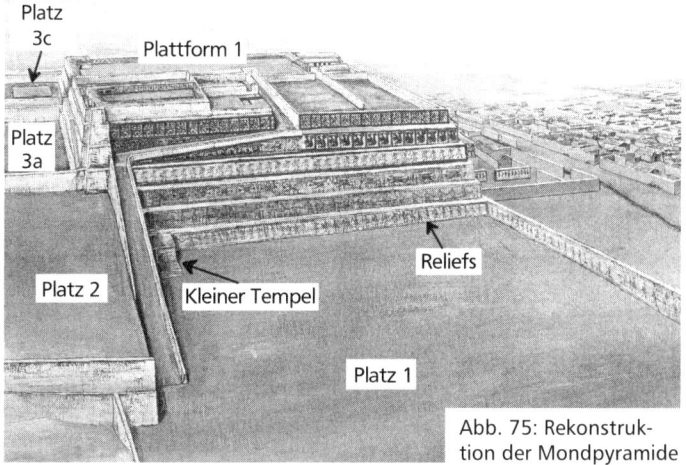

Platz 3c

Plattform 1

Platz 3a

Platz 2

Kleiner Tempel

Reliefs

Platz 1

Abb. 75: Rekonstruktion der Mondpyramide

Ausdehnung. Sie war ungefähr 32 m hoch. Die Ausgrabungen ergaben, dass sie in mindestens sechs Bauphasen errichtet wurde, die sich
über 600 Jahre hinweg erstrecken. Innenhöfe und rampenartige Zugänge verbanden die drei Opferplattformen und vier großen Plätze.
Einige der kleineren, in der *Mondpyramide* angelegten Räume waren
mit Dächern aus Schilf versehen. Die Wände waren bemalt und mit
Reliefs verziert, die teilweise noch heute erhalten sind und die nach
und nach ans Tageslicht kommen. Für diese Pyramide brauchte man
geschätzte 50 Millionen Lehmziegel.

Die Ausgrabungen an der *Mondpyramide*, deren vorläufige Resultate im Folgenden vorgestellt werden, begannen 1990 und dauern bis
heute an. Sie werden im Rahmen internationaler Kooperationen
(unter anderem mit der Universität von Montreal, Kanada) von der
Universität von Trujillo durchgeführt.

### Die Architektur der *Mondpyramide*

Die *Mondpyramide* besteht aus drei architektonischen Komponenten:
einer ausgedehnten Plattform im Südwesten der gesamten Anlage
(*Plattform 1*), einer kleineren, vorgelagerten Plattform (*Plattform 2*) in
der südöstlichen Ecke und einer weiteren kleineren Plattform (*Plattform 3*) in der nordöstlichen Ecke. *Plattform 3* ist ein Einzelgebäude,
das etwas entfernt vom restlichen Gebäudekomplex steht; sie ist gegenüber der eigentlichen *Pyramide* etwas erhöht. Vier *Plätze* sind an
die Plattformen angegliedert (*Platz 1–4*), von denen der größte wohl
auch am bedeutendsten war (*Platz 1*).

*Plattform 1* ist ein komplexes Gebäude, das über mehrere Jahrhunderte hinweg angelegt wurde. Es handelt sich um eine *Stufenpyramide*,
mit aufwendigen, farbig gestalteten *Reliefs* an den ›Treppenabsätzen‹.
Auf der Oberfläche der *Plattform* sind *Räume* in unterschiedlicher
Größe angelegt. Die *Plattform* selbst wurde mindestens fünfmal überbaut – wodurch sie immer größer und höher wurde – und die *Reliefs*
dreimal übermalt. Einige der Bauphasen konnte man datieren, der eigentliche Baubeginn der *Mondpyramide* steht indes leider nicht fest.
Das erste gesicherte Datum stammt aus der dritten Überbauung, es ist
jedoch nur ein ›indirektes‹, das durch die stilistische Einordnung einer
auf dieser Fläche gefundenen Keramik ermittelt wurde. Man datiert
diese Überbauung danach in die mittlere Moche-Zeit, also in das 3. Jh.
n.Chr. Für die vierte Überbauung gibt es kein Datum, aber die fünfte
und letzte konnte recht genau bestimmt werden: Dank Radiokar-
bondatierungen konnte hierfür ein Zeitraum ermittelt werden, der in
den Beginn der späten Moche-Phase fällt: um 500 n.Chr. und später.

Abb. 76:
Ältestes
Relief

Die Innenwände der *Räume* auf *Plattform 1* sind mit *Reliefs* verse-hen und in verschiedenen Farben bemalt. In einem dieser Räume kann man, allerdings sehr undeutlich, noch ein *Relief* aus der ersten Bemalungsschicht des oberen Levels erkennen (Abb. 76): Es handelt sich um eine aufrecht stehende Figur, die dem Stabgott stark ähnelt. Sie mutet sehr geometrisch an, als wäre sie in Textil gearbeitet. In bei-den Händen trägt sie einen Stab, der jeweils in einem Raubkatzen-kopf endet. Die zweite Schicht zeigt ein *Schachbrettmuster*, das immer wieder dieselbe Figur, lediglich in einer anderen Farbgebung (rot/weiß und blau/gelb), zeigt: ein Gesicht, dem zackenförmige Schlan-gen entwachsen, die wiederum in Vogelköpfen, die im Profil gezeigt werden, enden. Die letzte Schicht der *Wandmalereien* ist eine Kombi-nation aus den ersten beiden.

Im unteren Level von *Plattform 1* befinden sich ebenfalls mehrere *Räume* und der *Große Innenhof*, der durch sein riesiges *Relief* leicht er-kennbar ist. Es handelt sich dabei um auf der Spitze stehende Qua-drate, die in der Mitte ein bedrohlich wirkendes Gesicht zeigen, mit Reißzähnen und Wellen, die aus ihm herauswachsen. Umrahmt ist das Gesicht von einem Band, das aus stark stilisierten Fischen besteht (Abb. 77). Dieses *Relief* wurde restauriert. Bemerkens-wert ist, dass die Motive der *Re-liefs* sowohl der Plattformen als auch des *Innenhofes* über die fünf Überbauungen hinweg im Wesentlichen dieselben geblie-ben sind. In einem Fall, dem auf einer Spitze stehenden Viereck mit dem Göttergesicht in der Mitte, ist das Motiv sogar iden-tisch. Viele *Reliefs* haben zudem

Abb. 77: Relief eines Göttergesichts

mit dem ›Enthaupter-Motiv‹ zu tun bzw. sind eine Variante desselben. Der ›Enthaupter‹ ist schon aus der Cupisnique-Kultur bekannt;
er hat ein Opfermesser in einer und einen abgetrennten Kopf in der
anderen Hand. Der *Große Innenhof* war teilweise nochmals in *Räume*
unterteilt, die – was der Vergleich mit anderen Ausgrabungsergebnissen nahelegt – wohl private Räume der Priester waren. Viele dieser
*Räume* sind innen ebenfalls mit farbigen *Reliefs* versehen.

Die überlebensgroßen *Reliefs* des *Platzes 1* (Abb. 78) sind teilweise
noch nicht restauriert, aber doch recht gut zu erkennen und überaus
beeindruckend: In der untersten der jeweils etwa 3 m hohen Reihen
führen einer oder mehrere Krieger je eine Gruppe von Gefangenen.
Diese sind nackt und am Hals mit einem Seil aneinander gefesselt. Die
Krieger tragen Keulen und sind an ihrer Ausstattung gut erkennbar.
Darstellungen auf Keramiken sowie Funde in der *Mondpyramide* selbst
zeigen uns, dass diese Gefangenen zur Opferung geführt wurden.
Über dem Relief der Gefangenen findet sich eine Reihe aufrecht stehender menschlicher Gestalten, die sich an den Händen halten. Ihre
üppige Ausstattung mit Ohrschmuck und Kopfbedeckungen lässt an
Priester denken. Über den Priestern findet sich eine Reihe von rie-
senhaften Spinnen (ca. 3 × 2 m). Über den Spinnen wiederum scheinen sich Fischer zu bewegen, die in seitlicher Körperhaltung dargestellt sind, und jeder von ihnen hält in jeder Hand einen Fisch. Darüber finden sich Drachen, die einen menschlichen Kopf in den
Händen halten. Über den
Reliefs kriecht eine Schlange
in Richtung der *Sonnenpyramide*. In einer Ecke des *Platzes 1* ist außerdem ein *Zeremonialkalender*, der dem in *El
Brujo* (s. S. 171) wohl sehr
ähnlich ist, entdeckt worden.
Leider ist dieser Kalender
noch nicht erforscht.

Die Frontseite der *Mondpyramide*, die der Siedlung zwischen den beiden großen
Bauwerken zugewandt war,
war rot angestrichen. Mauern mit versetzten Eingängen beschränkten jedoch den
Zugang und auch die Sicht

Abb. 78: Hauptrelief von Platz 1

auf das Heiligtum. Die Ausgrabungen seit Beginn der 1990er Jahre
ergaben, dass die *Mondpyramide* eine Opferstätte war. Geopfert wurden Menschen, aber nicht wie bei den Hinrichtungen zur Zeit unse-
res Mittelalters inmitten der Menge des Volkes, sondern abgeschie-
den, in den kleineren Räumen der oberen Plattform. Hingerichtet
wurde zudem auch nicht irgend jemand und er wurde nicht wegen
eines Vergehens getötet, sondern geopfert wurden Krieger, wahrscheinlich Angehörige der politisch-religiösen Elite, deren lebenslan-
ge Aufgabe darin bestand, sich auf die den Opferungen vorausgehen-
den rituellen Zweikämpfe vorzubereiten und zu sterben, wenn sie
denn einmal einen verloren. Geopfert wurde indes nicht aus politischer Willkür, sondern Blut musste fließen, um den Vegetationszyklus
aufrecht zu erhalten, das Einsetzen der Regenzeit in den Anden zu
sichern und damit die Fruchtbarkeit der Felder an der Küste zu garan-
tieren.

Mit dieser Ideologie hängen nach Ansicht des peruanischen Ar-
chäologen-Teams um Santiago Uceda auch die fünf Überbauungen
zusammen, wobei die ideologische Grundlage hier die Ahnenkulte
bildeten: Die Stellvertreter der Ahnen ›auf Erden‹, diejenigen, die die
Ahnen personifizierten, waren die Priester, die durch ihre Kulte den
Kontakt zu den Ahnen pflegten. Starb ein Priester, so wurde er auf
der Plattform bestattet. Es erfolgte die Überbauung, die gleichzeitig
eine rituelle Bestattung des alten Priesters und der Plattform sowie
die Erneuerung und Wiederauferstehung des Gebäudekomplexes
bedeutete. Der neue Tempel war dann Wirkungsstätte des neuen
Priesters. Zwei Priestergräber, die in der Plattform unter dem *großen
Innenhof* gefunden wurden, untermauern diese Theorie. Eine andere
Annahme geht dagegen davon aus, dass die verschiedenen Überbauungen mit mehr oder weniger regelmäßig wiederkehrenden El
Niños zu tun hatten, die nachweislich einen Teil der Überbauungen
weggeschwemmt und die Gebäude schwer beschädigt haben. Die
genauen Zusammenhänge können beim derzeitigen Wissensstand
noch nicht geklärt werden. Erst weitere Ausgrabungen können die
tatsächlichen Gründe ans Licht bringen, warum die Plattformen –
eventuell zyklisch – immer wieder überbaut wurden. Da es in den
Anden den zyklischen Glauben und den engen Zusammenhang
zwischen ›sterben müssen um geboren werden zu können‹ gibt,
wäre der Tod eines Priesters allerdings durchaus ein denkbarer
Grund, um eine neue Plattform entstehen zu lassen. Dem Umstand,
dass die Plattformen zugeschüttet wurden, verdanken wir es übrigens auch, dass noch so viele Reliefs erhalten sind.

Rituale an der *Mondpyramide*

Die Ausgrabungsergebnisse belegen also, dass die *Mondpyramide* ein Zeremonialkomplex war. Wie oben beschrieben, weisen die *Wandreliefs* darauf hin, aber noch deutlicher die Funde in einem *Raum* der *Plattform 2*, der als *Platz 3C* bezeichnet ist. In diesem *Raum* fand ein kanadischer Archäologe nicht weniger als 70 Skelette von geopferten Männern im Alter zwischen 15 und 39 Jahren, die meisten waren ungefähr 23 Jahre alt. Die Skelette waren von ausgeschwemmtem Lehm bedeckt, was bedeutet, dass die Männer während starker Regenfälle, also während eines El Niños, starben. Untersuchungen an den Skeletten ergaben, dass die Männer wohlgenährt waren und einen sportlichen Körperbau hatten. Viele Skelette zeigten zudem verheilte Knochenbrüche, einige Brüche waren frisch. Nimmt man die Darstellungen der Reliefs und die Malereien auf den Keramiken sowie zahlreiche der figürlichen Grabkeramiken – auf die wir noch zu sprechen kommen – als Interpretationshilfe hinzu, so kann man mit hoher Wahrscheinlichkeit davon ausgehen, dass in diesem Raum Krieger bestattet wurden, die in rituellen Zweikämpfen unterlegen und im Anschluss daran geopfert worden waren.

Solche rituellen Zweikämpfe fanden unter der Aufsicht eines hohen Würdenträgers der Moche statt. Was die Krieger betrifft, so bestand ihre – ehrenhafte – Lebensaufgabe, wie oben bereits angedeutet, einzig und allein darin, sich für diese Zweikämpfe bereitzuhalten und daraufhinzutrainieren. Für die Kämpfe selbst stattete man sie mit einer sehr aufwendigen ›Rüstung‹ aus, die aus einer Art Kleid mit Gürtel, einem Rückenschmuck, einer Kopfbedeckung in Form eines Helmes mit einem Aufsatz, der einem Opfermesser nachgebildet war, einem Schild und möglicherweise einer Maske bestand (Abb. 79). Stimmen die Details der Zeichnungen auf den Gefäßen, dann waren sie außerdem im Kinnbereich tätowiert. Sehr wahrscheinlich fanden diese rituellen Zweikämpfe nicht im Tempel selbst, sondern auf einem Platz außerhalb statt. Die Unterlegenen wurden jeweils entkleidet, gefesselt und mit blutenden Nasen und einem Strick um den

Abb. 79: Moche-Krieger

Hals in die *Mondpyramide* gebracht – so zu sehen auf dem *Relief* des *Großen Platzes*. Anschließend wurden sie im Rahmen eines Rituals, von denen es mindestens fünf verschiedene gab, geopfert. Nach der Tötung der unterlegenen Krieger – etwa durch einen Schlag mit der Keule auf den Kopf oder auch mittels Durchtrennen der Halsschlagader – wurden ihre Körper zerteilt und der Verwesung überlassen.

All dies erscheint uns heute sehr grausam, war aber Teil eines Rituals, das das Überleben der Gruppe sichern sollte. De facto weist das bereits erwähnte, noch heute im Hochland der Anden durchgeführte ›Tinkuy‹ Ähnlichkeiten mit den eben beschriebenen rituellen Zweikämpfen auf. Was den Verwesungsprozess an der frischen Luft betrifft, so finden sich auch in anderen Kulturen sogenannte Luftbestattungen, bei denen der tote Körper an dafür vorgesehenen Orten den aasfressenden Vögeln überlassen wurde. Man überließ den Körper auf diese Weise der Natur oder auch den Göttern der Lüfte. In der religiösen Kunst der Moche, in der die Opferungsrituale einen zentralen Platz einnehmen, erscheinen auf den Darstellungen Geopferter entsprechend immer auch Fliegen, die auf einen Verwesungsprozess im Freien hindeuten. Wir haben es hier also ganz offensichtlich mit einem Verhältnis zum menschlichen Dasein, zum Tod und zum Körper zu tun, das sich von unserem heutigen fundamental unterscheidet.

Gewisse, wenn auch entfernte Ähnlichkeiten weisen hier die mexikanischen Kulturen auf: Bei den Azteken im Hochtal von Mexiko gab es die sogenannten Blumenkriege, bei denen zwei Krieger gegeneinander antraten. Der Unterlegene wurde anschließend durch das Herausschneiden seines Herzens mit einem Obsidianmesser getötet, wobei diese Zweikämpfe grundsätzlich auf die rituelle Opferung hinausliefen. Und auch die unterlegene Mannschaft des mesoamerikanischen rituellen Ballspiels wurde am Ende geopfert. Das Herausschneiden verschiedener Organe aus den Körpern hing in diesen Kulturen mit der Annahme zusammen, dass die unterschiedlichen Seelen jeweils an verschiedenen Stellen des Körpers beheimatet seien: Der menschliche Körper wurde gesehen als Empfänger göttlicher Kräfte, die in verschiedenen Körperteilen einbehalten und beherbergt wurden, wodurch die betreffenden Körperteile heilige Kraft erhielten. Die drei Seelen, die der aztekische Mensch hatte, saßen jeweils im Kopf (›tonalli‹), im Herz (›teyolia‹) und in der Leber (›ihiyotl‹). Durch das Herausschneiden oder Herausreißen des Herzens verwandelte sich ›teyolia‹ daher in einen Vogel, flog zurück zum Sonnengott und vermehrte dadurch seine Kraft. Das menschliche Herz diente also als Nahrung für die Götter. Leider kennen wir solche genauen Beschreibungen für die Moche-Religion nicht, da sie wesentlich (1000 Jahre) älter ist und nicht, wie die Azteken, in Kontakt mit den Spaniern kam, deren Missionare dann häufig Berichte über die indianische Religion schrieben, was wir auch bei den Inka noch sehen werden.

Das *Linden-Museum* Stuttgart zählt eine umfangreiche Moche-Sammlung zu seinen wertvollen Beständen. Insbesondere einige Objekte aus Tumbaga, zwei Masken und ein Fuchskopf, gewinnen mit den fortschreitenden Ausgrabungen an der *Mondpyramide* enorm an Bedeutung: Aus einem alten Briefwechsel geht hervor, dass diese Gold-Kupferobjekte 1911 von einem peruanischen Architekten aus der *Mondpyramide* ›ausgegraben‹ wurden. Seinen gesamten Fund, der auch Keramiken, einen Schädel sowie weitere Metallobjekte umfasste, bot er daraufhin zum Kauf an. Nach einiger Zeit konnte ein Kaufmann aus Bad Cannstatt, Carl Sutorius, der eine Handelsniederlassung in Lima hatte, diesen Fund erwerben, wobei bis heute nicht geklärt werden konnte, ob er alles gekauft hat oder nur die Gold-Kupferobjekte. Einige Jahre später schenkte er seine komplette Sammlung, unter der sich auch weltberühmte Moche-Keramiken befinden, dem damals neu erbauten und 1911 eröffneten *Linden-Museum*. Die Masken und der Fuchskopf sind die einzigen Metallfunde von Bedeutung, die bislang in der *Pyramide* gemacht wurden. Sie sind, der Keramik nach zu schließen, in die frühe Moche-Periode, also wahrscheinlich in die erste oder zweite Überbauungsphase zu datieren. Um ein genaueres Datum zu erhalten, muss man die Ausgrabungen der unteren beiden Plattformen abwarten. Wahrscheinlich handelt es sich bei den Objekten um Grabbeigaben für einen Priester, einen sehr hoch- wenn nicht höchstrangigen, der nach seinem Tod in der Plattform bestattet wurde, woraufhin diese dann mit seinem Leichnam rituell beerdigt und überbaut wurde.

## *El Brujo* – die Pyramide des ›Hexers‹

Im Chicama-Tal nahe der pazifischen Küste liegt *El Brujo*. Der Zeremonialkomplex besteht aus zwei Pyramiden, von denen die eine *Huaca Cortada*, die andere *Huaca Cão Viejo* genannt wird. Die letztere könnte man nach den Ausgrabungsergebnissen der letzten zehn Jahre nunmehr die ›kleine Schwester‹ der *Mondpyramide* nennen: Die Struktur ist nahezu identisch, die Reliefs der Hauptpyramide sind ebenfalls dieselben und glücklicherweise auch noch besser erhalten (Abb. 80). So zeigt etwa *Relief A* wie in der *Mondpyramide* Krieger im

Festornat, die Gefangene zur Opferung führen. Die Plattform (im Gegensatz zur wesentlich größeren *Mondpyramide* hat *Cão Viejo* nur eine) wurde in sechs Überbauungsphasen errichtet. Die Reste der ältesten *Reliefs* (A) sind sehr wahrscheinlich in die Frühzeit der Moche-Kultur zu datieren, das *Relief B* in eine Überbauung danach und die opulenten, figürlichen *Reliefs* der letzten Überbauung (C, D, E, F, G, H) in den Zeitraum des 5.–7. Jh. n. Chr. Ende des 7. Jh. wurde *Cão Viejo* aufgegeben, vermutlich nach einem schweren, sogenannten Mega-El Niño, der uns später noch beschäftigen wird.

## Die *Reliefs* des *Kleinen Tempels*: Ein Ritualkalender?

In einer Ecke der Plattform von *Cão Viejo* befindet sich der Rest des *Kleinen Tempels* mit einem sehr komplexen *Relief*, das möglicherweise ein Ritualkalender ist. (Ein ähnliches *Relief* fand man im Jahre 2006 auch in der *Mondpyramide*; leider ist es jedoch noch nicht publiziert.) Das auf einer Wand des *Tempels* sichtbare *Relief* (F) zeigt mehrere Reihen mit kleinen Szenen ritueller Zweikämpfe von Kriegern, die die klassische Ritualkleidung tragen: Kleid mit Gürtel, helmartige Kopfbedeckung mit Federschmuck oder opfermesserartigem Aufsatz, Spiegel und Rückenschmuck, ebenfalls in Form eines Opfermessers. Den eigentlichen Ritualkalender bilden allerdings die Vorderseiten des *Kleinen Tempels*: das *Relief E*. Auf den ersten Blick sehr verwirrend, lässt es sich in einzelne Bildsegmente zerlegen, die das Verständnis erleichtern. Trotz der enormen Zerstörung, eine Wand verlor ungefähr 70 % des Reliefs, die andere ungefähr 30 %, lassen sich auf diese

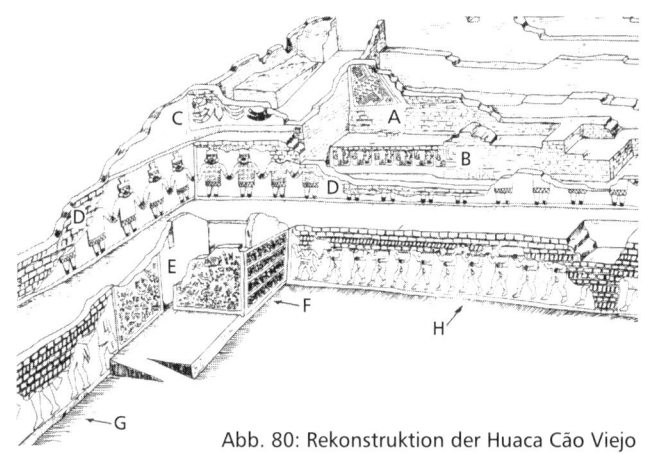

Abb. 80: Rekonstruktion der Huaca Cão Viejo

Weise sieben Themen ausmachen. Für deren Deutung folgen wir den Ausführungen des Ausgräbers der Pyramide von *Cão Viejo*, Regulo Franco, der aus der andinen Mythologie, wie sie aus der Inka- und frühen Kolonialzeit überliefert ist, Vorschläge zur Interpretation der Motive entwickelte:

Das erste Thema nennt Franco »Der Ursprung und die Konstellationen« (Abb. 81a). Die Figur mit der eiförmigen Umrandung interpretiert er dahingehend als Schöpfergott, der vom ›kosmischen Ei‹ umgeben ist. Das ›kosmische Ei‹ kommt in vielen Mythen des Andenraumes vor und steht immer in Zusammenhang mit der Entstehung der Welt. Der Stern über dem Kopf der Figur ist ein Gestirn, das ebenfalls mit der Schöpfung, dem Ursprung der Dinge, in Verbindung steht. Die fünf noch sichtbaren Sterne – ursprünglich waren es wohl sieben – stellen die Pleia-

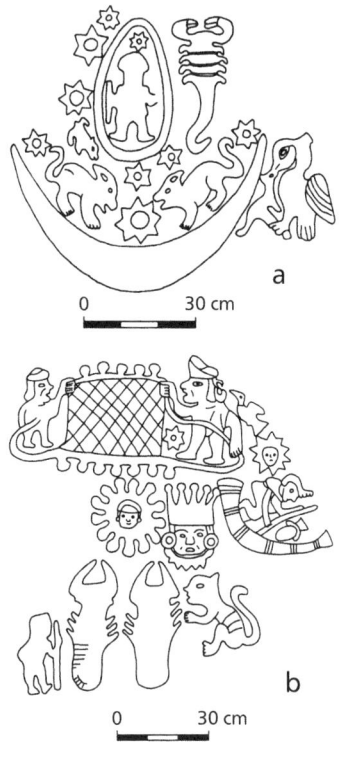

a

0        30 cm

den dar, die in der südlichen Hemisphäre zwischen Juni und November sehr gut sichtbar und dadurch gut für einen Agrarkalender zu gebrauchen sind, denn Ende November setzt im Hochland in der Regel die Regenzeit ein. Rechts neben der Figur ist ein Skorpion zu erkennen. Der Schwanz des Skorpions ist nun ebenfalls ein Sternbild, das immer zusammen mit den Pleiaden, dem Kreuz des Südens und der Venus auftritt; auch dieses steht in Zusammenhang mit dem Einsetzen der Regenzeit. Am unteren Ende des ersten Bildthemas stehen zwei Füchse auf einem Halbmond, den Franco als ›abnehmenden‹ Mond deutet; den ganzen Komplex bezeichnet man üblicherweise als ›Tier im Mond‹ oder auch als ›Mondtier‹, das auch eine andere Ausdrucksform annehmen kann – so erscheint es teilweise als Jagu-

b

0        30 cm

Abb. 81: Szenen a und b

ar-Schlange – und für die Veränderung steht, der der Mond ständig unterliegt: dem Untergehen und Wiedererstehen, also dem Mondzyklus, der symbolisch für den Agrarzyklus steht.

Das zweite Thema (Abb. 81b) nennt Franco »Die die Nahrungsgrundlage durch Feldbau und Fischfang produzierenden Ahnen«. Man erkennt eine Szene, in der Fischfang mit dem Netz betrieben wird, und eine weitere, kleine, in der ein Fischer auf seinem Boot sitzt, neben ihm eine Keramik, als Opfergabe. Vielleicht steht die zweite Szene auch für Navigation. Die Sterne deuten an, dass es sich auch hier um einen Hinweis auf die Pleiaden handeln könnte, deren Erscheinen nicht nur das agrarische Jahr in Gang setzt, sondern auch eine besonders ergiebige Periode des Fischfangs ankündigt. Die zwei zwischen der buckligen Figur mit dem Stab und dem Jaguar angesiedelten Tiere interpretiert Franco als Spinnen, die sich auf den Herrscher, der nur durch ein ›gekröntes Haupt‹ repräsentiert wird, zubewegen. Spinnen sind schon seit der Cupisnique-Kultur in der religiösen Kunst vertreten. Sie stehen für unterschiedliche Dinge, am häufigsten finden sie sich jedoch im Zusammenhang mit Fruchtbarkeitsritualen. Sie wurden, folgt man alten Mythen, auch zur Weissagung in Bezug auf Regen verwendet. Bis heute deutet man in manchen Regionen des Hochlandes das Erscheinen von bestimmten Spinnenarten als Vorboten für Regen.

Das dritte Thema (Abb. 81c) ist das der »Fruchtbarkeit bringenden Gottheiten und mythischen Ahnen«. Rechts oben im Bild ist eine Frau zu sehen, die zwei Stäbe in den Händen hält, die wiederum auch von jeweils einem Mann gehalten werden. Es könnte sich hier um eine Anlehnung an den Stabgott handeln oder auch um eine Opferungsszene, wie wir sie von einigen Keramiken kennen, die das künf-

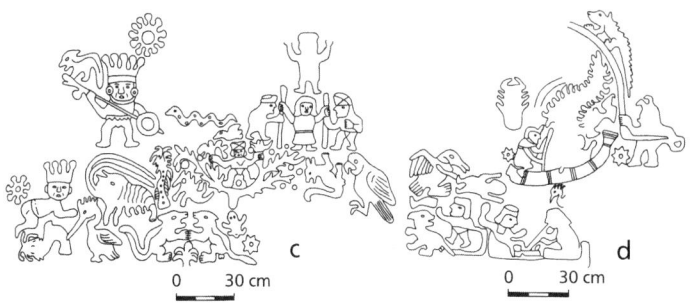

Abb. 81: Szenen c und d

tige Opfer an zwei Pfähle gebunden zeigen. Darunter befindet sich ein Papagei und ein männlicher Fuchs; neben ihnen ein Ahne, der in einem Obstbaum zu stehen scheint. Franco nimmt an, dass es der Lúcuma-Baum sein könnte. Die Früchte dieses Baums sind sehr aromatisch. Sie sind häufig auf Moche-Keramiken zu sehen. Der Baum könnte ein Symbol für die Fruchtbarkeit der Vegetation sein, er könnte jedoch auch ein ›Lebensbaum‹ sein, der die Verbindung zwischen der hiesigen und der Ahnenwelt herstellt. Im Zentrum des Reliefabschnitts befinden sich zwei Füchse, die sich gegenüber stehen. In der linken Bildhälfte sieht man zwei Menschen, die Kronen tragen, jeweils begleitet von einem Tier. Bei diesem Bildfragment ist eine verlässliche Deutung besonders problematisch, da ein großer Teil fehlt. Das Ganze scheint mit einem Fruchtbarkeitsritual in Zusammenhang zu stehen, das für eine üppige Vegetation abgehalten wurde.

Das vierte Thema (Abb. 81d) nennt Franco »Die Riten, die das häusliche Leben begünstigen«. Links unten scheint ein Vogelwesen einen Menschen zu töten, was an die Opferpriester der Moche denken lässt, die häufig Vogelmasken und Vogelkostüme trugen. Darunter läuft ein Mann, dem ein Arm abgeschlagen wurde, aus dem ein Blutstrom entspringt, begleitet von einem männlichen Vierbeiner. Neben ihm sitzen sich zwei Personen gegenüber, eine scheint etwas auszusaugen oder auf etwas zu blasen, eventuell auf einer Trompete, wie wir sie aus Museumssammlungen kennen. Über ihnen befindet sich ein Boot, in dem ein Mann sitzt, der paddelt. An seinem Rücken klebt ein Stern. Rechts daneben scheint eine menschliche Gestalt mit ›Hörnern‹, die stilisierte Keulenköpfe sein können, das eine Ende eines Bogens festzuhalten, auf dem eine Eidechse kriecht, möglicherweise handelt es sich dabei um einen Ausschnitt aus dem Bandritual. Regulo Franco geht davon aus, dass das Vogelwesen bereits am Kadaver eines toten Menschen frisst, was durchaus glaubhaft ist – man denke an die Opferungen in der *Mondpyramide*, nach denen die toten

Abb. 81: Szene e

Körper im Freien liegen gelassen wurden. Die Szene mit den beiden sich gegenübersitzenden Personen interpretiert er als schamanisches Ritual, denn Schamanen heilen häufig durch Aussaugen böser Kräfte oder Geister. Der Bogen könnte der Nachthimmel sein. Franco sieht die einzelnen Elemente kombiniert zu einem Dankesritual im Anschluss an die Ernte.

Im nächsten, dem fünften Thema (Abb. 81e) stehen sich zwei Krieger oder Kämpfer gegenüber, ein Vogel oder eine Eule flattert über ihnen. Ein männlicher Jaguar scheint anzugreifen, über ihm steht ein Stern mit einem Gesicht darin. Links neben dem Jaguar steht eine gekrönte Person mit einer Kriegskeule in der einen und einem Schild in der anderen Hand. Neben ihr sieht man ebenfalls einen Stern. Franco nennt das Thema »Die menschliche Konfrontation: Agrarritus und Ritual des Übergangs«. Seiner Ansicht nach handelt es sich dabei um eine Darstellung der rituellen Zweikämpfe anlässlich der Sommer- und Wintersonnenwende.

Das sechste Thema (Abb. 81f), »Die Opfergaben an den mythischen Ahnen«, zeigt einen Mann mit einer Art Rucksack, wahrscheinlich ein geschlungenes Tuch, wie es heute noch getragen wird, der an einem langen Band einen Hirsch hält. Über ihm steht eine gekrönte Person mit denselben Attributen wie in der Szene zuvor, die ebenso wie der ›Rucksack-träger‹ von einem Tier begleitet wird. Über der Szene steht wieder der Stern mit dem Gesicht in der Mitte. Es könnte sich hier um die Abbildung einer rituellen Hirschjagd handeln, wie sie auch auf den Keramiken der Moche zu finden ist. Möglicherweise galt diese Jagd als Ersatz für Menschenopfer oder sie war einfach ein ganz anderes Ritual, das zu einer anderen Gelegenheit durchgeführt wurde.

Das siebte und letzte Thema (Abb. 81g), »Der Kult um die Ahnen und die mythische Person«, ist wieder um die zentrale Figur mit der Krone, der Keule und dem

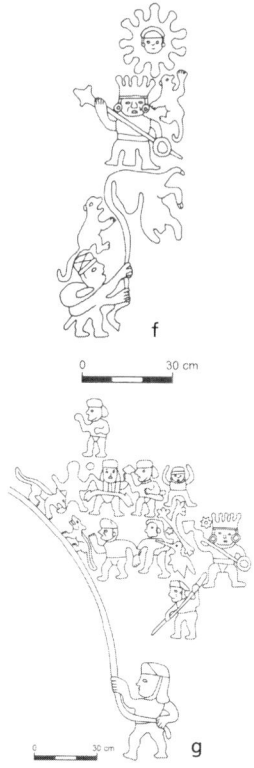

Abb. 81: Szenen f und g

Schild aufgebaut, die ganz rechts im Bild steht. Am unteren Rand des Bildes steht eine Person, die wie schon in der vierten Szene das Ende eines Regenbogens oder des Himmels hält, auf dem zwei Füchse stehen. Ein unterlegener Krieger wird schon am Arm gefasst und abgeführt, über ihm liegen rechts und links bereits tote Menschen. Zwischen den Toten steht eine Figur mit einem Schlangengürtel, die von einer Person, die rechts von ihr steht, am Arm gepackt wird. Franco deutet die Szene als Ritual, das dem Niedergang geweiht ist, dem Niedergang, der notwendig ist, damit etwas Neues entstehen kann. Es könnte durchgeführt worden sein, wenn die Plejaden langsam wieder verschwanden, die Tage kürzer wurden und der Herbst eintrat.

Die hier nur sehr skizzenhaft vorgestellte Interpretation des *Reliefs E* ist faszinierend und sicher nicht von der Hand zu weisen, da sie die andine Mythologie als Deutungshilfe heranzieht. Zahlreiche Mythen aus der Inka-Zeit berichten von Ritualen, die anlässlich bestimmter Sonnenstände oder Sternenkonstellationen durchgeführt wurden. Auffallend ist in diesem Kontext vor allem die immer wieder dargestellte zentrale Figur mit der Krone. Damit könnte ein mythischer Ahne, eine Gottheit, aber auch ein sakraler Herrscher gemeint sein, der die Ausführung der Rituale überwachte und für sie verantwortlich war. Dass bestimmte Personen bzw. ihre Funktion in der Gesellschaft der Moche zentral waren, werden wir vor allem in *Sipán* kennenlernen.

Bemerkenswert ist hier auch die Tatsache, dass die lebensgroßen *Reliefs*, die sich an den Innenwänden der *großen Plätze* der *Mondpyramide* und der *Pyramide Cão Viejo* finden, identisch sind. Beide Pyramiden waren offensichtlich Ritualplätze und der Ablauf der Rituale wurde an den Wänden skizziert.

## Die ›Señora de Cão‹

Ein besonderer Fund war den Archäologen vergönnt, die die *Pyramide* von *Cão Viejo* ausgruben: Im Jahre 2006 fanden sie die vollständig erhaltene Mumie einer hohen Würdenträgerin der Moche-Kultur, datiert auf 450 n.Chr. Die ›Señora de Cão‹, wie sie genannt wird, war ungefähr 30 Jahre alt und hatte mindestens ein Kind geboren. Ihre Haut war tätowiert, ihre Haare zu zwei Zöpfen geflochten. Als Beigaben hatte man ihr eine goldene Krone mit einem Raubkatzenkopf, eine mit Gold überzogene große Keule, aufwendigen Ohr- und Nasenschmuck, eine Halskette aus kleinen goldenen Gesichtern, einen kleinen, hölzernen Wächter mit einer goldenen Krone und vieles andere mitgegeben. Neben dem Grab der Priesterin fand man eine hölzerne Skulptur, die eine Wächterfunktion gehabt haben könnte. Sie ist annähernd lebensgroß und von zwei sogenannten ›Mondtieren‹ gekrönt. Leider steht die Veröffentlichung des kompletten Fundes noch aus, ebenso wie die wissenschaftliche Analyse. Im *Besucherzentrum* ist eine Replik des Grabes und der Grabbeigaben ausgestellt.

Dass Frauen bei den Moche sehr hohe Ämter innehaben konnten, ist spätestens seit *Sipán* bekannt. Sicher kamen sie aus adligen Familien oder sogar aus dem unmittelbaren Umfeld eines Herrschers. Möglicherweise konnte eine Frau sogar die Herrscherin eines der Fürstenhöfe sein. Einen Hinweis darauf geben die Wandmalereien von *Pañamarca*, auf denen eine Priesterin in vollem Ornat während eines Rituals abgebildet ist. Ein weiteres aufsehenerregendes Grab einer Priesterin fand man in *San José de Moro*.

# Die Priesterinnen von *Pañamarca* und *San José de Moro*

*Pañamarca* ist eine größere Tempelanlage im Nepeña-Tal, die vor allem wegen ihrer spektakulären mehrfarbigen Wandmalereien bekannt wurde. Leider sind diese Malereien nur noch bruchstückhaft erhalten (Abb. 82). Das zentrale Motiv scheint eine Priesterin gewesen zu sein, die einer religiösen Prozession voranschreitet. Sie trägt einen aufwendigen Kopfschmuck, der sich deutlich vom Kopfschmuck eines männlichen Priesters unterscheidet: Wie bei allen weiblichen Priestern ist ein breites Band um ihren Kopf geschlungen, an dem ein langer Rückenschmuck befestigt ist. In der Hand hält sie einen Becher, wie er für die Darbietung von Opferblut verwendet wurde. Ihr

Abb. 82: Relief von Pañamarca mit der Priesterin auf der linken Seite

folgen zwei Gestalten, die Opferpriester sein könnten. Auch sie halten Gefäße in der Hand. Hinter den beiden Opferpriestern sitzen nackte Gefangene mit einem Strick um den Hals, der als Schlange dargestellt ist. Hinter dem oberen Gefangenen findet ein ritueller Zweikampf statt. Am unteren rechten Rand kriecht eine Schlange, sicher ein mythisches Wesen.

Leider erscheint ein Besuch in *Pañamarca* heute wenig sinnvoll, da die Pyramide stark mit Sand zugeschüttet, nicht restauriert und gar nicht oder nur sehr schwer zugänglich ist. Die mehrfarbigen Fresken sind nicht zu sehen.

*San José de Moro* ist eine ausgedehnte Siedlung im Jequetepeque-Tal, im Norden des Moche-Gebietes. 1991 entdeckte man bei einer Ausgrabung im Zentrum der Stätte, wo man Ritualplätze und Pyramiden vermutete, drei sehr große Gräber, in denen man die Überreste von zwei Priesterinnen und einer weiteren Frau, deren Funktion nicht klar ist, fand. Die drei bestatteten Personen lagen ausgestreckt auf dem Rücken, umgeben von Lamaskeletten, aber auch von Skeletten geopferter Diener: Begleiter in den Tod und das Jenseits. Hunderte von Goldobjekten, Opfermessern, Keramiken, Lanzenspitzen, Sandalen und Masken lagen in dem Grab, zusammen mit Halsketten und Armbändern aus Muscheln, Türkis und Lapislazuli.

Eines der drei Gräber hob sich durch seine üppige Ausstattung nochmals von den anderen beiden ab: Es war das Grab einer offensichtlich sehr hochrangigen Frau der Moche-Gesellschaft; ihre Ausstattung weist sie eindeutig als bedeutende Priesterin aus. Eine Zeit lang fragten sich die Archäologen, ob sie ›zufällig‹, das heißt, durch eine Erbschaft in diese Position kam oder ob die ›Hohepriesterin‹ eine institutionalisierte Persönlichkeit in der politisch-religiösen Elite der Moche-Gesellschaft war. Diese Frage beantworteten zwei Entdeckungen: Die erste war die eines weiteren Grabes, das im Jahre 1992 in derselben Nekropole geborgen werden konnte. Auch hier war eine Frau bestattet, allerdings eine deutlich jüngere, deren Insignien sie ebenfalls als Priesterin auswiesen. Die zweite Entdeckung hängt mit der Entschlüsselung der Keramikmalereien und da insbesondere der sogenannten ›Opferzeremonie‹, die ein zentrales Motiv darstellt, zusammen: In dieser ›Opferzeremonie‹ wurden, wie wir später sehen werden (s. S. 186), die bedeutendsten Persönlichkeiten der politisch-religiösen Elite zur Durchführung eines Opferrituals vereint. Die Keramiken zeigen nun aber grundsätzlich auch zwei weibliche Priester als festen Bestandteil dieses Rituals, woraus zu schließen ist, dass das Amt der Priesterin nur von einer Frau bekleidet werden konnte und es somit keine Ausnahme darstellt, eine Frau in dieser Funktion zu sehen.

## Das Fürstengrab von *Sipán*

Im Jahre 1987 machte der peruanische Archäologe Walter Alva eine sensationelle Entdeckung: Er fand die im Lambayeqe-Tal gelegene *Nekropole von Sipán*, die annähernd 200 Objekte aus Gold und Silber enthielt, darüber hinaus sehr wertvolle Pektorale aus Muscheln sowie feinste Arbeiten aus Grünstein und Gold. Es war, wie bereits bemerkt, der größte Hortfund an Goldobjekten nach der Entdeckung des Grabes von Tut-Ench-Amun in Ägypten. Allerdings war es de facto nicht Walter Alva, der das Grab ›entdeckte‹, sondern einmal mehr die Grabräuber, die schon das erste Grab geplündert hatten, als sie in Streit gerieten. Auf den Streit folgte Verrat und einer der Beteiligten brachte eines der gefundenen Objekte zur Polizei. Der diensthabende Polizist erkannte die Bedeutung des Fundes und rief sofort den Archäologen herbei. Walter Alva wiederum erkannte auf den ersten Blick, dass ein derart wertvolles Objekt nur aus einem Fürstengrab stammen konnte, und ließ sich die Stelle zeigen. Nur unter schärfster Bewachung konnte das Archäologen-Team im Laufe der nächsten Monate und Jahre die *Nekropole von Sipán* bergen.

Es stellte sich sehr bald heraus, dass *Sipán* nicht nur ein einzelnes Fürstengrab war, sondern eine *Nekropole*, in der die Fürsten oder Könige einer Dynastie über Jahrzehnte und Jahrhunderte hinweg bestattet wurden (Abb. 83). Bis heute fand man zwölf Gräber, deren Inhalt die Erkenntnisse über die Moche-Kultur revolutionierte. Insbesondere die Interpretation der Malereien auf den Keramiken ging von nun an neue Wege, da man erkannte, dass die Figuren auf den Tongefäßen nicht Mythen wiedergeben, sondern Zeremonien, die wirklich stattgefunden haben, denn die Ausstattung der Protagonisten auf den Keramiken ist iden-

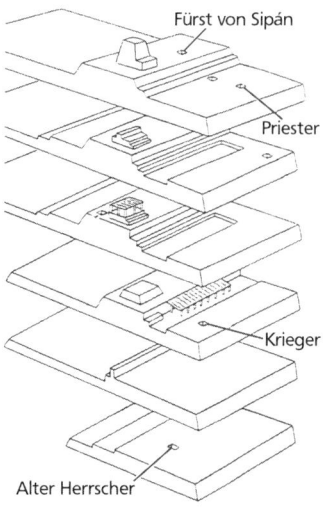

Abb. 83: Die Nekropole von Sipán

Fürst von Sipán

Priester

Krieger

Alter Herrscher

tisch mit der der in *Sipán* bestatteten Fürsten oder Könige. Die zwölf Gräber waren in insgesamt sechs *Plattformen* verborgen, die, wie bei den anderen Pyramiden, durch Überbauungen entstanden waren.

Man kann die bis dato entdeckten Gräber in vier große Kategorien einteilen: in Herrscher-, Priester- und Feldherrengräber sowie schließlich in Gräber ihrer nachrangigen Helfer, was die Grabbeigaben sowie die Ausstattungen der Verstorbenen mit ihren Prunkgewändern, Kriegsrüstungen oder ihrem Priesterornat nahelegen. Hinzu kommt die räumliche Anordnung der Gräber: In der nördlichen Ecke der *Bestattungsplattform* lagen die politischen oder militärischen Anführer, die mit dem Herrscher von Sipán in Beziehung standen; in der südlichen Ecke fand man die Gräber der Priester.

Am reichsten ausgestattet waren die Gräber 1, 2 und 3. Der bestattete Herrscher aus Grab 1 wurde als der ›Fürst von Sipán‹ berühmt; er muss zu Lebzeiten eine bedeutende Person mit überregionalem Einfluss gewesen sein. In Grab 2 fand man den ›Priester‹ und in Grab 3 den ›Alten Fürsten von Sipán‹. Betrachtet man die Anzahl und Qualität der Grabbeigaben (Gold- und Silberschmuck, Waffen, Keramik) und die Anzahl der Begleiter, die ihnen in den Tod mitgegeben wurden – bis zu acht –, so handelt es sich bei diesen drei Personen unstreitig um die bedeutendsten ›Toten‹ der *Nekropole*. Sie stellten also die oberste Schicht innerhalb des Herrscherclans.

## Der ›Fürst von Sipán‹

Der ›Fürst von Sipán‹ (Abb. 84) war zum Zeitpunkt seines Todes zwischen 35 und 45 Jahre alt, wobei Datierungen von organischem Material der Grabbeigaben für seinen Tod einen Zeitraum von 275 n. Chr. ± 25 Jahre ergaben. Er war eines natürlichen Todes gestorben, aber offensichtlich unerwartet, was die vergleichsweise schlechte Qualität der ihm ins Grab mitgegebenen Keramik nahelegt: Sie war ›auf die Schnelle‹ hergestellt worden. Der ›Fürst‹ war 1,66 m groß und damit erkennbar größer als seine Zeitgenossen. Seine Zähne waren besser erhalten als die einfacher Leute, was auf eine bessere und auch besser zubereitete Nahrung schließen lässt. Ein stark abgeflachter Hinterkopf deutet auf eine Schädeldeformation hin. Die gefundenen Grabbeigaben spiegeln sein Leben wieder. So wurde bei ihm sein persönlicher Ornat, der ihn als Krieger, Opferpriester, Herrscher und vielleicht sogar als Jäger ausweist, gefunden; die verwendeten Materialien – etliche Kombinationen aus Gold und Silber (wie etwa die berühmte Erdnusshalskette oder seine Steißschutzen) – sowie das Vorhandensein einiger mit dem Jenseits in Verbindung stehender

Tiergottheiten weisen auf seine transzendentalen Verbindungen hin: Gold-Silber-Kombinationen stehen für die Dualität.

Der Sarg des ›Fürsten‹ bestand aus mit Kupferdrähten verbundenen Brettern – eine bis dato unbekannte Form der Bestattung –, wobei sein Körper in Nord-Süd-Richtung gebettet war, also die rechte Körperhälfte in Richtung der aufgehenden, die linke in Richtung der untergehenden Sonne. Sein Sarg befand sich wiederum in einer riesigen Grabkammer, in der auch die Begleiter und Begleiterinnen des ›Fürsten‹ sowie geopferte Tiere lagen. Die Kammer selbst war mit Baumstämmen aus Algarrobo-Holz abgedeckt. Leider verwitterte das Holz mit der Zeit, die Decke stürzte ein, zerschmetterte die Skelette und zerdrückte einige der metallenen Grabbeigaben.

Da die Funde im Einzelnen bereits veröffentlicht sind (Alva, 2000), soll hier auf eine Auflistung oder gar Beschreibung verzichtet werden. Der interessierte Leser sei daher auf die erwähnte Publikation verwiesen. Was die gefundenen Objekte für die Forschung insgesamt so spektakulär macht, ist die Tatsache, dass einige von ihnen den ›Fürsten‹ in seiner Tätigkeit als Opferpriester zeigen. So war es für die Aufschlüsselung des rituellen Lebens der Moche-Kultur (und auch anderer Kulturen) außerordentlich aufschlussreich, dass die Gesamtausstattung des ›Fürsten von Sipán‹ identisch mit der der

Abb. 84: Rekonstruktion des Fürstengrabes von Sipán

höchsten Gottheit war, die auf den bemalten Keramiken abgebildet ist (s. S. 186). Die Existenz dieser Beigaben ist damit der Beleg dafür, dass es sich bei den Darstellungen auf den Keramiken nicht um Phantasieprodukte, sondern um die Abbildung realer Opferrituale handelt, die tatsächlich zum rituellen Leben der Moche gehörten: Die Ausführenden existierten wirklich.

Primär ist die Ausstattung des ›Fürsten von Sipán‹ die eines Kriegers: Die berühmte Schmuckscheibe eines seiner Ohrpflöcke zeigt ihn in Miniatur – stehend, mit einem Schild in der einen und einer Keule in der anderen Hand. Zwei Krieger, einer rechts, einer links, begleiten ihn. Einer der Krieger hält eine Schleuder in der Hand, der ›Fürst‹ selbst trägt auf der Abbildung zwei Gürtelschellen, die auch in Originalgröße gefunden wurden. Sein Schmuck besteht aus einer Halskette aus Eulenköpfen, zwei riesigen Scheiben in den Ohrläppchen und einem opulenten Nasenschmuck. Auf dem Kopf trägt er eine Kappe, in der ein großes, halbmondförmiges Opfermesser steckt. Rechts und links davon zeigt die Darstellung das Treppenmotiv.

Was die Stellung des ›Fürsten‹ als Gottheit oder auch als Opferpriester betrifft, so ist hier das Szeptermesser mit dem goldenen Aufsatz, der einer auf dem Kopf stehenden Pyramide ähnelt, am aufschlussreichsten. Auf ihm ist der ›Fürst‹ bei der Vorbereitung bzw. dem Vollzug von Menschenopfern abgebildet. So zeigt es unter anderem, wie er dem vor ihm sitzenden Gefangenen eine hölzerne Keule ins Gesicht schlägt. Handlungen wie diese werden uns im Folgenden wiederbegegnen, wenn es um die Beschreibung der bemalten Keramik geht. Meist war das blutig Schlagen der Nase dabei nur der erste Schritt. Anschließend wurde die Halsschlagader mit einem ebensolchen Szeptermesser durchtrennt; in einigen anderen Fällen erschlug man die zu Opfernden auch mit der Keule.

Die Begleiter des ›Fürsten‹ starben sämtlich einen gewaltsamen Tod. Die vier Begleiterinnen waren allerdings offensichtlich bereits früher zu Tode gekommen und exhumiert worden um im Grab des Fürsten erneut beigesetzt zu werden, denn ihre Körper wurden in totem Zustand bewegt, was einige Verletzungen beweisen. Einem der Soldaten hatte man den linken Fuß abgeschnitten, vermutlich um ihn am Weglaufen zu hindern: ein Zeichen dafür, wie konkret man sich das Jenseits vorstellte.

## Das Grab des ›Priesters‹

Während der Ausgrabungsarbeiten entdeckte man in unmittelbarer Nähe des ›Fürstengrabes‹ ein weiteres opulent ausgestattetes Grab, das man wegen eines darin gefundenen goldenen Kelches als Priestergrab identifizierte: Man zog diesen Schluss aufgrund der Darstellungen der Opferzeremonie, wo es häufig der Priester ist, der dem höchsten Gott den mit Blut gefüllten Kelch reicht. Insgesamt waren die Grabbeigaben des ›Priesters‹ weniger aufwendig als die des ›Fürsten‹, wenn auch ähnlich: Auch hier fanden sich Steißschutze, Halsketten, Schmuckscheiben für Ohrläppchen und ein ausladender Kopfputz, der eine Eule mit ausgebreiteten Schwingen darstellt. Was in dem Grab des ›Priesters‹ allerdings fehlte, waren Angriffswaffen.

## Das Grab des ›Alten Herrschers‹

Die Ausgrabungen und Analysen am Grab des ›Alten Herrschers‹ ergaben, dass der hier Bestattete ungefähr 100 Jahre vor dem ›Fürsten von Sipán‹ gelebt hatte. Er war mit ungefähr 1,60 m etwas kleiner, war aber dafür älter geworden: 45–55 Jahre alt. Seine Grabbeigaben sind denen des ›Fürsten‹ teilweise ähnlich, beispielsweise was die Darstellung des ›Enthaupters‹ betrifft, möglicherweise die höchste Gottheit der Moche, die in der Regel mit gefletschten Zähnen, einem faltigen Gesicht sowie einem Opfermesser in der einen und einem abgeschnittenen menschlichen Kopf in der anderen Hand dargestellt ist. Wir finden dieses Motiv sowohl an den Gürtelrasseln des ›Fürsten‹ als auch an denen des ›Alten Herrschers‹. Andere Gottheiten kommen dagegen nur im Grab des ›Alten Herrschers‹ vor wie etwa die ›Krabbengottheit‹ oder der ›Gott mit den Tintenfisch-Fangarmen‹. In beiden Gräbern fanden sich Reste der Ulluchu-Frucht, die hier erstmals botanisch fassbar wurde. Sie konnte als ›Carida Candicans‹ bestimmt werden, eine peruanische Melonenfrucht (nicht zu verwechseln mit ›Ullucu‹, ohne h, einer nahrhaften Knollenfrucht). Warum sie bei den Ritualen von derart großer Bedeutung war, ist noch nicht ganz klar. Es wird vermutet, dass ihr Genuss die Blutgerinnung hemmt.

## Fragen zum ›Fürsten von Sipán‹

Gab der Fund der *Nekropole von Sipán* auch Aufschluss über zahlreiche Fragen, so bleiben doch einige unbeantwortet. Eine davon ist die nach den Gräbern, die nicht gefunden wurden: den Gräbern der Fürsten, die zwischen dem ›Alten Herrscher‹ und dem ›Fürst von Sipán‹ gelebt und geherrscht haben. Auch ist die rituelle Stellung der beiden ›Fürsten‹ nicht ganz klar. Meistens wird im Zusammenhang mit ihnen von der ›Gottheit mit dem Strahlenkranz‹, also der höchsten Gottheit gesprochen, aber zahlreiche Darstellungen zeigen die ›Fürsten‹ auch mit Attributen der zweithöchsten, der Gottheit ›B‹. Zudem stehen noch weitere DNA-Analysen aus, die die Verwandtschaftsbeziehungen zwischen den bestatteten Personen erklären. Hervorragend gelungen ist das *Museum Tumbas Reales* in dem die Originalobjekte zu besichtigen sind.

# Moche-Keramik – eine ›Bibliothek‹ aus Ton

In den Sammlungen verschiedener Museen in Peru und weltweit (Japan, West- und Osteuropa) sowie in unzähligen Privatsammlungen befinden sich geschätzte 150 000 Keramiken der Moche-Kultur. Auf den ersten Blick bieten diese eine unglaubliche Vielfalt an Motiven, aber der zweite Blick korrigiert diesen Eindruck: Die Anzahl der Motive ist in der Tat sehr begrenzt und sie sind sämtlich Teil eines religiösen Kanons, der eine noch nicht genau bekannte Menge von Themen umfasst und diese in Variationen zum Ausdruck bringt.

Grundsätzlich lässt sich die Moche-Keramik in zwei Kategorien einteilen: in die runden, bemalten und in die figürlichen Gefäße, wobei die bemalten Gefäße, wie einige Forscher erst vor fünfzehn Jahren entdeckten, der Schlüssel zum Verständnis des gesamten Bestandes sind.

## Was erzählen uns die bemalten Gefäße?

Der entscheidende Schritt bei der Entschlüsselung der Malereien auf den Keramiken bestand darin, die dargestellten Szenen nicht als statisch und ihre Hauptdarsteller als ›abgebildet‹ zu betrachten, sondern sie als Handlungen zu sehen und ihre Hauptdarsteller als die zentralen Akteure. Der nächste Schritt bestand dann darin, verschiedene Szenen nicht mehr isoliert zu begreifen, sondern in Zusammenhang zueinander zu bringen und daraus eine Szenenfolge, eine Art ›Mini-Film‹, zu erstellen. Noch weiter führte schließlich die Erkenntnis, dass sich die Szenen sämtlich um bestimmte Personen gruppieren, die immer wieder auftauchen und bestimmte Merkmale haben, wie etwa einen Nasenschmuck oder einen ›Strahlenkranz‹. Sie sind die maßgeblichen personifizierten Gottheiten, die das Geschehen dominieren und die ihrerseits in Beziehungen zueinander stehen. So gibt es Unterschiede in der Rangordnung, aber auch Allianzen und Gegner. Das große Problem, das sich indes weiter stellt, ist die Tatsache, dass man die Handlungen der ›Filmchen‹ nicht von Anfang bis Ende kennt. Man kennt nur eine erhebliche Anzahl von Szenen, die man in der ursprünglich vorgesehenen Weise zu kombinieren versucht.

(Möglicherweise bestehen einzelne ›Filmchen‹ sogar aus bis zu vierzig Einzelbildern, wie ein deutscher Forscher vorschlägt. Aber auch hier fehlen die Mythen der Nordküste, die einen Anhaltspunkt für die Anordnung und Länge der hypothetischen Rekonstruktionen der Erzählsequenzen geben könnten.) Die Ausgrabungen in *Sipán*, *Pañamarca*, *San José de Moro* und vor allem in *Cão Viejo* und an der *Mondpyramide* stützen allerdings den von der deutschen Forscherin Bärbel Lieske zusammengestellten Kombinationsvorschlag von Szenen, die unter anderem eines der, wenn nicht das Hauptritual der Moche zeigen. Häufig stellen diese Szenen Interaktionen der personifizierten Gottheit ›F‹ mit anderen Gottheiten oder Naturgewalten dar: Die personifizierten Gottheiten, die von verschiedenen Forschern ausgemacht werden konnten, sind mit Großbuchstaben des Alphabets von A bis Z bezeichnet, wobei einige wenige Buchstaben nicht mehr vorkommen, da man mittlerweile weiß, dass es sich jeweils um dieselbe

Abb. 85: Motive des Bilderkanons; Vorbereitung eines Opferrituals

Gottheit handelt und dadurch zwei Buchstaben zusammengefasst werden konnten: ›A‹ ist die Gottheit mit dem Strahlenkranz, die ranghöchste Figur. ›B‹ ist die Gottheit mit dem Nasenring, die zweithöchste. ›F‹ hat ein sehr markantes Gesicht mit einer großen Hakennase, das manchmal sehr faltig ist, im Rang ist sie die dritthöchste Person. ›C‹ ist die Priesterin aus *Pañamarca* in einer ihrer Erscheinungsformen und die vierte im Bunde. Die anderen Gottheiten spielen untergeordnetere Rollen. Die Hauptgottheiten A, B, F und C, treten einzeln oder in Kombination in fast allen komplexen Szenen auf.

Die wichtigsten Motive des Bilderkanons der Moche sind die folgenden: Die erste Szene zeigt jeweils den ›Aufmarsch der Krieger‹ (Abb. 85). Danach folgen die rituellen Zweikämpfe und die Gefangennahme der Unterlegenen. Sie werden ihrer Kleider entledigt und nackt, mit einem Seil um den Hals, abgeführt. Manchen wird zudem die Nase mit einer Keule blutig geschlagen. Angekommen bei der Zeremonialplattform werden die Unterlegenen geopfert – in der Praxis vermutlich nicht unter Einbeziehung der Öffentlichkeit, sondern vor ihr verborgen, in einzelnen kleineren Räumen der Opferpyramiden, was Ausgrabungsergebnisse aus der *Mondpyramide* nahelegen (Abb. 86). Diese ›Opferzeremonie‹ ist eine der komplexesten Darstellungen der Moche-Kunst. Der Aufbau der Bilder ist dabei immer der gleiche: Das vorliegende Bild gliedert eine langgestreckte, doppelköpfige Jaguarschlange, die es in eine obere und eine untere Hälfte teilt. Unten sieht man die Opferung zweier Gefangener durch einen männlichen und einen weiblichen Priester, die beide Masken und aufwendige Kostüme tragen. Der männliche Priester scheint zudem als Raubkatze (Jaguar?) verkleidet zu sein, an seinen Füßen finden sich Klauen. Als Kopfaufsatz trägt er eine konische Kopfbedeckung mit einem großen, dem ›Tumi‹ genannten, halbmondförmi-

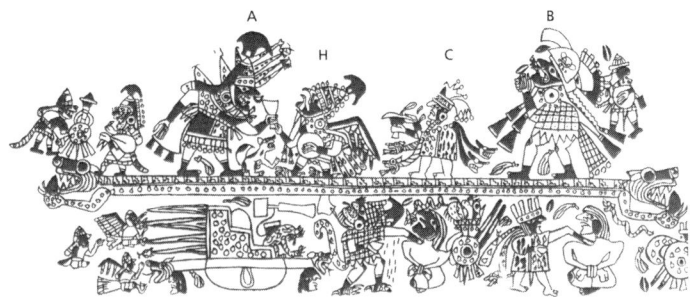

Abb. 86: Zentrale Opferzeremonie der Moche

gen Opfermesser nachgebildeten Aufsatz, vermutlich aus Edelmetall. Der ebenfalls in der Form eines Opfermessers gehaltene Rückenschmuck schwingt in die Höhe. Die Priesterin ist durch den schmalen Kopfreif kenntlich gemacht, ihr Gesicht scheint bemalt. Vom Kopfschmuck hängen zwei Bänder herunter. Mit einem Messer durchtrennen der Opferpriester und die Priesterin die Halsschlagader der vor ihnen knienden, gefesselten Gefangenen. Am rechten und linken Bildrand sowie zwischen den beiden Opferszenen sieht man die gebündelten Waffen der unterlegenen Krieger. Links neben dem Jaguarpriester steht eine Sänfte mit einem treppenartigen Sitz, von dessen Rückwand Strahlen ausgehen. Im unteren Bild verteilt finden sich außerdem ›Ulluchu‹-Früchte. Oberhalb der doppelköpfigen Jaguarschlange wird der höchstrangigen Person, der personifizierten Gottheit ›A‹, das Blut der geopferten Gefangenen in einem Becher präsentiert. Vor der Gottheit sitzt ein kleiner Hund. Der ›Darreicher‹ (H) trägt ein Raubvogelkostüm samt Maske und einer hohen Kopfbedeckung mit ›Tumi‹. Von der Gottheit ›A‹ selbst gehen Strahlen aus, weswegen sie auch die ›Gottheit mit dem Strahlenkranz‹ genannt wird. Hinter dem ›Darreicher‹, der in der einen Hand besagten Becher und in der anderen Hand eine Trommel hält, steht die Priesterin ›C‹, wiederum erkennbar an der typischen Kopfbedeckung, mit einer großen Schale in der Hand. Es sieht aus, als ob aus dieser Schale eine ›Ulluchu‹-Frucht heraussteht. Der Kleidung nach ist diese Priesterin nicht identisch mit derjenigen in der unteren Hälfte der Szene. Diese Priesterin oder Gottheit ›C‹ übt immer die gleiche Handlung aus: Sie reicht der ranghöheren Gottheit ›B‹ oder der ranghöchsten ›A‹ den mit Opferblut gefüllten Kelch oder eine mit ›Ulluchu‹ gefüllte Opferschale, wie auch in *Pañamarca*, wo ein Teil der Opferzeremonie abgebildet ist. Manchmal, wie im Fall der vorliegenden Abbildung, überreicht auch eine andere Person das Blut, dann steht die Priesterin hinter ihr. Der ›Darreicher‹ des Blutes spielt dabei grundsätzlich auf einer Trommel, gleichgültig ob es nun die Priesterin selbst oder ein von ihr Überwachter ist. Hinter der Priesterin läuft eine sehr große, männliche Person (Gottheit ›B‹), die äußerst aufwendig gekleidet ist. Von ihrem Kopfschmuck hängen breite Bänder herunter, ihr Hemd ist mit goldenen Plättchen verziert, der Kopfaufsatz zeigt vorne eine halbrunde Scheibe mit einem Raubkatzenkopf, hinten einen sehr großen ›Tumi‹.

Bis zur Entdeckung des *Fürstengrabes von Sipán* glaubte man also, dass diese szenischen Darstellungen Mythen bildlich umsetzen. Seit den Ausgrabungen weiß man jedoch, dass sie ein Ritual darstellen,

das tatsächlich stattgefunden hat, und dass die Personen in der abgebildeten Szene real existiert haben und in der Gesellschaft der Moche
einen sehr hohen Rang bekleideten. Die ›personifizierten Gottheiten‹, die auf den Keramiken abgebildet sind, wurden also von realen
Würdenträgern dargestellt und durch die Kombination der Ausgrabungen ist man mittlerweile sogar in der Lage, die einzelnen Darstel-
ler genauer zuzuordnen.

Auf diese Weise kann man inzwischen fast alle komplexen Szenen
der Moche-Gefäßmalerei analysieren.

## Die figürlichen Keramiken

Die figürlichen Keramiken der Moche scheinen Einzelpersonen aus
den Szenen der bemalten Keramiken in dreidimensionaler Umsetzung darzustellen. Hinzu kommen jedoch noch weitere Elemente –
man bedenke die Funde und die Resultate aus den Ausgrabungen
von Max Uhle. So stellten die figürlichen Keramiken wohl auch den
jeweiligen ›Beruf‹ des Verstorbenen dar: Man befüllte sie mit Maisbier
und gab sie dem Bestatteten mit ins Grab; eine weitere Keramik wurde auf das Grab gestellt. Andere figürliche Keramiken zeigen komplexe Rituale, wie beispielsweise den ›Herabstürzenden‹, den wir bereits
von *Cerro Sechín* kennen: Ein Mensch wird von einem Berg hinabge-
stürzt, man sieht die Blutströme und daneben den Opferpriester.

Sämtliche der figürlichen Keramiken standen demnach mit der Tätigkeit oder sozialen Bedeutung des Verstorbenen zu seinen Lebzeiten in Zusammenhang. Die aufsehenerregendste Entdeckung machte

Abb. 87: Porträtköpfe eines Moche-Kriegers in verschiedenen Altersstufen

man diesbezüglich vor nicht allzu langer Zeit: Die sogenannten ›Porträtköpfe‹, die im Laufe der Jahre immer wieder anders interpretiert wurden, sind wirklich Porträts bestimmter Personen. Zu dieser Erkenntnis führte eine Sequenz von Porträtköpfen, die ein- und dieselbe Person in verschiedenen Altersstufen abbildet (Abb. 87). Es handelt sich dabei um einen der adligen Krieger, dessen Aufgabe es war, für die rituellen Zweikämpfe zu trainieren und dann gegebenenfalls geopfert zu werden. Der letzte Porträtkopf aus dieser Serie zeigt meiner Ansicht nach das Gesicht mit gebrochenen Augen, also im Zustand des Todes.

## Die ›erotische‹ Kunst der Moche

Außer den eben beschriebenen, eindeutig rituellen Keramiken fand man eine Vielzahl von Moche-Keramiken, deren Motive als ›erotisch‹ bezeichnet werden. Einige davon erscheinen heute schlicht pornographisch und werden daher im *Museo Larco Herrera* in einem gesonderten Raum präsentiert. Dennoch sind sie tatsächlich weder das Eine noch das Andere, denn sie wurden sicher nicht produziert um lustvolle Empfindungen zu wecken. Auch diese Keramiken gehören in einen religiösen Kontext und sind im Rahmen der Fruchtbarkeitsrituale und Jenseitsvorstellungen zu interpretieren, da sie allesamt aus Gräbern stammen. Mit dieser Feststellung endet jedoch jeder klare Interpretationsversuch. Alles Weitere ist Spekulation. Ein Forscher behauptet, dass es sich bei keiner der Kopulationsszenen um Geschlechtsverkehr handle, der zur Befruchtung führe; es handle sich vielmehr grundsätzlich um Oral- bzw. Analverkehr. Eine andere Forscherin hält dagegen, dass es sich sehr wohl um ein Zeugungsritual – im Sinne von ›Austausch von Flüssigkeiten‹ – handeln könne, denn die Vorstellungen von der Zeugung von Leben seien in einzelnen Kulturen sehr unterschiedlich. Wieder eine andere Forscherin deutet die sexuellen Handlungen als Fruchtbarkeitsritual an sich.

Abb. 88: Ritual mit erotischer Szene

Die bemalten Keramiken zeigen, dass Kopulationsakte zumindest Teil einiger Rituale gewesen sind. Das deutlichste Beispiel ist hier eine Darstellung des Geschlechtsverkehrs zwischen der personifizierten Gottheit ›F‹ und einer Frau (Abb. 88). Während des Verkehrs wird der Gottheit mittels eines Klistiers eine halluzinogene Droge verabreicht – wahrlich orgiastisch, aber die genaue Bedeutung kennen wir nicht.

# Der Untergang der Moche-Kultur

Betrachtet man die Beschreibungen der vorangegangenen Kapitel, so kann man daraus ein denkbares Bild der Moche-Kultur entwerfen, das gleichzeitig ein mögliches Modell für ihren Untergang beinhaltet: Die Gesellschaft der Moche war, wie bereits angedeutet (s. S. 151), politisch in einzelne Fürstentümer aufgeteilt, die jeweils Teile einzelner Flusstäler oder in anderen Fällen mehrere Flusstäler der peruanischen Nordküste umfassten. Ihre Hauptresidenzen waren vermutlich die Pyramiden oder daran angrenzende Paläste, die größtenteils nicht mehr erhalten sind. Die einzelnen Fürstentümer standen in Beziehung zueinander. Ob die übergreifende Klammer dabei von verwandtschaftlichen Beziehungen, der gemeinsamen Religion und der damit verbundenen religiösen Kunst oder sogar von einem bisher noch nicht erkannten übergreifenden Staatsapparat gebildet wurde, lässt sich nicht mit Sicherheit sagen. Deutlich geworden ist in den letzten Jahren indes, dass es einen gemeinsamen rituellen Kanon gab, der an einzelnen zentralen Orten im Moche-Gebiet umgesetzt wurde. So wurden die großen, kollektiven Rituale an Plätzen wie der *Mondpyramide*, *Cão Viejo* und *Pañamarca*, möglicherweise auch noch an anderen, noch unentdeckten Orten durchgeführt, und zwar von einer Gruppe aus der politisch-religiösen Elite, deren Mitglieder jeweils für bestimmte Gottheiten standen: Die ›Gottheit mit dem Strahlenkranz‹ wurde etwa durch den ›Herrn von Sipán‹ personifiziert, die Priesterin nahm in den Gräbern von *San José de Moro* Gestalt an – in den noch unentdeckten Gräbern liegen sicherlich noch viele andere Würdenträger, die die Rolle der Gottheiten in der Moche-Gesellschaft übernahmen. Die Rituale wurden im gesamten Moche-Gebiet abgehalten, über Jahrhunderte hinweg. Sie sollten für die Fruchtbarkeit der Menschen, Pflanzen und Tiere, der Felder und des pazifischen Ozeans sorgen, außerdem sollten sie Naturkatastrophen wie Erdbeben, El Niño-Ereignisse oder Dürren abwenden. Das Eintreffen solcher Katastrophen brachte die auf den Kontakt zu den

Gottheiten basierende Macht der politisch-religiösen Elite damit gefährlich ins Wanken.

Das 6.–7. Jh. n. Chr. war, folgt man den Geologen und Klimaforschern, ein Jahrhundert der Naturkatastrophen, vor allem für Südamerika: Als erstes trat das ›Staubschleier-Ereignis‹ auf, das möglicherweise durch einen Meteoriten-Einschlag hervorgerufen wurde. Man stellte dies anhand der naturwissenschaftlichen Datierungsmethode der Jahresringzählung an Baumstämmen (Dendrochronologie) fest: Vom Jahre 536 an wuchsen die Bäume weltweit mehrere Jahre lang nicht mehr. Es kam also zu einem regelrechten Vegetationsstop, was voraussetzt, dass die Sonneneinstrahlung für ungefähr 18 Jahre sehr reduziert gewesen sein muss, einhergehend mit einer extremen Dürre. Der Auslöser dafür ist immer noch Anlass für kontroverse Debatten. Ob es der Ausbruch eines sogenannten Supervulkans war oder die Kollision der Erde mit einem Kometen oder Kometenfragment ist noch nicht völlig geklärt. Jedenfalls war das Klima in diesem Zeitraum deutlich verändert. Es handelte sich um eine Art ›nuklearen Winter‹, verbunden mit Kälteeinbrüchen, Dürren aber auch Überschwemmungskatastrophen in eigentlich trockenen Gebieten. Um diese Zeit muss es zudem zu einem ›Mega El Niño‹ gekommen sein: Jahrelange Niederschläge spülten riesige Mengen von Sediment und Gestein an die Küste, zerstörten Häuser und Tempelanlagen. Durch eine Gletscherbohrung konnte man weiterhin nachweisen, dass es ab 524 erst eine 17 Jahre und wenige Jahre später offensichtlich eine sogar 30 Jahre andauernde Dürre gegeben hat. Hinzu kamen Sandstürme, die von Süden heraufzogen, das ganze, an die Küste gespülte Sediment in die Küstentäler hineintransportieren und so eine Verödung des vorderen, fruchtbaren Teils der Flussoasen verursachten.

All dies scheint zum Untergang der Moche-Kultur beigetragen zu haben: Cerro Blanco, die Stadt der zwei *Pyramiden*, wurde aufgegeben, die südlichen Täler wurden verlassen. Im Laufe mehrerer Jahrzehnte fand eine Umsiedlung von der Pazifikküste in das Landesinnere statt, ein großer Teil der Bevölkerung zog außerdem nach Norden. Im Tal des Río Moche verlagerte sich der Siedlungsschwerpunkt nach *Galindo* am Oberlauf des Flusses und im Lambayeque-Tal wurde die Siedlung von *Pampa Grande* gegründet, die 55 km landeinwärts lag. Die neuen Siedlungen hatten keine großen Zeremonialzentren mehr, der Wohnbezirk der ›Adligen‹ war lediglich durch eine dicke Mauer vom Rest der Bevölkerung getrennt. Beide Städte wiesen zudem eine hohe Siedlungsdichte auf, die Menschen lebten also nun auf wesentlich engerem Raum. Der Hauptgrund für die Verle-

gung der Siedlungen ins Hinterland und nach Norden war dabei sicherlich der bessere Zugang zum Wasser am Oberlauf der Flüsse,
denn die Bewässerungskanäle bzw. die Rinnen an der Küste waren
versandet und unbrauchbar geworden. Da *Pampa Grande* mit einer
Ausdehnung von über 6 km² wesentlich größer war als *Galindo*,
nimmt man weiterhin an, dass sich der politisch-demographische
Schwerpunkt der Moche-Kultur in das Lambayeque-Tal verlagerte,
wo sie bis ungefähr 800 n. Chr. überdauerte. Der archäologische
Fundplatz von *Pampa Grande* bietet heute ein erschütterndes Bild:
Nach einer groß angelegten Plünderungsaktion stehen nur noch einige *Mauern*, daneben Hunderte von geplünderten Gräbern.

*Pampa Grande* wurde schließlich um 800 n. Chr. zerstört und niedergebrannt, vermutlich von den eigenen Bewohnern. Danach gingen der Norden und der Süden des ehemaligen Moche-Gebietes unterschiedliche Wege, zumindest was die religiöse Kunst angeht, die
allerdings natürlich auch ein Indikator für den politischen Weg ist:
Während der Süden unter den Einfluss der im Hochland entstande-
nen Huari-Kultur geriet, entwickelte sich im Norden, im Lambayeque-Tal, die Lambayeque- oder Sicán-Kultur (nicht zu verwechseln
mit ›Sipán‹). Erst mit der Entstehung des Königreiches von Chimor
kam das Moche-Gebiet dann wieder ›unter ein Dach‹; diesmal allerdings nicht in einer verwandtschaftlich oder politisch-religiös moti-
vierten Form, sondern innerhalb eines straff organisierten Reiches.

# 7. Huari und Tiahuanaco – der ›mittlere Horizont‹

Während an der Küste die Nasca und Moche das Geschehen dominierten, wuchsen im Hochland zwei Kulturen heran, die das erste Mal nach der Blüte *Chavíns* einen sogenannten pan-andinen Horizont schufen: Zwei Reiche entstanden, deren Einfluss vom Lambayeque-Tal im peruanischen Norden über ganz Bolivien und Nordwest-Argentinien bis nach Nord-Chile reichte (Karte 6). Beide Einflusssphären zusammen erreichten bereits einen guten Teil der Ausdehnung des späteren Inkareiches, das sich dann im Norden noch das Hochland Ecuadors und einen weitaus größeren Teil des heutigen Chile einverleibte.

Die religiöse Kunst der beiden Kulturen ›Huari‹ und ›Tiahuanaco‹ verband ein sehr ähnliches System von Zeichen und Symbolen und auch ein ähnlicher Stil. Wenn man sich jedoch eingehender damit beschäftigt, so fallen doch Unterschiede auf: Huari ist kräftiger in den Farben, plakativer in seiner Kunst und auch die Form der Keramiken ist unterschiedlich: Gibt es in Huari viele figürliche Darstellungen und immens große Gefäße (Abb. 89), so dominiert in Tiahuanaco die Becherform ›Kero‹, häufig verbunden mit einem Pumakopf (Abb. 90). Die größten Unterschiede bestanden aber in der Architektur und hier wird auch klar, dass es sich um zwei getrennte politische Einheiten handelte: Huari baute mit Mörtel gemau-

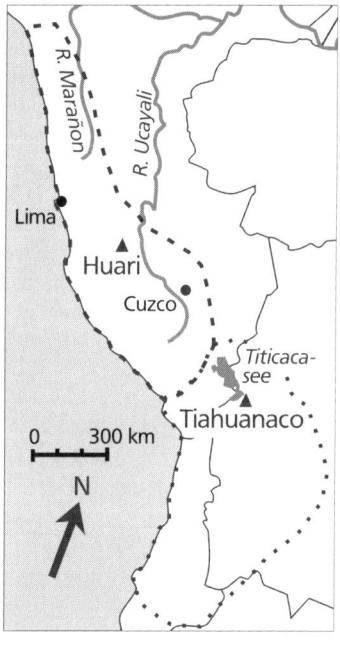

Karte 6: Huari und Tiahuanaco

Abb. 89: Figürliches Huari-
Gefäß, Krieger

Abb. 90: Kero mit Pumakopf aus
Tiahuanaco

erte, riesige Gebäude mit stringent quadratischem Grundriss. Von
Tiahuanaco hingegen kennen wir mehrstufige Pyramiden mit recht-
eckigem Grundriss und eingetiefte Höfe für die zentralen Fruchtbarkeitsrituale und andere Zeremonien – ihre Gebäude wurden ohne
Mörtel errichtet. Die Grenze zwischen den beiden Einflusssphären
lag in Südperu; ungefähr bei Nazca muss sie verlaufen sein. So lag *Cerro Baul*, eine bedeutende Fundstelle im Moquegua-Tal, im Prinzip
schon im Gebiet der Tiahuanaco, man fand hier aber trotzdem isolierte Huari-Hinterlassenschaften. Verteidigungsmauern und Spuren
kriegerischer Auseinandersetzungen weisen dabei darauf hin, dass das
Verhältnis beider Kulturen nicht unbedingt vorwiegend freund-
schaftlicher Natur war.

# Die Huari-Kultur

Um 500 n. Chr. begann sich aus der im südlichen Hochland blühenden Huarpa-Kultur, deren Spuren wir in der letzten Phase der Nasca
(Nasca 7) an der Küste entdeckten, die Huari-Kultur zu entwickeln;
für die Zeit um 700 sprechen die Archäologen dann von einer voll
entwickelten Huari-Kultur, die um 1000 ihren Niedergang erlebte.
Huari ist charakterisiert durch ein administratives Zentrum in der

gleichnamigen Hauptstadt *Huari* sowie durch teilweise sehr große Satellitenzentren im Hochland, die alle eine rigide durchgeplante Architektur aufweisen, wie beispielsweise *Pikillacta*, *Viracochapampa*, *Wari Willka*, *Jincamocco*, *Honco Pampa* und Jargampata (Karte 7). Huari-Architektur gibt es nur im Hochland, wobei hier vor allem der quadratische Grundriss eine Neuerung darstellte. Der Einfluss an der Küste manifestiert sich hauptsächlich in der religiösen Kunst, die den Huari-Stil und die Huari-Gottheiten ›adoptiert‹ hat. Neben den großen Siedlungen oder administrativen Zentren sind dabei sechs weitere Fundstätten besonders bemerkenswert: kleine Lager von zertrüm-

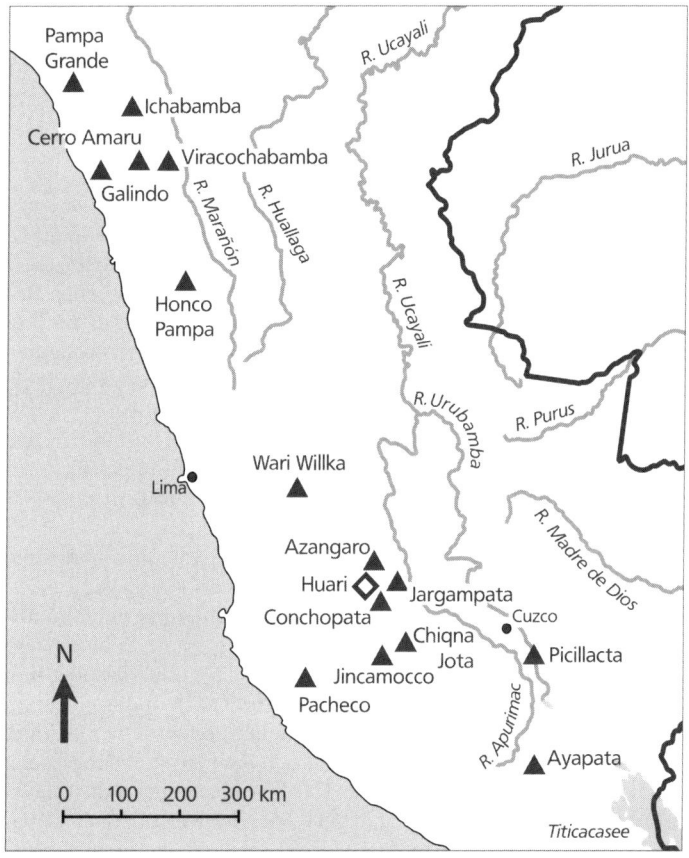

Karte 7: Zentren der Huari-Kultur

merten Keramiken. Zwei davon fand man in Conchopata, eines in Ayapata, eines in Cerro Amaru und zwei an der Küste im Pisco- bzw. im Nazca-Tal. Offensichtlich wurden die Keramiken, deren Scherben in den Lagern gefunden wurden, absichtlich zertrümmert und geopfert. Einige dieser riesigen Keramiken wurden restauriert und sind in der archäologischen Abteilung des *Museo de la Nación* in Lima zu sehen.

Um die Kulturentwicklung der Huari, die ihr Zentrum nahe der heutigen peruanischen Stadt Ayachucho hatten, verstehen zu können, betrachten wir das Beispiel eines nahe gelegenen Tales, das archäologisch gut erforscht ist: Dort gelang es den Archäologen, die Veränderungen, die die Huari-Kultur mit sich brachte, zu dokumentieren. Besonders betroffen waren davon die Siedlungs- und die Wirtschaftsform.

# Huari im Carhuarazo-Tal

Das Carhuarazo-Tal liegt im südlichen Bereich des Departamentos Ayacucho, in der Provinz Lucanas. Seine wichtigsten Flüsse münden in den Río Pampas und dieser wiederum in den Apurimac bzw. den Ucayali, die in den Amazonas fließen. Das Tal liegt im östlichen Bereich der Anden, seine Höhenstufen reichen von 2800 m in der Talsohle bis etwas über 4000 m Höhe auf der Hochfläche, was bedeutet, dass aufgrund der verschiedenen Höhenstufen eine große Bandbreite an Nahrungspflanzen kultiviert werden konnte: angefangen mit Mais und Kürbis über verschiedene Knollenfrüchte bis hin zu Quinoa. Auf der Hochfläche gedeihen zudem Flechten und Ichu-Gras, die Nahrungsgrundlage für Lamas und Alpakas. Problematisch war dagegen der geringe Umfang der Anbaufläche.

Die Präsenz der Huari im Carhuarazo-Tal begann um 650 n. Chr., was sich durch das recht plötzliche Erscheinen einer ›Willka‹ genannten Keramik datieren lässt, deren Auftauchen mit einer deutlichen Änderung der Siedlungsform einherging: Hatte es bisher sehr kleine – insgesamt elf bis dreizehn an der Zahl – und vier oder fünf größere Dörfer gegeben, so wurden diese nun nach und nach aufgegeben. Neue Siedlungen wurden gegründet und zwar vor allem in tiefer gelegenen Zonen. So verlagerte sich das Hauptsiedlungsgebiet vom höher gelegenen Bereich der Knollenanbauzone in die unmittelbare Nähe der in der Talsohle gelegenen Maisanbauzone; gleichzeitig wurden Terrassen in großer Zahl angelegt, die nicht nur die Anbaufläche erheblich erweiterten, sondern durch die erhöhte Speicherung von Wasser auch ein Mikroklima schufen, das die Temperatur im jeweiligen Bereich erhöhte und so auch vor Frösten schützte. Auf diese Weise erschlossen die Huari ein neues Anbaugebiet in höheren Zonen für ansonsten sehr temperaturempfindliche Pflanzen wie Mais. Hinzu kam, dass Wasser nun wesentlich besser genutzt wurde: Schon geringe Mengen reichten aus, um die Terrassen feucht zu halten, was Feldbau auch während sehr trockener Perioden möglich machte. Die Huari reagierten damit auf das zu dieser Zeit immer trockener werdende Klima. War Mais vorher von eher untergeordneter Bedeutung gewesen, so entstand mit den Huari im Zuge dessen eine regelrechte ›Mais-Zone‹, die auch wirtschaftlich eine bedeutende Rolle spielte.

Zu den neu gegründeten Dörfern, die im alten Stil an anderer Stelle wiedererrichtet wurden, kamen Siedlungen mit betont andersartigen architektonischen Komponenten: Von den einheimischen Rundhäusern unterschieden sich die neuen Häuser insbesondere durch ihren quadratischen Grundriss. Aus den insgesamt vier Orten, die nach diesem neu eingeführten System angelegt waren, stach einer durch seine Größe besonders heraus: *Jincamocco* – wohl das neue Zentrum des Tals. Zentral war dabei nicht nur die neue, direkt von *Jincamocco* aus ausgeübte Kontrolle über die Felder, sondern auch die über die Menschen: Vormals in kleinen Stammesverbänden oder ›Ayllus‹ organisierte Gruppen unterstanden nun der Verwaltung der Huari, die ihren zentralen Sitz in der Reichshauptstadt hatte und ihre Macht über größere oder kleinere Provinzzentren wie *Jincamocco* ausübte. Mit der Errichtung neuer Siedlungen war aber auch die Ausweitung und deutliche Verbesserung der Infrastruktur verbunden: Straßen wurden angelegt, Hängebrücken eingerichtet. Kleinere Orte dienten wahrscheinlich vorwiegend als Lagerräume für Ernten.

Nach ungefähr 100 Jahren endete die Dominanz der Huari im Carhuarazo-Tal so abrupt wie sie begonnen hatte: Die großen ebenso wie die kleinen Orte wurden aufgegeben, danach wurden wiederum neue errichtet. Der Keramik nach zu urteilen wanderten neue Gruppen in das Tal ein. Was sich allerdings auch nach dem Ende der Huari-Kultur im Tal nicht änderte, war die generelle Struktur und vor allem die Wirtschaftsform: Der Fokus auf Mais blieb erhalten, ebenso die Organisation unter einer größeren politischen Einheit. Nach einer längeren Phase, in der sich im Hochland keine politische Struktur herausbildete, die ein großes Gebiet dominierte, erschienen dann letztlich die Inka, die in großen Teilen auf den Errungenschaften der Huari aufbauten.

## Die Hauptstadt *Huari*

Die Hauptstadt *Huari* lag in der Nähe der heutigen peruanischen Stadt Ayacucho. Leider ist von dieser ehemaligen Stadt, die zu ihrer Blütezeit mindestens 10 000, vielleicht sogar 20 000 Einwohner hatte, nur noch wenig übrig. Die Zerstörung und Plünderung begann schon mit dem Ende der Huari-Kultur und setzte sich während der Inka-Zeit fort; im 20. Jh. fiel dann eine große Fläche moderner Landwirtschaft zum Opfer. Darüber hinaus errichtet man ständig neue Gebäude über den alten. Heute bietet sich deshalb ein verwirrendes Bild, das kaum noch klare Strukturen erkennen lässt. Erschwerend kam für die Archäologen bis vor einigen Jahren die Tatsache hinzu, dass sich die peruanische Guerilla-Organisation der ›Leuchtende Pfad‹ (›Sendero Luminoso‹) Ayacucho als ihren Hauptort auserkoren hatte. Viele Jahre lang, bis zur Verhaftung des Anführers Abimael Guzman 1992, war wegen der bürgerkriegsartigen Zustände daher kaum archäologische Forschung möglich. Dennoch gelang es einem auf lange Dauer angelegten, US-amerikanisch-peruanischen Projekt, dem ›Huari Urban Prehistory Project‹, *Huari* in seinem Charakter zu erfassen und seine Größe, Bedeutung und auch Struktur zumindest in Umrissen zu skizzieren.

*Huari* liegt strategisch auf einer Anhöhe zwischen zwei Flusstälern und war so leicht zu verteidigen. Erstaunlich ist indes, dass es dort keine Quelle gibt, ein Faktor, der sonst maßgeblich über die Anlage von Siedlungen entschied; allerdings liegt der Río Ocopa in unmittelbarer Nähe. Die Archäologen gehen davon aus, dass *Huari* ursprünglich als Zeremonialzentrum entstand und erst nach und nach seine Bedeutung als wirtschaftliches Zentrum und weiträumige Siedlung erlangte. Als positive ›Standortfaktoren‹ sind dabei große Mengen von Ton zu nennen, der sich hervorragend für die Herstellung der hochwertigen Zeremonialkeramik eignete.

Im ehemaligen Stadtgebiet ist ein klarer Stadtkern auszumachen, der auf dem Kamm eines Bergrückens lag und ungefähr 300 Hektar umfasste. Die gesamte Anlage war in große Terrassen gegliedert, deren *Außenmauern* doppelt angelegt waren, mit einem Gang von ungefähr 2 m Breite dazwischen. Da noch keiner der Gänge erforscht werden konnte, weiß man bis dato allerdings nicht, wozu sie dienten und wie sie genau verliefen. Auffallend sind weiterhin einige sehr dicke *Mauern* aus Stein und Mörtel, die *Huari* in ungleiche Sektoren teilten. Sie sind bis zu 5 m dick und verlaufen teils parallel, teils rechtwinklig zueinander. Möglicherweise gliederten sie die Siedlung in Stadtviertel; sicher ist nur, dass es sich nicht um Verteidigungsmauern handelte, denn sie lagen nicht am Rande der Stadt. Innerhalb der Stadtviertel, wie immer sie strukturiert waren, befanden sich *Gebäudekomplexe*, die unterschiedliche Formen hatten: Die Grundrisse waren teils trapezförmig, teils quadratisch, teils rechteckig, häufig waren die Gebäude terrassenartig angelegt. Die Umrisse solcher Gebäudekomplexe sind zwischen 40 und 100 m lang, da jedoch noch kein Komplex vollständig ausgegraben ist, mögen sich diese Zahlen noch verändern; dennoch können sie einen Anhaltspunkt über die Dimension der Gebäude geben. Einige *Häuser* hatten bis zu drei Stockwerke, mit unterschiedlichen inneren Aufteilungen. In einem anderen Bereich der Stadt werden rechteckige, einstöckige *Gebäudekomplexe* nochmals in quadratische oder rechteckige Einheiten mit langgestreckten Räumen unterteilt, die um einen Innenhof gruppiert sind. Diese Gebäude sind wahrscheinlich jünger und zeigen ein anderes Siedlungsmuster, eine Weiterentwicklung des vorherigen: Kleinfunde belegen, dass es sich hier um Wohnhäuser handelte, die man sich ähnlich modernen Apartmenthäusern vorstellen kann. Die langgestreckten Räume waren an den Außenseiten mit gemauerten Bänken versehen und unter dem Innenhof befand sich ein Drainagesystem, das entweder verhindern sollte, dass sich Regenwasser im Innenhof staute, oder das Regenwasser sammeln und in Zisternen zum Gebrauch ableiten sollte. Klarheit darüber können erst weiterführende Ausgrabungen bringen. Auf jeden Fall führen die kleinen *Kanäle* bergab, was bedeutet, dass sie nicht für die Frischwasserversorgung gedacht waren – es sei denn über die Zisternen.

Außerhalb dieses eigentlichen Zentrums, das derzeit noch mehr Fragen aufwirft als es beantwortet (wo waren die Werkstätten der Spezialisten, wer wohnte im Zentrum, wo waren die Tempel, wie sah die Gesellschaft aus?), erstreckte sich *Huari* noch über insgesamt 1000–1500 Hektar.

## Pikillacta – die Huari im Tal von Cuzco

Die im südlichen Abschnitt des Tals von Cuzco gelegene, teilweise restaurierte *Ruine* von *Pikillacta* ist die besterhaltene der Huari-Kultur und lohnt schon wegen ihrer beeindruckenden Größe – die Huari-Stadt war etwas größer als die Kernstadt des inkaischen *Cuzco* –, aber noch mehr wegen der eigenwilligen Architektur einen Besuch (Abb. 91). Außerdem ist *Pikillacta* geheimnisumwittert. So zweifelte man lange daran, ob es jemals bewohnt war, was daran lag, dass

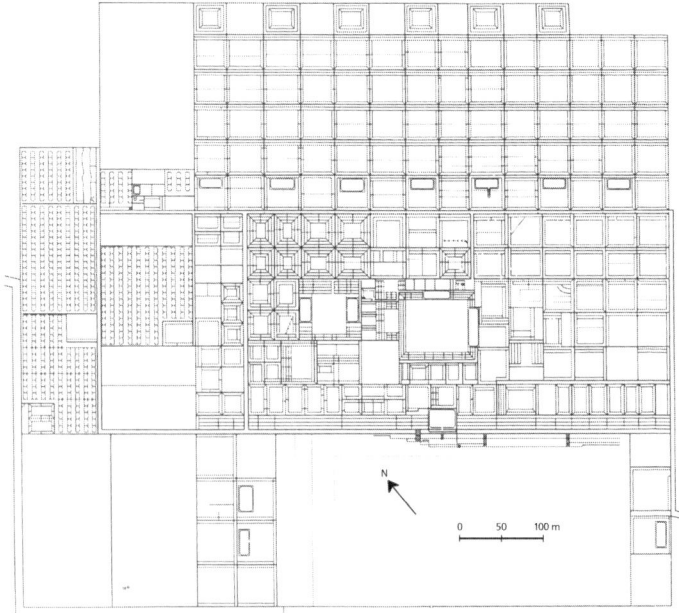

Abb. 91: Grundrissplan von Pikillacta

man keinerlei Oberflächenfunde wie Knochenreste, Keramikscherben oder Ähnliches entdecken konnte. Die mehr als 700 Einzelgebäude innerhalb des Gesamtkomplexes, der von einer quadratisch angelegten *Außenmauer*, die teilweise noch erhalten ist, umgeben war,
waren zudem kaum durch Korridore verbunden und es gab auch nur
sehr wenige Türen oder Fenster in den Wänden der *Gebäude*, deren
Reste auch heute noch bis zu 12 m hoch sind. Die Gebäude waren
also als Lagerhäuser ungeeignet, denn wie wäre man an die gelagerten Güter gelangt? Hinzu kommt, dass es in unmittelbarer Nähe kein
Wasser gibt. Dies und die gewaltigen *Außenmauern* verführten zu
Vermutungen, dass die gesamte Anlage von *Pikillacta* ein Gefängnis
oder etwas Ähnliches gewesen sein könnte. Noch mehr Diskussions-
stoff lieferte ein *Gebäudekomplex* mit 501 kleinen Kammern, der direkt an die große Anlage gebaut ist und dessen Funktion für die Wis-
senschaft bis heute ein Rätsel darstellt.
   Auffallend ist zunächst der quadratische Grundriss der Gesamtanlage, aber auch jedes darin enthaltenen Gebäudeabschnittes, wobei

vor allem die Erkenntnis, dass die sichtbare *Ruine* nur ein Teil eines weitaus größeren Komplexes der Huari-Kultur im Tal von Cuzco war, entscheidend zum Verständnis der Funktion *Pikillactas* beitrug: Der Gesamtkomplex bestand aus mehreren Komponenten: einer administrativen, einer zeremoniellen, einer residentiellen und einer defensiven. Hinzu kamen noch ein Straßennetz und ein Komplex mit ›besonderer Funktion‹. Um mit dem letzten zu beginnen: Der Komplex mit ›besonderer Funktion‹ ist der *Steinbruch* von Rumiqolqa, der für die Erbauung von *Pikillacta* benutzt wurde. Das Straßennetz verbindet alle oben erwähnten Komponenten des Gesamtkomplexes; alle Straßen münden auf dem Hochland in ein Straßennetz, das in alle vier Himmelsrichtungen führt. Die Straße innerhalb des Tals von Cuzco verbindet *Chokepuquio* mit *Muyurinapata* und mit *Pikillacta*. Sie ist leicht erhöht und daher gut zu erkennen. Zwei weitere Straßen, die eine führt am Cerro Condor Moqo und die andere am Cerro Combayoq vorbei, verbinden kleinere Huari-Stätten innerhalb des Tals mit Orten außerhalb. An manchen dieser alten Straßen sind noch Reste von *Begrenzungsmauern* zu sehen, wie man sie im Andenraum häufig findet. So waren auch die Straßen der Inka teilweise von hohen Mauern flankiert. Warum das so war, kann man nur vermuten: Möglicherweise um ein Ausbrechen der Lamas zu verhindern oder, was teilweise auch berichtet wird, um das Militär bei seinen langen Märschen besser unter Kontrolle zu halten: An jedem der fünf Zugänge zum Tal befand sich ein Ort oder eine Garnison, die die Mannschaft für die Verteidigungs- und Überwachungsanlagen stellten. Die Siedlungen *Chokepuquio* und *Muyurinapata* bewachten außerdem einen Teil des Tals, ein anderer war durch eine *Mauer* geschützt, von der aus man die ins Tal führende Straße beobachten konnte. Auf diese Weise konnte das ganze Tal und vor allem *Pikillacta* perfekt bewacht werden.

Der größte Teil der Bevölkerung des Tals lebte in kleineren Orten in der näheren Umgebung von *Pikillacta*: *Minaspata*, *Qolqe Haycuchina* und *Waska Waskan*, um nur einige zu nennen, waren Wohnstätten von Handwerkern, Soldaten, Beamten und Arbeitern, die in *Pikillacta* beschäftigt waren. Sie gehörten wahrscheinlich nicht den Huari an, sondern wurden aus der einheimischen Bevölkerung rekrutiert. Der Zeremonialkomplex bestand wohl aus einzelnen Schreinen, die in der Umgebung verteilt waren. Häufig, wie auch später während der Inka-Zeit, waren dies Felsen, Berge oder auch künstlich aufgeschüttete Hügel. Allerdings konnten bisher kaum Schreine ausfindig gemacht werden, so dass diese Annahme weitgehend auf Vermutungen basiert.

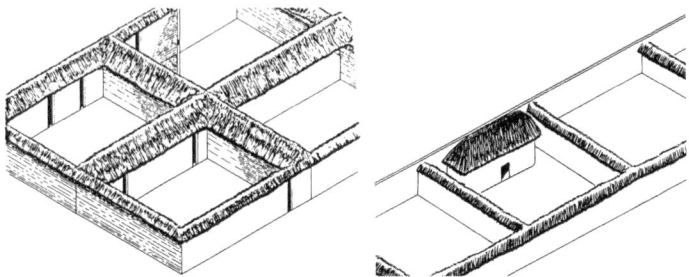

Abb. 92: Rekonstruktion der Gebäude in Pikillacta

*Pikillacta* selbst, das ergaben archäologische Forschungen, diente mehreren Zwecken. Die insgesamt 2 km² umfassende Anlage besteht durchgängig aus den immer wiederkehrenden drei wesentlichen architektonischen Bestandteilen: der quadratischen Einfriedung, der äußeren Galerie und dem kleinen, überdachten, rechteckigen Gebäude. Die quadratische Einfriedung besteht ihrerseits jeweils aus vier langen Mauern, die einen großen Hof bilden; die typische Huari-Architekturform. Als ›äußere Galerie‹ werden die langen, engen, einst wohl ebenfalls überdachten Räume bezeichnet, die jeweils innerhalb einer Einfriedung verlaufen und deren innere Mauern einen mehr oder weniger großen Innenhof bilden (Abb. 92). Gebäudekomplexe wie der eben beschriebene sind häufig aneinandergebaut, so dass sie größere Einheiten bilden. Das Charakteristische an *Pikillacta* ist dabei, dass es von außen als nichts anderes als ein einziges großes Gebäude, bestehend aus vier riesigen *Mauern*, erkennbar ist. Es lebt einzig von innen: von den gestalteten Innenhöfen, von Perspektiven, die sich ständig ändern, wenn man vom einen zum anderen geht. So hat man, wenn man durch eine Tür schreitet, je nach Gebäudekomplex einen völlig anderen Eindruck von Raum. Dies alles steht in auffallendem Gegensatz zu den Pyramiden der Moche und früheren Bauwerken, die vor allem von ihrer Außenwirkung lebten. Man kann sich *Pikillacta* danach als einen Palast mit vielen Räumen vorstellen, aber als einen Palast, der ein sehr unspektakuläres Äußeres hat. Einen weiteren grundlegenden Unterschied zwischen den Bauweisen der Kulturen vor Huari und der Huari-Architektur bildet die Tatsache, dass es für Letztere von vorneherein einen ›Masterplan‹ gegeben haben muss: Es gibt keine Bauphasen oder Überbauungen wie bei den Pyramiden, sondern der Gebäudekomplex wurde ›in einem Rutsch‹ errichtet.

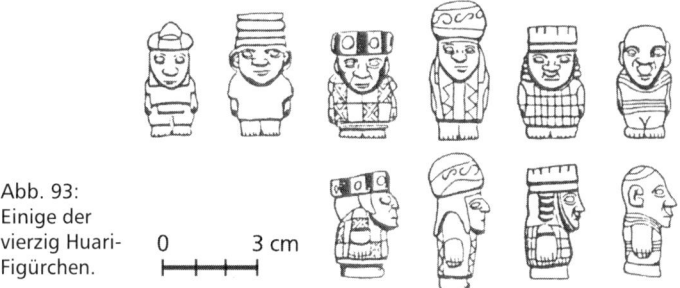

Abb. 93:
Einige der
vierzig Huari-
Figürchen.

0          3 cm

Die neueren Ausgrabungen konnten auch die Behauptung wider-
legen, dass *Pikillacta* nicht bewohnt gewesen sei. So kamen dabei Un-
mengen an Keramik, Knochenresten, Objekten aus Metall und Muschel zum Vorschein. Das Geheimnis bestand darin, dass die Funde
sehr weit – bis zu einem halben Meter – unter der Oberfläche lagen,
was die Archäologen auf die starke Erosion des darüber liegenden
Hanges zurückführen. *Pikillacta* war also sicherlich bewohnt und zwar
von hochrangigen Personen des Huarireiches: Die einzelnen Höfe
haben nachweislich Feuerstellen und Nahrungsmittelreste belegen,
dass dort gekocht wurde. Die meisten Gebäudekomplexe waren demnach Wohnhäuser oder Arbeitsräume, nur einige wenige dienten zeremoniellen Zwecken. In einem davon fand man menschliche Schädel, vermutlich von geopferten Personen; in einem der Gebäudekomplexe fand man außerdem 40 Figürchen aus Grünstein, die vermutlich
Würdenträger der Huari darstellen (Abb. 93). Unter den Gebäuden
befanden sich Kanäle, allerdings konnte nicht ausgemacht werden, ob
sie Wasser in die Stadt leiteten oder Abwasserkanäle waren.

Man geht mittlerweile davon aus, dass *Pikillacta*, als Lebens- und
Arbeitsraum sowie als Zeremonialkomplex, zwischen 540 und
900 n. Chr. eines der größten, wenn nicht das größte Verwaltungszentrum in einer der Huari-Provinzen war. Eine Frage konnte aber auch
*Pikillacta* nicht beantworten: Wer waren die Huari, wie waren sie organisiert und vor allem: Wer regierte den offensichtlich stark militärisch
expandierenden Staat? Weder in *Huari* selbst noch in einer der größeren Provinzstädte konnte ein eindeutig zu bestimmender Herrscher-
palast oder auch nur Wohnsitz ausgemacht werden. Manche Forscher
behaupten daher, dass es sich bei Huari um einen säkularen Staat gehandelt habe, andere leiten von dem Fund der vierzig Grünsteinfigür-
chen ab, dass der Staat von einer Gruppe von vierzig Adligen ange-
führt worden sei. Eine endgültige Antwort steht bislang noch aus.

## Huari an der Küste

Wie auch immer das politisch-religiöse System von Huari ausgesehen haben mag: Es war äußerst erfolgreich. Sowohl durch Eroberung,
wofür es im Hochland und an der Südküste klare Spuren gibt, als
auch durch nicht klar definierten Einfluss, wie etwa im Fall der Moche, breitete sich die Huari-Kultur über ein riesiges Gebiet aus;
möglicherweise erschien den von Naturkatastrophen geplagten Moche das ›Modell Huari‹ schlicht attraktiv und die regierende Oberschicht von *Galindo* schloss sich dieser Ideologie an. Auch die Struktur von *Chan Chan*, der späteren Hauptstadt des um 1000 n. Chr.
entstehenden Königreichs von Chimor, zeigt dabei eine so große
Verwandtschaft zur Huari-Architektur, dass Huari sogar auf Teile der
Nordküste einen sehr starken Einfluss ausgeübt haben muss. Die Veränderung der Zeremonialkeramik von Moche zu einem Moche-
Huari-Stil belegt dasselbe.

Das Hauptsiedlungsgebiet der Moche an der Nordküste in der
Gegend von Lambayeque schloss sich der Huari-Kultur allerdings
nicht an. Diese Region ging einen eigenen Weg und brachte eine
Kultur hervor, die stark auf Moche aufbaute, wobei sie diese hinsichtlich ihrer für die Priesterkönige geschaffenen Goldobjekte beinahe noch übertraf: die ›Sicán‹- oder ›Lambayeque‹-Kultur, die von
900–1100 n. Chr. im äußersten Norden der peruanischen Küste
eine bedeutende Rolle spielte.

# Tiahuanaco

*Tiahuanaco* war in der Zeit von 500–1000 n. Chr. das zweite große
politisch-religiöse Zentrum im Hochland. Sein Herrschaftsgebiet
erstreckte sich hauptsächlich über den sogenannten Altiplano, die pe-
ruanisch-bolivianische Hochfläche vom La Raya-Pass in Peru, bis
hinein ins heutige Chile, die Region um San Pedro de Atacama. Tiahuanaco hatte außerdem Satellitensiedlungen in den Andentälern in
Richtung Pazifik und in den Tälern Richtung Osten, vor allem im
reichen und fruchtbaren Cochabamba-Tal Boliviens (Karte 8).

## Die Vorläufer

Die Ursprünge Tiahuanacos sieht man in der sogenannten Yaya-
Mama-Kultur (›Vater-Mutter-Kultur‹), deren erste Spuren im südlichen Hochland von ca. 1400 v. Chr. datieren. Die ›Vater-Mutter-Kul-

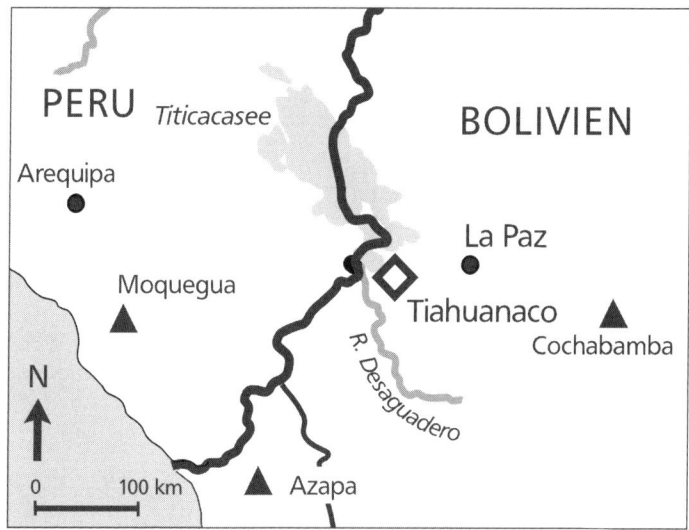

Karte 8: Das Reich von Tiahuanaco

tur‹ bezieht ihren Namen aus den Steinstelen, die in allen ihren Heiligtümern aufgestellt waren: Sie zeigen auf der einen Seite ein weibliches, auf der anderen Seite ein männliches Wesen. Neben diesen
Steinstelen sind vor allem die eingetieften Höfe, die rund um den Titicacasee zu finden sind und als Tempel identifiziert wurden, untrennbar mit der Yaya-Mama-Kultur verbunden. Ein ausgegrabenes
und restauriertes Beispiel ist in *Ch'isi* auf der Copacabana-Halbinsel
zu besichtigen. Die letzten eingetieften Höfe der Yaya-Mama-Kultur
sind auf 200–300 n. Chr. datiert; danach bezeichnet man die Funde
schon als ›Tiahuanaco‹. In Letztere eingeflossen sind außerdem Elemente der weiter im Süden entdeckten ›Wankarani‹- und der ›Chiripa‹-Kultur: Die Siedlungsspuren der Wankarani-Kultur im Gebiet
des Lago de Poopó reichen ins Formativum zurück, in die Zeit um
1200 v. Chr. Sie enden, wie bei der Yaya-Mama-Kultur, ungefähr um
200 n. Chr. Die Art, wie die Wankarani wirtschafteten, war typisch
für den südlichen, sehr trockenen Altiplano, wo praktisch nur noch
Quinoa und Ichu-Gras wachsen. Entsprechend begannen sich die
Menschen hier schon sehr früh auf die Aufzucht von Lamas und Alpakas zu spezialisieren, Nahrungsmittel sowie andere Güter erhielten
sie im Tausch aus fruchtbareren Regionen. Darüber hinaus unter-
hielten die Dörfer der Wankarani-Kultur Teildörfer in tiefer gelege-

nen, fruchtbaren Gebieten wie dem Cochabamba-Tal. Ihre religiösen Kulte scheinen sich um das Lama gedreht zu haben, denn zu den
wenigen Funden, die man aus dieser Zeit hat, gehören zahlreiche,
stark stilisierte Lamaköpfe aus Basalt. Eine bemerkenswerte Sammlung solcher Steinköpfe ist im *Museo Antropológico* in Oruro zu sehen.

Als gemeinsames Kennzeichen der Yaya-Mama-, der Chiripa- und
der Wankarani-Kultur gilt die Tatsache, dass sich hier die ersten An-
zeichen für zentrale, gemeinschaftliche Rituale im peruanisch-boli-
vianischen Hochland finden. Auf der Halbinsel Taraco am Titicacasee gab es ein zentrales Heiligtum, einen künstlichen Hügel mit drei
umgebenden *Mauern: Chiripa*. Um den Hügel herum gruppierten
sich unterirdische Häuser, im Zentrum ein *eingetiefter Hof*. Die Wände des Hofes waren mit *Steinplatten* ausgekleidet, *Sandsteinstelen* mit
Abbildern von Schlangen, Tier- und Menschenmotiven waren im
Inneren errichtet. Hier findet sich also zum ersten Mal auf dem Altiplano ein monumentaler, öffentlicher Ausdruck ideologischer und
religiöser Konzepte: Es handelt sich um das erste öffentliche Heiligtum im Hochland. Um es zu errichten muss es bereits Gemeinschaftsarbeit gegeben haben, ein höheres Level an sozialer Organisation, ein ausgeprägtes Spezialistentum (Steinmetze, Baumeister). In
dem angegliederten kleinen *Museum* sind zahlreiche Fundstücke zu
besichtigen.

Ab ungefähr 200 v. Chr. entstand auf dem Altiplano außerdem
eine größere Siedlung, die bemerkenswerte Keramik hervorbrachte:
*Pukara*, mit Kolonien oder kolonienartigen Siedlungen in den östlichen und westlichen Andentälern. Der Keramikstil von Pukara gilt
als Vorläufer des Kunststils von Tiahuanaco. *Tiahuanaco* selbst war um
diese Zeit noch ein kleines Dorf, das sich erst im Zeitraum von etwa
100–300 n. Chr. zu einer großen Siedlung entwickelte. Um 300 war
es dann ein wichtiges wirtschaftliches und kulturelles Zentrum, das
den gesamten südlichen Altiplano dominierte, und um 500 war *Tiahuanaco* der Knotenpunkt eines intensiv agierenden Netzwerkes von
Städten und die Hauptstadt eines expandierenden Empires, das fast
500 Jahre lang ein großes Gebiet kontrollierte, bevor es um das Jahr
1000 zu kollabieren begann. Warum ausgerechnet *Tiahuanaco* letztlich zu einer solchen Bedeutung gelangte, ist nicht endgültig geklärt.
Möglicherweise trug auch hier die geographische Lage dazu bei: Die
Stadt liegt am Scheidepunkt mehrerer Handelswege, die die Pazifikküste mit dem Amazonastiefland und den nördlichen, feuchteren Altiplano mit dem trockenen Süden verbinden. Es lag also im Zentrum
des damaligen Universums.

# Die Wirtschaft Tiahuanacos

Sucht man nach den wirtschaftlichen Grundlagen für die Bedeutung Tiahuanacos, so braucht man sich bis heute nur die Umgebung des Tititcacasees genau anzusehen: Über Hunderte von Kilometern sieht man Rillen, die Reste ehemaliger Hochbeete sind (Abb. 94). Wie diese Hochbeete ausgesehen haben, kann man sehr gut bei den *Chullpas*, den *Grabtürmen von Sillustani*, beobachten, denn dort werden diese *Hochbeete* nach und nach wieder angelegt, um die Ernährungssituation der Bevölkerung zu verbessern. Und auch in unmittelbarer Nähe der *Ruinen* von *Tiahuanaco* gibt es experimentelle *Hochbeete*, wobei sich der Unterschied zwischen dem Ertrag dieser Beete und des umliegenden Landes hier überdeutlich zeigt: Die Beete steigern die Ernte um ein Vielfaches.

Feldbau auf diesen Hochbeeten und Kamelidenzucht waren also die wirtschaftlichen Säulen Tiahuanacos: Von hier aus wurde der gesamte südliche Andenraum mit Tragetieren versorgt, über die der Güteraustausch mit den anderen Regionen abgewickelt wurde. Bei Ausgrabungen fand man entsprechend regelrechte ›Lama-Karawansereien‹, Lagerhäuser, in denen die mitgebrachten Waren gelagert werden konnten und ein Vorrat an Tragetieren stets abrufbar war. Die Region um den Titicacasee zählte damit in der vorspanischen Zeit zu den wohlhabendsten Südamerikas. Heute ist sie eine der ärmsten Regionen der Welt.

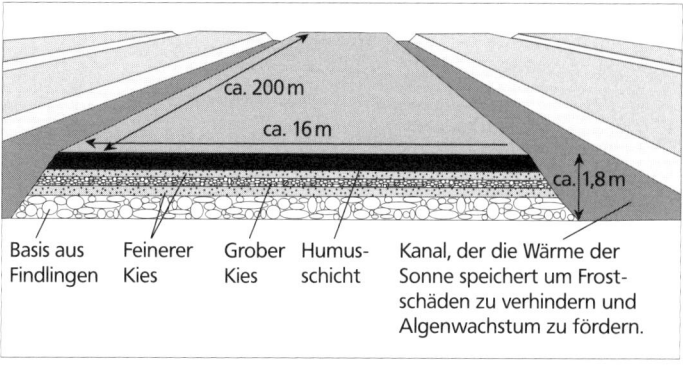

Abb. 94: Struktur eines Hochbeetes

# Die Stadt *Tiahuanaco*

Die Ruinen der Stadt *Tiahuanaco* können heute sehr leicht besichtigt werden. Sie sind von La Paz aus je nach Verkehrslage in ungefähr einer Stunde Autofahrt zu erreichen. Wenn man sich mit dem Auto nähert, so erkennt man schnell, dass die moderne Straße das Ruinenfeld in einer Ecke durchschneidet; auch die Kirche des modernen Ortes Tiahuanaco ist aus Steinen des Ruinenfeldes errichtet. Die Plünderungen dauerten mindestens bis zum Beginn des 20. Jh. Erst der deutsche Archäologe Max Uhle, der seine archäologischen Südamerikaforschungen in *Tiahuanaco* begann, erreichte, dass mittels eines Erlasses der Schutz der *Ruinen* garantiert wurde. Allerdings waren damit auch seine eigenen Ausgrabungen beendet und er machte sich auf, seine Forschungen an der peruanischen Küste fortzusetzen. Einen Teil seiner Ergebnisse lernten wir bereits bei den Ruinen von Moche kennen.

Trotz alledem lohnt ein Besuch der *Ruinen* von *Tiahuanaco*, denn die Architektur muss großartig gewesen sein. Es empfiehlt sich dabei, am Eingang des *Besucherzentrums* (wo auch der riesige *Bennett Monolith*, s. S. 211, ausgestellt ist) zunächst ein Modell der Anlage zu besichtigen, um sich eine Vorstellung von ihrer ursprünglichen Ausdehnung sowie von der Größe und Beschaffenheit der Gebäude machen zu können (Abb. 95): Obwohl Ausgrabungen im eigentlichen Zentrum

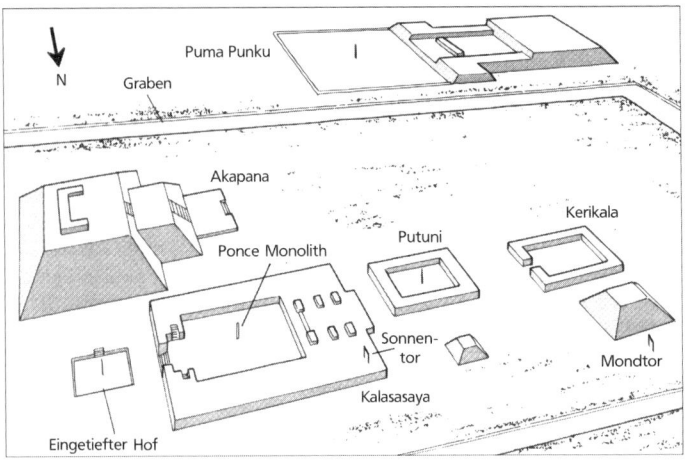

Abb. 95: Rekonstruktion des Zeremonialzentrums von Tiahuanaco

der ehemaligen Stadt, dem *Tempelbezirk*, nach wie vor selten sind, weiß man doch, dass *Tiahuanaco* eine auch nach unseren heutigen Kriterien große Stadt war, mit Wohnhäusern, Werkstätten, Karawansereien für Lamas und vielem mehr. Die damalige Einwohnerzahl lag bei geschätzten 25–40 000 Menschen, ohne das Umland dazuzurechnen.

## Das *Zeremonialzentrum* von *Tiahuanaco*

In der Mitte der Stadt befand sich ein riesiges *Zeremonialzentrum*, das gleichzeitig Tempelbezirk und Wohnstätte der Eliten war und das durch einen mit Wasser gefüllten Wallgraben vom Umland abgetrennt war. Das *Zeremonialzentrum* hatte also sozusagen den gewollten Charakter einer Insel: Ein geweihter Raum wurde so vom profanen Umland abgetrennt. Es war damit eine künstliche Replik der heiligen Inseln im Titicacasee (Sonnen- und Mondinsel), der Orte des mythischen Ursprungs vieler Kulturen des Andenraumes.

Das *Zeremonialzentrum* als Kosmogramm

Die wichtigsten Strukturen innerhalb des *Zeremonialzentrums* sind entlang der Kardinalpunkte angelegt: 4,5 Grad westlich des genauen Nordens. Man interpretiert diese Linie heute als Abbild des Weges der Sonne über dem *Zentrum*; durch sie wird eine Ost-West-Achse geschaffen, die *Tiahuanaco* in zwei Teile teilt. Tatsächlich geht die Sonne auf dieser imaginären Linie am Berg Illimani, dem ›Hausberg‹ von La Paz, auf und am Titicacasee unter. Der gesamte Tagesverlauf mit Sonnenauf- und -untergang kann jedoch nur von der Spitze der *Akapana-Pyramide* aus beobachtet werden, der höchsten Konstruktion von *Tiahuanaco*, die zusammen mit der ebenfalls sehr großen *Puma-Punku-Pyramide* das Hauptensemble des *Zeremonialzentrums* bildet. Die *Haupttreppen* der beiden *Steinpyramiden* zeigen jeweils in die Richtung des Sonnenaufgangs, wobei neuere Ausgrabungen auch Aufgänge auf der jeweils entgegengesetzten Seite erbrachten. Die Grundanlage der *Pyramiden* spiegelt also die Ost-West-Achse des Gesamtkomplexes wider.

Das Prinzip der Ost-West-Zugänge gilt für alle Gebäude des *Zeremonialzentrums* von *Tiahuanaco*. Dem östlichen Zugang, also dem des Sonnenaufgangs, wird dabei generell eine größere Bedeutung zuerkannt. Zu dieser Ost-West-Spaltung kommt noch eine Nord-Süd-Aufteilung des gesamten Geländes. Hier kommt folglich das Prinzip der sich ergänzenden Gegensätze, der Zweiteilung der Welt, wieder klar zum Vorschein. Die Anlage der Hauptstadt war also ein Kosmogramm, das für das gesamte Reich und dessen zugrunde liegendes Weltbild stand.

Die *Akapana-Pyramide*

Die *Akapana* war das größte, einzeln stehende Gebäude *Tiahuanacos* (Abb. 96): Sie erstreckte sich über sieben Stufen, hatte eine Seitenlänge von 200 m, war 17 m hoch und war völlig künstlich, ohne natürlichen Kern. Wie die Pyramiden der Moche war dabei auch die *Akapana* eine Kopie der sie umgebenden Bergheiligtümer: Im Innern fand sich ein Gemisch aus Ton,

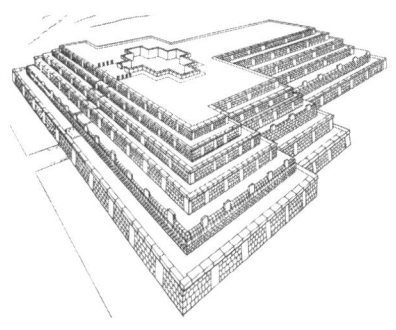

Abb. 96: Rekonstruktion der Akapana-Pyramide

Geröll, Erde und bearbeitetem Stein, ihre Mauern waren im Gegensatz zu den großen Gebäuden von *Huari* ohne Mörtel errichtet. Offensichtlich verwendete man zum Zusammenhalten der Steinblöcke *Kupferklammern*, die teilweise noch zu sehen sind. Der abgesenkte *Innenhof* auf der obersten *Plattform* füllte sich während der Regenzeit mit Wasser. Von diesem *Becken* aus führten innen eingearbeitete Rohre und Drainagesysteme auf die nächste Terrasse, wo das Wasser ein Stück weit floss und dann wieder im Inneren der Pyramide verschwand. Das Ganze setzte sich bis auf das unterste Level fort, dort versickerte das Wasser in ein mehrere Meter unter der Pyramide angelegtes Tunnelsystem, das in den Río Tiahuanaco mündete, der wiederum in den Titicacasee fließt. Dieses System des immer wieder auftauchenden und verschwindenden Wassersystems imitiert exakt den Verlauf der Wasserströme in der Regenzeit an der Quimsachata Bergkette, die das Hochtal von *Tiahuanaco* mit Wasser versorgt. Es mag während der Regenzeit, wenn das Wasserleitsystem der *Akapana* funktionierte, außerdem zu einer Geräuschkulisse gekommen sein, die an das hydraulische System von *Chavín* erinnert.

Auf der obersten *Plattform* der *Akapana* lagen grüne Kieselsteine, die aus Fluss- und Bachläufen der Umgebung stammten und zwar aus Flüssen, die in der Quimsachata-Bergkette entspringen; sie standen demnach ebenfalls für Wasser und Fruchtbarkeit. Daneben entdeckte man auf dem Gipfel der Pyramide kleine *Behausungen*, die man als Wohnstätten der Priester deutet. Reste von Nahrungsmitteln sowie mehrere Bestattungen weisen sie zudem als Grabstätten aus. Bei den Bestattungen handelte es sich um sogenannte Sekundärbestattungen erwachsener junger Männer zwischen 17 und 39 Jahren. Die Skelette waren zertrümmert und mit Lamaknochen sowie Keramikfragmenten vermischt. Den Toten fehlten teilweise die Köpfe, die man an anderer Stelle fand: glatt poliert und mit Einschnitten versehen. Die gesamte Vorgehensweise erinnert damit stark an die, die wir bereits von der *Mondpyramide* der Moche an der peruanischen Nordküste kennen. Offensichtlich wurden die Männer mit Keulenschlägen niedergestreckt, ihre toten Körper zerteilt und dann entweder auf dem Gipfel der *Akapana* einer primären Luftbestattung ausgesetzt oder in einer Ecke der Pyramide bestattet. Die nach dieser ersten Bestattung übrigen Knochen erhielten dann die Sekundärbestattung. Sogenannte Trophäenköpfe scheinen außerdem eine ähnliche Bedeutung wie bei den Nasca gehabt zu haben.

Die *Puma-Punku-Pyramide*, außerhalb des eigentlichen *Zeremonialzentrums* gelegen, aber auch zu besichtigen, hatte dasselbe hydraulische Tunnelsystem wie die *Akapana*. Sie war wahrscheinlich das Heiligtum für die südliche Hälfte des Zentrums und damit symbolisch auch für die Südhälfte des gesamten Reiches.

### Der *eingetiefte Hof* und die *Kalasasaya*

An der Nordseite der *Akapana* befinden sich der *eingetiefte Hof* und die *Kalasasaya* genannte Anlage. Der *eingetiefte Hof* ist vermutlich eine Überbauung eines ebensolchen Hofes aus der Yaya-Mama-Kultur. Er ist mit *Sandsteinplatten* ausgekleidet, auf seiner Südseite befindet sich eine *Steintreppe*, über die man in den *Hof* gelangt. Im *Hof* stehen mehrere bearbeitete *Steinstelen*, in deren Mitte sich der *Bennett Monolith* (7 m hoch), benannt nach seinem Entdecker, dem amerikanischen Archäologen Wendell Bennett, befand. Der *Bennett Monolith* zeigt eine reich bekleidete und gekrönte menschliche Figur, die einen ›Kero‹, den formtypischen Becher der Tiahuanaco-Kultur, mit einer Hand gegen ihren Bauch drückt. In der anderen Hand hält sie ein szepterähnliches Objekt.

Tom Zuidema, ein amerikanischer Archäologe, deutet die Musterung auf der Kleidung der Figur (Abb. 97) als Agrarkalender mit Elementen aus Lamazucht und Feldbau, ein sehr interessanter Ansatz: Die 177 konzentrischen Kreise auf dem Lendentuch wären danach die Tageszeichen für sechs Mondmonate, die insgesamt dreißig frontalgesichtigen und laufenden Figuren die dreißig Tage eines Monats.

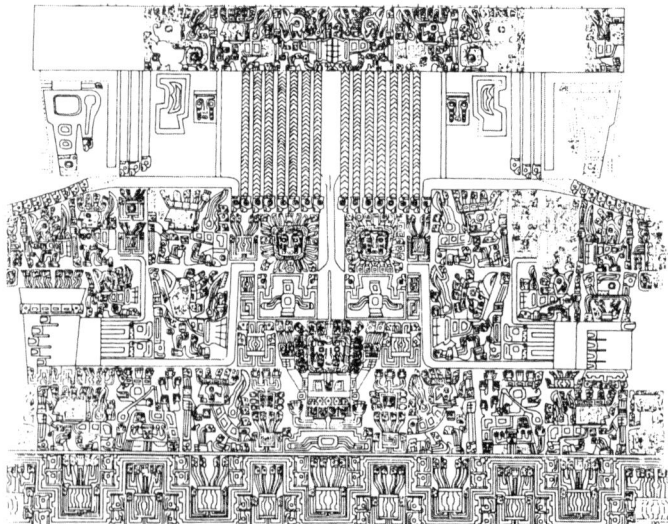

Abb. 97: Reliefs des Bennett Monolithen

Mehrere der Figuren, die auf dem *Bennett Monolith* zu finden sind, stehen außerdem in Zusammenhang mit blühenden Pflanzen. So zeigen mehrere Elemente Lamaköpfe, aus denen Maispflanzen herauswachsen, und auch aus einem ›Kero‹, der auf dem Boden steht, erhebt sich eine Pflanze, die, wie der San-Pedro-Kaktus der peruanischen Nordküste, mescalinhaltig sein könnte. Da die Figur insgesamt reichen Kopfschmuck trägt und sich auch durch ihre Kleidung als hoher Würdenträger auszeichnet, kann man davon ausgehen, dass es sich um ein bedeutendes Mitglied der politisch-religiösen Elite *Tiahuanacos* handelt: ein Priester, der durch die von ihm durchgeführten Rituale das Wachstum der Pflanzen auf den Hochbeeten um den Titicacasee sicherstellte, auf denen dann auch die Lamas und Alpakas nach der Ernte in den Pflanzenresten reiche Nahrung fanden?

Neben dem *Bennett Monolith* fanden sich in dem *eingetieften Innenhof* noch weitere, kleine *Stelen*, die sehr wahrscheinlich ursprünglich aus von Tiahuanaco eroberten Provinzen stammten und entsprechend die dortigen Hauptheiligtümer darstellten. So war es in den andinen Großreichen Usus, die Hauptheiligtümer eroberter Gebiete in die eigene Hauptstadt zu bringen und sie dort direkt neben dem eigenen aufzustellen. Auch die Inka pflegten diese Tradition: Die Ahnen der von ihnen eroberten Gebiete durften im *Sonnentempel* neben den ei-

genen Ahnen residieren, was einerseits einem Privileg für die Eroberten gleichkam – andererseits waren diese Ahnen bzw. die Stelen auch
Gefangene. Als Statthalter der eroberten Gebiete mussten sie drastische Strafen erdulden, sollte es zu einem Aufstand kommen. Die Inka
gingen dabei sogar so weit, die Ahnen der Eroberten öffentlich aus-
peitschen zu lassen, wenn es in einer der Provinzen zu einem Aufstand
kam.

In die Wände des *eingetieften Innenhofes* sind *Steinköpfe* eingelassen,
die immer wieder Anlass zu wilden Spekulationen bieten, da sie offensichtlich unterschiedliche Personen abbilden. Vielleicht handelt es
sich um Abbilder von Provinzfürsten, in Anlehnung an die im Hof
aufgestellten *Stelen*. Genau weiß man es nicht. Viele der *Köpfe* tragen
die für Tiahuanaco typischen Kappen.

Das an den *Hof* angrenzende Gebäude wird *Kalasasaya* genannt. Es
bildet mit dem *Hof* eine Einheit, die durch den Sonnenstand sichtbar
gemacht wird: Erkennbar ist der Sonnenstand hier während der beiden Equinoxe, der Tag- und Nachtgleichen im Frühjahr und im
Herbst, die das Einsetzen der Regenzeit und das Ende der fruchtbaren Phase ankündigen. Am Morgen dieser Equinoxe durchteilt der
Sonnenstrahl den *Hof* genau in zwei Hälften und erscheint dann im
Zentrum der großen *Treppe* der *Kalasasaya-Anlage*. Ein weiterer Monolith, die *Ponce Stele*, benannt nach dem berühmten bolivianischen
Archäologen Ponce Sanginés, steht in ihrem *Innenhof*. Er ist dem *Bennett Monolithen* sehr ähnlich, aber kleiner. Offensichtlich blickte ursprünglich eine Figur nach Osten, die andere nach Westen. Auch an
der *Kalasasaya* findet man *Wasserrinnen* und kleine *Kanäle*, die die Anlage während der Regenzeit zu einem Wasserspiel machten.

Der *Putuni-Palast* und das *Sonnentor*

Neben diesen drei *Tempelanlagen* fand man im inneren Bereich des
*Zeremonialzentrums* noch eine sehr große Wohnstätte: den ›*Fürstenpa-
last*‹ *Putuni*. Es handelt sich dabei um eine Plattform mit einem eingetieften *Innenhof*, an der Ostseite fand man zudem eine vielfarbig
bemalte *Steintreppe*, die in den zentralen *Innenhof* hinunterführt. An
der Innenseite des *Hofes* finden sich *Kammern*, in denen vermutlich
Mumien hoch verehrter Ahnen aufbewahrt wurden.

Am *Putuni-Palast* ist vor allem die hohe Bauqualität und die aufwendige Form der ›sanitären Anlagen‹ auffallend. So ist er mit einem
ausgeklügelten Zu- und Abwassersystem versehen, das sonst nirgend-
wo gefunden wurde, wobei die Kanalsysteme auch – vielleicht zusätzlich – rituelle Bedeutung gehabt haben könnten: Heilige Quellen, der

Fluss des Wassers, waren immer ein Symbol für das Leben. Neben dem Kanalsystem fand man im *Putuni-Palast* eine große Küche, in der, den Speiseresten nach zu schließen, große Feste vorbereitet wurden. Zahlreiche Scherben von zertrümmerten Tongefäßen, vor allem der klassischen Tiahuanaco-Keros, erhärten diesen Verdacht.

Weiteren Aufschluss über die Bedeutung und Funktion des *Putuni-Palastes* geben Bestattungen, die man noch intakt gefunden hat. Besonders bemerkenswert war hier das Grab einer Frau, die in eine versiegelte, steinerne Grabkiste gelegt worden war. Sie war mit einer Halskette aus Hunderten von Lapislazuli-, Sodalit- und Knochenperlen geschmückt, trug vier kupferne Armbänder sowie als Brustplatte eine kleine Goldmaske mit einem eingehämmerten menschlichen Gesicht. Zu ihren Füßen lagen eine kleine Knochenahle, ein Kratzer aus Andesit, einem Vulkangestein, und zwei Behälter aus Knochen, die ein gelbliches Farbpigment enthielten, sowie ein kleines rotes Gefäß mit einer Anzahl von Pfeilspitzen aus Obsidian.

Auch das *Sonnentor*, das ursprünglich wahrscheinlich an einer anderen Stelle stand, wird als Agrarkalender interpretiert: In der Mitte des *Hauptfrieses* findet sich eine Gottheit, die der Stabgottheit *Chavíns* auf den ersten Blick sehr stark ähnelt; sie hat jedoch in der einen Hand eine Stein-, in der anderen eine Speerschleuder. Elf weitere Gesichter mit Sonnenmasken umgeben die Gottheit, rechts und links davon finden sich insgesamt dreißig Läufer- oder auch kniende Figuren. Die (mit der Hauptgottheit) insgesamt zwölf Sonnengesichter sollen wohl die 12 Monate eines Jahres darstellen, allerdings wäre dann das Sonnen- und nicht das Mondjahr gemeint. Die dreißig Läufer wären die Tage eines Monats. Ein weiteres, kleineres Tor, das ebenfalls noch zu sehen ist, wird *Mondtor* genannt.

Das *Zeremonialzentrum* im Herzen der Stadt *Tiahuanaco* war also gleichzeitig Tempelanlage und Residenz der politisch-religiösen Elite. Darüber hinaus war das Ganze ein Heiligtum, in dem die Ahnen ihre letzte Ruhestätte fanden und so den Kontakt zu den Naturgottheiten wahren konnten. In der Tempelanlage fanden außerdem Rituale statt, die von Menschenopfern begleitet waren. Feste, bei denen reichlich gegessen und vor allem ›Chicha‹, Maisbier, oder ein alkoholisches Getränk aus Quinoa genossen wurde, gehörten ebenfalls dazu. All dies drehte sich, ebenso wie an der Küste, um den Fruchtbarkeitskult, der Regen und damit Wasser und Fruchtbarkeit gewährleisten sollte. Die Ausrichtung der Hauptgebäude erlaubte dabei eine genaue Datierung des Einsetzens und Endens der Regenzeit in den Anden. Die religiöse Kunst, die sich auf Textilien, Keramiken, Holz-

arbeiten und Schmuck zeigt und vor allem auch in der Steinbild-
hauerkunst niederschlug, drehte sich entsprechend um die gleichen
Themen: um Wasser und Fruchtbarkeit.

## Tiahuanaco als expandierender Staat

Tiahuanaco beeinflusste und beherrschte zumindest zur Zeit seiner
größten Ausdehnung ein riesiges Gebiet, das von Bolivien über Südperu und Nordchile bis nach Nordwest-Argentinien reichte, wobei
der Einfluss über Handelsbeziehungen sowie Migration oder sogar
Eroberung in die Regionen kam. Gleichzeitig wirkten die betreffenden Völker auch auf das Zentrum zurück, was sich in vielen unterschiedlichen Einflüssen auf die religiöse Kunst und auch die Lebensweise in *Tiahuanaco* selbst manifestierte. Das Ganze resultierte in einer gemeinsamen kulturellen Identität, die über ein riesiges Gebiet
hinweg von Völkern unterschiedlichster Herkunft geteilt wurde.

In einem berühmten Fundort in Nordchile, *San Pedro de Atacama*,
ungefähr 800 km vom Hauptort *Tiahuanaco* entfernt gelegen, entdeckten verschiedene Archäologen, darunter der berühmte Hobby-
Archäologe und Priester Le Paige, mehrere Hundert Gräber, die
meisten davon aus der Vor-Tiahuanaco-Zeit. Siedlungsreste wurden
dagegen in diesem Gebiet bislang kaum ausgegraben und untersucht.
Zumeist lagen die Siedlungen der Vor-Tiahuanaco-Zeit in der Nähe
der ›Quebradas‹, das sind kleine Flusstäler und Schluchten, die die
sonst extrem trockene Hochfläche durchschneiden; auf der Hochfläche selbst ermöglichen nur kleine Oasen das Überleben. In den Gräbern fanden sich insbesondere unzählige Schnupftabletts aus Holz,
die die Verwendung von halluzinogenen Drogen belegen. Entsprechende Schnupftabletts aus der Tiahuanaco-Zeit sind eher selten, die
wenigen vorhandenen tragen allerdings die Hauptgottheit des *Son-
nentors* als Motiv. Die Beziehung zwischen *San Pedro* und Tiahuanaco
spielte sich vermutlich auf der Ebene der politisch-religiösen Eliten
ab; es wurden bislang keine Siedlungsreste mit Tiahuanaco-spezifi-
schen Mustern entdeckt. Der Besuch des *Museo Le Paige* in *San Pedro
de Atacama* ist sehr lohnenswert, wegen der ausgestellten Funde aus
der Tiahuanaco-Zeit, darunter beeindruckende Goldobjekte und etliche Schnupftabletts, wovon auch einige die Hauptgottheit des *Son-
nentors* zeigen, aber auch wegen der generellen Einführung in die Archäologie dieser Region.

Über *San Pedro* gelangte der Einfluss Tiahuanacos dann vermutlich
auch nach Nordwest-Argentinien. So fand man in der Gegend von

Jujuy Kopfgefäße aus Gold, die denen der Tiahuanaco sehr stark äh-neln. Gemeinsamkeiten der lokalen Keramik mit Tiahuanaco-Kera-mik legen zudem einen ständigen Kontakt, in welcher Form auch im-mer, nahe.

An der chilenischen Nordküste, im Azapa-Tal, ist die Präsenz von Tiahuanaco an Bestattungen und Keramikresten noch deutlicher er-kennbar, aber auch hier kann man nicht von einer ›Kolonie‹ sprechen, denn Werkstätten oder Häuser von Statthaltern Tiahuanacos gab es wohl nicht. Die bisher bedeutendste Fundstätte einer tatsächlichen Tiahuanaco-Kolonie fand sich dagegen im südperuanischen Moque-gua-Tal, das ungefähr 300 km westlich von *Tiahuanaco* in Richtung Pazifik in einer gemäßigten Klimazone liegt. Man fand dort Städte mit einer Ausdehnung von bis zu 1 km² mit Wohnbezirken, geräumi-gen Plätzen, Friedhöfen und politisch-religiösen Zentren, die admi-nistrativen Charakter hatten, wo aber auch Rituale stattfanden. Vier solcher Städte wurden von den Tiahuanaco gegründet: *Chen Chen*, *Omo*, *Río Muerto* und Cerro Echenique, alle in unmittelbarer Nähe fruchtbarer Talauen oder natürlicher Quellen. Bezüglich der Sied-lungsweise ist dabei ein signifikanter, klar erkennbarer Bruch zwi-schen der Vor-Tiahuanaco- und der Tiahuanaco-Phase festzustellen: Hatte es zuvor weit verstreute, kleine Siedlungen in der Nähe der Fel-der gegeben, so bauten die Tiahuanaco offensichtlich Städte, die einer klaren Stadtplanung folgten; einzelne Haushalte wurden im Zuge dessen zu Gruppen zusammengefasst und um große Innenhöfe her-um angesiedelt, mit dazugehörigen Lagerhäusern, bei denen man Hacken mit Steinklingen und Reibsteine zum Mahlen von Mais fand, und überdachten Werkstätten. Das *Museo Contisuyu* in Moquegua in-formiert recht gut über die Geschichte des Tals.

Typische Tiahuanaco-Grabstätten fand man im Moquegua-Tal ge-trennt von den Gräbern der anderen Einwohner: Die Tiahuanaco beerdigten ihre Toten, indem sie sie in Hockstellung, mit gekreuzten Beinen und nach Osten blickend in eine Grabkammer setzten. Sie wurden mit Textilien aus Kamelidenfasern bekleidet und ihnen wur-den wertvolle Keramiken beigegeben, darunter vor allem die typi-schen ›Keros‹, wobei es sich bei den im Moquegua-Tal gefundenen Gräbern in den meisten Fällen nicht um Gräber der politisch-religiö-sen Elite, sondern um die einfacher Menschen handelte. In einer der oben genannten Städte, in *Omo*, fand man zudem die Nachbildung ei-nes typischen *Tempels* der Tiahuanaco-Kultur: Es handelt sich um eine mehrstufige *Pyramide*, auf deren oberster Plattform ein eingetiefter Hof angelegt war. In dessen Mitte befand sich eine Steinstele.

Nach Ansicht des Archäologen Paul Goldstein ist die Präsenz der Tiahuanaco-Kultur im Moquegua-Tal als etwas zu betrachten, das vorwiegend von der Bevölkerung ausging und auch von ihr getragen wurde: von Kolonisten, die fruchtbares Land suchten um die erarbeiteten Produkte ihren Verwandten im Hochland zugutekommen zu lassen, um Kolonisten, die durch Heirat oder Verwandtschaftsbeziehungen in diese Region gekommen waren, oder um Verwaltungsbeamte, die versuchten, aus der Kolonie Vorteile für den Staat Tiahuanaco zu erwirtschaften. Von einer ständigen militärischen Präsenz in Moquegua geht er nicht aus.

## Der Untergang Tiahuanacos

Um 1000 n. Chr. begann das System Tiahuanaco ins Wanken zu geraten; um 1150 gehörte es bereits der Geschichte an. Die Ära der Königreiche der Aymara hatte begonnen, die Inka folgten. Auch hier stellt sich natürlich die Frage nach dem Warum. Gletscherbohrungen, die vor einigen Jahren durchgeführt werden konnten, ergaben, wie in früheren Fällen auch, starke Klimaveränderungen vor allem im Hochland. Dennoch können diese Veränderungen alleine keinesfalls die Ursache für den Untergang Tiahuanacos gewesen sein. Vielmehr trugen solche Klimaschwankungen lediglich dazu bei, dass sich bereits vorhandene Ungleichheiten oder ungünstige Gewichtungen rächten. Mit Sicherheit gab es in der angesprochenen Zeitspanne eine dramatische, langanhaltende Dürre, die so extrem war, dass der Wasserspiegel des Titicacasees um mehrere Meter sank und sich das Ufer um einige Kilometer weiter zurückzog. Dadurch vertrockneten die Hochbeete und die Bewässerungskanäle versandeten. Das *Zeremonialzentrum* von *Tiahuanaco* wurde daraufhin nach und nach aufgegeben, wobei hier Dinge geschahen, die man von früheren ›Kollapsen‹, vor allem aus dem Archaikum, kennt: Die Heiligtümer wurden profanisiert: Waren diese einmal aufgegeben, wurden sie von einfachen Menschen neu besiedelt und teilweise bewusst zerstört; Bildnisse von Gottheiten wurden zerschlagen, in den ehemaligen Heiligtümern Müll vergraben. Am Ende dieser Phase hatte *Tiahuanaco* noch geschätzte 3 % der ursprünglichen Einwohnerzahl. Die meisten Einwohner hatten sicher versucht, der Katastrophe durch Migration in andere, weniger betroffene Gebiete zu entfliehen – ganz ähnlich wie vorher die Moche, die ihren Siedlungsschwerpunkt nach Norden verlagert hatten. Wohin aber die Tiahuanaco gegangen sind, weiß man nicht.

# 8. Die Sicán-Kultur: das Reich Naymlaps

Im Norden des ehemaligen Moche-Gebietes – an der peruanischen Nordküste – begann sich um 800 n. Chr. wieder eine neue Phase der Kulturentwicklung abzuzeichnen: Die Sicán- oder Lambayeque-Kultur entstand. Nach und nach ging sie aus der Moche-Kultur hervor, was beispielsweise eine Keramik, die sich im *Linden-Museum*, Stuttgart, befindet, hervorragend belegt: Sie zeigt Elemente von Moche V, allerdings in sehr fahriger und wenig qualitätvoller Ausführung, es handelt sich aber nicht mehr um eine Gabelhalsflasche, sondern die Keramik zeigt zumindest am Ausguss schon erste Elemente der Sicán-Kultur: einen Henkel mit einer Eidechse, die daran hochklettert (Abb. 98).

Die Sicán-Kultur entwickelte sich im La Leche-Tal, wo in der ersten Hälfte ihrer fast 500-jährigen Geschichte auch ihr Zentrum lag (Karte 9). Insgesamt konnten für die Sicán-Kultur drei Phasen ausgemacht werden: Frühes Sicán (800–900), Mittleres Sicán (900–1100) und Spätes Sicán (1100–1375); das Mittlere Sicán war die Blütezeit dieser Kultur: Die religiöse Kunst erfuhr ihren stilistischen und technischen Höhepunkt, der Machtbereich fand mit ungefähr 350 km entlang der peruanischen Nordküste seine maximale Ausdehnung. Eine Besonderheit bildet die Tatsache, dass man für die

Abb. 98: Moche V/Sicán-Keramik

Sicán-Kultur einen Ursprungsmythos kennt, obwohl sie zur Zeit der spanischen Eroberung nicht mehr existierte. Ein spanischer Chronist, Miguel Cabello de Balboa, schrieb den Mythos, der an der Nordküste von Generation zu Generation mündlich weitergegeben wurde, nieder.

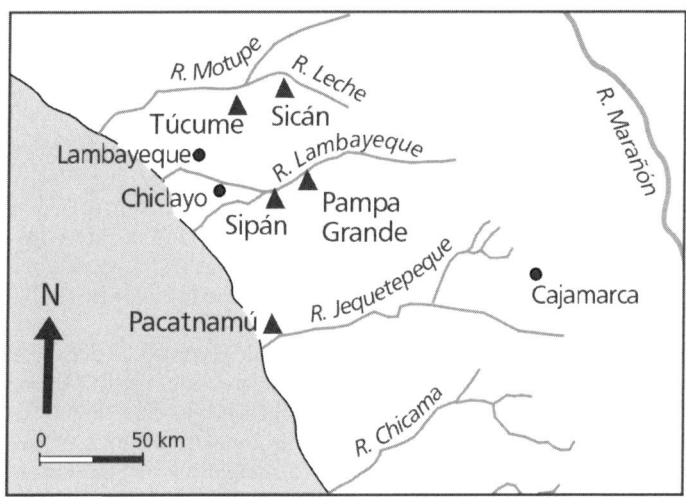

Karte 9: Der Siedlungsraum der Sicán-Kultur

# Die Legende von Naymlap

Naymlap, so wird berichtet, kam auf Balsaflößen in Begleitung seines Hofstaates über den pazifischen Ozean an die Nordküste. Vierzig Würdenträger sollen ihn begleitet haben, eine Hauptfrau namens Ceterni und zahlreiche Konkubinen. Nach seiner Ankunft zog Naymlap landeinwärts und gründete seinen Palast, der gleichzeitig der bedeutendste Tempel war, in Chot. Aus seiner Heimat hatte Naymlap ein Idol, eine Statue aus Grünstein, mit sich gebracht, die ›Yampalle‹ oder ›Nampaxlleq‹ genannt wurde: ›das Bild und Porträt von Naymlap‹. Dieses Idol stellte ihn selbst dar und war namensgebend für das ›Lambayeque‹-Tal. Naymlap lebte viele Jahre in diesem Tal und hatte viele Kinder. Eines Tages fühlte er seinen Tod nahen, und um zu verhindern, dass seine Untertanen mitbekamen, dass er sterblich war, ordnete er an, ihn sofort nach seinem Tode heimlich in dem Raum zu bestatten, in dem er sich auch zu Lebzeiten vorwiegend aufgehalten hatte. Danach verkündeten seine engsten Vertrauten, er habe Flügel bekommen und sei davongeflogen.

Das Reich Naymlaps wurde an seinen ältesten Sohn, Cium, vererbt. Cium hatte zwölf Söhne, von denen jeder einen große Familie gründete. Auch Cium ließ sich heimlich bestatten, um seine Sterblichkeit zu verbergen. Ihm folgten weitere neun Herrscher, darunter

Abb. 99: Tumi, Sicán-Kultur

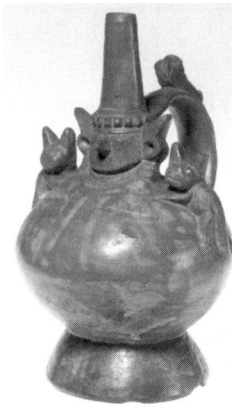

Abb. 100: Keramik, spätes Sicán

Fempellec, der letzte und unglücklichste seiner Dynastie: Aufgrund eines Vergehens schickten die Naturgottheiten als Strafe einen dreißig Jahre währenden Regen und danach eine ebensolang andauernde Dürre. Die Priester, die wussten, dass Fempellec an allem schuld war, nahmen ihn gefangen, fesselten ihn und warfen ihn ins Meer. Damit endete die Herrschaft der Dynastie von Naymlap und das Land blieb für lange Zeit ohne Herrscher.

Der Mythos von Naymlap ist deswegen so wichtig, weil die religiöse Kunst von Sicán tatsächlich klar von einer Figur dominiert wird: von einem männlichen, stehenden Würdenträger mit einer ausladenden, halbmondförmigen Kopfbedeckung, von der links und rechts Vögel herabhängen, flügelartigen Augen und Flügeln auf dem Rücken. So ist eines der berühmtesten peruanischen Goldobjekte ein ›Tumi‹, ein Opfermesser, dessen Griff vom ›Herrn von Sicán‹ gebildet wird (Abb. 99); es wird häufig als Schmuckstück kopiert, sei es als Anstecknadel oder als Teil einer Halskette, und ist auch als Logo zahlreicher Kulturinstitutionen oder Reiseunternehmen zu sehen. Das Abbild Naymlaps ist auch das Leitmotiv auf der typischen Sicán-Keramik: Sie ist meist einfarbig, häufig schwarz, und zeigt den ›Herrn von Sicán‹ in frontaler Ansicht (Abb. 100).

# Die Hauptstadt *Sicán*

Die tatsächliche Hauptstadt *Sicán* (in der ausgestorbenen Sprache ›Muchik‹; zu deutsch: ›Mondtempel‹) der gleichnamigen Kultur, in früheren Publikationen auch als ›*Batan Grande*‹ bezeichnet, lag im Bosque de Pomac, ungefähr 30 km landeinwärts im La Leche-Tal. Sie bestand aus einer großen Siedlung und zwölf Pyramiden, deren So-

ckel bis zu 1000 m² umfassten und die eine Höhe von bis zu 40 m erreichten. Eine dieser Pyramiden, die *Huaca Loro*, konnte vor einigen
Jahren ausgegraben werden. Das darin entdeckte Fürsten- oder Königsgrab ist im *Museo Nacional Sicán* in Ferreñafe, das im Jahre 2002
eröffnet wurde, sehr anspruchsvoll und gut erklärt präsentiert. Insgesamt fand man im Sicán-Komplex über 50 Grabstätten, von denen
4 Fürstengräber waren.

## Die *Huaca Loro*

Leider ist im Bosque de Pomac von der einstigen Pracht der Hauptstadt des Reiches von Naymlap nicht mehr viel zu sehen. Die Reste
der ehemaligen *Pyramiden* sehen unspektakulär aus, daher lohnt eher
ein Besuch des *Museums*. Die *Huaca Loro* konnte von 1991 bis 1992
archäologisch erforscht werden, wobei der Archäologe Izumi Shimada am Fuße der ehemaligen *Pyramide* ein Fürstengrab fand (Abb. 101):
das erste Grab der Sicán-Kultur, das wissenschaftlich ausgegraben und
dokumentiert werden konnte. Das Grab war ein Schachtgrab von
11 m Tiefe. Ganz unten befand sich die Grabkammer, sie enthielt Ske-

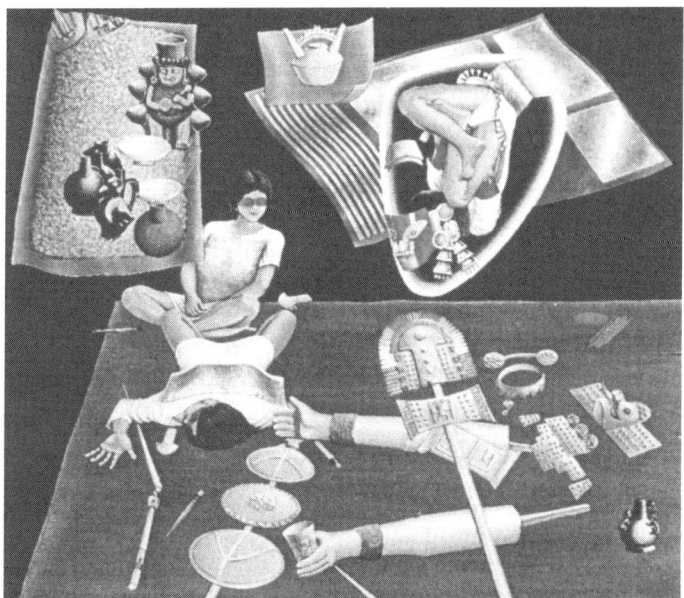

Abb. 101: Das Fürstengrab in der Huaca Loro

lette von fünf Individuen und mehr als eine Tonne Grabbeigaben, zwei Drittel davon aus Metall, insbesondere aus Arsenbronze, niedrig- und hochkarätigem Gold, Silber- und Kupferlegierungen.

Das Zentrum des Grabes, das Element worum alles andere gebaut und eingerichtet worden war, bildete der Körper eines 40–50 Jahre alten Mannes, wobei seine Positionierung höchst seltsam anmutet: Er war, mit Zinnober rot angemalt, mit gekreuzten Beinen in Hock- stellung gebracht worden, den Kopf hatte man abgetrennt und dann der Körper mit den Beinen nach oben hinter den nach Westen ge- richteten Kopf gestellt. Der Mann trug aufwendigen Schmuck: große Ohrscheiben und Halsketten, unter anderem aus Bernstein, Amethyst und Muschel. Unter ihm befand sich ein riesiges Textil, das sorgfältig und nahezu lückenlos in Reihen mit kleinen Goldplättchen bestickt war. Sein Gesicht war von einer großen Goldmaske bedeckt, die selbst nochmals mit Nasen- und Ohrschmuck verziert war. Diese Maske er- wies sich als Teil eines der aufsehenerregendsten Goldobjekte, die in Peru jemals entdeckt wurden: eine Maske mit Kopfaufsatz, darunter ein Kopfreif in Form eines Fledermauskopfes (Abb. 102).

Um dieses Zentrum herum waren sieben Nischen angelegt, die ebenfalls reich mit Grabbeigaben gefüllt waren: In einer Nische fand man 300 kg an kleinen gestanz- ten Blättchen aus Tumbaga, dazu zwei Tumi-Opfermesser aus einer Silberlegierung, eine schwarze Keramikflasche, wei- tere sechs Masken aus Tumbaga, alles mit einer Schicht von sehr dünnen Goldmatten bedeckt. An anderer Stelle des Grabes kamen Goldobjekte zum Vor- schein, die mittlerweile annä- hernd so berühmt sind wie die aus *Sipán*: ein weiterer Kopf- schmuck, bestehend aus einer Fledermausmaske und einem großen Kopfaufsatz, eine Stan- darte, ein paar goldene Hand- oder eher ›Arm‹-Schuhe, je- weils 90 cm lang, und noch viele weitere Schmuckstücke, Becher und andere Dinge aus Metall.

Abb. 102:
Maske mit Fledermauskopf

In den Tod begleitet hatten den Fürsten zwei Frauen, beide zwischen 30 und 35 Jahre alt, die in der nordwestlichen Ecke des Grabes gefunden wurden. Eine Frau saß aufrecht und ›blickte‹ auf die andere, die auf dem Boden lag. Beide waren hohen Ranges, was der ihnen mitgegebene Schmuck belegt. Bevor hier die nächste Lage an Grabbeigaben auf das gesamte Ensemble folgte, hatte man alles mit Zinnober bestrichen, woher auch die rote Färbung mancher Goldobjekte rührt. Die zweite Lage von Grabbeigaben bestand dann vorwiegend aus Metallgegenständen eher allgemeiner Art, wie Lanzenspitzen oder Spitzen von Grabstöcken aus Arsenbronze, die in großer Menge gefunden wurden, Spondylusmuscheln und Seeschnecken. Darauf folgten weitere Lagen mit Metallobjekten, teilweise hochwertige Goldkronen, Rasseln: alles Schmuck und Würdezeichen, die zu Lebzeiten vermutlich von dem Fürsten und seinen beiden Begleiterinnen getragen wurden. Wahrscheinlich befanden sich in der obersten Lage außerdem zwei weitere Körper von Geopferten, die die fürstliche Bestattung begleiten mussten, aber dieser Bereich wurde von Grabräubern zerstört.

Einige Jahre später fand man unter der *Huaca Loro* noch ein weiteres Grab, von Shimada ›westliches Grab‹ genannt. Es barg 24 Individuen. Das ›westliche Grab‹ war ebenfalls eine sehr tiefe Grabkammer von ungefähr 12 m, die in weitere, kleinere Kammern und Nischen führte. Auch in diesem Grab dominierte klar eine männliche Person, in diesem Fall zwischen 30 und 40 Jahre alt, die mit den reichsten Grabbeigaben ausgestattet war, wobei das spektakulärste an diesem Körper seine Position war: Diese zweite Person blickte nach Osten: in die Richtung des ersten Grabes. Die beiden bestatteten Fürsten ›sahen‹ sich also durch ihre Gräber hindurch im Tode ›an‹. Die restlichen Individuen, die im ›westlichen Grab‹ bestattet worden waren, waren zwanzig junge Frauen im Alter zwischen 18 und 22 Jahren, ein 12 oder 13 Jahre alter Junge sowie zwei etwas ältere Frauen.

Genetische Untersuchungen ergaben, dass die männlichen Hauptpersonen aus den beiden Gräbern miteinander verwandt waren, möglicherweise waren sie Onkel und Neffe. Die jungen Frauen im ›westlichen Grab‹ gehörten dagegen zwei unterschiedlichen Gruppen an, entsprechend waren sie auch bestattet: eine in der nördlichen Ecke (als Teil der nördlichen Gruppe) und eine in der südlichen Ecke (als Teil der südlichen Gruppe). Die südliche Gruppe war genetisch sehr homogen, während die nördliche Gruppe von ihren Genen her sehr unterschiedlich war. Die homogene Gruppe hatte also innerhalb des Clans geheiratet, die anderen Frauen stammten aus unterschiedli-

chen ethnischen Gruppen. Die nördliche Gruppe hatte zudem Grabbeigaben, die eindeutig nicht der Sicán-Kultur zuzuordnen sind. Man
geht davon aus, dass sie aus den unterschiedlichen Provinzen stammten, die zu Sicán gehörten. Die Grabbeigaben der genetisch Verwandten stammten hingegen aus Sicán.

Die Analyse oder, besser gesagt, der Befund der beiden Gräber zeigt,
dass die ›Herren von Sicán‹ in der Lage gewesen sein müssen, eine
ganze Heerschar von Goldschmieden zu beschäftigen. Sie importierten außerdem große Mengen an Rohstoffen, die dann in *Sicán* oder in
dessen Umgebung verarbeitet wurden. Die szenische Aufbereitung
der ersten Bestattung interpretiert Izumi Shimada als nachgestellte
Geburt. Die liegende Frau wäre hierbei die Gebärende, die vor ihr sitzende die Hebamme; der Körper des verstorbenen Fürsten wäre das
Neugeborene. Der Blick nach Westen wird als Blick zum pazifischen
Ozean gedeutet, dem Spender von Fisch und Meeresfauna und Sitz
der Seelen der Verstorbenen – wie es für die Nordküste in der Kolonialzeit erzählt wurde – oder die Richtung, aus der Naymlap gekommen war. Eine andere Interpretation besagt, dass die Körperhaltung
des Fürsten die Transformation in eine Fledermaus darstellt, die anschließend in die Welt der Toten fliegt, wobei die beiden Frauen hier
nicht eingebunden sind. Um tatsächliche Lösungen für die vielen Fragen anbieten zu können, die die beiden Gräberfunde aufwerfen,
müssten noch mehr vergleichbare Gräber geborgen werden.

Man geht heute davon aus, dass die *Huaca Loro* der zentrale Bestat-
tungsort für die Dynastie des Mittleren Sicán war, die abbrach, als es
von 1050–1100 zu einem weiteren katastrophalen El Niño kam. Die
Stadt *Sicán* wurde verlassen und niedergebrannt; der Siedlungsschwerpunkt der Sicán-Kultur verlagerte sich nach *Túcume*, wo eine
neue Hauptstadt errichtet wurde. Die nun folgende Phase, die mit
der Eroberung durch das Königreich Chimor im Jahre 1375 endete,
war vom wirtschaftlichen, kulturellen und künstlerischen Niedergang Sicáns gekennzeichnet. So erreichte es nie wieder die Blüte, die
es während der Mittleren Sicán-Phase vor dem desaströsen El Niño
erlebt hatte.

# Túcume

Ein Besuch *Túcumes* lohnt vor allem wegen des erkennbaren Ausmaßes der ehemaligen Anlage (Abb. 103): Wenn man eine der noch vorhandenen *Pyramiden* besteigt, kann man nur beeindruckt sein von der
Ausdehnung der ehemaligen Stadt, erkennbar durch die Reste von

26 einstigen *Pyramiden* mit einer Gesamtausdehnung von 220 Hektar. Auch hier empfiehlt sich dringend der Besuch des *Museums von Túcume*, in dem ein Modell der Pyramidenstadt zu sehen ist sowie zahlreiche Funde, die dort gemacht werden konnten.

*Túcume* war an einen natürlichen Hügel gebaut. Sein dominierendes Gebäude war und ist die *Huaca Larga*, das damals – nach der Ära der *Sonnenpyramide* – größte Lehmziegelbauwerk der Welt. Als Besonderheit *Túcumes* ist außerdem zu erwähnen, dass es drei Eroberungswellen und eine lange Fremdherrschaft erlebt hat. Die erste Eroberungswelle kam im Jahre 1375 aus dem Königreich von Chimor: Bis ungefähr 1472 (Eroberungszeitpunkt des Königreiches von Chimor durch die Inka) herrschte Chimor in *Túcume*, etliche Gebäude, wie wahrscheinlich auch die erste Bauphase der *Huaca I*, stammen aus dieser Zeit. Danach kamen die Inka, die sich ebenfalls durch ihre rege Bautätigkeit auszeichneten: Zahlreiche Überbauungen und Neuerbauungen fallen in diese Zeit. Als dritte Welle kamen schließlich die spanischen Eroberer, die vorwiegend nach Goldobjekten suchten und die ersten großflächigen Raubgrabungen vornahmen.

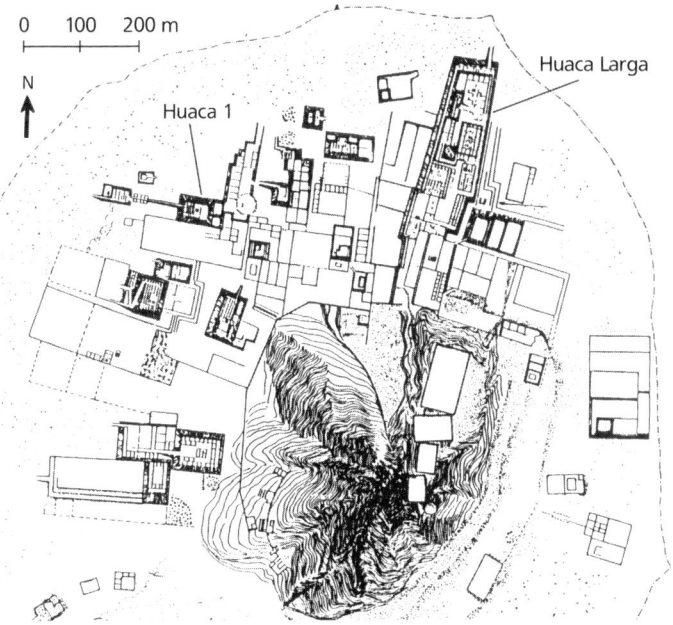

Abb. 103: Plan von Túcume

Die Anlage von *Túcume* ist derart ausgedehnt, dass archäologische Forschungen, die von dem berühmten Seefahrer und Autor Thor Heyerdahl finanziert wurden, bisher nur einen winzigen und keinesfalls repräsentativen Ausschnitt erfassen konnten. Darunter fielen kleine Bereich der *Huaca Larga* und die *Huaca I*. Die *Huaca Larga* war oben flach, man nimmt an, dass dort die Elite wohnte. Sowohl in und an der *Huaca Larga* als auch an der *Huaca I* fand man zudem Gräber, allerdings war kein Fürstengrab darunter. Umso erstaunlicher ist die Entdeckung, die in der *Huaca I* gemacht werden konnte: ein Raum, der eindeutig als sehr große Grabkammer identifiziert werden konnte. Er war leer, aber nicht von modernen Grabräubern geplündert. Da *Túcume* nach dem Königreich von Chimor auch noch die Fremdherrschaft der Inka erlebte, wäre es nach Aussage der Archäologen ein denkbares Szenario, dass die Inka den Ahnen aus der Grabkammer holten und nach *Cuzco* brachten, eine durchaus gängige Vorgehensweise nach der Eroberung eines Gebietes.

Leider ist über *Túcume* nicht sehr viel mehr bekannt. Mumienfunde auf der *Huaca Larga* datieren in die Inka-Zeit, wobei eine Mumie hier besonders interessant war, da es sich um die Überreste eines sehr hohen Würdenträgers der Inka handelte. Er saß auf einem Tuch und trug einen Federmantel, der vom Hals bis zu den Füßen reichte, sowie große Schmuckscheiben aus Silber in seinen Ohren, was ihn als ›Orejón‹, als Mitglied des Inka-Adels ausweist. Was man als Besucher der Ruinenstätte zu sehen bekommt, sind daher meist freigelegte *Räume* mit *Fresken* aus der Inka-Zeit, allerdings auch da bisher nicht allzu viele. Enorm beeindruckend bleibt indes, wie bereits zu Anfang dieses Kapitels beschrieben, die Dimension der Anlage, die in dieser Form an der peruanischen Nordküste einzigartig ist.

Mit der Eroberung *Túcumes* durch Chimor 1375 fand das Reich Naymlaps sein Ende.

# 9. Die Chachapoya

Die Einwohner eines weiteren, riesigen Gebietes (Karte 10) leisteten den Huari ebenfalls Widerstand: die Chachapoya im heutigen peruanischen Departement Amazonas. Die Region liegt im Nordosten des Landes und bildet die Andenostabdachung hin zum Amazonastiefland. Zwei der größten Amazonaszuflüsse, der Río Huallaga und der Río Marañon, fließen hindurch. Die Chachapoya sind archäologisch sehr wenig erforscht; dennoch sind sie durch einen archäologischen Fund berühmt geworden: 1996 entdeckte man in einer der Begräbnisstätten der Chachapoya insgesamt 222 Mumien, der größte Mumienfund in Peru nach der Entdeckung der *Nekropolen* von *Paracas* Anfang des 20. Jh. Glücklicherweise konnten die Mumien nach anfänglichen Schwierigkeiten von Archäologen geborgen und sichergestellt werden. Sie wurden nach Leymebamba verbracht, wo sie heute teilweise in dem sehr schönen *Museum Centro Mallqui* ausgestellt sind. Das *Centro Mallqui* wird von einer der Archäologinnen geleitet, die die ›Wolkenmenschen‹, so die Übersetzung des Namens ›Chachapoya‹, bergen konnten. Dort finden auch die Forschungen zu den Mumien statt.

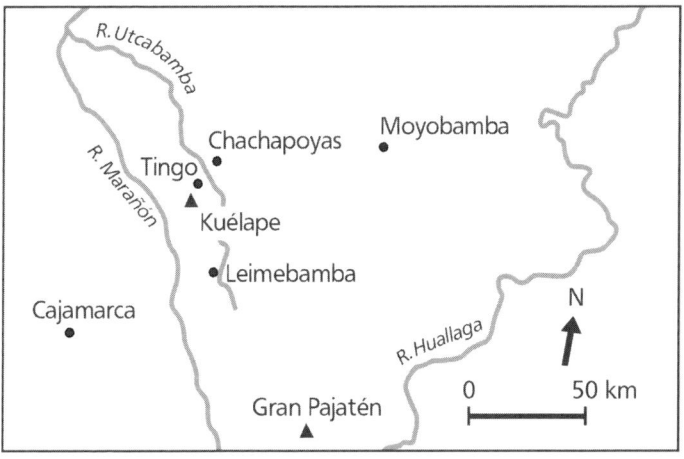

Karte 10: Das Gebiet der Chachapoya (s. Karte vorderer Umschlag innen)

Die Herkunft dieser ›Wolkenmenschen‹ ist umstritten: Im Siedlungsgebiet der Chachapoya existiert eine frühe Keramik, die man ›Cuelap‹ nennt und die um 500 n. Chr., also 250–300 Jahre vor dem Kontakt mit den Huari um 800, in dem Gebiet aufzutauchen begann. Letztlich gibt es drei Möglichkeiten, was die Herkunft der Chachapoya betrifft: Entweder wanderten sie aus dem Norden, dem Osten oder vom Hochland her ein, wobei die meisten Archäologen die Einwanderung aus dem Amazonasgebiet favorisieren, da das Tal des Río Marañon, das das Siedlungsgebiet der Chachapoya im Westen und Norden begrenzt, den sanftesten Übergang zum Amazonas bietet. Es handelt sich hier sicher um den am meisten begangenen Pass der vorspanischen Zeit, was ein Ereignis aus der frühen Kolonialzeit nochmals zu belegen scheint: Auf der Flucht vor den Portugiesen erreichten mehr als 200 Angehörige des Tupi-Guarani-Stammes von der Westküste des heutigen Brasilien die Region der Chachapoya im Jahre 1550 über diesen Pass. Der Häuptling wurde daraufhin zum spanischen Vizekönig nach Lima gebracht, um dort über die Vorgehensweise der Portugiesen, die größten Konkurrenten der Spanier, was die Eroberung künftiger Kolonien in Südamerika anging, zu berichten.

# Das Siedlungsgebiet der Chachapoya

Die Ausdehnung des Siedlungsgebietes der Chachapoya wird unterschiedlich skizziert: Ein amerikanischer Archäologe, Keith Muscutt, ähnlich wie ein deutscher Forscher namens Peter Lerche, ist der Meinung, dass sich das Chachapoya-Gebiet zwischen den beiden oben genannten Zuflüssen des Amazonas, dem Río Marañon und dem Río Huallaga, erstreckte. Das Tal des Río Marañon verläuft zwischen der Zentral- und der Westkordillere von Süden nach Norden, dann biegt es nach rechts in Richtung Amazonas ab und durchschneidet die Zentralkordillere, einige Hundert Kilometer weiter östlich trifft es auf das Tal des Río Huallaga, der zwischen der Zentral- und Ostkordillere fließt. Ein peruanischer Archäologe, Federico Kauffmann Doig, wiederum umreißt das Gebiet wesentlich enger; er bezieht schon das östlich gelegene Moyobamba nicht mehr mit ein. Das Hauptsiedlungsgebiet der Chachapoya ist aber mit Sicherheit das Tal des Río Utcabamba, denn dort ist die Dichte ihrer Siedlungsreste am höchsten.

Wie groß das Siedlungsgebiet der Chachapoya auch immer gewesen sein mag – man entdeckt nach wie vor immer wieder neue Ruinen – es lag bereits im Bereich der Ost-Anden, also in einer Region mit wesentlich mehr Niederschlag als die Küste oder das südliche Hochland. Sowohl Flora als auch Fauna sind daher üppig und ändern sich mit jeder Höhenstufe. Der Boden ist aus Kalkstein; wir haben es hier also mit einer Karstlandschaft zu tun wie auch in Südwestdeutschland oder Südwestfrankreich, Regionen, die ebenfalls mit archäologischen Sensationen, vor allem aus der Altsteinzeit, aufwarten können: Vor allem die Flusstäler und die riesigen Karsthöhlen, die das Wasser in den Fels gespült hat, waren bevorzugte Aufenthaltsorte für die Eiszeitmenschen, aber auch für Menschen aus späteren Epochen, die ganze Dörfer in die Felsen bauten. Die Chachapoya bevorzugten zwar eine andere Siedlungsweise, bestatteten aber ihre Toten in den Felswänden der Flusstäler, auf den Felsvorsprüngen, wo vor allem in späterer Inka-Zeit kleine Gebäude, Mausoleen, errichtet wurden. Die Ahnen hatten auf diese Weise einen sehr schönen ›Blick‹ auf Flüsse und Seen und waren selbst vor Wasser und Feuchtigkeit geschützt.

# Die Siedlungsweise der Chachapoya

Die Chachapoya, deren Bevölkerungszahl nur sehr schwer zu schätzen ist – die Angaben schwanken zwischen 20 000 und 250 000 –, bevorzugten für ihre Siedlungen und die dazugehörigen Felder in

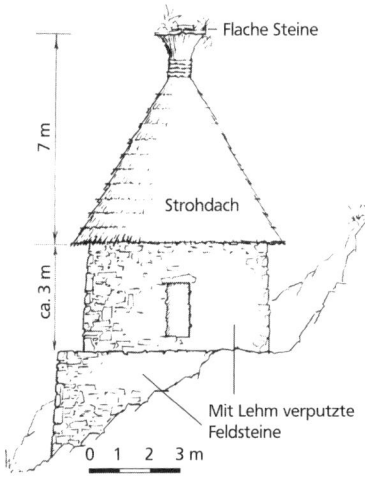

Abb. 104: Rekonstuktion eines typischen Chachapoya-Hauses

der Nordregion Höhenlagen zwischen 2700 und 2900 m ü. N. N., in der Südregion hingegen Höhenlagen zwischen 3400 und 3600 m, was mit der Temperatur und der Niederschlagsmenge zusammenhängen mag. Die Siedlungen, deren früheste man auf ungefähr 800 n. Chr. datiert, waren dabei alle nach dem gleichen Muster errichtet: Auf runden Sockeln aus Bruchstein, der sorgfältig aufgeschichtet wurde, standen runde Häuser mit konischen Dächern (Abb. 104). Für die Sockel legte man Terrassen an den Hängen an, ebenso wie für die Felder. Es gab sehr kleine Dörfer mit nur etwa 30 Plattformen, aber auch größere Ansiedlungen mit bis zu 400 Plattformen. Die meisten Siedlungen lagen zudem strategisch sehr günstig an den Berghängen, so dass man Ankömmlinge – in guter oder schlechter Absicht – sehr früh erkennen konnte. Sehr viele Siedlungen waren außerdem von einer Mauer umgeben. Die Orte waren darüber hinaus durch ein hochentwickeltes Wegesystem miteinander verbunden.

## Kuélape, Gran Patajén und Vira Vira

Die Festung von *Kuélape* (Abb. 105) ist – soweit überhaupt alle Chachapoya-Siedlungen bekannt sind – das monumentalste Bauwerk der Kultur: Die Anlage ist in ihrer Gesamtheit ungefähr 600 m lang und 100 m breit. *Kuélape* wurde um 800 errichtet, wahrscheinlich als Verteidigungsanlage gegen Angriffe der Huari. Die Anlage liegt auf einer Bergkuppe und ist durch mehrere dicke *Mauern*, die bis zu 20 m hoch sind, geschützt. Die *Außenmauer* ist mit ungefähr 2 km die längste bekannte Chachapoya-Mauer. Die von diesen *Mauern* eingefassten Innenräume wurden mit Erde und Gestein aufgeschüttet, um so ebene Flächen auf dem Bergrücken zu erhalten. Auf diesen Plattformen finden sich die *Fundamente* von mehr als 400 Gebäuden, alle rund, mit ehemals konischem Dach, wie eine hervorragende *Rekonstruktion* vor Ort zeigt. Einige der *Fundamentmauern* sind mit einem Band verziert, das durch aneinandergefügte Rauten gebildet wird. Möglicherweise waren dies die Tem-

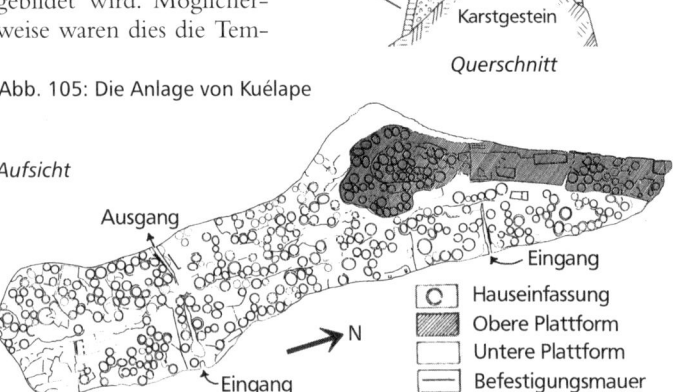

Abb. 105: Die Anlage von Kuélape

pel oder die Häuser der Häuptlinge, die dadurch kenntlich gemacht wurden. Mittlerweile geht man sogar davon aus, dass es einen eigenen Wohnbezirk für die Häuptlingsschicht gegeben hat.

Im Zentrum *Kuélapes* befindet sich der Rest eines mächtigen *Turms*, der sicher ein Wachturm war, von dem aus man ein riesiges Gebiet überblicken konnte. Im unteren Bereich des *Turms* gibt es eine *unterirdische Kammer*. Die nur zwei vorhandenen *Eingänge* zu der Festungsanlage sind schmale, steil ansteigende und lange, konisch verlaufende und nach oben offene Gänge, durch die man vom Fuße der *Festungsmauern* bis auf das Niveau der Plattformen gelangt. Da in diesen Zugängen höchstens zwei Personen nebeneinander Platz finden und sie sich nach oben hin so stark verengen, dass nur noch eine Person durchpasst, ließen sie sich äußerst gut verteidigen und auch recht einfach verriegeln.

*Kuélape* diente den Chachapoya bis ungefähr 1500 als Wohn- und Verteidigungsanlage. Es ist bis heute noch nicht eindeutig erwiesen, dass *Kuélape* ständig bewohnt war, und wenn ja, wie die Wasserversorgung funktionierte. Eine frühere Annahme zeigt die Möglichkeit auf, dass Rinnen, die um die einzelnen Häuser gezogen sind, nicht nur der Drainage, sondern vor allem der Wasserversorgung der Bewohner dienten.

*Gran Patajén* liegt weiter südlich im Tal des Río Montechristo und ist mindestens ebenso sehenswert wie *Kuélape*. Die Fundamente einiger recht großer Häuser sind hier mit *Steinköpfen* versehen, den ›*Cabezas Clavas*‹, die durch Zapfen – wie in *Chavín* – in der Mauer befestigt sind. Durch schräg oder aufrecht eingefügte, flache Steinplatten werden an den Mauern außerdem *Figuren* erzeugt (Abb. 106). Um einige der ›*Cabezas Clavas*‹ finden sich ausladende Kopfbede-

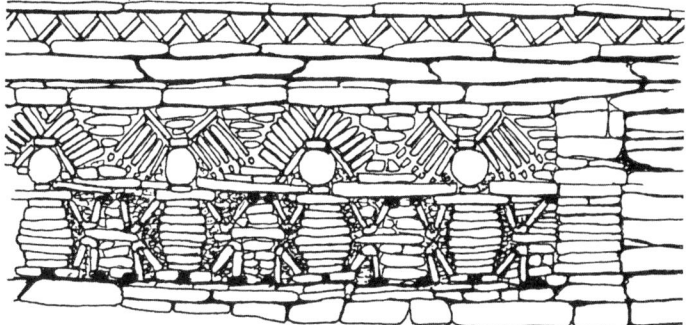

Abb. 106: ›Figurenmauern‹ der Chachapoya

ckungen, die sicher als Federschmuck gedacht waren. Die *Figuren* sind Frauen, in Hockstellung mit gespreizten Beinen. Sie scheinen in einer Reihe zu sitzen und sich an den Händen zu fassen: Ein Tempel für die ›Pachamama‹, die Mutter Erde? Andere *Reliefs* zeigen Kondore mit gespreizten Flügeln.

*Vira Vira* ist sicher eine der spannendsten Ruinen der Chachapoya-Kultur und etwas für Entdecker, da sie noch nicht ausgegraben ist (Abb. 107): Man erkennt unter dem Gras die ehemaligen Plattformen und unter Sträuchern und Bäumen sehr gut erhaltene *Häuser* aus der Chachapoya-Zeit. Eine Kartierung ermöglichte es, die Struktur der Siedlung zu rekonstruieren. An dieser Kartierung kann man beispielhaft erkennen, wie die Siedlungen der Chachapoya insgesamt aufgebaut waren: Die meist auf einer Bergkuppe gelegenen Verteidigungsanlagen waren schon durch ihre natürliche Umgebung schwer zu erobern; die Siedlungen wurden ins Gelände hineingebaut und mithilfe von Terrassen wurden die Abhänge bewohnbar gemacht. Das ganze Gelände wurde mit einer Mauer umgeben und besonders gut zu verteidigende Punkte innerhalb des ummauerten Gebiets, wie vorhandene Erhöhungen, wurden noch besonders befestigt. Von diesen Punkten aus, in denen sich auch die Gebäude der Herrscher und die Tempel befanden, konnte möglichen Eindringlingen, sollten sie die äußere Mauer überwunden haben, sehr gut Widerstand geleistet werden. Die Mehrheit der Wohnhäuser findet sich dagegen auf der niedrigsten Ebene.

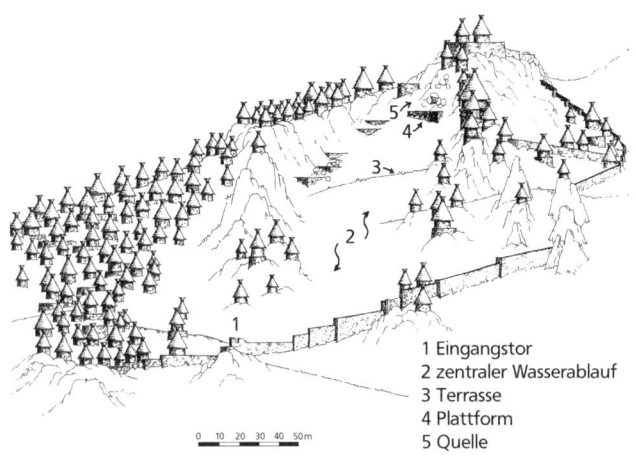

0  10  20  30  40  50m

1 Eingangstor
2 zentraler Wasserablauf
3 Terrasse
4 Plattform
5 Quelle

Abb. 107: Rekonstruktion von Vira Vira

Da im Bereich der Chachapoya-Kultur bisher sehr wenige Ausgrabungen stattgefunden haben, kennt man außer den genannten Siedlungen entsprechend wenig. So ist hier weder die materielle Kultur noch die Sozialstruktur wirklich bekannt. Es existieren allerdings Berichte aus der frühen Kolonialzeit, die noch die Beschreibungen der inkaischen Eroberer aufnahmen, die mehr darüber verlauten lassen, indes mit stark inkaisch gefärbten Schilderungen. Folgendes kann trotzdem als gesichert gelten: Es gab bei den Chachapoya mindestens zwei stark voneinander abgegrenzte soziale Schichten: die der Häuptlinge, die auch religiöse Funktionen hatten, und – den Rest: Bauern, Handwerker und vor allem Händler, wobei Letztere sicher eine große Rolle spielten, denn das Gebiet der Chachapoya lag an einem der wichtigsten Handelswege vom Amazonasgebiet in das peruanische Hochland bzw. an die peruanische Küste.

# Die Mumienbündel der ›Laguna de los Cóndores‹

Die 222 an der ›Laguna de los Cóndores‹, einer Begräbnisstätte der Chachapoya, entdeckten Mumien befinden sich noch in der Auswertung; Publikationen darüber sind in Vorbereitung oder im Druck, daher kann zum gegenwärtigen Zeitpunkt noch keine detailliertere Schilderung erfolgen. Bis dato ist so viel bekannt: Ihre Toten bestatteten die Chachapoya in Mumienbündeln, die teilweise von einem aufrecht gestellten Tonsarg umgeben waren, in Felsnischen oder Mausoleen, die wiederum in Felsnischen hineingebaut waren. Eine systematische Mumifizierung fand erst unter dem Einfluss der Inka statt. Die geborgenen Mumien stammen aus drei Epochen der Chachapoya-Kultur: der eigentlichen Chachapoya-Phase (um 800–1470), dann der Chachapoya-Inka-Phase (um 1470–1532) und zuletzt der Kolonialzeit (1532–1821). Als Grabbeigaben fand man Textilien, Keramiken und bei den Mumien aus der Inka-Zeit auch einige Knotenschnüre, ›Quipu‹.

# Unter der Herrschaft der Inka

Die Chachapoya waren für die Inka nur sehr schwer zu erobern, denn sie leisteten viele Jahre lang erbitterten Widerstand, waren die Inka doch als grausame Eroberer und wenig zimperliche Besatzer bekannt. Schließlich, um das Jahr 1470, ergaben sich die Chachapoya aber doch und ihre Niederlage gegen die Inka brachte weitreichende Folgen mit sich: Die Bauern wurden offensichtlich gezwungen, zusätzlich zu ihren eigenen Feldern neue Maisfelder anzulegen und diese für die Inka zu bebauen, was zur Folge hatte, dass die Chachapoya ihren eigenen Feldbau umstellen mussten und stärker zum Anbau von Knollenfrüchten, unter anderem Kartoffeln, übergingen, die in höheren Lagen gedeihen konnten – eine Strategie der Inka, die die Spanier in den Anden später fortsetzten: Man beanspruchte die fruchtbaren Talauen für sich selbst und die einheimische Bevölkerung wurde in weniger für den Feldbau geeignete Gebiete abgedrängt. Offensichtlich kam im Falle der Chachapoya noch hinzu, dass für die Einführung der Kameliden riesige Wälder, die als Wasserspeicher dienten, abgeholzt wurden, was wiederum Probleme mit der Wasserversorgung verursachte. Dies alles führte während der Inka-Herrschaft immer wieder zu Aufständen, was der Region der Chachapoya sogar in spanischen Schriftquellen noch den Namen ›las tierras de los rebeldes‹ – das Land der Rebellen – eintrug.

# 10. Das Königreich von Chimor

Mit dem Ende des Huari-Einflusses im südlichen Moche-Gebiet entstand an der peruanischen Nordküste die zweitgrößte politische Einheit, die in Südamerika jemals existierte: das Königreich von Chimor, dessen Kunst und Kultur als ›Chimú‹ bezeichnet wird (Karte 11). Chimor war ein expansionistischer Staat, der ab ungefähr 900 n. Chr. kleinere politische Einheiten eroberte – vom Chillon-Tal in der Nähe von Lima im Süden bis zur Nordgrenze des heutigen Peru, also der Stadt Tumbes, im Norden – und dadurch auf dem Höhepunkt seiner Macht eine Nord-Süd-Ausdehnung von annähernd 1000 km hatte. Das Ende Chimors lässt sich genau datieren: Es wurde im Jahre 1472 von dem Inka-Kaiser Topa Inca Yupanqui erobert.

## Das Königreich entsteht

Eine amerikanische Forscherin, Donna McClelland, erkennt in der Keramik der späten Moche- und der frühen Chimú-Phase einen deutlichen Übergang von Moche zu Chimú. Demnach wären die Moche nach dem Untergang der Huari mit zahlreichen von den Huari übernommenen Elementen zu einer neuen Kultur, der Chimú-Kultur, verschmolzen. Als Beleg dafür zieht sie das sogenannte ›Thule-Boot-Motiv‹ der Phasen Moche IV und V heran: In der späteren Moche-Zeit, also im Zeitraum um ungefähr 500 n. Chr., tauchte ein Motiv in der bemalten Keramik auf, das ein Boot aus Schilf, wahrscheinlich Totora, zeigt, ganz ähnlich den heutigen ›Seepferdchen‹, länglichen Flößen, die aus zwei zusammengebundenen Totora-Bündeln bestehen und vorne spitz zulaufen (Abb. 68). Streng genommen sind die Seepferdchen dabei keine Boote, da der Fischer nicht darin sitzt, sondern darauf kniet und paddelt. Auf dem Boot, das die genannte Keramik zeigt, steht eine Gottheit, die einen großen Fisch fängt (Abb. 109). Auf den Darstellungen der Keramik der darauffolgenden Zeit taucht diese Szene immer häufiger auf, aber in etwas veränderter Form: Das Boot ist nun schwer beladen und führt in einem Zwischendeck Menschen mit (Abb. 108); manche dieser ›Thule-Boote‹ sind zusätzlich mit Lasten beladen.

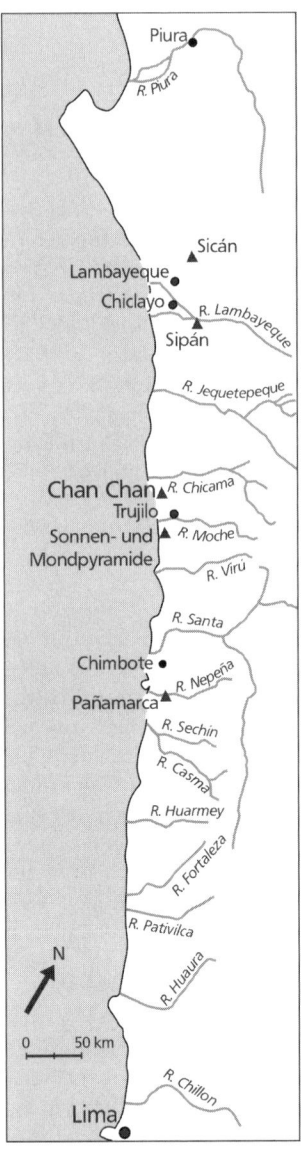

Transport über den Wasserweg ›Meer‹ war also ein neues Motiv in der Moche-Kunst, das ganz gegen Ende ihrer kulturellen Blüte auftrat, als die Naturkatastrophen die Gesellschaft bereits im Griff hatten. Bemerkenswert ist ferner, dass die Gottheit, die das Boot in der späteren Phase steuert, die weibliche Gottheit ist, deren Personifizierung wir in *Pañamarca* und in *San José de Moro* bereits kennengelernt haben. Von weiterreichender Bedeutung für Chimú ist aber vor allem die grundsätzliche, deutlich erkennbare Zunahme maritimer Motive in der Moche-Kunst. So tauchte gegen Ende von Moche noch ein weiteres Element auf, das auf das Meer verweist: die ›anthropomorphe Welle‹ – eine gebogene Welle, die vorne einen menschlichen Kopf hat. In der gänzlich maritim geprägten Kunst von Chimú, die sich um 900 n. Chr. deutlich herauskristallisierte, finden wir die ›anthropomorphe Welle‹ ebenso wie das ›Thule-Boot-Motiv‹ dann in dreidimensionaler Umsetzung.

# Expansionspolitik in Chimor

Nachdem die Häuptlinge von Chimor zunächst damit beschäftigt gewesen waren, ihre Macht im Heimatgebiet zu konsolidieren sowie nahegelegene Täler zu erobern, begannen sie, da sie mittlerweile schon über ein erhebliches Gebiet herrschten, mit einer ersten großen, wesentlich aggressiveren Expansion in fernere Gebiete, wobei die Eroberungszüge von Chimor recht gut nachzuvollziehen sind, da sie in den eroberten Gebieten jeweils Verteidigungsanlagen bauten, die relativ genau datiert werden können: Um 1130 eroberten sie das südlich gelegene Tal von Chao und im Norden das Jequetepeque-Tal. Eine zweite Expansionswelle erfasste um 1350 das Casma-Tal, etwas später stieß Chimor bis nach Lambayeque vor, wo Eroberungsdaten von 1372 vorliegen. Die dritte, letzte und gleichzeitig größte Eroberungswelle folgte kurz danach; sie erfasste im äußersten Norden die Sechura-Wüste und die Gebiete um die heutigen Städte Piura und Tumbes. Von dort liegen Chimú-Daten vor, die um 1400 datieren. Im Süden erreichten die Chimú das Chillon-Tal nördlich von Lima; das Chancay-Tal gehörte nach Ausgrabungsergebnissen der letzten Jahre nicht mehr zum Reich von Chimor. Die Expansion von Chimor erfolgte dabei sicher, wie später auch bei den Inka, aus wirtschaftlichen Gründen: Die Erweiterung der Anbaufläche, die Kontrolle über Handelsrouten und der Zugang zu benötigten Gütern wie Cocablättern führten zur Ausbreitung nach Süden und Norden, aber auch talaufwärts in den Bereich der Yungas.

Das Gebiet in seiner maximalen Ausdehnung beherrschten die Chimú nur etwa 50 Jahre lag, bis sie eben 1472 ihrerseits von den Inka erobert wurden. Von da an war Chimor ein wesentlicher Bestandteil des ›Chinchaysuyu‹, eines der vier zusammengehörenden Teile des Inkareiches.

Abb. 108: Thule-Boot, späte Darstellung, Moche V

Abb. 109: Thule-Boot, frühe Darstellung, Moche IV

# Die Hauptstadt *Chan Chan*

Schon um 900 begann das neue Reich mit dem Bau seiner Hauptstadt *Chan Chan*. Sie liegt unmittelbar am Pazifik und zeigt eindeutig
das Raster von typischen Huari-Siedlungen: Alle Einzelelemente
dieser größten Lehmziegelstadt der Welt haben einen rechteckigen
Grundriss (Abb. 110). Von außen erinnert *Chan Chan* dabei stark an
*Pikillacta*: Man sieht nichts als Mauern, teilweise bis zu 9 m hoch, die
ganze Pracht erschließt sich erst beim Besuch der einzelnen ›Zitadellen‹ genannten Großareale. Diese *Zitadellen*, insgesamt zehn an der
Zahl, bilden einen erheblichen Teil des ehemaligen Stadtkerns und
schon dieser umfasste ein Areal von 6 km². Das gesamte Stadtareal,
das man mit etwas Glück während des Landeanflugs auf den Flugha-
fen von Trujillo am besten sehen kann, umfasste ungefähr 20 km².
Leider ist durch moderne Bauten, darunter die Panamericana, Wind-
und Regenerosion sowie Grabräuberei von dem ehemaligen Wohn-

Abb. 110: Grundriss-
plan des Zentrums
von Chan Chan

und Arbeitsviertel nicht mehr viel übrig. Ähnlich sah es während der 1970er Jahre auch im ehemaligen Zentrum aus, als die erste umfangreiche Grabungskampagne zur Erforschung *Chan Chans* gestartet wurde. Erst die Ergebnisse dieser Kampagne und der Einsatz der Archäologen erreichten, dass man *Chan Chan* unter Denkmalschutz stellte und begann, den ehemaligen Stadtkern zu restaurieren und für Besucher zugänglich zu machen. Was man daher heute zu sehen bekommt, ist die teilrestaurierte *Ciudadela Tschudi*, wobei der Besuch sehr lohnenswert ist, da die Lehmziegelarchitektur und die *Fresken* auf vorbildliche Weise wiederhergestellt wurden. Um den Besuchern das damalige Leben anschaulich zu machen, reaktivierte man auch *Lagerhäuser* und stellte *Repliken hölzerner Götterfiguren* in die dafür vorgesehenen Nischen. Leider wurde das dazugehörige *Museum* vor einigen Jahren überfallen und ausgeraubt.

# Die *Zitadellen* von *Chan Chan*

Die einzelnen *Zitadellen* entstanden selbstverständlich nicht gleichzeitig, sondern wurden nach und nach im Auftrag der Herren, Fürsten oder Könige von Chimor errichtet. Aufgrund der sich verändernden Lehmziegelgröße nimmt man an, dass die *Zitadellen Uhle* und *Chayhuac* die ältesten sind und im Zeitraum zwischen 900–1100 errichtet wurden, darauf folgten die *Zitadellen Laberinto* und *Tello* (1100–1200) sowie *Squier* und *Gran Chimú* (1200–1300), als vorletzte wurden dann *Bandelier* und *Velarde* (1300–1400) und als letzte *Rivero* und *Tschudi* (1400–1472) erbaut. An dieser Einteilung kann sich jedoch noch etliches verschieben, da die Erforschung von *Chan Chan* – man denke an die riesige zu untersuchende Fläche – nur sehr langsam vorangeht.

Die nach ihren Entdeckern benannten *Zitadellen* sind entlang einer Nord-Süd-Achse ausgerichtet und befinden sich im Zentrum des Gesamtkomplexes. Sie sind dabei nicht sämtlich gleich groß, sondern variieren zwischen 88 000 m² (*Rivera*) und 220 000 m² (*Gran Chimú*), die meisten liegen mit ungefähr 140 000 m² in der Mitte. Die einzelnen *Zitadellen* sind von ihrer Umgebung außerdem durch bis zu 9 m hohe und 1–2 m breite *Mauern* abgegrenzt. Allesamt sind sie nach demselben Muster gebaut, wobei es in der Ausgestaltung geringe Unterschiede gibt, die aber jeder *Zitadelle* einen eigenen Charakter verleihen: Jede *Zitadelle* hat interne Unterteilungen in einen nördlichen Sektor, einen zentralen Sektor und einen Flügel; jede hat nur einen Eingang in der Mitte der nördlichen Mauer, der den Zutritt zum nördlichen Sektor erlaubt – und damit zur ganzen *Zitadelle* –, das heißt, die Eingänge liegen dem Pazifik abgewandt im windstillen Bereich. Sie sind sehr groß: ungefähr 1,5 m breit und auf einer Länge von bis zu 5 m von Mauern begrenzt. Die Anlage stellte also sicher, dass immer nur eine Person hinter der anderen laufen konnte, so dass die Anzahl der hereinkommenden Personen kontrolliert werden konnte. Zu beiden Seiten des Einganges standen jeweils zwei hölzerne Figuren (Wächter?) in Nischen.

## Die *Tschudi-Zitadelle*

Die *Tschudi-Zitadelle* (Abb. 111) liegt zwischen der *Chayhuac-* und der *Rivero-Zitadelle* ganz vorne, nahe dem Pazifik. Um zu ihr zu gelangen, muss man einen erheblichen Teil des ehemaligen Stadtzentrums durchqueren. Schließlich gelangt man über den Eingang (1) auf den *großen Platz* (2), der, wie bei allen anderen *Zitadellen* auch, im äußersten Norden des Nordteils der Anlage liegt. An den östlichen und westlichen *Mauern* des Platzes befinden sich niedrige *Sitzbänke*, eine etwas höhere *Bank* findet sich an der Südseite, zusätzlich führt eine lange *Rampe* quer durch den Hof genau zu dieser erhöhten *Bank*. Diese Rampen enthielten in allen Zitadellen vermutlich vergrabene Opfergaben aus Knochen, Keramik und Textilien, was sich aber nicht mehr genau nachvollziehen lässt, da alle Rampen geplündert sind. An den *Seitenwänden* des *großen Platzes* der *Tschudi-Zitadelle*

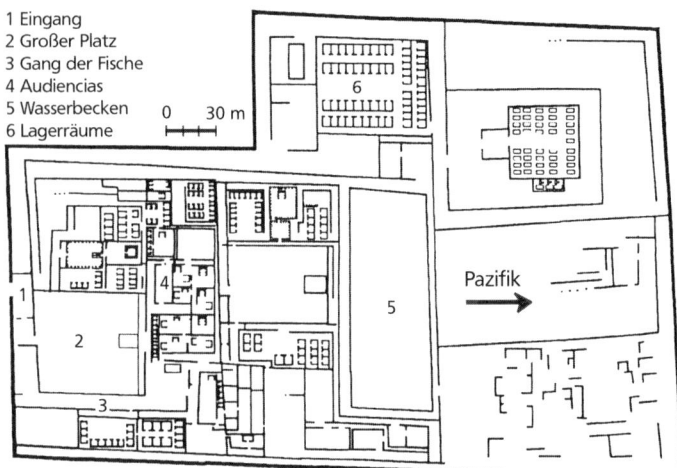

1 Eingang
2 Großer Platz
3 Gang der Fische
4 Audiencias
5 Wasserbecken
6 Lagerräume

0    30 m

Pazifik

Abb. 111: Plan der Tschudi-Zitadelle

finden sich *Darstellungen von Wellen* und darunter ein Band mit *Tierdarstellungen*. Was für Tiere hier dargestellt sind, kann man indes nur vermuten: Es war häufiger von Fischottern die Rede, aber ein Vorschlag, dass es sich um Eichhörnchen handelt, scheint es besser zu treffen; früher waren die Flussoasen stark bewaldet, so dass dies durchaus denkbar wäre. Es würde sich damit um eine Darstellung von Wasser/Land handeln: der typischen sich ergänzenden Gegensätze. Der *große Platz* diente vermutlich Empfängen und Versammlungen. Wir kennen solche Plätze aus Inka-Stätten wie beispielsweise *Tambo Colorado*: Hier hielt der Herrscher große Audienzen ab, die der Sicherung und Pflege der Beziehungen zu den eroberten Provinzen dienen sollten. Möglicherweise wurden auf diesen Plätzen auch die Lamakarawanen entladen, die Güter für den Herrscher und seine Familie anlieferten. *Chan Chan* war nicht autark, sondern sowohl Nahrungsmittel als auch Rohstoffe zur Weiterverarbeitung mussten herantransportiert werden.

An einem Seitenausgang verlässt man den *großen Platz* und gelangt in einen schmalen *Gang*, dessen *Seitenwände* mit Wellen und einem mäanderförmigen Band aus Fischen verziert sind (3). Am Ende dieses Ganges hat man nach links Zutritt zu den *Hilfsräumen*, wo die Küchen und kleineren Werkstätten untergebracht waren und die im Gegensatz zum *großen Empfangsplatz* sämtlich überdacht waren. Viele ihrer *Mauern*, was für *Chan Chan* generell gilt, sind als durchbrochene Rauten gestaltet, die Fischernetze darstellen könnten. Häufig sind die *Mauern* außerdem mit kleinen Vögeln, dem Treppe-Welle-Motiv oder Fischen verziert. Kehrt man zu dem *Gang* zurück, so gelangt man auf einen weiteren *Platz*, über den man wiederum zu Räumen kommt, die ›*Audiencias*‹, also Audienz- oder Anhörungsräume, genannt werden (4). In jeder dieser ›*Audiencias*‹ findet sich eine U-förmige Struktur, die möglicherweise zur Abschottung miteinander sprechender Personen von der Außenwelt diente. Knochenfunde belegen außerdem, dass die ›*Audiencias*‹ auch als Bestattungsplätze benutzt wurden. Manche der ›*Audiencias*‹ sind reich mit Fresken verziert, allerdings wurden gerade diese Räume, nachdem *Chan Chan* verlassen wurde, besonders umfassend geplündert und zerstört; so wurden etwa die hölzernen Balken und Pfosten, die die Dachkonstruktionen trugen, als Brennmaterial missbraucht. Hinter den ›*Audiencias*‹ befinden sich *Lagerräume*, die nur 2–4 m² groß sind. Die Zugänge zu ihnen sind sehr breit und ihre Mauern auffallend dick.

Hinter dem nördlichen Komplex folgt ein weiterer, der im Prinzip identisch angelegt ist. Noch weiter in Richtung Pazifikküste gelangt

man schließlich an eine tief gelegene Fläche, in der sich Wasser ge-
sammelt hat (5). Ob dies schon in früherer Zeit ein Wasserreservoir
gewesen ist, ist allerdings fraglich, denn stehendes Gewässer bringt im
subtropischen Klima der peruanischen Nordküste rasch Krankheiten
wie Dengue-Fieber und Malaria hervor. Das Wasser verschmutzt
durch hineingewehten Sand außerdem sehr schnell und es war ein
viel zu kostbares Gut, um es schlicht verdampfen zu lassen. Wasser
kam per Wasserleitung direkt und frisch aus den Anden; es wurde,
wie auch später in der Inka-Zeit, in großen Keramikgefäßen aufbewahrt. Daneben gab es zahlreiche *Brunnen*, die durch viereckige Um-
mauerungen noch zu erkennen sind. Es gab in *Chan Chan* zudem
Tiefbeete, die das Grundwasser zur Feuchtigkeitsspeicherung nutzten, aber nur sehr wenige.

Neben den beiden Hauptsektoren hat jede Zitadelle einen ihr angegliederten Flügel, der weitere *Plätze*, ›*Audiencias*‹, *Neben*- und *Lagerräume* (6) enthält. Am südlichen Ende der *Zitadellen* befinden sich
zudem jeweils die in Peru ›*Canchones*‹ genannten großen Plätze, in
denen vermutlich die Bediensteten, die in der Zitadelle arbeiteten,
untergebracht waren.

## Die Funktion der *Zitadellen*

Die *Zitadellen* von *Chan Chan* waren Königshöfe. Sie wurden nach
und nach für die verschiedenen Herrscher errichtet, die dort Hof
hielten und ihre Verwaltung, ihren Hofstaat und ihre Bediensteten
unterbrachten. Die eigentlichen Residenzen befanden sich dabei
vermutlich in den *Annexen*, die weiter unten noch beschrieben werden. Starb ein König, so wurde er in der *Zitadelle* bestattet; Nachgrabungen im ›*Laberinto*‹ belegen dies: Obwohl das Königsgrab dort
stark geplündert war, ergaben die Nachgrabungen immer noch zahlreiche Textilien, einige Goldobjekte, Holzschnitzereien, Fragmente
von Zeremonialkeramik, geopferte Lamas und auch geopferte Menschen – 22 an der Zahl – als Begleiter, die dem König in den Tod
folgten. Die nach der Plünderung noch geborgenen Objektreste waren sogar so zahlreich und von so guter Qualität, dass die Archäologen davon ausgehen, dass die Könige nicht nur mit ihrem persönlichen ›Schatz‹, sondern wohl mit ihrer gesamten Kunstkammer, also
auch mit Schmuck und wertvollen Textilien sowie anderen Dingen
aus fernen Provinzen, bestattet wurden. In der unmittelbaren Nähe
des Königs bestattete man dann seine ganze Familie, wahrscheinlich
sein ›Ayllu‹. Auch diese Gräber waren reich ausgestattet, sind aber
leider völlig geplündert.

# Architekturformen außerhalb der *Zitadellen*

Direkt nördlich an die *Zitadellen* waren Gebäude angegliedert, die man ›Annexe‹ nennt. Sie sind sehr unterschiedlich groß und folgen keiner strikten Bauweise wie die Zitadellen. Der *Annex* der *Rivero-Zitadelle* wird als Wohnstätte von adligen Familien interpretiert. Er enthält einen *Brunnen*, *Lager-* und *Wohnräume*. Auch an andere *Zitadellen* waren diese vermutlich königlichen Wohnungen direkt angebaut.

Vereinzelt befanden sich in der Kernzone oder teilweise sogar innerhalb der *Zitadellen* zusätzlich kleine Wohneinheiten. Die meisten Wohneinheiten *Chan Chans* lagen jedoch vermutlich außerhalb der Kernzone und sind durch moderne Landwirtschaft zerstört.

Neben den Einzelbestattungen in den ›Audiencias‹ und den fürstlichen Gräbern gab es in *Chan Chan* außerdem einen großen *Friedhof*. Heute sieht man davon nur noch die von den Grabräubern gegrabenen Löcher, herumliegende, zerrissene Textilien, Menschenknochen und zerbrochene Keramik.

In der Kernzone *Chan Chans* befinden sich weiterhin kleine *Zeremonialplattformen* – El Higo, Toledo, Obispo –, die aus Kieseln errichtet und mit Lehm verkleidet sind. Sie bestanden aus aufeinander geschichteten Terrassen, wie die früherer Kulturen auch. In der Umgebung befinden sich zwei weitere Zeremonialplattformen: die *Huaca la Esmeralda* (›Smaragdpyramide‹) und die *Huaca del Dragon* bzw. *Huaca Arco Iris* (›Regenbogenpyramide‹) – beides Adobe-Bauwerke. Letztere, die von Archäologen noch vor die Chimor-Kultur datiert wird – sie wäre dann von dieser ›übernommen‹ worden –, ist insbesondere wegen der gut restaurierten *Reliefs* sehenswert, die Regenbogen, Drachen und Tausendfüßler zeigen. Die *Huaca la Esmeralda*, die ungefähr gleichzeitig mit *Chan Chan* entstanden ist, ist geometrisch angelegt und erinnert teilweise an ein *Labyrinth*. Sie ist eine von einer großen *Außenmauer* umgebene, dreistufige *Pyramide*. Zu sehen sind vor allem die *Zugangsrampe* mit ihren verzierten *Seitenwänden* sowie die ornamentverzierten *Pyramidenstufen*, die Fische, Vögel, Rauten und Wellen zeigen – dieselben Motive also, die sich auch an den Wänden der *Tschudi-Zitadelle* finden.

# Die Bevölkerung von *Chan Chan*

Die ursprüngliche Einwohnerzahl *Chan Chans* zu schätzen ist schwierig. Mittlerweile geht man von ungefähr 100 000 Menschen aus. Die meisten davon lebten in kleinen Häusern, die jeweils aus einer Küche mit Sitzbank und mehreren daran angegliederten Räumen bestanden, die als Lager-, Schlaf- und Wohnräume sowie als Werkstätten dienten. In diesen Bereichen wurde viel Gebrauchskeramik sowie Webwerkzeuge gefunden. In anderen Bereichen fand man Metallwerkzeuge und Werkzeuge zur Metallbearbeitung. Viele der Bewohner *Chan Chans* waren demnach Handwerker, aber es gab auch kleine Gehöfte, die sich der Tierzucht widmeten. Die Bevölkerung war mindestens in zwei soziale Schichten eingeteilt, was sich an der Architektur Gesamt-*Chan Chans* klar erkennen lässt.

## Die Wirtschaft *Chan Chans*

Man kann davon ausgehen, dass sämtliche Rohmaterialien nach *Chan Chan* geliefert werden mussten: Baumwolle, Lama- und Alpakawolle, Edelmetalle, Spondylus, Federn – eben alles, was man zur Herstellung von Luxusgütern für die Elite benötigte. Herantransportiert wurde aber auch der überwiegende Teil der Nahrungsmittel wie beispielsweise Lamas, Knollenfrüchte, Früchte und Mais – nur ungefähr 20 % des in *Chan Chan* konsumierten tierischen Proteins stammten aus dem Meer, ein höherer Anteil stammte aus Lamafleisch, 10 % des verzehrten Fleisches stammte von Seelöwen. Zur Zeit der maximalen Ausdehnung des Chimor-Königreiches muss daher ein breites Netzwerk existiert haben, das *Chan Chan* mit Lebensmitteln versorgte. So gab es administrative rurale Zentren, über die die Versorgung der Hauptstadt organisiert wurde.

Das Wasser für die Hauptstadt stammte aus Kanälen, die sich oberhalb der Stadt vereinten und dann als eine große Wasserleitung nach *Chan Chan* geführt wurden. Das vereinfachte vieles sehr, machte die Stadt aber auch verwundbar, was die spätere Belagerung durch die Inka zeigte. Zusätzlich zu dieser Wasserleitung gab es offensichtlich über 140 kleinere *Brunnen* in *Chan Chan*, die von Archäologen (Ulana Klymyshyn, 1978) identifiziert werden konnten. Die Felder *Chan Chans* lagen in den Flussoasen entlang der Nordküste, wie früher während der Moche-Zeit.

Die Gesellschaft der Chimú war charakterisiert von einer hierarchischen Sozialordnung und einer machtvollen Elite, die absolute Kontrolle über die Produktion, Lagerung und Verteilung von Gütern und Nahrungsmitteln ausübte. Aufgrund ihrer Fähigkeit, eine hohe Anzahl von Arbeitern für den Bau von öffentlichen Gebäuden, Kanälen und Bewässerungssystemen sowie die Kultivierung von Feldern zu rekrutieren, hatte die Elite außerdem die Kontrolle über die zwei für die Gesellschaft existentiellen Grundlagen: Land und Wasser. Durch diese Organisationsform war es möglich, viel neues Land zu kultivieren und teilweise auch der Wüste abzuringen. Zudem sorgte die Führungselite dafür, dass der auf diese Weise erwirtschaftete Reichtum in den Staat floss, wo er in den *Zitadellen Chan Chans* konzentriert wurde.

## *Chan Chans* Ende

Eine Legende, die ähnlich wie die über Naymlap (s. S. 219) mit der Ankunft eines Herrschers über den Pazifik beginnt, berichtet über mehrere Dynastien von Chimú-Fürsten, die von Tacaynamo begründet worden sei: Er ist in diesem Fall derjenige, von dem man sagt, er sei mit einem Balsafloß über das Meer an die Küste gelangt. Der ihm nachfolgende Fürst, Guaricaur, dehnte den Herrschaftsbereich Chimors über das gesamte Moche-Tal aus, Ñançenpinco trieb die Expansion weiter voran. Für die Herrscher vier bis zehn überliefert die Legende keine Namen, erst Minchançaman, der elfte Fürst, wird wieder namentlich erwähnt. Unter ihm erreichte Chimor seine maximale Ausdehnung, aber es erlebte auch sein Ende.

Dies können nun natürlich keinesfalls alle Herrscher Chimors gewesen sein: Schon der Zeitraum von der Gründung Chimors bis zum Abschluss der Eroberung der Provinz Sicán beträgt ungefähr 500 Jahre, für diesen Zeitraum werden aber nur drei Herrscher Chimors aufgelistet. Die Legende mag also einzelne Herrscher von besonderer Bedeutung herausgehoben haben und die anderen blieben unerwähnt oder das Wissen ging über den langen Zeitraum von annähernd 700 Jahren vom Beginn Chimors bis zur Niederschrift der Legenden in der frühen Kolonialzeit schlicht verloren.

Nach einer über zehn Jahre dauernden Belagerung durch die Inka – dies ist geschichtlich überliefert – kapitulierte Minchançaman und mit ihm *Chan Chan*, da Topa Inca Yupanki damit gedroht hatte, den Kanal, der das frische Wasser nach *Chan Chan* leitete, zu zerstören und so die Stadt auszutrocknen. Minchançaman wurde gefangengenommen und mit seiner ganzen Familie nach *Cuzco* gebracht. Er lebte dort noch einige Jahre. Seine Söhne wurden von den Inka in ihrem Sinne erzogen und als gefügige Statthalter an die Küste zurückgeschickt.

*Chan Chan* selbst verödete nach dem Sieg der Inka um 1472 und wurde verlassen. Mittlerweile gibt es allerdings Archäologen, die davon ausgehen, dass *Chan Chan* schon zwei Jahre vor der Eroberung kaum noch Einwohner hatte – eine Erklärung dafür steht noch aus.

# Chimor in der *Mondpyramide*

Bei den Ausgrabungen an der *Mondpyramide* machte man vor einigen Jahren eine spannende Entdeckung: In Gräbern der Chimú-Zeit fand man hölzerne Tempelmodelle mit Figürchen darin, die szenische Nachstellungen von Bestattungsritualen hochrangiger Chimú-Fürsten sind. Einige dieser Modelle sind im *Archäologischen Museum* in Trujillo, das wie schon erwähnt leider kürzlich zahlreicher Goldobjekte aus der Moche-Kultur beraubt wurde, ausgestellt. Im Prinzip sind diese Modelle Nachbauten großer Plätze in *Chan Chan*: Die Seitenwände, ungefähr 13 cm hoch, sind hier ebenfalls mit Fischen verziert. In der Mitte des abgebildeten Modells (Abb. 112) befindet sich ein großes Gefäß, vermutlich ein Behältnis für ›Chicha‹; davor steht ein Mann mit einer Schöpfkelle, ein anderer Mann hält eine Trommel. Der ganze Innenhof lässt sich zudem in Szenen aufgliedern: drei mit Musikern, eine Szene, in der ›Chicha‹ ausgeschenkt wird, dazu Teilnehmer der Zeremonie, der Träger des Bechers und Zuschauer. Es

1: Musiker
2: Trommler
3: Chichabehälter
4: Mann mit
   Schöpfkelle
5: Zuschauer

0    5    10 cm

Seitenwände

Abb. 112:
Tempelmodell
aus der Mond-
pyramide

handelt sich hier um eine Getränkopferzeremonie, ein Ritual des ›Flüssigkeitsspendens‹, wie wir es aus der Ikonographie von Nasca kennen. Ein anderes Modell zeigt ein Bestattungsritual: Zwei Träger, flankiert von jeweils fünf Personen und einer die voraus- sowie einer anderen, die hinterhergeht, tragen ein Mumienbündel. Ein weiteres Ensemble von hölzernen Figürchen stellt die Opferung von Gefangenen dar, in einer anderen Szene werden Lamas bepackt. Ferner finden sich Personen mit Körben in den Händen, die vermutlich pulverisierte Spondylus verstreuen.

Ob jede der dargestellten Szenen für sich steht oder alle in einen einzigen Zusammenhang gehören, ist noch nicht geklärt. Ein peruanischer Archäologe vermutet, dass sämtliche Szenen zu einer Königsbestattung in *Chan Chan* gehören. Dass sie aus der Chimú-Kultur stammen, ist unstrittig. Der Fund ist damit ein Beleg dafür, das bedeutende religiöse Stätten über Jahrhunderte hinweg von verschiedenen Kulturen genutzt wurden, sei es als Ritualplatz oder als Begräbnisstätte.

# Das Erbe Chimors

Nicht nur in der Hauptstadt *Chan Chan*, sondern im gesamten Gebiet des ehemaligen Königreiches von Chimor wurden Textilien, Keramik, Schmuck, Kronen und Gebrauchsgegenstände für die Elite aus Edelmetall, Holzarbeiten, Mosaike aus Muschel und Schmucksteinen sowie edelste Federarbeiten hergestellt. Die Schätze Chimors sind verteilt in unzähligen Museen und Privatsammlungen. Problematisch ist hier vor allem die Tatsache, dass es für das Königreich Chimor nicht eine einzige, nicht von Grabräubern geplünderte Fundstelle gibt, bei der es sich um ein Fürstengrab handelt; wie wir schon an den Beispielen *Sipáns* oder der *Huaca Loro* gesehen haben, können solche Funde der Zuordnung ganzer Objektkomplexe dienen. Die schlechte archäologische Dokumentation und die vergleichsweise schleppende weitere Erforschung Chimors (man bedenke auch hier die räumlichen Dimensionen des zu untersuchenden Gebietes!) sind sicher auch Gründe dafür, warum es vergleichsweise wenige Studien über seine materielle Kultur gibt.

Die Vermischung des Chimú-Kunststils mit den Kunststilen der jeweiligen Provinzen macht eine klare Zuordnung zu Chimú zudem häufig unmöglich. Am einfachsten sind die Keramiken zu identifizieren: Sie sind einfarbig – schwarz glänzend – und figürlich; es gibt Gabelhalsflaschen, an deren Ausguss sich häufig ein kleines Äffchen klammert, aber auch andere Keramikformen (Abb. 113). Die Textilien sind sehr farbenfroh, man hat den Eindruck, dass Rot und Gelb

dominieren. Als Motiv findet sich auf unzähligen Textilfragmenten eine menschliche Figur, die eine ausladende Kopfbedeckung trägt, manchmal werden aber auch Tiere abgebildet: Wasservögel, Affen, Raubkatzen zieren Borten, Lendenschurze und Umhänge. Von besonderer Qualität müssen die Arbeiten aus Edelmetall gewesen sein: Sie waren offenbar so gut, dass die Inka die Gold- und Silberschmiede aus *Chan Chan* und dem gesamten Gebiet Chimors nach *Cuzco* verschleppten, damit sie dort für sie arbeiten sollten. So sollen Chimú-Goldschmiede auch den berühmten Garten aus Gold und Silber vor dem inkaischen *Sonnentempel* in *Cuzco* ausgestattet haben.

Abb. 113: Keramik mit Äffchen am Gabelhals, Chimú-Kultur

# 11. Das Imperium der Inka

Die Inka haben die berühmteste Kultur Südamerikas hervorgebracht: Sowohl ihre ehemalige Hauptstadt *Cuzco* als auch der Landsitz des Inka Pachacutec Inca Yupanki, *Machu Picchu*, sind in die UNESCO-Weltkulturerbeliste aufgenommen worden. Diese Stätten zu besichtigen ist wohl bei den meisten Reisenden auch der Anlass für den Besuch Südamerikas und vor allem Perus. Und auch die indigene Bevölkerung eines Teils des südamerikanischen Kontinents ist durch die Inka geprägt: Der überwiegende Teil spricht ›Quechua‹, die ehemalige Sprache der Inka und von diesen als Verkehrssprache in ihrem gesamten Herrschaftsgebiet eingeführt, das zum Zeitpunkt seiner maximalen Ausdehnung von der Schlucht von Rumichaca im Norden, der heutigen Grenze zwischen den Republiken Ecuador und Kolumbien, bis zum Río Baule in Südchile, dem Territorium der Mapuche-Indianer, reichte (Karte 12). Dies entspricht einer Nord-Süd-Ausdehnung von ungefähr 5500 km, die Ost-West-Ausdehnung des Inkareiches folgte in großen Teilen der Ausdehnung der Andenkette; allerdings gab es Stellen, an denen das Inkareich ein erhebliches Stück in das Amazonas-Gebiet hineinreichte, die Regel war das jedoch nicht. Verwaltet wurde dieses riesige Reich, ein Vielvölkerstaat mit geschätzten 10–12 Millionen Einwohnern, mittels der Knotenschnüre, der ›Quipu‹, die von besonders geschulten Verwaltungsbeamten geknüpft und gelesen werden konnten (s. S. 276).

Eine der am häufigsten gestellten Fragen hinsichtlich des Inkareiches ist die nach dem raschen und nachhaltigen Untergang, der, wie viele Geschichten erzählen, von einem Häufchen verschreckter und erschöpfter Spanier – 168 an der Zahl – unter der Führung von Francisco Pizarro in den Jahren 1532–33 herbeigeführt worden sein soll. Die Antwort auf diese Frage liegt in der Struktur des Inkareiches.

## Die Erforschung des Inkareiches

Die Forschung verfügt bezüglich des Inkareiches über mehr Möglichkeiten als für die vorinkaischen Kulturen, denn die Inka erlebten den Kontakt mit den Spaniern, was von Letzteren – also von Europä-

Karte 12: Das Inkareich und seine Expansion

ern für Europäer – schriftlich dokumentiert wurde. Es existieren demnach Berichte der Eroberer, von Missionaren, Soldaten und Verwaltungsbeamten, Korrespondenzen und vieles mehr. Was in diesem Zusammenhang freilich fehlt, ist die Sichtweise der Inka: Geschichten wurden bei den Inka, ebenso wie bei ihren Vorläuferkulturen, hauptsächlich mündlich überliefert; Mythen vom Ursprung und Aufstieg der Inka wurden über die Generationen hinweg vermittelt, aber auch in Bildern auf Holztafeln gemalt und in Knotenschnüre geknotet. In einer Schrift in unserem Sinne niedergeschrieben wurden sie jedoch nicht. Erst einige Zeit nach der Eroberung lernten Abkömmlinge von Inka-Prinzessinnen und Spaniern zu lesen und zu schreiben und begannen die Geschichte ihrer Vorfahren in Büchern zu erzählen. Insgesamt schätzt man diese Chroniken auf ungefähr 50. Der bekannteste dieser Schriftsteller – ich bezeichne ihn hier bewusst nicht als Chronisten – ist Garcilaso de la Vega, ›El Inca‹. Seine Niederschrift der »Königlichen Kommentare der Inka und umfassende Geschichte Perus« (1609) galt lange Zeit als Standardwerk, bis man durch vergleichende Studien bemerkte, dass seine Kommentare stark pro-inkaisch gefärbt waren. Er verherrlichte die Inka – war er doch selbst einer. Die Kehrseite der Inka-Herrschaft kam bei ihm folglich nicht vor, was ein Verständnis des gesamten Systems verhinderte. Andere Chronisten wie beispielsweise der berühmte Soldat und Eroberer Pedro Cieza de León, dem wir zahlreiche und sehr präzise Beschreibungen vieler Völker verdanken, erreichten das Inka-Reich erst sehr spät, es begegnete ihnen daher nicht mehr in seinem ursprünglichen Zustand, sondern bereits in dem des Zerfalls. Um ihre Chroniken zu verfassen suchten sie sich Augenzeugen und zwar zumeist bei den Angehörigen der Oberschicht, weil sie diese für gebildeter hielten. Entsprechend fehlt hier die Schilderung des einfachen Bauern, des Handwerkers oder des untergeordneten und für das Einziehen der Steuern verantwortlichen Häuptlings. Die bekannteste Chronik eines Missionars ist der Bericht des Fray Bernabe Cobo über die Sitten, Bräuche und Religion im Inkareich.

Andererseits hinterließen die Inka bedeutende Bauwerke und eine reiche materielle Kultur, zumeist vermischt mit den bestehenden Formen eroberter Völker. Gold und Silber wurden zwar großenteils eingesammelt und eingeschmolzen, aber die Keramiken, Federkleider und zahlreiche andere Dinge blieben erhalten und erhalten blieben auch die Errungenschaften der Inka im Bereich der Ingenieurskunst und des Straßenbaus. Durch Erhebungen der Verwaltungsbeamten ist außerdem ihre Wirtschaftsform des ›Poolings‹, also des zentralen Verwaltens aller erwirtschafteten Güter und deren Wiederverteilung aus ihrer Hand (s. S. 274), überliefert. Überliefert ist auch das System der Steuererhebung im Inkareich: nämlich durch Arbeit (Mit'a).

Aus dieser Vielzahl an Quellen, so eingeschränkt jede einzelne für sich auch sein mag, ergibt sich mittlerweile doch ein recht detailliertes Bild über die Struktur, Religion und Strategie des Inkareiches – einschließlich der ihr innewohnenden Gefahr des Zerfalls.

# Der Ursprung der Inka: Mythos und Geschichte

Die Inka waren zu Beginn ihrer bedeutenden Geschichte vermutlich einer der Stämme im südlichen Hochland, die nach dem Fall der Reiche von Tiahuanaco und Huari nach Macht strebten und begannen, sich eine eigene Einflusssphäre zu schaffen. Der Ursprungsmythos der Inka besagt, dass ihre Genealogie mit dem Urvater Manco Capac begann und sich dann über zwölf oder dreizehn Herrschergenerationen fortsetzte. Der Ursprung der Inka liegt demnach an einem mythischen Ort namens Pacariqtambo. Dort gab es eine Höhle, Tampu T'oqo. Aus dieser Höhle holte der Schöpfergott acht Menschen, vier Männer und vier Frauen, die als Ehepaare – der Mann immer voraus – die Höhlen verließen. Sie gelten als die Urväter und Urmütter der Inka. Schon bald suchten sie fruchtbares Land, um sich niederzulassen und reich zu werden. Das ›Hauptpaar‹ namens Manco Capac (Mann) und Mama Oqllu (Frau) fand in den in der Nähe lebenden Völkern der Maras und Tambos, die aus einer anderen Höhle stammten, Verbündete für ihre Suche. Zusammen gruppierten sie sich in zwei große Verbände aus jeweils fünf ›Ayllus‹: Verwandtschaftsgruppen, die sich auf einen gemeinsamen Urahnen berufen. Die beiden Verbände machten sich sodann auf den Weg, um das Land ihrer Wünsche zu finden. Unterwegs stießen sie auf Widerstand von Gruppen, deren Territorium sie durchqueren mussten. Auf der Wanderung wurde der zweite Inkaherrscher, Sinchi Roca, geboren. Eines Tages erreichten sie einen Hügel, von dem aus sie ein fruchtbares Tal sehen konnten, über dem ein Regenbogen schwebte. Sie wussten, dass sie das ersehnte Land erreicht hatten. Um es aber nochmals zu überprüfen, stieß der Inka in einem Ort namens Wanaypata einen goldenen Grabstock in den Boden. Da er leicht und tief einsank, war klar, dass sie ein Tal mit einer dicken, fruchtbaren Humusschicht erreicht hatten. Sie vertrieben die Menschen, die das Tal bereits besiedelt hatten, und gründeten ihre Hauptstadt *Cuzco* (›Nabel‹). Sie unterteilten *Cuzco* in vier Viertel und errichteten den ersten Sonnentempel, Indicancha. Es folgten weitere mythische Herrscher, bis unter Inka Roca die erste nennenswerte Expansion erfolgte. Dem Überblick des Lesers dient die folgende Aufstellung der (teilweise mythisch überlieferten) Herrschergenealogie der Inka mit den jeweiligen Regierungszeiten:

| | |
|---|---|
| Manco Capac | 1250 n. Chr.: Gründer *Cuzcos* |
| Sinchi Roca | mythischer Herrscher |
| Lloque Yupanqui | mythischer Herrscher |
| Mayta Capac | mythischer Herrscher |
| Capac Yupanqui | Regierungszeit unbekannt |
| Inca Roca | Regierungszeit unbekannt |
| Yahuar Huacac | Regierungszeit unbekannt |
| Viracocha Inca | bis 1438 |
| Pachacutec Inca Yupanqui | 1438–1471 |
| Topa Inca Yupanqui | 1471–1493 |
| Huayna Capac | 1493–1528 |
| Huascar Inca | 1528–1532 |
| Atahuallpa | 1533–1533 |

*Nach Bauer (1992)*

*Cuzco* durchlebte in der folgenden Zeit eine wechselvolle Geschichte: Die Mythen berichten von zahlreichen kriegerischen Auseinandersetzungen mit anderen Gruppen, die immer wieder versucht hätten, die Inka zu vertreiben. Inca Roca, der Gründer eines Teils der Stadt *Cuzco*, habe immer wieder Expeditionen in das Urubamba- oder Vilcanota-Tal und auch nach Andahuaylas unternommen, das ungefähr 170 km von *Cuzco* entfernt lag. Dort lebte die Gruppe der Chanka, die die härteste und längste kriegerische Auseinandersetzung mit den Inka führte. Der letztendliche Sieg der Inka gilt unter Inka-Forschern als der Beginn des historischen Inkareiches. Der älteste Sohn des Inka Roca, Yahuar Huacac, dehnte den Herrschaftsbereich weiter aus. Er unterwarf die mächtigen Colla, die Erbauer der Grabtürme von *Sillustani*, in der Nähe von Puno am Titicacasee, wurde in diesem Zusammenhang aber ermordet. Einer seiner Söhne, Viracocha Inca, übernahm die Herrschaft. Mit ihm begann das eigentliche Zeitalter der großen Eroberungen, mit ihm entstand das ›Tahuantinsuyu‹, das Reich der ›Vier zusammengehörenden Teile‹, wie die Inka ihr eigenes Reich nannten.

Die Archäologie kann diese mythischen Erzählungen teilweise untermauern, aber auch korrigieren. So ergaben Ausgrabungen in *Paruro*, das südlich von *Cuzco* gelegen ist, dass die Inka schon um das Jahr 1000 in dieses Gebiet eingewandert sein müssen. Die frühe Keramik, die diese Einwanderung und die Ausbreitung der Inka belegt, wird ›Killke‹ genannt. Es ist vonseiten der Archäologen indes weniger von ständigen Kriegen und Konflikten die Rede, sondern vielmehr von Austausch, Handel und weiträumigen Verwandtschaftsbeziehungen, die den Herrschaftsbereich der Inka stabilisierten. Schon während dieser Phase gingen mit der Stabilisierung der Inka-Herrschaft allerdings die Umsiedlung ganzer Dörfer und die Neustrukturierung der beherrschten Gebiete einher. Für die Zeit um 1400 bemerken die Archäologen dann sowohl in der Siedlungsweise als auch in der Keramik eine abrupte Veränderung: Der sogenannte imperiale Stil hielt Einzug, ein Beleg dafür, dass das imperiale Zeitalter der Inka begonnen hatte. Die Keramik änderte sich im Zuge dessen von einer eher einfachen Machart hin zu hochwertiger, polychromer Ware mit den für die Inka typischen Formen: dem amphorenartigen ›Aríbalo‹ mit nach außen geschwungenem Ausguss und Griffen an Schalen, die Lamaköpfen nachempfunden sind. Hölzerne ›Keros‹ und sehr fein gearbeitete Textilien kamen hinzu.

# Das Reich ›Tahuantinsuyu‹ – ›Vier zusammengehörende Teile‹

## Expansionspolitik

Den ersten Schritt hin zur imperialen Ausweitung des Herrschaftsgebietes der Inka machte Viracocha Inca im Zeitraum um 1400: Den Mythen und Chroniken folgend wurde er von den Lupaqa und den Colla, Völkern, die in der Nähe des Titicacasees siedelten, in einem Konflikt um Hilfe gebeten. Als er mit seinem Heer eintraf, war der Konflikt aber bereits zu Gunsten der Lupaqa entschieden, mit denen er daraufhin eine Allianz schmiedete. Seine Abwesenheit in der Heimat nutzten die Chanka um einige Provinzen der Inka und auch deren Hauptstadt *Cuzco* zu überfallen. Viracocha Inca selbst kehrte nicht in seine Hauptstadt zurück, sondern lebte fortan auf seinem Landsitz Caquia Xaquixaguana. Sein jüngerer Sohn, Pachacutec Inca Yupanqui, aber nahm den Kampf gegen die Chanka auf, besiegte sie, baute *Cuzco* wieder neu auf und schaffte es daraufhin, sich von seinem Vater an seinem älteren Bruder vorbei auf den Thron heben zu lassen. Pachacutec Inca Yupanqui wurde noch zu Lebzeiten seines Vaters der höchste Herrscher.

Die Kriege mit den Chanka sind umstritten. So konnte bislang nicht geklärt werden, ob sie wirklich stattgefunden haben oder nur zur mythischen Erhöhung und Lobpreisung sowie zur Legitimierung des Herrschaftsanspruchs des Pachacutec Inca Yupanqui dienen sollten. Gesichert ist indes, dass mit ihm die großen Eroberungen begannen (s. Karte 12, S. 250): Zunächst konsolidierte Pachacutec sein Reich im Süden. Er unterwarf die Gruppen um den Tititcacasee sowie das gesamte Hochland des heutigen Bolivien. Dann wandte er sich nordwärts, marschierte bis Cajamarca, unterwarf unterwegs alle Gruppen, die er antraf, und am Ende dieses Feldzuges schließlich auch noch das Königreich von Chimor an der Nordküste. Auf dem Rückweg fiel außerdem ein erheblicher Teil der restlichen Zentralküste und eventuell sogar der Bereich um Chincha und das Pisco-Tal in seine Hände. Um die neu dazu gewonnenen Gebiete auch wirklich zu unterwerfen und in das Reich einzubinden, zogen seine Söhne, Topa Inca Yupanqui und Huayna Capac nochmals in diese Regionen, um die Herrschaft zu konsolidieren. Auf einem dieser Feldzüge soll Topa Inca Yupanqui das Königreich Chimor endgültig unterworfen haben, indem er ihm mit der Kappung der Wasserversorgung durch die Zerstörung des wichtigsten Aquäduktes drohte. Er nahm den König Minchançaman gefangen und brachte ihn als Geisel nach *Cuzco*.

Über 50 Jahre hinweg versuchten die Inka auch das Gebiet zu erobern und unterwerfen, das heute zur Republik Ecuador gehört. Die zahlreichen Versuche, die lediglich mit einer teilweisen Herrschaft über das Gebiet endeten, gingen ebenfalls auf das Konto von Topa Inca Yupanqui, der hier im Auftrag seines Vaters vorging: Der erste Feldzug blieb südlich von Quito stecken, wurde dann aber unter den Regentschaften von Topa Inca Yupanqui und Huayna Capac fortgesetzt. Topa Inca versuchte außerdem, die tropische Pazifikküste Ecuadors zu erobern und stieß dabei bis Manta vor. Es ist belegt, dass er auf einem Balsafloß auch zur Insel Puná gelangte. Weiterhin existiert ein Bericht des spanischen Eroberers Pedro Sarmiento de Garboa, der besagt, dass Topa Inca Yupanqui sogar mit einem Floß weit auf den Pazifik hinausgefahren und bis zu den Anachumbi und Niñachumbi genannten Inseln gelangt sei. Der Nachweis dafür fehlt bislang.

Ebenfalls unter Topa Inca Yupanqui fand die Eroberung der Südküste und der angrenzenden westlichen Andenabhänge statt. Von diesen Feldzügen wird berichtet, dass sie schwierig, mit Rückschlägen verbunden, langwierig und sehr grausam gewesen sein sollen. Nach der Unterwerfung der Südküste versuchte Topa Inca Yupanqui noch einen Vorstoß in den Bereich des Andenostrandes in Richtung Amazonien. Im südlichen, bolivianischen Bereich gelang es ihm bei dieser Gelegenheit wohl, die Llanos de Mojos zu erreichen. Wie weit die Truppen jedoch tatsächlich vordringen konnten, ist unbekannt. Besser belegt ist Topa Incas Vorstoß an den Madre de Dios, der recht tief in den Regenwald hineinreichte: Die Expeditionen an den Andenostrand und nach Amazonien endeten als Niederlage, denn das Klima und die schwierigen Bedingungen im Regenwald sorgten für ein schnelles Scheitern der Soldaten aus dem Hochland: Krankheiten, Hunger und ständige Überfälle lokaler Gruppen zermürbten die Moral. Die Inka scheiterten hier übrigens ähnlich wie später zahlreiche ›El Dorado‹-Suchtrupps der Spanier. Nachdem er einen großen, für das Inkareich gefährlichen Aufstand der eroberten Völker auf dem Altiplano niedergeschlagen hatte, wandte sich Topa Inca Yupanqui schließlich weiter nach Süden und begann in die Gebiete einzudringen, die heute zu Nordwest-Argentinien sowie Nord- und Mittelchile gehören.

Nach dem Sturz des Topa Inca Yupanqui und der Beseitigung des von ihm als Erben eingesetzten Sohnes durch Topas Bruder Huayna Capac kam es zu einer Festigung der Herrschaft der Inka. Ihre einzige weitere große Eroberung war die des Chachapoyareiches im Nordosten der peruanischen Anden. Auch dies soll ein langjähriger, verlustreicher Feldzug gewesen sein. Die Hauptaufgabe des neuen ›Sapa Inka‹ bestand aber nun darin, das riesige eroberte Reich unter Kontrolle zu halten und die wirtschaftliche Nutzung sicherzustellen: Die Grenzen nach Osten sicherte Huayna Capac durch das Anlegen von Forts in regelmäßigen Abständen. *Samaipata* im heutigen Bolivien entstand in dieser Zeit. Darüber hinaus befahl er, staatliche Farmen anzulegen, um die Bewirtschaftung des Landes zu intensivieren.

Stark beschäftigt waren die Inka weiterhin im heutigen Ecuador: Vergeblich versuchten sie, die Pasto in Nordecuador und Südkolumbien zu erobern; die dortigen, sehr starken Häuptlingstümer wehrten sich immer wieder erfolgreich gegen die Besatzung durch die Inka. So verwickelten etwa die Otavalo die Inka in eine der längsten und schlimmsten Schlachten ihrer Eroberungsgeschichte. Während seines Aufenthaltes in Ecuador erfuhr Huayna Capac dann auch noch von einer Epidemie, die ganz *Cuzco* heimsuchte: Die Pocken hatten noch vor den Spaniern das Inkareich erreicht. Huayna Capacs eigene Familie war stark von der Krankheit betroffen und der von ihm als

Nachfolger bestimmte Sohn, Ninan Cuyuchi, starb. Als schließlich auch Huayna Capac selbst an den Pocken starb, entbrannte ein Erbfolgekrieg zwischen zwei weiteren Söhnen, nämlich Atahuallpa und Huascar, der den Spaniern die Eroberung des Reiches stark erleichtern sollte: Während Huascar in *Cuzco* residierte, lebte Atahuallpa als Statthalter des ›Sapa Inka‹ in Quito. Von dort aus erhob er Anspruch auf die Herrschaft über das gesamte Inkareich. Dies wiederum rief Huascar auf den Plan, der seinem Halbbruder – sie stammten von verschiedenen Frauen des Huayna Capac – den Krieg erklärte. Nach einigen sehr blutigen und verlustreichen Schlachten an verschiedenen Orten zwischen *Cuzco* und Quito gewannen schließlich die Anhänger Atahuallpas die Übermacht. Huascar war besiegt und sollte nach Cajamarca gebracht werden, wo ihn sein Halbbruder Atahuallpa erwartete. Noch während Atahuallpa auf Huascar wartete und sich in den nahegelegenen Heilbädern von den Kämpfen erholte, erhielt er Kunde von in ›Tumbes‹ angelandeten, bärtigen Fremden, die mordend und plündernd die Anden hinaufzögen.

## Die Kriegsführung der Inka

Die Inka waren grausame Feldherren. Manche Kriegs- und Eroberungszüge dauerten Jahrzehnte, die eroberten Völker bestanden danach häufig nur noch aus Kindern und alten Menschen. So wurde ein erobertes Volk beispielsweise nur noch die ›Guarco‹, die Gehängten, genannt, weil fast alle Männer von den Inka erhängt worden waren und zwar demonstrativ, an den Pfählen eines Forts; ein See erhielt den Namen ›See aus Blut‹, ›Yaguarcocha‹, weil sich sein Wasser wegen der vielen Toten rot gefärbt hatte. Auch die Spanier berichteten von Tausenden wenn nicht Zehntausenden von Toten, die noch an der Küste lagen, zurückgelassen nach den Kämpfen zwischen den Truppen von Atahuallpa und Huascar. Bei ihren Feldzügen gingen die Inka bei alledem sehr systematisch vor: In der Regel versuchten sie zunächst ein von ihnen ausersehenes Gebiet zu einer freiwilligen Unterwerfung zu bewegen. Sie schickten zu diesem Zweck einen Boten aus, der wie im Falle des Königreiches von Chimor auch ein sehr hochrangiger General sein konnte, um den künftigen Untertanen Geschenke zu überbringen. Akzeptierten diese die Geschenke, meist wertvolle Textilien, so unterwarfen sie sich damit den Inka. Akzeptierten sie sie nicht, schickten die Inka ihr Heer.

Dieses Heer wurde aus den bisher eroberten Gebieten zwangsrekrutiert. Auf diese Weise hatten die Inka Zugriff auf Hunderttausende von Soldaten, die gezwungen wurden, ihren Militärdienst abzuleisten. Diese und noch weitere Zwangsmaßnahmen, wie die Umsiedlungen ganzer Dörfer oder Stämme, machten die Inka nicht eben zu beliebten Herrschern. Auch dies erleichterte den Spaniern die Eroberung des riesigen Reiches: Gegnerische Truppen, ehemalige Verbündete Huascars, schlossen sich den Spaniern an, um sich an den Anhängern Atahuallpas zu rächen.

## Die geographische Aufteilung ›Tahuantinsuyus‹

Das gesamte eroberte Gebiet wurde von den Inka in vier große Bereiche eingeteilt, die ›Collasuyu‹, ›Chinchaysuyu‹, ›Antisuyu‹ und ›Contisuyu‹ genannt wurden (Abb. 114). Die Gesamtheit dieser ›Suyus‹ (Teile) genannten Teilgebiete war das ›Tahuantinsuyu‹. Das bevölkerungsreichste der Suyus war Chinchaysuyu, das seinen Na-

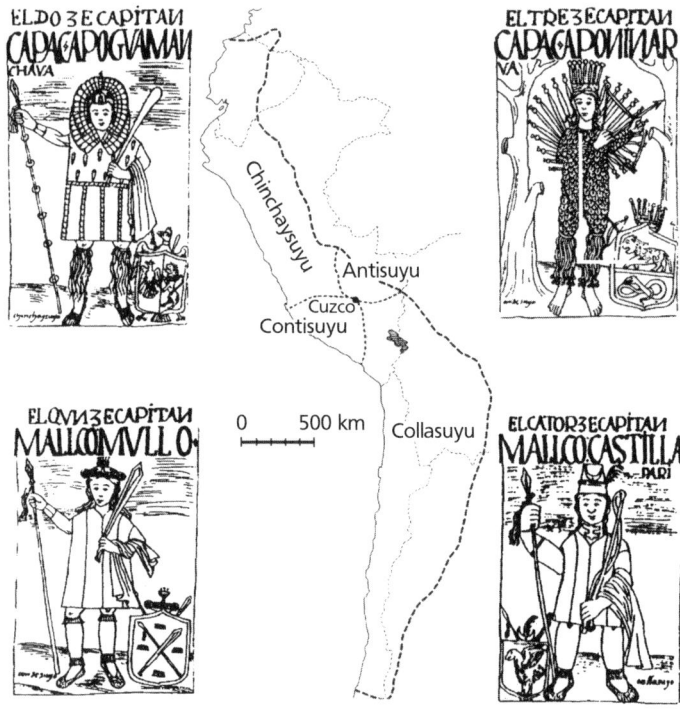

Abb. 114: Die vier ›Suyus‹

men von dem Fischervolk der Chincha an der peruanischen Süd-Zentralküste erhielt. Es umfasste die peruanische Küste, das angren-zende Hochland und die nördlichen Anden. Antisuyu lag nördlich und nordöstlich von *Cuzco*, seinen Namen hatte es von den warmen, regenreichen Wäldern Amazoniens. Collasuyu war das ausgedehnte-ste Suyu des Inkareiches. Namensgebend waren hier die Colla, ein bedeutendes Häuptlingstum auf dem Altiplano, in der Nähe des Titi-cacasees; Collasuyu erstreckte sich über das südliche Hochland Perus: über den Altiplano bis nach Zentralchile und Nordwest-Argenti-nien. Contisuyu war das kleinste der Suyus. Es erstreckte sich süd-westlich von *Cuzco* bis hinunter zum Pazifik. Seinen Namen bezog es von einer Provinz an der Küste Perus. Das politische und kosmische Zentrum dieses Reiches war *Cuzco*, die Hauptstadt.

Die Unterteilung in vier Teile war einerseits ideologisch bedingt, andererseits diente sie als Grundstruktur für die Kontrolle, wirt-schaftliche Ausbeutung und Herrschaft über die jeweilige Region. Die Inka betrieben ihre strikte Expansionspolitik dabei vor allem aus wirtschaftlichen Gründen. So sicherte der Feldzug in den Süden ih-nen die Region der Lama- und Alpakazucht. Diese Tiere wurden dringend benötigt, um für die weiteren Feldzüge genügend Trans-portmöglichkeiten zur Verfügung zu haben: Das Heer der Inka be-wegte sich mittels Lamakarawanen, die die Lasten transportierten. Außerdem waren sie wichtige Fleisch- und Wolllieferanten. Das Kernland der Anden und die weitere Umgebung um *Cuzco* stellte wichtiges Weideland dar; die Küste lieferte Fisch und Fischmehl, Gold und Silber sowie die besten Gold- und Silberschmiede gleich dazu. Aus Chile bezog man Lapislazuli und Grünstein, aus Bolivien Salz, aus dem Tal von Cochabamba, einem der fruchtbarsten Täler der Anden, Knollenfrüchte und andere Nahrungsmittel. Ecuador schließlich lieferte, wie der Andenostrand, Federn tropischer Vögel und Gold, die Pazifikküste von Ecuador dazu noch die hoch begehr-te Spondylusmuschel und die Schneckenhörner, die den Feldherren der Inka als Kommunikationsmittel dienten.

# Die Herrschaftsstrukturen der Inka

Ihre Wanderung in das Tal von Cuzco und die mehrhundertjährige Geschichte bis zum Beginn der imperialen Expansionsphase mach-ten aus den vormals aus einem Stamm bestehenden Inka ein Herr-schergeschlecht, das sich über die Verwandtschaft definierte. So be-stand die oberste Schicht der Gesellschaft ausschließlich aus Blutsverwandten der Inka; man geht dabei davon aus, dass es auf der absoluten Höhe der Macht des Inkareiches und zur Zeit seiner maximalen Ausdehnung nicht mehr als 500 erwachsene Männer und ungefähr 1800 Frauen und Kinder gab, die ›reinen‹ Inka-Geblütes waren. Auch jedem der vier Reichsteile, der ›Suyus‹, stand ein hochrangiger Fürst, ein ›Apu‹, natürlich Mitglied der Inka-Verwandtschaft, vor. Er war Ratgeber des höchsten Inka (›Sapa Inka‹) und Herrscher über sein ›Suyu‹ (Abb. 115). Danach folgten die Beamten und lokalen Fürsten und – darunter – die ›Hatun Runa‹, die einfachen Menschen – zumeist Bauern und Viehzüchter, die in kleinen Siedlungen, die wiederum in jeweils mindestens zwei ›Ayllus‹ unterteilt waren, in der Nähe ihrer Felder lebten. Sie waren zu administrativen Zwecken in Gruppen zu 10, 50, 100, 1000, 5000 und 100 000 Familien eingeteilt.

Das Reich der Inka war eine sakrale Monarchie, in der die Königs- oder Kaiserwürde gewöhnlich vom Vater auf einen Sohn überging. Der Kaiser und seine Familie standen an der Spitze der Hierarchie. Der Kaiser selbst galt als göttliches Wesen mit einem göttlichen Auftrag, die Welt zu regieren. Er war der ›Sapa Inka‹, der ›Einzige Inka‹. Als junger Mann musste er sich als Krieger bewähren. War er dann einmal zum Nachfolger bestimmt, wählte er eine Frau, die er am Tag seiner Inthronisierung heiratete. Dadurch entstand ein neues königli-

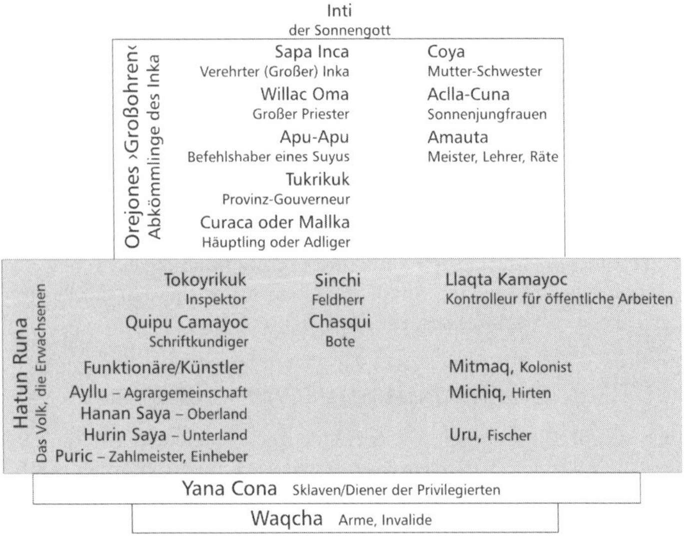

Abb. 115: Die Sozialpyramide des Inkareichs

ches Paar, der ›Inka‹ und seine ›Coya‹. Die überlieferten Geschichten erzählen, dass der Inka Topa Inca Yupanqui seine Schwester geheiratet und dies zur weiteren Heiratsregel für Inkakaiser erhoben habe. Zu seiner Inthronisation seien alle gekommen, die es sich leisten konnten. Im Rahmen dieser Zeremonie habe man zahlreiche Opfer dargebracht, darunter auch viele Kinder. Gold und Silber seien dann mit den Leichnamen der Kinder auf einem heiligen Berg, dem Chuquicancha, bestattet worden, die getöteten Lamas und die Textilien habe man verbrannt. Ein ähnlich großer Aufwand wurde für die Bestattung eines verstorbenen Inkakaisers betrieben, die dieser häufig schon zu seinen Lebzeiten plante. So ordnete etwa Pachacutec für den Fall seines Ablebens in *Cuzco* eine einjährige Trauer an; danach sollten monatelange Zeremonien seinen Übergang in die Welt der Götter und seinen dortigen Verbleib sichern. Waren die Bestattungsrituale abgeschlossen, sollte man den Leichnam in feinste Kleidung hüllen und in Patallacta, wahrscheinlich dem heutigen *Q'enqo*, verwahren. Die mumifizierten Leichname anderer Inkakaiser bewahrte man in ihren Stadtpalästen oder Landsitzen auf. Die Mumie des Kaisers Huayna Capac fanden die Spanier zum Beispiel in seinem Stadtpalast. Zu besonderen Gelegenheiten brachte man die Mumien dann zusammen auf den Hauptplatz, wo sie an einer Zeremonie teilnahmen; man bot ihnen etwas zu essen und zu trinken an (Abb. 116). Atahuallpa etwa ließ, als ihm klar wurde, dass er sterben musste, seine Ahnen zu sich nach Cajamarca bringen, da er in ihrem Kreise sterben wollte.

Der Inka verfügte über einen Hofstaat, der ihm völlig unterworfen war. Fremde durften ihn nicht direkt ansprechen, auch nicht während einer Audienz. Alle ihn Umgebenden saßen mit gesenkten Augen da, denn sie durften ihn nicht einmal direkt ansehen. Seine besondere Kleidung bestand aus einem gewebten Kopfband, in das Federn eingesteckt waren, eine breite Quaste bedeckte seine Stirn, besonders große Schmuckscheiben zierten seine Ohrläppchen. In der Hand hielt er einen Stab, der völlig

Abb. 116: Inka-Mumie auf Trage

mit kleinen Federn bedeckt war und in dessen Ende drei große Federn steckten. In seinem Besitz befanden sich außerdem – als Zeichen für seine Funktion als oberster Feldherr – eine goldene Keule und eine bemalte Standarte. Für den Inka webten Frauen, die ›Mamakuna‹, die aus dem gesamten Reich herangebracht wurden und in Werkstätten arbeiteten, besonders feine Kleidung; er soll sogar einen Mantel aus Fledermausflügeln besessen haben. Sicher trug er Kleidung aus Vicuña-Faser, die feiner als Lama- oder Alpakawolle ist. Es wird zudem erzählt, dass der Inka jeden Umhang nur einmal trug. Wenn er reiste, wurde er in einer Sänfte getragen.

Ihre obersten Herrscher wurden von den Inka in zwei Gruppen eingeteilt: Der ›Hurin‹, der unteren Gruppe, gehörten alle frühen Inka-Kaiser bis auf die letzten fünf an; die fünf letzten Kaiser waren der ›Hanan‹, der oberen Gruppe, zugeordnet. Neben dem aktuellen Inka-Herrscher sowie seiner Frau und/oder Schwester spielten alle direkten Abkömmlinge ehemaliger Inka-Kaiser eine führende Rolle: Starb ein Inka, so erbte in der Regel, aber nicht immer, der älteste Sohn des Inka und vorzugsweise seiner Hauptfrau, der ›Coya‹, das Amt. Alle anderen Nachkommen formten eine sogenannte Panaqa oder Panaqa Ayllu, deren Aufgabe es war, die Kulte für den verstorbenen Vater durchzuführen, seine Ländereien zu betreuen und auf die Ehre des Verstorbenen zu achten. Der persönliche Ornat – Kleider, Schmuck, persönliches Geschirr – wurde nach dem Tod des Inka-Kaisers ebenfalls der Panaqa übergeben, die diese Dinge für den Totenkult verwendete. Die Panaqa-Angehörigen waren auch diejenigen, die die Inka-Mumien zu bestimmten Festen auf den Hauptplatz trugen, damit sie an diesen teilnehmen konnten. Seine Ländereien ebenso wie seine Landsitze blieben dagegen weiterhin im Besitz des Verstorbenen. Dies führte nach und nach zu grotesken Verhältnissen, so dass sich sogar Huascar eines Tages beklagte: »Das beste Land gehört den Toten«.

Grundsätzlich waren die Panaqa von immenser politischer Bedeutung. So war zwar der Inka die höchste Autorität, aber er konnte nicht ohne die Zustimmung und Hilfe der Panaqas regieren: Sie nahmen Einfluss auf die Auswahl seines Nachfolgers, auf die Wirtschafts- und Eroberungspolitik. Und sie waren zumeist der Herd mörderischer Intrigen, die am Hofe des Inka zum Alltagsleben gehörten.

Unterhalb der Panaqa gab es noch einmal zehn Verwandtschaftsgruppen der Inka, die sich jedoch aus weiter entfernten Verwandten zusammensetzten. Das untere Ende dieser obersten sozialen Stufe bildete der niedrige Adel, die ›Curacas‹ oder ›Mallkas‹, der sich aus den ethnischen Gruppen rekrutierte, die bei der Ankunft der Inka im Hochtal von Cuzco gelebt hatten. Es war also unmöglich, sich im Inkastaat hochzudienen und seinen angeborenen Stand zu verlassen. In *Cuzco* selbst gab es zusätzlich noch eine Anzahl von nicht-adligen Ayllus, die als Bedienstete für die Inka tätig waren. Von immenser gesellschaftlicher Bedeutung, möglicherweise in der Hierarchie sogar gleich nach dem Inka angesiedelt, waren außerdem die Hohepriester, die ›Willaq Umu‹. Sie huldigten dem Sonnengott, der höchsten Gottheit des Inkareiches.

Selbstverständlich spielten bei den Inka, wie in anderen Königreichen auch, auch die Frauen – und hier vor allem die Frauen des Sapa Inka – eine große Rolle in der Politik, wenn auch im Verborgenen: Sie beeinflussten die Wahl der Ehepartner der Ayllu-Mitglieder und nahmen über den Inka auch direkten Einfluss auf die Politik. In der Regel hatte der Inka eine Coya und zahlreiche Nebenfrauen (Abb. 117). Seinen Nachfolger wählte er, wenn das Amt nicht dem ältesten Sohn übertragen wurde, aus den Kindern aus, die er mit der Hauptfrau hatte. Heirat war dabei für den Inka selbst ein wichtiges Mittel, um Allianzen zu schmieden und besiegte Völker ins Inkareich einzubinden, indem er eben Töchter der dortigen Königsfamilien heiratete. Die Geschwisterheirat, die bei den Inka durchaus üblich war, etablierte wie oben erwähnt offensichtlich Topa Inca Yupanqui. Sie geht auf einen Ursprungsmythos zurück, nach dem sich die königlichen Zwillinge ineinander verliebten und die Dynastie der Inka begründeten.

Die Coya hatte eigene Besitztümer, sie verfügte über eigenes Land und andere Ressourcen, die sie nach Belieben einsetzen und nutzen konnte. Der Inka und seine Hauptfrau waren bei alledem ein untrennbares Paar mit sich ergänzenden Funktionen. Stürzte ein Inka, so wurde auch seine Frau ermordet. Besonders entscheidend ist in diesem Zusammenhang die Tatsache, dass bei den Inka die Abstammungslinie entlang der mütterlichen Seite verlief. Kinder gehörten also nicht der Ver-

Abb. 117: Inka und Coya auf einem Kero

wandtschaftsgruppe ihres Vaters an, sondern der, aus der die Mutter stammte.

Diese verwandtschaftlichen Strukturen und die Verwobenheit der Panaqas mit dem Herrscher stürzten die Inka immer wieder in Intrigen, Machtkämpfe und blutige Auseinandersetzungen um Privilegien und vor allem um die Frage der Nachfolge des Inka. Das System endete schließlich im Erbfolgekrieg zwischen Atahuallpa und Huascar, wobei der Auslöser für diesen Krieg – den meisten Quellen zufolge – das unglückliche Benehmen Huascars als Sapa Inka war: Er überwarf sich offenbar mit den Panaqas, ließ viele ihrer Mitglieder sogar umbringen, trennte sich vom ›Oberen Cuzco‹, zu dem er gehörte, und solidarisierte sich mit dem ›Unteren Cuzco‹, was die Angehörigen des ›oberen‹ Teils der Stadt natürlich brüskierte. Schließlich wollte er *Cuzco* sogar verlassen und eine neue Hauptstadt, Calca, gründen. Nachdem Atahuallpa den Krieg gewonnen und in *Cuzco* einmarschiert war, ließ er Huascar, dessen Frau und dessen Mutter gefangensetzen und den Rest der Panaqa ermorden. Huascar und seine Begleiterinnen starben auf dem Weg nach Cajamarca, wohin Atahuallpa sie hatte bringen lassen, durch die Hände eines Spaniers.

# *Cuzco* – der Nabel der Welt

*Cuzco* – zu deutsch ›der Nabel‹ – war das wirtschaftliche, politische und kosmische Zentrum der Inka-Welt. Es bestand zur Zeit der Inkaherrschaft vorwiegend aus Stadtpalästen der Herrscher und ihrer Panaqas sowie aus Tempeln, Versammlungsplätzen und Wohnhäusern der Bediensteten. Im Umkreis von 60 km lagen die Landsitze der Inkakaiser, darunter auch *Machu Picchu*, die ›Ferien‹-Residenz Topa Inca Yupanquis. Andere Residenzen befanden sich im Vilcanota-Tal, beispielsweise in *Ollantaytambo*, wo Huayna Capac seinen Landsitz erbauen ließ. Die ehemalige Einwohnerzahl der Stadt ist schwer zu schätzen. Solide Zahlen bewegen sich um 20 000 Einwohner für die Kernstadt und 50 000 bis 100 000 für das nähere Umland. *Cuzco* als Ganzes hätte damit 70 000 bis 150 000 Einwohner gehabt. Als Erbauer des *Cuzco*, dessen Palast- und Tempelmauern wir heute noch besichtigen können, gilt Pachacutec Inca Yupanqui. Er ließ die vormals erbaute Stadt einreißen und eine gänzlich neu konzipierte Hauptstadt errichten. Dies ging einher mit dem Beginn des imperialen Zeitalters der Inka. Das ursprüngliche Aussehen *Cuzcos* – des *Cuzco* von Pachacutec Inca Yupanqui – lässt sich dabei nur schwer rekonstruieren: So-

bald die Spanier die Stadt im Jahre 1533 erobert hatten, führten sie die
Paläste und Tempel anderen Nutzungen zu, schleiften und zerstörten
sie oder ließen andere Gebäude darauf errichten: Auf dem ehemaligen Hauptheiligtum, dem *Sonnentempel Coricancha*, wurde das *Santo
Domingo Kloster* errichtet, die *Wände* des ehemaligen Palastes des In-

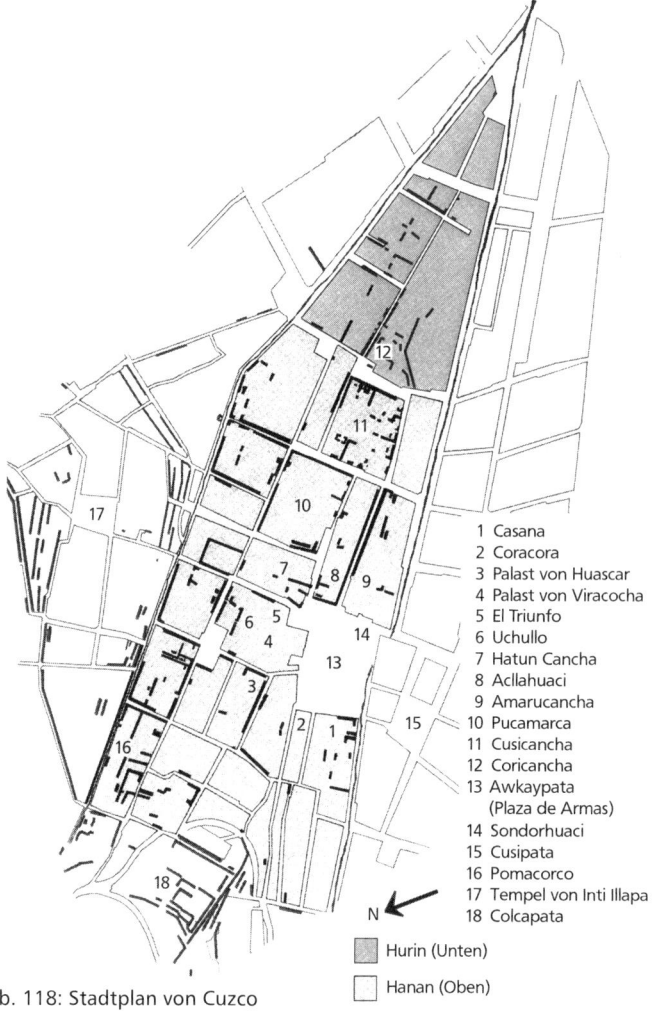

1  Casana
2  Coracora
3  Palast von Huascar
4  Palast von Viracocha
5  El Triunfo
6  Uchullo
7  Hatun Cancha
8  Acllahuaci
9  Amarucancha
10 Pucamarca
11 Cusicancha
12 Coricancha
13 Awkaypata
   (Plaza de Armas)
14 Sondorhuaci
15 Cusipata
16 Pomacorco
17 Tempel von Inti Illapa
18 Colcapata

N

Hurin (Unten)

Hanan (Oben)

Abb. 118: Stadtplan von Cuzco

kakaisers Huayna Capac zieren heute ein Hotel. Zur Zerstörung der Stadt trug aber auch ein schweres Erdbeben bei, das *Cuzco* 1650 erschütterte.

(Abb. 118) *Cuzco* war in jedem Fall eine sorgfältig geplante Stadt, die gleichzeitig den Kosmos der Inka widerspiegelte: Das Zentrum dieses Kosmos' war der *Sonnentempel*, der *Coricancha*. Von ihm aus führten sternförmig zahlreiche Pilgerpfade durch das Inkareich, am Wegesrand befanden sich Schreine, die regelmäßig aufgesucht und an denen Opferrituale vollzogen wurden. Es wird zudem immer wieder behauptet, dass der Grundplan der Stadt *Cuzco* die Gestalt eines Pumas gehabt habe; neuere Forschungen verweisen diese Behauptung indes in den Bereich der Metaphern. Wahrscheinlich war *Cuzco* lediglich symbolisch als Puma gedacht, mit den darin lebenden Menschen als ›Körper‹ und dem Sapa Inka als Kopf des Pumas; nachvollzogene Pumakörper in der Stadtanlage sind dagegen willkürlich und hoch umstritten. Die Stadt wurde von zwei parallel verlaufenden Hauptstraßen gegliedert, die von sechs anderen Straßen gekreuzt wurden. Viele Wege waren gepflastert, aber sehr eng. Unter den gepflasterten Wegen verliefen *Wasserkanäle*, von denen noch heute etliche erhalten sind. Dominiert wurde die Stadtmitte von zwei riesigen Plätzen, dem *Awkaypata*, der für öffentliche Zeremonien, also auch für die Präsentation der Inkamumien, genutzt wurde – heute die *Plaza de Armas* –, und dem *Cusipata*, der heute von der *Plaza de Regocijo* überbaut ist. Wo sich heute die beiden großen *Kathedralen* befinden, standen Gebäude der Inka. Direkt an der heutigen *Plaza de Armas* lag außerdem ›Hatunkancha‹, das Gelände mit einem großen Palast, das einen zentralen Zugang hatte und eine Mauer, die vor neugierigen Blicken schützte. Im Innenbereich befanden sich mehrere Gebäude, darunter das Haus der ›Mamakuna‹: auserwählter, privilegierter Frauen, deren Aufgabe es war, dem Sapa Inka zu dienen. Sie konnten als Priesterinnen eingesetzt werden, als Weberinnen der Inka-Kleidung oder auch vom Inka an einen hochrangigen, verdienten General oder einen seiner Verwandten verheiratet werden. Einen Teil der *Außenmauer* kann man in der Calle Loreto noch besichtigen. Der berühmte Palast des Huayna Capac, in dem seine Mumie von den Spaniern entdeckt wurde, existiert leider nicht mehr. Er befand sich im nordöstlichen Abschnitt des *Hauptplatzes*, dessen ehemalige Architektur kaum mehr rekonstruiert werden kann.

Das wichtigste religiöse Gebäude von *Cuzco* war zweifellos der *Coricancha*, der Haupttempel der Inka, dessen berühmte, elegant geschwungene *Grundmauern* teilweise erhalten sind (Abb. 119). Er war

nicht nur das kosmische Zentrum *Cuzcos*, sondern des gesamten Inkareiches. Die spanische Bezeichnung ›Sonnentempel‹ ist dabei de
facto irreführend, da dort nicht nur Zeremonien für den Sonnengott,
sondern auch für zahlreiche andere Gottheiten der Inka abgehalten
wurden. Die eigentliche Bedeutung des Quechua-Namens ›Coricancha‹ ist ›Goldenes Gehäuse‹ oder ›Goldenes Haus‹, was sicherlich
darauf verweist, dass die meisten Wände des Tempels mit Goldplatten
verkleidet waren. Diese Verkleidungen wurden abgenommen und
flossen größtenteils in das Lösegeld ein, das für Atahuallpa an Pizarro
bezahlt wurde. Sie begründeten einen Teil des Mythos' des unendli-
chen Reichtums an Gold, den die Inka angehäuft hätten. Was heute
vom *Coricancha* noch zu besichtigen ist, ist der vordere, gebogene Teil
der *Außenmauer*, auf dem die *Kirche* steht. Im Innenbereich kann man
noch vier bis acht rechteckige *Räume* identifizieren, einzelne *Wände*
des ehemaligen ›Hauses der Sonne‹ sind noch zu sehen, die Löcher in
den *Nischen* und *Wänden* dienten wahrscheinlich zur Befestigung be-
sagter goldener Platten. Im Inneren befanden sich außerdem Wohnräume von Priesterinnen und Priestern.

Ursprünglich war der *Coricancha* eine große Anlage, zu der nicht
nur der *Sonnentempel*, sondern auch Innenhöfe und andere Gebäude, insgesamt vermutlich sieben, zählten. Sie war von einer großen Außenmauer umgeben.
Die anderen Gebäude waren
ebenfalls Tempel, die weiteren Gottheiten, möglicherweise dem Mond und be-
stimmten Sternenkonstellationen (Pleiaden!), geweiht
waren. In einem dieser Innenhöfe befand sich ein goldener Brunnen sowie der
legendäre Garten, in dem
Maispflanzen aus Gold und
Silber platziert waren; eine
stark überhöhte Schilderung
dieses Gartens stammt von
Garcilaso de la Vega, ›El Inca‹, der den Garten jedoch
niemals gesehen hatte. In einem anderen Innenhof be-
fand sich ein Steinblock, der

Abb. 119: Die geschwungene Mauer
des Coricancha

ebenfalls mit Goldplatten verkleidet war. Auf ihn wurde jeden Morgen das Sonnenidol gestellt, das nach Berichten eine männliche Gestalt gehabt haben soll. Abends brachte man es zurück in den Tempel. Einige Quellen, wie beispielsweise Molina (ca. 1575), berichten außerdem, dass es auch ein Mondidol in Gestalt einer silbernen Frauenfigur gegeben haben soll. Mumien hochrangiger Inka wurden ebenfalls zeitweise im *Coricancha* aufbewahrt und verehrt. Für die Pflege des Tempels sowie der Mumien, die man zu bestimmten Ritualen hierher brachte, waren die ›Mamakuna‹, die Dienerinnen des höchsten Inka, zuständig.

Neben dem *Coricancha* gab es in *Cuzco* noch einen Tempel für den Schöpfergott Viracocha und für Illapa, die Blitz- und Donnergottheit. Wo diese Tempel genau waren, lässt sich allerdings nicht mehr nachweisen.

## Bauwerke in der Umgebung von *Cuzco*

Neben *Sacsahuaman* (s. S. 270), *Qenq'o* (s. S. 272) und *Tambo Machay* (s. S. 272) ist in der Umgebung von *Cuzco* auch noch *Pukapukara*, übersetzt das ›Rote Fort‹, sehnswert. Es gilt als Verteidigungsanlage an einem der Einfallstore nach *Cuzco*. Hier kann man *Wände* und *Nischen* in der typischen Inka-Architektur besichtigen.

# Religiöses Leben im Inkareich

## Die Götter

Der Götterpantheon der Inka umfasste mindestens neun Gottheiten, mit dem Sonnengott Inti und dem Schöpfergott Viracocha an der Spitze. Es folgten Inti-Illapa, die Blitz- und Donnergottheit, Mama-Kilya, die Mondgottheit, Qollqa, die ›Lagerhaus-Gottheit‹, die das Saatgut erhielt und bewachte, Urcuchillay, die Lama-Gottheit, Besitzer und Bewacher der Lamas, Chascka Cuyllor, die Venus, Pachamama, die Mutter Erde, und Mamacocha, die Mutter Meer. Hinzu kamen noch heilige Orte wie Vilcanota, das heilige Tal der Inka, in dem die Sonne geboren wurde, Thunupa, eine regionale Donnergottheit vom Titicacasee, Pachacamac, eine Orakel-Statue an der Küste, die allerdings schon mehr als 1500 Jahre vor den Inka existierte, Catequilla, ebenfalls ein lokales Orakel in Huamachuco, in Nordperu, und schließlich Wariwillka, eine Steinstatue, ein lokales Orakel im Oberen Mantaro-Tal.

## Zentrale Rituale

Die Inka waren hervorragende Astronomen und hatten einen präzisen Agrar- und Zeremonialkalender. Jeder bedeutende Ort hatte außerdem einen Kalenderstein (›Intihuatana‹), mit dessen Hilfe der Sonnenstand ermittelt werden konnte. Ob die Inka dem Sonnen- oder Mondjahr folgten, ist umstritten; fest steht aber, dass sie einen Ritualkalender hatten, der den Panaqas vorschrieb, wann sie an den zahlreichen Huacas, den Schreinen oder Heiligtümern, zu beten und zu opfern hatten. Das gesamte Leben der Inka war auf diese Weise ritualisiert.

Das wichtigste Ritual des Jahres war das ›Capac Raymi‹ im Dezember, das anlässlich des Einsetzens der Regenzeit abgehalten wurde. Während dieser Zeremonie durchliefen die adligen jungen Männer der Inka einen Pubertätsritus, der sie vom Jungen zum Mann werden ließ. Bei diesem Fest wurde viel gegessen und getrunken, gesungen und getanzt und zahlreiche Lamas wurden geopfert. Das zweitwichtigste Ritual war ›Inti Raymi‹, das – als Ritual, mit dem die Sonne bzw. der Sonnengott geehrt wurde – immer zum Zeitpunkt der Wintersonnenwende der südlichen Hemisphäre am 24. Juni vollzogen wurde. Das dritte Ritual von zentraler Bedeutung war das ›Coya Raymi‹ oder ›Citua‹, das Ritual der Königin, das Ende September stattfand. Es handelte sich um eine Reinigungszeremonie, die zur körperlichen und seelischen Reinheit führen sollte. Sie war von Prozessionen entlang der rituellen Pilgerwege begleitet und endete mit einem Bad in einem der Flüsse außerhalb *Cuzcos*.

## ›Capac Hucha‹ – Menschenopfer für die Sonne

Auch im Inkareich wurden Menschenopfer vollzogen, wenngleich in wesentlich geringerem Umfang als in Mexiko bei den Azteken: Menschen wurden einzig der Sonne geopfert, dem Inkakaiser selbst, anlässlich militärischer Siege oder bei großen Naturkatastrophen wie Erdbeben, Vulkanausbrüchen oder Sonnenfinsternissen, wobei diese Menschenopfer nur an ausgewählten Schreinen dargebracht werden konnten. Geopfert wurden vor allem Mädchen und Jungen, die wegen ihrer Schönheit aus dem ganzen Inkareich nach *Cuzco* gebracht wurden. Andere Opfer waren Kriegsgefangene. Nach der Tötung der Opfer, die mit reichen Gaben wie Goldschmuck, Textilien und Lamas nach *Cuzco* geschickt wurden, nahmen Priester diese Gaben, trugen sie in die vier Suyus und opferten sie an bestimmten Schreinen. An manchen Ritualen nahm auch der Inka selbst teil, er zog bei solchen Gelegenheiten mit den Opfergaben, darunter auch zu opfernde Kinder, bis zu 2000 km weit in die Suyus hinein, um sie in den bedeutendsten Provinzstädten zu opfern.

An diesen Opfern scheiden sich die Geister: Gaben die ›Hatun Runa‹, die einfachen Menschen im Inkareich, einfach so ihre Kinder her, damit sie geopfert werden konnten? Wohl eher nicht. Die Ereignisse in der frühesten Kolonialzeit legen sogar nahe, dass diese Opferungen verhasst waren, denn kaum erkannten die Einwohner der Städte und Provinzen, dass die Macht der Inka gebrochen war, zerstörten sie die Schreine und Opferaltäre: Die Zeremonien der Inka fanden nie wieder statt.

# Heilige Stätten

Dem System der vom *Sonnentempel* in *Cuzco* ausgehenden Pilgerwege (›Zeq'es‹) liegt das Bild der beseelten Natur zugrunde: In der Umgebung von *Cuzco* gab es zahllose Felsformationen, Quellen, Berge, Höhlen und andere natürliche Gegebenheiten, die für die Inka heilige Bedeutung hatten: Sie waren Stein gewordene Soldaten, Verwandte, Gottheiten, die in den Mythen ihren Platz hatten. Als Schreine konnten aber auch Gebäude dienen. Hunderte solcher Schreine waren in das System der Pilgerwege eingebunden, wurden aufgesucht, gepflegt, ihnen wurden Nahrungsmittel, Getränke oder auch Lamas geopfert. Zusammen mit den Pilgerwegen bildeten die Schreine den größten Zeremonialkomplex des präkolumbischen Amerika.

## *Sacsahuaman*

Oberhalb der Stadt *Cuzco* liegen die berühmten *Mauern* von *Sacsahuaman* (Abb. 120); die Mythen der Inka besagen, dass entweder der Inka Pachacutec oder Topa Inca Yupanqui die Anlage als Kopf des angeblichen Puma errichten ließ. Um sich der ursprünglichen Bedeutung *Sacsahuamans* annähern zu können, muss man sich zunächst die Zerstörung dieses für die Inka heiligen Platzes vergegenwärtigen: Auch hier wurde über Jahrhunderte hinweg geplündert, eingerissen und mit den entwendeten Steinen wurden andere Bauwerke errichtet. Was wir heute noch sehen können, ist das, was davon übrig geblieben ist.

Einer der frühesten und zuverlässigsten Chronisten, Pedro Cieza de León, berichtet, dass *Sacsahuaman* verschiedene Funktionen hatte: Es sei ein religiöses Gebäude, Verteidigungsanlage, Warenlager und

Zeremonialzentrum in einem gewesen. Andere Chronisten berichten von Gebäuden mit großen Fenstern, durch die man auf *Cuzco* habe blicken können, von einem großen, runden Turm im Zentrum des Gebäudes, zahlreichen Wohnungen und anderen Anlagen, die insgesamt so umfangreich gewesen seien, dass ein Tag nicht genügt hätte, um alles zu sehen. Manche vergleichen den Komplex auch mit den größten Burgen des mittelalterlichen Europa. Die sensationellen *Mauern* waren in der Tat nur ein Teil des Gesamtkomplexes. *Sacsahuaman* besteht alles in allem aus drei großen Zonen: Die erste, im Norden, ist ein großes, rundes Wasserreservoir, das von einem Netzwerk von Kanälen gespeist wird. Es wird durch einen Komplex von *Gebäuden*, die aus sehr fein bearbeiteten Steinen errichtet sind, ergänzt. Diese Zone war möglicherweise die ›Quelle der guten Gesundheit‹, die aus der Inka-Zeit überliefert ist. Die zweite Zone liegt in der Mitte der Anlage; dazu gehört die ›*Rutsche*‹, auch dies ist nur ein übrig gebliebener Teil einer Burganlage mit Zisternen, Aquädukten, Terrassenanlagen, Innenhöfen, Treppen und zahlreichen kleineren Gebäuden. Auf dem Hügel liegt die dritte Zone: ein in den Stein gehauener ›*Thron des Inka*‹, eine riesige Anlage mit *Treppen* und *Sitzen*

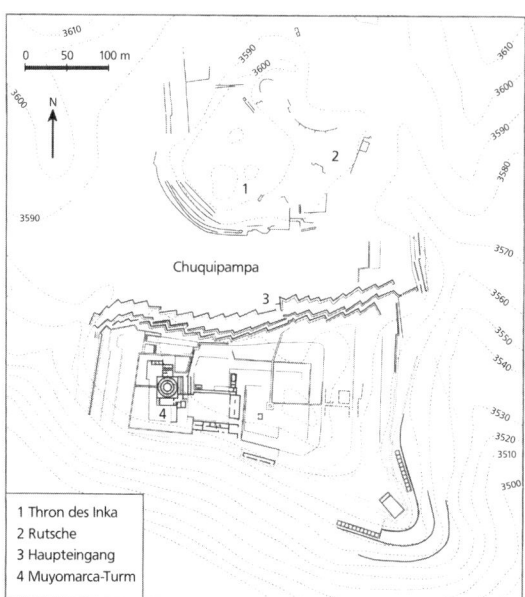

Abb. 120:
Grundriss der
Anlage von
Sacsahuaman

1 Thron des Inka
2 Rutsche
3 Haupteingang
4 Muyomarca-Turm

aus Stein, ein transformierter Fels, wie man ihn in Inkaanlagen häufig findet – sicher ein bedeutender Kulturplatz der Inka-Zeit.

Was man von der eigentlichen Burg heute noch sieht, ist die *Verteidigungsmauer* mit den riesigen Steinblöcken – das weltweit schönste Beispiel einer Zyklopenmauer. Ihr Zick-Zack-artiger Verlauf führte zu der Annahme, es handle sich möglicherweise nicht um eine Verteidigungsmauer, sondern um ein Heiligtum der Blitz- und Donnergottheit Inti-Illapa. Gegen diese Überlegung spricht indes, dass es gleichartige Mauern auch an anderen Burg- und Verteidigungsanlagen, wie beispielsweise in *Samaipata* in Bolivien, gab.

Die Frage, die sich jeder Besucher unweigerlich stellt, der vor den riesigen Blöcken steht, lautet: Wie kamen sie dorthin? Der größte der Blöcke wiegt immerhin so viel wie eine vollbesetzte Boeing 737: über 100 Tonnen. Die Antwort ist in diesem Fall einfach: durch den Einsatz menschlicher Arbeitskraft, die im Inkareich als Steuer entrichtet werden musste. Bezüglich der Techniken sei der Leser auf das Kapitel über *Ollantaytambo* verwiesen.

## Qenq'o

Als Schrein dienten auch zu religiösen Kunstwerken gestaltete Felsen oder Steine, von denen einige spektakuläre Beispiele erhalten sind; das bekannteste davon dürfte – nach dem *Thron des Inka* in *Sacsahuaman* – das in unmittelbarer Nähe gelegene *Qenq'o* sein. Archäologen nehmen an, dass es als letzte Ruhestätte für die Mumie des großen Inka Pachacutec errichtet wurde: Im Inneren des Felsens befindet sich ein *Gang* mit einem steinernen *Altar*, der das Grab gewesen sein könnte. Den Hauptteil bildet der einem Amphitheater ähnlich gestaltete Bereich mit einem *Monolithen*. Die genaue Bedeutung der kleinen *Kanäle* und *Stufen* kennt man nicht. Bezüglich der übrigen Elemente existieren zahllose Vermutungen, aber wirklich belegt ist keine dieser Theorien.

## Tambo Machay

Auch *Tambo Machay* gehört zu den Schreinen, an denen die Pilgerwege vorbeiführten. Es handelt sich hier um eine heilige Quelle, die dementsprechend mit feinsten *Steinarbeiten* ausgestattet wurde: Das Wasser rinnt gleichförmig, die untersten beiden Stufen lassen das Wasser als zwei Reißzähne eines Pumas erscheinen. In der Umgebung *Cuzcos* gibt es noch viele weitere solcher Quellen, deren Quellwasser durch *Kanäle* aus der Inka-Zeit in die Stadt geleitet wird. Auch sie wurden als Schreine verehrt.

### Der *Stein von Sayhuite*

Der *Monolith von Sayhuite* liegt ungefähr 145 km von *Cuzco* entfernt in Richtung Abancay, auf 4000 m Höhe. Es handelt sich um einen Granitblock, dessen obere Hälfte bearbeitet ist. Die dreidimensionalen *Darstellungen* zeigen menschliche Wesen, die Becher halten, Pumas, Schlangen, Eidechsen, Vögel, Affen, Langusten, Maispflanzen, Miniaturgebäude und -treppen, Kanäle und vieles andere. Sie zeigen damit eine Vielzahl dessen, was die Inka verehrten.

### Die heiligen Berggipfel

Im ganzen Inkareich verstreut liegen Berggipfel, die als besonders heilig galten und die daher ebenfalls als Schreine verehrt wurden. Hierzu gehörten der Llullaillaco in der Provinz Salta in Argentinien, mit 6739 m der höchstgelegene archäologische Fundort der Welt. Aus einer Ausgrabung im Jahre 1998 stammen eine außergewöhnlich gut erhaltene und zwei durch Blitzeinschlag beschädigte Kindermumien. Weitere Funde von mumifizierten Kindern und Erwachsenen machte man auf dem Cerro el Plomo und dem Copiapó in Chile, dem Cerro del Toro und dem Aconcagua in Argentinien sowie auf dem Nevado Ampato und dem Ausangate in Peru.

Am besten beschrieben und veröffentlicht ist der Mumienfund vom Nevado Ampato. Dort entdeckte der amerikanische Archäologe Johan Reinhard die Mumie eines Mädchens im Alter zwischen 12 und 16 Jahren. Man nannte sie ›Juanita‹. Sie war mit feinsten Textilien bekleidet, die mit silbernen Nadeln befestigt waren. Kleine goldene, weibliche Statuetten waren ihr mitgegeben worden, Cocablätter und Mais. Durch ein berauschendes Getränk betäubt, hatte man sie mit einem Schlag auf den Kopf getötet. Solche Opfer brachte man den mächtigsten Berggottheiten dar, die als Wohnorte der Seelen der Verstorbenen und als Wasserspender für die Felder in den Tälern und an der Küste verehrt wurden.

# Wirtschaft und Gesellschaft im Inkareich

Ungefähr 95–98 % der Bevölkerung des Inkareiches waren ›Hatun Runa‹. Sie lebten als Bauern, Hirten, Fischer und Handwerker in Städten oder kleinen Siedlungen nahe ihrer Felder und waren in Ayllus organisiert. Ein solches Ayllu war seinerseits in zwei Hälften, die die sich ergänzenden Gegensätze symbolisierten, unterteilt, wobei es klare Zuweisungen von Aufgaben gab, die jeweils eine der Hälften zu erledigen hatte. Größere Arbeiten erledigte man dagegen in Gemeinschaftsarbeit, wie beispielsweise das Flechten von Hängebrücken; die Teilung wurde dennoch beibehalten: Eine Hälfte des Ayllus arbeitete auf der einen, die andere Hälfte auf der anderen Seite. Beim Hausbau, beim Hüten der Tiere und Bestellen der Felder arbeitete man ebenfalls gemeinsam. Gegenseitige Hilfeleistung stand damit im Zentrum des sozialen Gefüges – eine Struktur, die in Peru bis heute in großen Teilen erhalten ist.

Als Besonderheit der Anden gilt die Tatsache, dass die Wirtschaft über verschiedene Klima- und Vegetationsstufen hinweg organisiert werden musste (und muss): Um nicht nur auf die Produkte eines engen Tals und dessen begrenzte Fruchtbarkeit angewiesen zu sein, gründeten die Inka Satellitendörfer in anderen Klimazonen, die sogenannten Archipele, wobei jeweils ein Teil eines Ayllus für einige Jahre in einen solchen Archipel ging und das Kerndorf mit dessen Produkten versorgte. Alle paar Jahre tauschte man die Siedler aus. Kehrten die Siedler entsprechend in das Kerndorf zurück, wurden sie sofort wieder in das Sozialsystem, das auch Versorgung im Alter und im Krankheitsfall garantierte, eingegliedert. Dieses System wird auch als ›vertikale Kontrolle‹ bezeichnet.

Zusätzlich zu den Aufgaben, die die Menschen in ihrem Dorf und auf ihren Feldern zu erledigen hatten, mussten sie entweder eine bestimmte Zeit des Jahres für die Inka-Adligen arbeiten, eine bestimmte Anzahl von Feldern für sie bestellen oder deren Lamaherden hüten, denn die Inka zogen Steuern nicht in Form von Gütern ein, sondern in Form von Arbeitsleistungen. Diese Vorgehensweise erlaubte es ihnen, in kürzester Zeit Arbeitskräfte für ihre Bauwerke zu rekrutieren bzw. Soldaten für ihre Feldzüge. Das Wesen und Funktionieren des Inka-Staates ist nur über den so ermöglichten Einsatz sehr vieler Arbeitskräfte zu verstehen. Von der Ernte, die auf den Feldern der Inka erwirtschaftet wurde, ging ein Teil direkt an die Inka, der andere verblieb in den ›Colcas‹, den riesigen Speichern, die über das ganze Land verteilt waren. Sie dienten als Reserven für Notzeiten und wurden in einem solchen Fall von den Inka an die Bauern verteilt. Durch die Anlage der großen Speicher konnten die Inka große Hungersnöte verhindern, die häufig nach Trockenperioden oder Naturkatastrophen auftreten, weil die Menschen mangels anderer Nahrungsmittel ihr Saatgut aufessen. Die Speicher waren also sicherlich eine der großen Errungenschaften des Inkastaates.

Über die Ausführung der Arbeiten und die Ablieferung der auf den Besitztümern der Inka erwirtschafteten Güter wachten die ›Kurakas‹, die Häuptlinge, die den einzelnen Ayllus oder Dörfern vorstanden. Ihnen waren wiederum ›Kurakas‹ übergeordnet, die sie überwachten, bis die Hierarchie schließlich bei den ›Apus‹, den Provinzverwaltern, endete, die nur dem Sapa Inka selbst direkt verantwortlich waren. Die Kontrolle der Inka über die Menschen in ihrem Reich reichte also bis in die kleinsten Bereiche des täglichen Lebens hinein. Dazu gehörte auch, dass jeder Mensch im Inkareich klar umgrenzte Altersstufen durchlief, die jeweils an eine ebenso klare Aufgabenstellung gebunden waren: Die erste von zehn Altersstufen bezeichnete den Säugling, der noch in der Kindertrage lag, mit der Vollendung des ersten bis zur Vollendung des fünften Lebensjahres galten Kinder als ›Krabbel-‹ oder Kleinkinder, ab fünf Jahren waren sie dann Kinder, die spielerisch lernten. Ab dem neunten Lebensjahr konnten sie bereits einfache Arbeiten erledigen wie das Hüten von Lamas, das Verjagen der Vögel von den Maisfeldern, das Tragen nicht allzu schwerer Lasten wie beispielsweise eines ›Aríbalos‹, einer Inka-Amphore mit Wasser, oder im Haushalt mithelfen. Mit zwölf Jahren hatten Mädchen schon das heiratsfähige Alter erreicht. Sie lernten zu weben und zu spinnen und selbständig einen Haushalt zu führen. Die Jungen lernten Lamazucht und Feldbau. Mit fünfundzwanzig konnten junge Männer ins Heer eingezogen werden oder in ihrem Dorf Ämter übernehmen, bis zum Alter von fünfzig Jahren waren sie vollwertige Soldaten und Krieger. Danach galt man im Inkareich als alt, half nur noch bei Arbeiten mit und war als Ratgeber gefragt. Auf diesen Zeitraum verteilten sich die restlichen Altersstufen. Kranke und Behinderte wurden in der Regel vom Ayllu mitversorgt. Manche Behinderungen, wie beispielsweise ein Buckel oder Zwergenwuchs, galten dabei als Besonderheit. Diesen Personen sprach man magische Fähigkeiten zu, weshalb sie häufig als Heiler oder Wahrsager tätig waren.

Der Verwaltungsapparat der Inka kannte neben alledem auch schon die Volkszählung, die die Inka genau darüber informierte, wie viele Untertanen in ihrem Reich lebten. Gezählt wurden außerdem die Tiere, Ländereien, die Textil-, Keramik- und Schmuckproduktion – einfach alles, was die Arbeitsleistung und damit verbundene Erhebung von Steuern festlegte. Für die Zählungen zogen die ›Quipucamayoc‹ genannten Staatsdiener regelmäßig über Land und erfassten schlicht alles. Die Zählungen selbst wurden dabei mittels der Knotenschnüre durchgeführt: In diesen ›Quipu‹ hielten die Quipucamayoc alle Zahlen fest, die benötigt wurden. Das Prinzip der Knotenschnüre war an sich recht einfach: An einen quer verlaufenden Hauptstrang waren Nebenstränge angeknüpft, in die man dann die Knoten knüpfte, die wiederum in Gruppen angeordnet waren, die nach dem Dezimalsystem aufgeschlüsselt wurden: Die Gruppe, die am nächsten am Hauptstrang lag, bildete die Tausender, dann kamen die Hunderter, dann die Zehner und schließlich die Einer. Ein Strang mit zunächst 4 Knoten, dann 3, dann 2 und zuletzt 1 stand also für 4321. Die Stränge, die auf der anderen Seite des Hauptstranges angeknüpft waren, beinhalteten die Zehn- und die Hunderttausender. Damit endet allerdings unser Wissen, wenngleich die Spekulationen bezüglich einer weitergehenden Bedeutung der ›Quipu‹ mittlerweile ganze Buchbände füllen: Was bedeuteten die Materialien und Farben der Quipu? Konnten auch Richtungen angegeben werden (z.B. Gold von … nach …) oder beinhalteten die Knotenschnüre gar Texte? Wir wissen es nicht. Auch, die These, dass die Quipu eventuell mit einer Art Würfel zusammen interpretiert wurden, ist eine reine Vermutung. Da es zusätzlich zu den rein numerischen Quipu aber sicherlich auch Knotenschnüre mit historischem bzw. mit religiösem Inhalt gab, waren die spanischen Eroberer sehr darauf bedacht, dieses Wissen als erstes und besonders gründlich zu zerstören.

# Die Inka als Baumeister

Nachdem die Inka, wie wir in den vorangegangenen Kapitel gesehen haben, ihre Hauptstadt erbaut und umfangreiche Gebiete im gesamten Andenraum erobert hatten, ging es ihnen darum, ihre Macht zu konsolidieren und zwar vor allem, indem sie die Präsenz dieser Macht zeigten. Dies geschah vor allem durch Architektur. Klar zu erkennen ist das bereits in *Cuzco*: Je höher der Rang, desto höherwertig und feiner ist die Bearbeitung der Steine der berühmten Mauern.

Zu den spektakulärsten Bauwerken, die die Inka hinterlassen haben, gehören die Landsitze der Sapa Inka. Die meisten davon befanden sich in der Nähe von *Cuzco*, im Vilcanota- oder Urubamba-Tal, zwischen *Pisac* und *Machu Picchu*. Neben den beiden bereits erwähnten gehören dazu *Ollantaytambo*, *Wiñay Huayna* und *Patallacta*. Aber auch in anderen Gebieten, wie etwa im Huatanay-Tal, gab es solche Landsitze: beispielsweise *Tipon*. Zusätzlich errichteten die Inka Verwaltungseinheiten, die mit der Zeit zu größeren Siedlungen wurden; *Huánuco Pampa* im nördlichen Hochland wäre hier zu nennen. Doch nicht nur im Hochland, sondern auch an der Küste gibt es noch Architektur aus der Inka-Zeit zu besichtigen: Ganz in der Nähe der heutigen peruanischen Hauptstadt Lima befindet sich *Pachacamac*, ein bedeutendes Pilgerzentrum aus der vorspanischen Zeit; weiter südlich, im Tal des Río Pisco, treffen wir auf *Tambo Colorado*, ein kleineres, sehr strategisch gelegenes Verwaltungszentrum – wenig beachtet, aber nichtsdestotrotz eine sehr beeindruckende *Ruine* aus der Inka-Zeit. Sie ist so gut erhalten, dass teilweise sogar noch die *Originalbemalung* zu sehen ist.

Eindrucksvoll sind auch das Straßennetz und die weitläufigen Terrassenanlagen der Inka, die wir schon von ihren Vorgängern kennen, die aber von den Inka ausgeweitet und perfektioniert wurden. Die größte dieser *Terrassenanlagen* befindet sich im Cañón del Colca, der schon ohne diese Bauwerke eine Sehenswürdigkeit der Natur ist: Neben ihm, der eine Tiefe von über 3000 m erreicht, nimmt sich der Grand Canyon in den USA, mit der maximalen Tiefe von ca. 1800 m, wie sein kleiner Bruder aus. Am Cruz del Condor, einem Aussichtspunkt, der sich in etwa an der tiefsten Stelle des Cañóns befindet, können außerdem noch die berühmten Kondore beobachtet werden. So weit das Auge reicht, ist der Cañón del Colca zudem mit den erwähnten *Terrassenanlagen* überzogen, was ihn zu einer wichtigen Kornkammer des Inkareichs machte. Vor dem kleinen Ort Pinchollo, der sich an der durch den Cañón führenden Straße befindet, ist sogar noch eine der *Terrassenreliefkarten* der Inka, die in eine Steinplatte eingemeißelt ist, zu sehen. Auf ihr wurde festgehalten, wie eine optimale Terrasse anzulegen ist, also beispielsweise die nötige Neigung, um die bestmögliche Wasserverteilung zu gewährleisten. Die Inka überließen die Landwirtschaft also keinesfalls dem Zufall, sondern versuchten über solche Vorgaben und landwirtschaftliche Versuchsstationen wie beispielsweise *Moray* (s. S. 287) ihre Agrarproduktion zu optimieren.

# Inka-Architektur im Hochland

Jeder Sapa Inka ließ sich während seiner Amtszeit einen oder mehrere Landsitze bauen. Sie dienten zur Erholung, als Aufenthaltsort für die Panaqa des Inka, als Refugium vor Machtkämpfen und Intrigen der Hauptstadt. In die Planung der Landsitze ließen die Sapa Inka dabei grundsätzlich ihr eigenes Konzept von Herrschaft sowie ihre persönlichen Vorlieben einfließen. Sie sind damit in gewisser Weise der Spiegel des Inkareiches in der jeweiligen Epoche.

## Machu Picchu

Von allen Landsitzen der Inka gab *Machu Picchu* – die wohl berühmteste Anlage des Alten Peru – sicher die längste Zeit über Rätsel auf; vor allem wurde es lange nicht als solcher erkannt: ›Letztes Refugium‹, ›Wohn- und Kultort für Sonnenjungfrauen‹, es gab kaum einen Vorschlag zur Lösung des Rätsels *Machu Picchu*, der nicht gemacht wurde. Die *Ruinenanlage* war den Bewohnern der Umgebung dabei schon lange bekannt: Sie ließen ihre Lamas dort weiden und hielten sich auch selbst häufig in *Machu Picchu* auf. International bekannt wurde die Anlage indes erst durch den amerikanischen Archäologen Hiram Bingham, der von einem Hirtenjungen im Jahre 1911 auf seiner Suche nach dem letzten Rückzugsort der Inka dorthin geführt wurde. Bingham, der im Auftrag der Yale Universität unterwegs war, führte auch die ersten Forschungen durch. Auf die Rückgabe der von ihm in die USA mitgenommenen Fundstücke wartet Peru immer noch. Erst neuere archäologische Untersuchungen, die vor allem interdisziplinär mit Hydrologen und Ingenieuren durchgeführt wurden, brachten jedoch Licht in das Dunkel der Funktionsfrage. *Machu Picchu* war aber nicht einfach nur der Landsitz des Inka Pachacutec, sondern es ist bis heute ein Meisterwerk der Ingenieurskunst, wovon schon die Auswahl der Lage zeugt.

Die Erbauung *Machu Picchus* begann um das Jahr 1450, im Jahre 1562 wurde es niedergebrannt, schließlich 10 Jahre später endgültig verlassen. Der Niedergang des Landsitzes hatte jedoch bereits im Jahre 1540 eingesetzt, nach der Eroberung *Cuzcos* und dem endgültigen Sieg der Spanier über das Inkareich. Dass wir *Machu Picchu* heute, über 500 Jahre nach seiner Erbauung und fast 450 Jahre nach seiner Verödung, in nahezu unverändertem Zustand bewundern können, ist einzig der Genialität seiner Erbauer zu verdanken, denn das System von Be- und Entwässerung, die Lage und viele weitere Faktoren verhinderten eine natürliche Zerstörung der Anlage. So ist *Machu Picchu* im wahrsten Sinne des Wortes ›auf Granit gebaut‹: Der unterliegende, tragende Fels besteht aus Granit, der auch zur Erbauung der Stadt genutzt wurde. Der Ort wurde von den Ingenieuren der Inka dabei wohl durchaus bewusst ausgesucht: Erstens liegt *Machu Picchu* strategisch sehr günstig, da es von drei Seiten vom Urubamba-Tal geschützt wird, außerdem ist es von drei heiligen Bergen umgeben: Auf einer Seite liegt der Huayna Picchu, ihm gegenüber der Machu Picchu und auf der anderen Seite des Flusses der Putucusi. Von der Anlage aus sind zudem weitere Bergheiligtümer zu sehen: der Yanantin,

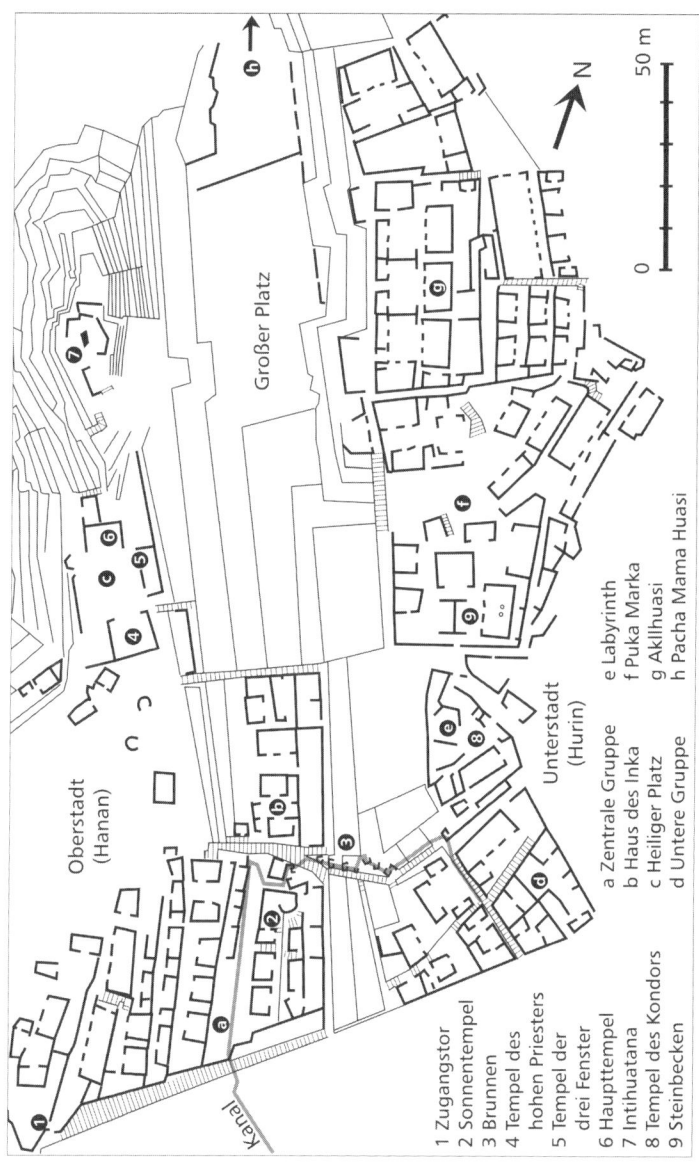

1 Zugangstor
2 Sonnentempel
3 Brunnen
4 Tempel des hohen Priesters
5 Tempel der drei Fenster
6 Haupttempel
7 Intihuatana
8 Tempel des Kondors
9 Steinbecken

a Zentrale Gruppe
b Haus des Inka
c Heiliger Platz
d Untere Gruppe
e Labyrinth
f Puka Marka
g Akllhuasi
h Pacha Mama Huasi

Abb. 121: Plan von Machu Picchu

die Veronica und der Salcantay. Das wichtigste Argument für die Errichtung eines Landsitzes an dieser Stelle lieferte jedoch sicherlich die Verfügbarkeit von Wasser.

(Abb. 121) *Machu Picchu* ist systematisch durchgeplant. Wenn man auf der Seite des Machu-Picchu-Berges möglichst weit oben steht, kann man die Grundstruktur klar erkennen: Es gibt einen Sektor für Landwirtschaft, der dem Besucher an dieser Stelle ›zu Füßen‹ liegt, und einen Wohnsektor. Eine äußere Mauer umgab die Siedlung zu ihrer Sicherheit, es gab nur ein Zugangstor, an dem ein Inkapfad endet. Gleich neben dem Tor stand – und steht – ein *Wächterhäuschen*, dessen rekonstruiertes *Dach* die typische Bauweise der Inka zeigt. Eine weitere, innere *Schutzmauer* trennt den landwirtschaftlichen Sektor vom Wohnbereich. Auch hier gibt es nur ein *Zugangstor*, wenn der Besucher dieses Tor durchschreitet, hat er sofort einen atemberaubenden, ›gerahmten‹ Blick auf den Huayna Picchu. Direkt hinter diesem *inneren Tor* befinden sich *Lagerhäuser* und *Hütten* für Lamas.

Der urbane Sektor ist – wie es auch in *Cuzco* der Fall war – durch einen großen Platz in einen oberen und einen unteren Bereich unterteilt: Die *Haupttempel* und die *Residenz* des Inka befanden sich im oberen Bereich, der Wasser führende *Kanal* führt von der Quelle mittels eines genau austarierten Gefälles in den ersten *Brunnen* des oberen Bereichs der *Residenz*: das beste und frischeste Wasser für den Inka. Der *Brunnen* selbst ist eine tiefe Steinkiste, von der wiederum ein *Kanal* in den unteren Wohnbereich führt. Direkt neben dem *Brunnen* befindet sich das ›*Haus des Inka*‹. Auf einem großen Felsblock, der sich ebenfalls direkt am *Brunnen* befindet, steht ein halbrundes, turmartiges *Gebäude*, das auch als ›Sonnentempel‹ bezeichnet wird. Eine vom ersten *Brunnen* hinabführende *Treppe* ist von sechzehn weiteren *Brunnen* flankiert, die den gesamten Siedlungsbereich mit Wasser versorgten. Die *Brunnen* sind dabei so angelegt, dass die Fließgeschwindigkeit des Wassers genau ausreicht, um einen ›Aribalo‹, eine Inka-Amphore, in sehr kurzer Zeit zu füllen. Flösse das Wasser zu schnell, würde es die Keramik zerbrechen, flösse es zu langsam, würde es am Stein entlangrinnen. Oben auf dem Sporn befindet sich ein großer *Platz* mit dem ›*Tempel der Drei Fenster*‹. Der höchste Punkt des Resindenzviertels von *Machu Picchu* war dem *Sonnenstein* vorbehalten. Dort befinden sich auch aus dem Stein gehauene *Kopien* der heiligen Berge, die die Anlage umgeben. Am Ende des Residenzviertels führt eine *Treppe* auf den Huayna Picchu hinauf.

*Machu Picchu* ist in den Fels hineingebaut, der für die Anlage stark modifiziert wurde. An manchen Stellen kann man dabei noch sehr gut sehen, wie der natürliche Fels in die Tempel oder Wohnhäuser integriert wurde. So ist etwa der *halbrunde ›Tempel‹* auf einem glattgeschliffenen Steinsockel errichtet, der *Tempel des Kondors* zeigt sogar zwei Meisterwerke aus Stein: zum einen den *Kondorkopf* selbst, der ein aus dem Boden herausragender Fels ist; sieht man nach oben, so kann man außerdem erkennen, wie ein nach oben gerichteter Fels mit Steinen zu einem *Kondorflügel* gestaltet wurde.

Das ganze Jahr über wohnten in *Machu Picchu* ungefähr 600 Personen, kam aber der Inka mit seiner Panaqa und seinem Hofstaat, so konnte diese Zahl auf bis zu 2000 Menschen ansteigen. Die 600 ständigen Bewohner hatten während der Abwesenheit des Inka nichts anderes zu tun, als *Machu Picchu* auf dessen Ankunft vorzubereiten. Zu den ständigen Bewohnern gehörten neben Bauern und Hirten, die die Felder in Ordnung hielten und die Lamas betreuten, daher auch Steinmetze und Ingenieure, die die Anlage warteten und daran weiterbauten. Sicher lebte zudem eine Anzahl Mamakunas in *Machu Picchu*, die Dienerinnen des Sapa Inka, die möglicherweise auch für die Tempel verantwortlich zeichneten. Die Frauengräber, die man vor vielen Jahren dort fand, mögen Gräber solcher Mamakunas gewesen sein, was jedoch nicht bedeutet, dass diese die einzigen Bewohner waren, was man früher angenommen hatte.

## Ein kleiner Rundgang

Tritt man durch das *innere Tor* von *Machu Picchu*, so befindet man sich in einem Bereich, der als ›*Zentrale Gruppe*‹ bezeichnet wird. Er gehört zum Agrarsektor. Die ›*Zentrale Gruppe*‹ ist ihrerseits in einen oberen und einen unteren Bereich unterteilt, die durch einen *Kanal* und eine *Mauer* getrennt sind. Die obere Zone besteht aus ungefähr 30 *Nutzbauten* in vier Reihen. Es handelte sich vermutlich um Lagerhäuser oder auch Wohnhäuser für Arbeiter, vielleicht auch um Verwaltungsgebäude. Der untere Bereich der zentralen Gruppe wird als ›*Turmgruppe*‹ bezeichnet, da zwei seiner *Gebäude* turmähnlich gebaut sind. Das halbrunde der turmähnlichen *Gebäude* ist der oben bereits genannte *Sonnentempel*; es eröffnet durch zwei trapezförmige Fenster einen hervorragenden Blick auf das Tal und vor allem auf die am Hang gelegenen Stadtteile. Da ganzjährig die Morgensonne in das Gebäude scheint, wurde auch vermutet, dass es ein Observatorium gewesen sein könnte, mit dem der Sonnenstand und damit die Jahreszeit bestimmt werden konnte. In die Innenwände des *Gebäudes* sind neun *Nischen* eingelassen, deren ursprüngliche Bedeutung man nicht kennt. Unter dem ›*Turm*‹ befindet sich eine *Höhle*, in der Mumien aufgestellt gewesen sein könnten. Da der Zugang zu diesem *Gebäudekomplex* eher schwierig und damit begrenzt war, könnte es sich um einen Kultplatz gehandelt haben, der nur privilegierten Personen zugänglich war. Am Ende der ›*Turmgruppe*‹ biegt der *Kanal* ab; der sich anschließende Wohnbezirk wurde durch vier *Brunnen* mit Wasser versorgt.

Im unmittelbaren Anschluss an die *Zentrale Gruppe* und nur durch eine *Treppe* von ihr getrennt, findet sich das sogenannte *Haus des Inka*, bestehend aus zwölf *Gebäuden*. Dass es allerdings wirklich die Wohnstätte des Inka war, wird bezweifelt. Die leichte Zugänglichkeit sowie die exponierte Lage sprechen dagegen. In ganz *Machu Picchu* stehen noch Ausgrabungen aus, die die ehemalige Funktion der Gebäude belegen.

Verlässt man das ›*Haus des Inka*‹ und tritt auf den *Großen Platz*, so liegt linker Hand der *Heilige Platz*, an dem sich die *Sonnenwarte* mit dem *Intihuatana*, dem Sonnenstein, befindet. Die Bezeichnung ›*Heiliger Platz*‹ stammt von Bingham, der von der fein ausgeführten Architektur und der hohen Qualität der Steinbearbeitung zu dieser Namensgebung veranlasst wurde. Die drei den *Platz* bildenden Gebäude nannte er ›*Haupttempel*‹ mit ›*Kapitelsaal*‹ (in Richtung *Sonnenwarte* gelegen), ›*Tempel der drei Fenster*‹ bzw. ›*Palast des Hohen Priesters*‹ – für das Gebäude mit zwei Zugängen. Selbstverständlich handelt es sich hier um Phantasienamen, aber sie geben die Nutzung als religiösen Bezirk korrekt wieder. Wohnten dort die Priester, die nebenan die Rituale vollzogen?

Am höchsten Punkt von *Machu Picchu* befindet sich die *Sonnenwarte Intihuasi*. Sie besteht aus einem Ensemble: aus einer *mehreckigen Plattform* auf zwei Niveaus, die aus dem gewachsenen Granit geschlagen wurde. Auf dem oberen Niveau befindet sich ein aus dem Fels gemeißelter, vierkantiger ›Zeiger‹, der eigentliche *Intihuatana*, wörtlich übersetzt ›Sonnenfessler‹ (Abb. 122). Er funktionierte (nach Riese, 2004) sehr wahrscheinlich ganz ähnlich wie unsere Sonnenuhren, nämlich als Schattenwerfer. Wenn die Sonne im Zenit steht,

Abb. 122:
Der Intihuatana

also ihren Jahreshöchststand erreicht, wirft der *Intihuatana* keinen Schatten. Es gab sicher noch andere Daten, die auf diese Weise ermittelt werden konnten, aber das ist noch zu wenig erforscht.

Der *Große Platz*, der in manchen Veröffentlichungen auch ›*Sonnenplatz*‹ genannt wird (was letztlich unbedeutend ist, da man die genauen Funktionen ohnehin nicht kennt) bildet die Grenze zwischen Ober- und Unterstadt: In der Oberstadt befinden sich die *Ritualgebäude* mit dem *Intihuatana*, in der Unterstadt zahlreiche *Wohnhäuser* und auch die *Totenhöhlen*. Es wird überliefert, dass in der Mitte des *Platzes* ursprünglich ein Stein mit einer eingemeißelten Schlange stand.

Um die *Unterstadt* zu erkunden, kehren wir zu der *Treppe* unterhalb des *Sonnentempels* zurück, die von zahlreichen *Brunnen* gesäumt wird. Wenn man diese *Treppe* ganz hinunter steigt, gelangt man in die *Untere Gruppe*. Hier betritt man das sogenannte *Labyrinth*. Offensichtlich handelt es sich bei der *Unteren Gruppe* um das ›*Hurin*‹: den Stadtteil, in dem die einfachere Bevölkerung lebte. Dies ist an der weniger sorgfältig gestalteten Architektur zu erkennen. Das *Labyrinth* ist die kleinste Häusergruppe in *Machu Picchu*. Es umfasst nur acht *Häuser*, die willkürlich angeordnet erscheinen, was dem Bezirk seinen Namen verschaffte. In diesem Bereich befindet sich auch der oben bereits beschriebene ›*Kondor*‹. Die *unterirdischen Kammern* des *Labyrinths* waren wohl eher Begräbnisstätten als Gefängnisse, wie zuweilen gemutmaßt wird.

Die größte Ansammlung von *Häusern* findet sich im Anschluss an das *Labyrinth* in dem ›*Puka Marka*‹ genannten Teil der Stadt, der durch ein *Tor* vom *Labyrinth* her zugänglich ist. ›Puka Marka‹ heißt ›Rotes Viertel‹ (nach Riese, 2004); man nimmt an, dass dieser Bereich seinen Namen aufgrund der beiden *Steinbecken* erhielt, die man für Färberbecken hält. Da man aber auch hier die genaue Bedeutung nicht kennt, bleibt dies Spekulation.

Der angrenzende Bereich ›*Akllahuasi*‹ weist als Besonderheit mehrere *zweistöckige Häuser* auf, deren *Dächer* rekonstruiert wurden und die einen guten Einblick in die Bauweise der Inka-Architekten bieten. Der *Akllahuasi*-Bereich besteht ausschließlich aus Wohn- und Nutzbauten.

Verlässt man den *Akllahuasi*-Bereich und geht über den *Großen Platz* in Richtung des Berges Huayna Picchu, so gelangt man an ein weiteres kleines Ensemble, das ›*Pacha Mama Huasi*‹, das ›Haus der Erdmutter‹. Es besteht aus einem Felsen, der in seinem Umriss die Kontur eines dahinter liegenden Berges nachbildet; kleinere Gebäude runden das Ensemble ab. Man nimmt an, dass es sich hier um einen weiteren Kultplatz handelte.

## Tipon

*Tipon*, erbaut ab ungefähr 1400 n. Chr., liegt am Río Huatanay ungefähr 13 km von *Cuzco* entfernt. Es lohnt unbedingt einen Besuch, auch wenn es weniger spektakulär ist als *Machu Picchu*. Besonders auffallend sind hier 13 riesige *Terrassen*, die elegant in den Hang gebaut sind. Oberhalb dieser *Terrassen* findet sich das *Wohnviertel* für die Inka-Adligen, einige *Lagerhäuser* und *Wohnbereiche* für das Militär, nordwestlich davon liegt der zentrale *Zeremonialplatz* mit dem *Intihuatana*, dem Sonnenstein. Etwa 1 km nördlich steht die Siedlung von *Pukara*, die weitere Adlige, Baumeister und Steinmetze beherbergte, und oberhalb *Tipons* befindet sich der *Cruzmoqo*, wo noch eine alte *Befestigungsmauer* zu sehen ist. Von dort aus wurde über die Sicherheit *Tipons* gewacht.

Die Anlage insgesamt beeindruckt vor allem durch die feine Steinarchitektur und die *hydraulischen Bauwerke*, die *Tipon* mit Wasser versorgten. Hierzu gehört neben den zahlreichen *Kanälen* auch ein *Aquädukt* – voll erhalten und sehr sehenswert.

## Ollantaytambo

Die *Ruinen* von *Ollantaytambo*, ein *Tempel* (vermutlich) mit feiner Steinbearbeitung und *Feldbauterrassen*, beides errichtet im Zeitraum zwischen 1440 und 1530, liegen am Eingang des Urubamba-Tals. Die eindruckvollste der berühmten *Wände* des ›Tempels‹ besteht aus sechs nebeneinander aufgestellten, riesigen *Steinblöcken*, die bis zu 4 m hoch und mit kleineren Steinen passgenau verfugt sind (Abb. 123). Abgesehen von dem beeindruckenden Erscheinungsbild auch dieser *Inkaruinen* lässt sich hier die Art und Weise, wie die Bauwerke errichtet wurden, besonders gut aufzeigen. *Ollantaytambo* diente, wie der Name schon sagt, als ›Tambo‹, als Raststätte für Lamakarawanen, Meldeläufer, Reisende im Allgemeinen und natürlich den Inka (zur Funktion der ›Tambos‹ s. S. 290

Abb. 123: Ollantaytambo

und zur Nachrichtenübermittlung s. S. 291). Ein anderer Name, der im Zusammenhang mit *Ollantaytambo* (Ollanta war ein spanischer Soldat) auftauchte, ist ›Collcatambo‹, eine Bezeichnung, in der der Begriff ›collca‹, ›Speicher‹, steckt. Dies war sicher eine weitere Funktion dieser Siedlung: Bis heute kann man, steht man neben den berühmten *Ruinen*, *Speicher* aus der Inka-Zeit sehen: kleine *Gebäude*, die am Hang gebaut sind, was man im Inkareich häufig findet, stellte die Hanglage doch eine gute Belüftung der gelagerten Nahrungsmittel sicher: Man legte die Speicher möglichst so an, dass sie günstig in Windrichtung lagen – Fallwinde wurden ausgenutzt –, so dass eine natürliche Klimaanlage geschaffen wurde. Im Tal, am Rande der heutigen Siedlung Ollantaytambo, finden sich zudem *Reste* der ursprünglichen Siedlung aus der Inka-Zeit, die jedoch bis heute nicht nennenswert ausgegraben sind.

Im Umkreis von *Cuzco* sind einige Steinbrüche bekannt, manche davon werden noch heute benutzt. Zu den während der Inka-Zeit betriebenen Steinbrüchen gehören Kalksteinbrüche bei *Sacsahuaman* und Pacariqtambo, ein Dioritsteinbruch bei der *San Blas Kirche* in *Cuzco*, Granitsteinbrüche in *Machu Picchu* und Kachiqhata bei *Ollantaytambo*, Steinbrüche bei *Pisac* und schließlich die Andesitsteinbrüche von Waqqoto und Rumiqolqa. Viele weitere finden sich im ganzen Inkareich verteilt. Die Steinbrüche in der nächsten Umgebung von *Cuzco* jedoch galten als besonders heilig: Wurde von den Inka ein Gebiet erobert, so musste sofort ein Tempel errichtet werden, in dem sich zumindest ein Stein aus einem der heiligen Steinbrüche von *Cuzco* befand.

Die in *Ollantaytambo* verwendeten Steine stammen aus dem *Steinbruch* von Kachiqhata, ungefähr auf einer Höhe zwischen 400 und 800 m über der Talsohle gelegen, ca. 7 km von *Ollantaytambo* entfernt, der heute noch besucht werden kann. In diesem Fall besteht der *Steinbruch* aus drei Geröllhalden mit großen Steinblöcken, die vor Ort in kleinere gespalten und noch weiter in die gewünschte Form gebracht wurden. Für den Transport machte man sich dann die Natur zunutze: Die Steinbrüche wurden vorwiegend während der Regenzeit ausgebeutet, da man die großen Blöcke dann über glitschige Lehmrutschen ins Tal befördern konnte. Das war allerdings keine einfache Sache. Zwar wurden die Lehmrutschen in Zickzack-Form angelegt, damit die Steine nicht zu schnell wurden und zerschellten, dennoch war es offensichtlich kritisch, die großen Blöcke auf dem Weg zu halten, wie der eine oder andere abgestürzte Stein nahe der Lehmrutsche im Ollantaytambo-Tal zeigt. Im Tal selbst erfolgte der Transport so weit wie möglich über den Wasserweg oder per Menschenkraft, die im Inkareich wie erwähnt durch die Arbeitssteuer in großer Menge zur Verfügung stand: Zum Transport der Steine benutzte man Baumstämme, auf denen man die teilweise riesigen Blöcke rollte, oder auch Rollen aus Stein, wie sie in der Nähe von *Ollantaytambo* gefunden wurden. Sehr viele Steinblöcke wurden zudem auf Tragen transportiert, wahrscheinlich sogar die meisten, natürlich abgesehen von den sehr großen Blöcken, wie sie in *Sacsahuaman* verwendet wurden.

Zerkleinert wurden die Blöcke mithilfe von abgerundeten Steinhämmern. Hierfür nutzte man bereits vorhandene, natürliche Risse im Stein, die das Auseinanderbrechen erleichterten. Obwohl an keinem der bearbeiteten Steine Reste von Feuereinwirkung festgestellt werden konnten, brachten die Steinmetze möglicherweise vereinzelt trotzdem Steine auch durch Hitze zum Zerbrechen, aber dies scheint eher selten, da schlechter kontrollierbar gewesen zu sein. Auch die Bearbeitung der Oberflächen geschah durch das Abschlagen von Steinplatten oder kleineren Erhebungen. Beherrscht man die Technik des Abschlagens perfekt, so kann man damit die Form eines Steines vergleichsweise ›leicht‹ in die gewünschte Richtung verändern. Zuletzt wurde der Stein glattgeschliffen. Um die genau nach Maß zurechtgehauenen und geschliffenen Steine am Ende aufeinanderzuschichten, verwendete man Rampen, die man eigens dafür auf-, und nach der Aufschichtung wieder abbaute. Die riesigen Blöcke zog man die Rampen hinauf. Wahrscheinlich verwendete man dazu Netze, in die die Steine eingeflochten waren, damit sie nicht verrutschen konnten. Die Zapfen, die sich an den Steinen finden, dienten vermutlich nicht dem Transport, da sie keine Kerben haben, die das Verrutschen der Seile verhindert hätten. Wozu sie aber dienten, konnte bislang noch nicht geklärt werden.

## *Pisac*

Die *Ruinen* von *Pisac* befinden sich oberhalb einer der größten *Terassenanlagen* aus der Inka-Zeit. Andere *Terrassen* dieses Ausmaßes findet man nur noch im Colca-Tal in der Nähe von Arequipa. Auch die *Ruinen* von *Pisac* sind in ein oberes und ein unteres Viertel eingeteilt, allerdings ist die Gesamtanlage eher klein. Es könnte eine Anlage gewesen sein, von der aus ein Teil des Tales verwaltet wurde und möglicherweise war es ebenfalls ein Tambo. Dennoch findet sich auch in *Pisac* die typische Struktur von Inka-Siedlungen: Es gibt einen *sakralen Bereich* mit feiner Architektur und einem *Intihuatana* zur Bestimmung des Sonnenstandes ebenso wie einen Bereich für die einfacheren Leute.

## Weitere Inkabauwerke

Sehenswert sind auch die *Ruinen* von *Moray*, einer Anlage, die einem Amphitheater ähnelt und von der man vermutet, dass sie eine landwirtschaftliche Versuchsstation gewesen ist, in der erprobt wurde, wie Pflanzen auf unterschiedlichen Höhenstufen gedeihen. Gleiches gilt für die *Salzterrassen von Maras*, die wohl schon zur Inka-Zeit in Gebrauch waren. Beide Anlagen befinden sich in Seitentälern des Urubamba-Tals zwischen *Pisac* und *Ollantaytambo*. Einen Besuch lohnen außerdem die Ruinen von *Raqchi*, ungefähr 120 km von *Cuzco* in Richtung Puno entfernt. Dort kann man im sogenannten *Tempel des Viracocha* nicht nur *Fundamente* eines Gebäudes aus der Inka-Zeit besichtigen, sondern auch noch *Mauern* und kleinere Teile von *Dächern*. Beeindruckend sind vor allem die Dimensionen des ehemaligen *Tempels*.

# Inka-Architektur an der Küste

Nach der Eroberung eines Küstenabschnittes ließen die Inka auch hier Bauwerke mit den typischen Insignien errichten: mit trapezförmigen Durchgängen, Fenstern und Nischen, allerdings in der für die Küste bekannten Lehmarchitektur und nicht immer aus Stein.

## Das Pilgerzentrum von *Pachacamac*

Am südlichen Stadtrand von Lima, am Ufer des Río Lurin, befindet sich das Pilgerzentrum von *Pachacamac* (Abb. 124). Es zählte mit *Chavín de Huantar*, *Tiahuanaco* und der Sonneninsel zu den wichtigsten Pilgerstätten im alten Peru. Betritt man die Anlage, so führt einer der Hauptwege zu dem *Sonnenheiligtum*, auf dessen Gipfel die Hinterlassenschaften der Inka zu sehen sind: einige *Mauern* mit Fenstern in Trapezform, die Reste des *Sonnentempels*. *Pachacamac* hatte zum Zeitpunkt des Eintreffens der Inka jedoch bereits eine 1500-jährige Geschichte hinter sich. Wie man an der Architektur erkennen kann, gingen die Inka nach der Eroberung auch hier in ihrer typischen Weise vor: Sie integrierten das Vorhandene und fügten eigene Elemente, die klar ihre Vorherrschaft signalisierten, hinzu.

*Pachacamac* ist eine riesige Anlage, die von einzelnen, großen Tempelbezirken dominiert wird, die man als ›Pyramiden mit Rampe‹ bezeichnet. Andere Teile der Anlage wurden ›Haus der Quipu‹, ›Platz der Pilger‹, ›Akklahuasi‹ oder ›Mamakuna‹ (Haus der Sonnenjungfrauen oder Dienerinnen des Inka), ›bemalter Tempel‹, ›Tempel des Pachacamac‹ und schließlich ›Sonnentempel‹ genannt. Etwas abseits liegt der ›Palast

*Tauri Chumbi*. Das älteste bislang datierte Gebäude von *Pachacamac* ist die ›*Huaca de Adobitos*‹, die in den Zeitraum vom Jahr 0 bis 650 n. Chr. datiert wird. Sie würde damit in die sogenannte Lima-Kultur fallen. Die *Pyramiden mit Rampe* liegen im unteren Teil der Stadt, der wohl hauptsächlich administrativen Zwecken gewidmet war. Nach Ansicht der Archäologen Uhle, Tello und Jiménez Borja handelte es sich dabei um Verwaltungsgebäude. Diese Konstruktionen schreibt man aufgrund ihres architektonischen Aufbaus einer späteren Phase zu, einem Zeitraum von ungefähr 1000–1450, das heißt, sie wären in der Zeit zwischen der Tiahuanaco-Huari-Phase und der Eroberung dieses Küstenstreifens durch die Inka entstanden. Die entsprechende Kultur nennt man ›Pachacamac‹-Kultur, da sie eine eigene Richtung in der Stilentwicklung der religiösen Kunst aufweist.

Betritt man die Anlage, sieht man linker Hand den *Akklahuasi*. Dieses Gebäude ist älter als der *Sonnentempel*, stammt aber ebenfalls aus der Inka-Zeit, das heißt, es wurde nach 1450 errichtet. Möglicherweise war es wirklich Wohn- und Arbeitsort der Dienerinnen, aber es

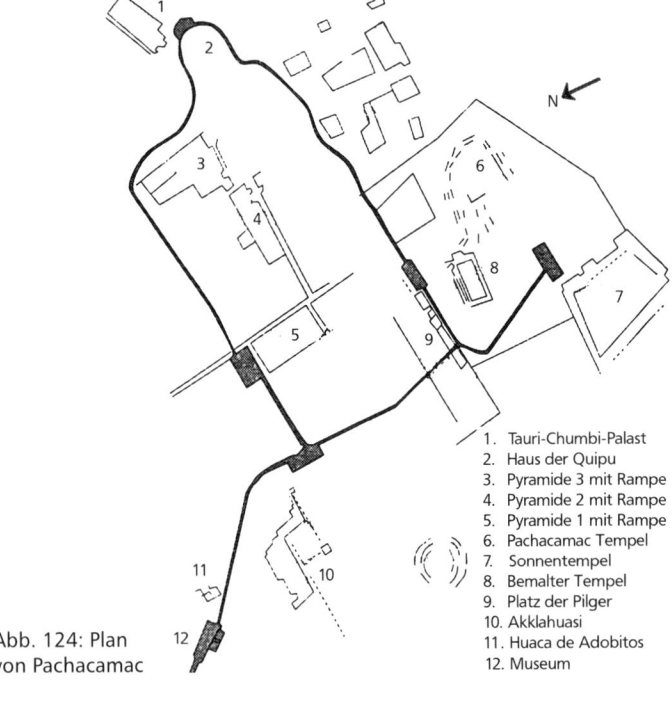

Abb. 124: Plan von Pachacamac

1. Tauri-Chumbi-Palast
2. Haus der Quipu
3. Pyramide 3 mit Rampe
4. Pyramide 2 mit Rampe
5. Pyramide 1 mit Rampe
6. Pachacamac Tempel
7. Sonnentempel
8. Bemalter Tempel
9. Platz der Pilger
10. Akklahuasi
11. Huaca de Adobitos
12. Museum

könnte auch ein weiterer Tempel, dem Mond geweiht, gewesen sein, eine These, die Tello vertritt. Das *Haus der Quipu* datiert ebenfalls aus der Inka-Zeit. Es erhielt seinen Namen aufgrund eines archäologischen Fundes: eine Schachtel aus Leder, in der 35 Quipu lagen. Der *Tauri-Chumbi-Palast* liegt ganz am Rande im Süden *Pachacamacs*. Er wurde kurzzeitig von den Heerführern Francisco und Hernando Pizzarros bewohnt. Über die vorspanische Nutzung ist wenig bekannt, außer dass auch dieses Gebäude aus der Inka-Zeit stammt.

Der namensgebende *Tempel von Pachacamac* wurde über mehrere Epochen hinweg erbaut, wobei auch hier die erste Phase zwischen das Jahr 0 und 650 n. Chr. datiert wird. Die letzte größere Überbauung scheint während der Phase des Huari-Einflusses auf die Küste erfolgt zu sein. Der *bemalte Tempel*, errichtet zwischen dem 9. und 10. Jh. n. Chr., wird von vielen Forschern als das eigentliche Heiligtum von *Pachacamac* angesehen.

Das alles überragende Gebäude ist indes der *Sonnentempel* aus der späten Inka-Zeit. Es handelt sich um eine pyramidenförmige Anlage, die auf einem natürlichen Hügel errichtet wurde. Ursprünglich scheint es sich um eine aus vier oder fünf *Plattformen* bestehende *Stufenpyramide* gehandelt zu haben, mit einem *Tempel* mit den typischen trapezförmigen Fenstern auf der obersten Fläche. Dieser Tempel hatte zwei Eingänge: einen für Diener und einen für hochrangige Personen. Direkt unterhalb des *Sonnentempels* befindet sich der *Platz der Pilger*. Man nimmt an, dass sich die Pilger dort aufhalten konnten; zahlreiche Pfostenlöcher deuten auf überdachte Flächen hin.

Über das Heiligtum von *Pachacamac* wird berichtet, dass es einst ein von Priestern bewachtes Orakel besaß, das jeder Küstenbewohner einmal im Leben aufsuchen sollte. Möglicherweise handelte es sich dabei um die hölzerne Statue, die in dem kleinen *Museum*, dessen Besuch sich vor der Begehung der Ruinen unbedingt empfiehlt, ausgestellt ist. Bei Ausgrabungen in *Pachacamac* fand man entsprechend Keramik von der Nord- und Südküste, aus vielen verschiedenen Stil- und Kulturepochen: Der Aufenthalt in *Pachacamac* dauerte mehrere Monate, der Besuch des Orakels musste gründlich vorbereitet werden. Es ist in diesem Zusammenhang von einer Fasten- und Besinnungszeit von 90 Tagen die Rede, während der man sich in Begleitung der Priester nach und nach dem Raum des Orakels annäherte. Man brachte Opfergaben mit und legte diese nieder.

Ähnlich wie *Chavín* war auch *Pachacamac* dabei gleichzeitig Heiligtum und ein bedeutendes wirtschaftliches Zentrum und genau wie *Chavín* entwickelte auch *Pachacamac* einen eigenen Stil in der religiösen Kunst. Im Heiligtum selbst lebten zahlreiche Priester, die in einer klaren Hierarchie organisiert waren. In einem der Gebäude fand man zudem zahlreiche Knotenschnüre aus der Inka-Zeit. War dies ein Verwaltungsgebäude? Oder war es eine Wohnstätte der Priester, denn ein Teil der Knotenschnüre hatte nach Berichten der spanischen Eroberer religiöse Inhalte. Leider wurden die Knotenschnüre von den Spaniern als erste zerstört, wenn sie derer habhaft werden konnten, die Priester oder ›Quipucamayoc‹, die Kundigen, die die Schnüre entziffern konnten, wurden sofort ermordet, um dem Teufelswerk Einhalt zu gebieten. Das ist auch der Grund, weshalb man so wenig über sie weiß.

## Tambo Colorado

*Tambo Colorado* ist ein kleines Wirtschafts- und Verwaltungszentrum aus der Inka-Zeit (Abb. 125). Es ist in der typischen Inka-Architektur errichtet und liegt strategisch sehr günstig an einer Talenge des Río Pisco, in der Nähe der gleichnamigen Stadt. Das größte ›Bauwerk‹ von *Tambo Colorado* ist der *zentrale Platz*, durch den leider eine Straße gebaut wurde. Man nimmt an, dass auf diesem *Platz* eine der Hauptzeremonien der Inka durchgeführt wurde, wenn sie ein Gebiet erobert hatten: das Geben und Erhalten von Geschenken. So wurden besonders wertvolle Gaben, darunter vor allem fein gewebte Textilien, das kostbarste Gut im Inkareich, an die Provinzfürsten verteilt, um sich ihrer Loyalität zu versichern und sie für ihre Treue zu belohnen. Um diese Zeremonie durchzuführen war der Inka sehr viel in seinem Reich unterwegs. Er wurde dabei auf einer Sänfte getragen und kehrte mit seiner Begleitung in einer der Raststätten – den ›Tambos‹ – ein, die über das ganze Inkareich verteilt waren und zu denen auch, wie der Name schon sagt, *Tambo Colorado* gehörte.

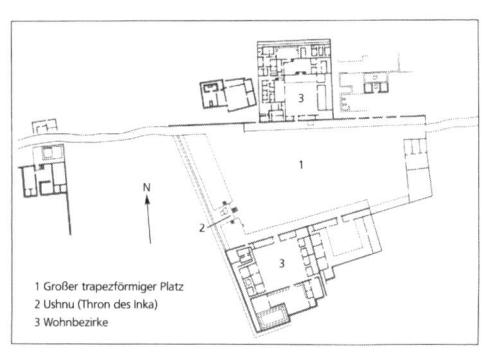

1 Großer trapezförmiger Platz
2 Ushnu (Thron des Inka)
3 Wohnbezirke

Abb. 125: Plan von Tambo Colorado

Ein weiterer Tambo aus Stein steht an der Strecke zwischen Arica und dem Lauca Nationalpark in Chile. Sicher erfüllte auch *Machu Picchu* die Funktion eines Tambos, vielleicht mit einer ›Niederlassung‹ am Fluss, oder es gab einen Tambo in Aguas Calientes, dem nahe gelegenen Ort mit den heißen Quellen: Beide Orte sind ungefähr 30 km von *Ollantaytambo*, dem nächsten bekannten Tambo, entfernt.

## Straßenbau und Nachrichtenübermittlung

Nach erfolgreicher Eroberung pflegten die Inka die bereits vorhandenen Straßen mit einem Straßennetz zu verbinden, das das ganze Inkareich umfasste. Dazu verknüpften sie Straßen, die an der peruanischen Nordküste und im Hochland von den Vorläuferkulturen angelegt worden waren. Zwei Hauptstraßen verbanden außerdem den äußersten Norden des Inkareiches mit dem äußersten Süden: Eine von ihnen verlief entlang der Küste, die andere parallel dazu im Hochland, mehrere Querverbindungen machten es möglich, von einer Straße zur anderen zu gelangen.

Allgemein steckten die Inka enorm viel Arbeitskraft in die Pflege der Infrastruktur: Im ganzen Reich errichtete man Brücken, so auch über den Desaguadero – den Abfluss – des Titicacasees, sowie viele Hängebrücken, um ein rasches Vorankommen zu gewährleisten; etwa alle 30 km gab es eine Raststätte, wo man die Lamas wechseln, sich ausruhen und verpflegen konnte. Hier warteten auch die Meldeläufer, die ›Chasqui‹ (Abb. 126), die die Nachrichten – zumeist mittels eines ›Quipu‹ – von einem Ort zum anderen brachten. Sie waren Staffelläufer, im Alter zwischen 16 und 24 Jahren, die eine Nachricht in Empfang nahmen, um sie am nächsten Tambo dem wartenden Kollegen zu überreichen. Auf diese Weise konnten Nachrichten im Inkareich angeblich in maximal 5 Tagen von Quito nach *Cuzco* gelangen.

Abb. 126: Chasqui (Meldeläufer)

Selbstverständlich waren die Straßen auch Aufmarschwege für das Militär: Da Aufstände im Inkareich zahlreich waren, mussten die Soldaten rasch von einem Ort zum anderen gelangen können. Vor allem aber waren sie Transportwege für die erwirtschafteten Güter, die in den ›Collcas‹, den Lagerhäusern, aufbewahrt wurden.

# Der Untergang des Inkareiches

Es wird oft gerätselt, warum das riesige, gut organisierte Inkareich so schnell unterging. Dafür gibt es mehrere Gründe: Zum einen waren den Spaniern die Pocken vorausgeeilt, eine Seuche, die in kürzester Zeit viele Millionen Tote forderte. Andere Krankheiten, die für uns heute relativ harmlos klingen, wie Windpocken, Masern, Keuchhusten oder Grippe, brachten innerhalb von nur 100 Jahren nach der Eroberung 90 % der indianischen Bevölkerung um: nicht nur im zentralen Andenraum, sondern auch in Amazonien, Zentralamerika und in Mexiko/Guatemala. Hunger, Zwangsarbeit, Verzweiflung taten ihr Übriges.

Zu Beginn der Eroberung Perus kam jedoch vor allem noch ein anderer Faktor hinzu: Die Inka hatten sich durch zahlreiche Zwangsmaßnahmen bei der Bevölkerung sehr unbeliebt gemacht. Dazu gehörten insbesondere die Zwangsumsiedlungen ganzer Völker aus unterschiedlichen Gründen: Sie galten entweder Aufständischen, die gewaltsam befriedet werden sollten, oder ganze Dörfer wurden in dünn besiedelte Gebiete verfrachtet, damit sie wirtschaftlich effizienter werden sollten. Hinzu kamen die hohen Arbeitsleistungen für die mit den Eroberungszügen ständig zunehmende Anzahl an Bauwerken und Straßen sowie vor allem der Militärdienst selbst. Auch nimmt man an, dass zu erbringende Steuerleistungen ständig mehr wurden, man geht dabei davon aus, dass vor allem der Bedarf an fein gewebten Textilien mit der Zeit schier ins Unermessliche stieg, weil immer mehr treue Provinzverwalter belohnt und bei Laune gehalten werden mussten. Ein entscheidender Faktor war aber auch der Erbfolgekrieg zwischen Huascar und Atahuallpa, der das Reich spaltete. So verbündeten sich die Anhänger Huascars mit den Truppen Pizarros, um sich an Atahuallpa zu rächen.

Wie sehr die Menschen teilweise unter der Herrschaft der Inka gelitten hatten, zeigen die Vorkommnisse nach der Eroberung: Zehntausende setzten sich in Bewegung, um in ihre Heimat zurückzukehren – die spanischen Besatzer hatten alle Mühe, ein völliges Chaos, ausgelöst durch diese Rückwanderungen, zu verhindern. Man hatte die Menschen in Gebiete verpflanzt, deren Sprache und Kultur sich von der eigenen grundsätzlich unterschied: Das Inkareich war ein Vielvölkerstaat, in dem mindestens 200 Völker mit unterschiedlicher Sprache und Kultur lebten. Dies war einer der Gründe, warum die Inka ihre Sprache, das ›Quechua‹, als Verkehrssprache einführten. Heute wird im gesamten Andengebiet von ungefähr 27 Millionen Menschen Quechua in verschiedenen Dialekten gesprochen.

Zum raschen Zusammenbruch des Inkareiches führte aber auch die Ermordung Atahuallpas: Er war nicht nur ein Kaiser, er war für seine Untertanen auch ein Gott und der Mord an einer der höchst verehrten Gottheiten war ein großer psychologischer Schock für die Menschen, eine Demütigung ohnegleichen. Atahuallpa war von Pizarro und seinen Truppen in der Nähe von Cajamarca gefangen genommen worden. Pizarro verhaftete ihn zunächst und hielt ihn acht Monate lang in einem *Palastraum* gefangen. Atahuallpa hatte versprochen diesen *Raum*, der heute noch zu besichtigen ist, für die Spanier mit Gegenständen aus Gold und Silber zu füllen. Er erlaubte den Spaniern zu diesem Zweck loszuziehen, um alles verfügbare Gold und Silber einzusammeln und nach Cajamarca zu bringen. Auf diese Weise gelangten die ersten Spanier nach *Cuzco*, wo sie Teile des *Sonnentempels*, vor allem die goldenen Wandplatten, die einen erheblichen Teil des zusammengetragenen Schatzes stellten, plünderten. Erst als Atahuallpa zu Gehör kam, dass alles eingeschmolzen und außer Landes gebracht werden sollte, versuchte er seine bis dahin immer noch existierenden Truppen gegen die Spanier in Stellung zu bringen. Als Pizarro das erfuhr, ließ er Atahuallpa ermorden: Er wurde offiziell wegen Hochverrats verurteilt, dann erdrosselt und schließlich verbrannt.

Bei alledem stellt sich übrigens in der Tat die Frage, ob man wirklich von einem raschen Zusammenbruch des Inkareiches sprechen kann. Schließlich gab es zahlreiche, teilweise recht erfolgreiche Aufstände gegen die Spanier, deren letzter, unter Tupac Amaru, im Jahre 1780 fast zum Erfolg führte. Aber eben nur fast. Tupac Amaru wurde gefangengenommen und 1781 ermordet.

# Register

Das Register ist nach Bauwerken, Museen und Kulturen geordnet.
Die fett gedruckten Ziffern verweisen auf einen längeren Absatz.

## Bauwerke und Orte

Abancay 273
Acari-Tal 133
Aconcagua 273
Aguas Calientes 291
Aja-Tal 117, 123
Amazonas 22f., 60, 79, 196, 228
Anachumbi, Insel 255
Ancash 43
Andahuaylas 253
Animas Altas 100f.
Antisuyu 258f.
Arena Blanca 99, 101
Arequipa 141, 286
Arica 39
Aspero 43, **45**
Atacama 15
Ausangate 273
Ayachucho 196
Ayacucho 33, 117, 141, 196, 198
Ayapata 196
Azapa-Tal 216

Batan Grande siehe Sicán 220
Belém 35
Beringstraße 28
Bosque de Pomac 220f.

Cahuachi 115, **123–126**, 130, 136, 138, 146
Cajamarca 85, 87, 255, 257, 261, 264, 293
Calama 17
Calca 264
Callango 100
Callejón de Huaylas 33

Cañete-Tal 96, 116, 141
Cañón del Colca **277**, 286
Cantalloc 120
Cão Viejo 185, 190, **170–177**
Caral **40–43**
Carhua 90, 96f.
Carhuarazo-Tal 196f.
Casma 50
Casma-Tal 50, 83, 92, 237
Caverna de Pedra Pintada 35
Cavernas 97, 101
Cerrillos 96
Cerro Amaru 196
Cerro Baul 194
Cerro Blanco 159, 162, 191
Cerro Colorado 99, 101
Cerro Combayoq 201
Cerro Condor Moqo 201
Cerro del Toro 273
Cerro Echenique 216
Cerro el Plomo 273
Cerro Sechín 50, **51–55**, 64, 67, 74, 107, 146, 188
Chan Chan 204, **238–245**, 246–248
Chancay-Tal 237
Chankillo 83
Chao-Tal 237
Chavín de Huantar 52, 55, 58, **59–82**, 97f., 106f., 120, 210, 231, 287, 289
Chen Chen 194
Chicama-Tal 45, 157, 170
Chiclayo 34, 59
Chillon-Tal 18, 44, 235, 237
Chincha 156, 255

Chincha-Tal 96, 100
Chinchaysuyu 237, 258
Chiripa 206
Chisi 205
Chokepuquio 201
Chot 219
Chuquicancha 261
Cochabamba-Tal 204, 206, 259
Collasuyu 258f.
Collur Ritty 52
Conchopata 196
Contisuyu 258f.
Copacabana-Halbinsel 205
Copiapó 273
Coricancha **265–268**, 270
Cruzmoqo 284
Cupisnique 34
Curayacu 74
Cuzco 130, 154, 199, 226, 245, 248f.,
    253–257, 259, 261, 263, **264–268**,
    269–273, 276, 278, 280, 284f., 287,
    291, 293
Cuzco-Tal 199, 201, 259, 263

El Brujo 45, 156, 162f., 166, **170–177**
El Candelabro **95**
El Paraiso **43–45**

Felszeichnungen von Nasca **126f.**

Galindo 156, 191f., 204
Garagay **57f.**, 74, 83
Grabtürmen von Sillustani 207
Gran Patajén 230f.
Grand Canyon 277
Gruta do Gavirao, Höhle von 35
Guitarrero, Höhle von 33

Honco Pampa 195
Huaca A **56f.**
Huaca Alta 45
Huaca de la Luna
    siehe Mondpyramide
Huaca de los Idolos 45
Huaca de los Sacrificios 45
Huaca del Sol siehe Sonnepyramide
Huaca los Reyes 84
Huaca Prieta 43, 45, 47, 74
Huachichocana 30
Huacho 41

Huamachuco 268
Huánuco 18, 43
Huánuco Pampa 276
Huari 195, **198f.**, 210
Huarmey-Tal 148
Huascarán 33
Huatanay-Tal 276
Huayna Picchu 278, 280, 283

Ica 74, 102
Ica-Tal 96f., 100, 116f., 122, 133, 137
Illimani 209
Ilo 34
Ingenio-Tal 117, 127, 130

Jargampata 195
Jequetepeque-Tal 85, 157, 178, 237
Jincamocco 195, 197

Kachiqhata 285
Kanal von Cumbemayo **87f.**
Kotosh **43**, 44, 91
Kuélape **230f.**
Kuntur Wasi **85–87**, 91

La Galgada 43, **44**
La Leche-Tal 157, 218, 220
La Mina 156
La Muña 121f.
La Paloma 36
La Paz 209
La Raya-Pass 204
Lago de Poopó 205
Laguna de los Cóndores 233
Lambayeque 148
Lambayeque-Tal 155, 157, 179, 191–
    193, 219
Las Haldas 83
Las Vegas 36
Lauricocha, Höhle von 30
Leymebamba 227
Lima 26, 40f., 57, 59, 74, 83, 95, 102,
    170, 228, 235, 237
Llanos de Mojos 256
Llullaillaco 273
Los Molinos 121

Machu Picchu 60, 126, 264, 276, **278–
    284**, 284f., 291
Mackenzie Valleys 28
Madre de Dios 256

Manaus 35
Manta 255
Mantaro-Tal 268
Marañon 22, 60, 227f.
Minaspata 201
Moche-Tal 43, 84, 150f., 157, 159, 162, 191, 245
Mondinsel 21, 209
Mondpyramide 150, 156, 159, 161, **162– 170**, 171, 174, 176, 185f., 190, 211, 246
Monte Verde, Höhle von 29
Moquegua-Tal 194, 216f.
Moray 277, **287**
Moxeke **56f.**, 74
Moyobamba 228
Muyurinapata 201

Ñanchoc-Tal 35
Nasca-Kultur 52
Nazca 120, 123
Nazca-Tal 88, 123, 127, 130, 196
Nekrópolis 97
Nepeña-Tal 55, 177
Nevado Ampato 273
Niñachumbi, Insel 255

Ollantaytambo 264, 272, 276, **284–286** 287, 291
Ollantaytambo-Tal 285
Omo 216

Pacariqtambo 285
Pacatnamú 156
Pachacamac 52, 61, 277, **287–290**
Pacopampa 91
Palpa-Tal 117, 121f., 126
Pampa de los Fósiles 34
Pampa de los Llamas **56f.**
Pampa Grande 156, **191f.**
Pañamarca **177f.**, 185–187, 190, 236
Paracas-Halbinsel 88, **93–94**, 95, 97f., 100–102, 227
Paruro 254
Patallacta siehe Q'enqo
Pikillacta 195, **199–203**, 238
Pikimachay, Höhle von 29
Pisco 65, 276, 285, **286**, 287
Pisco-Tal 96, 100, 116, 196, 255, 277, 290
Piura 237
Pukapukara 268
Pukara 206, 284

Puná, Insel 255
Punkurí 55
Puno 253, 287
Putucusi 278
Pyramide des ›Hexers‹ siehe El Brujo

Qenq'o 261, **272**, 276
Qolqe Haycuchina 201
Quebrada Jagauy 34
Quimsachata 210
Quito 255, 257, 291

Raqchi 287
Recuay 92
Río Apurimac 196
Río Baule 249
Río Desaguadero 291
Río Grande de Nazca 96, 116–118, 120, 123, 131, 133, 137, 141
Río Huachecsa 61
Río Huallaga 22, 43, 227f.
Río Huari 60
Río Lurin 287
Río Montechristo 231
Río Mosna 60f., 63, 70
Río Muerto 216
Río Ocopa 198
Río Pampas 196
Río Piura 148, 157
Río Santa 33
Río Santa Cruz 117
Río Sechín 50
Río Supe 40
Río Topará 96
Río Ucayali 196
Río Utcabamba 228
Río Zaña 88, 155, 157
Rumiqolqa 285

Sacsahuaman **270–272**, 285f.
Salcantay 280
Salzterrassen von Maras 287
Samaipata 256, 272
San José de Moro 156, 177f., 185, 190, 236
San Martín de Porras 57
San Pedro de Atacama 204, 215
Scharrbilder von Nasca 114, **126–133**
Schlucht von Rumichaca 249
Sechín 50

Sechín Alto **50f.**, 56f., 83
Sechín Bajo 50
Sechura-Wüste 23, 148
Sicán **220–224**, 247
Sillustani 253
Sipán 27, 124, 148, 156, 160, 177, **179–184**, 185, 187, 190, 222, 247
Sonneninsel 21, 209, 287
Sonnenpyramide 150, 156, 159, **162f.**, 166, 225
Stein von Sayhuite **273**
Steinbruch von Rumiqolqa 201

Tahuantinsuyu 57, 253f., 258
Tambo Colorado 241, 277, **290**
Tambo Machay 268, **272**
Taquile, Insel 21
Taraco-Halbinsel 206
Taruga-Tal 117
Taucachi-Konkan 50, 83
Tembladera 55
Tiahuanaco 52, 204, 206f., **208–215**, 216f., 287
Tierras Blancas-Tal 117, 120, 123
Tipon 276, **284**

Titicacasee 21, 117, 205–207, 209f., 212, 217, 253–255, 259, 268, 291
Trujillo 34, 159, 164, 238, 246
Tschudi-Zitadelle 239, **240–242**, 243
Túcume **224–226**
Tumbes 237, 257
Tunga-Tal 117

Urubamba-Tal 253, 276, 278, 284, 287
Uyuni 17, 20

Veronica 280
Vilcanota-Tal 253, 264, 276
Vira Vira 230, 232
Virachochapampa 195
Virú-Tal 151
Viscas-Tal 117

Waqqoto 285
Wari Kayán 102, 109
Wari Willka 195
Waska Waskan 201
Waywaka 59
Wiñay Huayna 276

Yanantin 278

# Museen

Archäologischen Museum, Trujillo 239, 246

Brooklyn Museum, New York 108

Hotel Las Duñas, Ica 97

Kuntur Wasi, Museum 87

Linden-Museum, Stuttgart 85, 170, 218

Museo Antonini, Nazca 124
Museo Antropológico, Oruro 206
Museo Arqueologico San Miguel de Azapa, Arica 39
Museo Contisuyu, Moquegua 216
Museo de la Nación, Lima 95, 196
Museo J. Tello bei Paracas 97

Museo Larco Herrera, Lima 150, 189
Museo Le Paige, San Pedro de Atacama 215
Museo Nacional de Arqueología y Antropología, Lima 95
Museo Nacional Sicán, Ferreñafe 221
Museo Regional, Ica 97, 105
Museo Tumbas Reales, Lambayeque 148
Museum Centro Mallqui, Leymebamba 227
Museum Tumbas Reales, Sipán 184
Museum bei Túcume 225

Paracas-Hotel, bei Paracas 97

Römisch-Germanischen Zentralmuseum, Mainz 148

# Kulturen

Athapasken 30
Aymara-Kultur 217
Azteken 169f., 269

Chachapoya-Kultur **227–234**, 256
Chanka 253–255
Chavín-Kultur **59–92**, 96–98, 100, 106–
109, 116, 135, 142f., 145, 150f., 158,
193, 214
Chimú-Kultur/Chimor 137, 192, 204,
225f., **235–248**, 255, 257
Chinchorro-Kultur 36–38, 103
Chiripa-Kultur 205f.
Clovis 30
Colla 253f., 259
Cupisnique-Kultur 84f., 150f., 166, 173

Gallinazo-Kultur 92, 151, 157

Huari-Kultur 131, 135 - 136, 147, **193–
204**, 227f., 230, 235, 238, 252, 288f.
Huarpa-Kultur 141, 147, 194

Inka 111, 154, 176, 213, 217, 225f.,
233–235, 237, 241, 244f., 248, **249–
293**

Jivaro 146

Kotosh-Kultur 61
Kotosh-Mito-Kultur 61
Küsten-Chavín siehe Cupisnique

Lambayeque-Kultur siehe Sicán
Lupaqa 254

Mapuche-Indianer 249
Moche-Kultur 27, 52f., 55, 65, 108, 110,
114, 116, 124, 142, 145f., **148–192**, 193,
202, 204, 208, 210f., 218, 235f., 244

Nasca-Kultur 93, 108f., 113, **114–147**,
150, 158, 193f., 211, 247

Olmeken 143
Otavalo 256

Pachacamac-Kultur 288
Paläoindianer 29f.
Paracas-Kultur 89, 92, **93–113**, 116f.,
123, 133, 135f., 142, 150, 158
Pasto 256
Pukara-Kultur 206

Salinar-Kultur 92, 151
Sicán-Kultur 192, 204, **218–226**

Tembladera-Kultur 59
Tiahuanaco-Kultur 193f., **204–217**, 252,
288

Vater-Mutter-Kultur siehe Yaya-Mama-
Kultur

Wankarani-Kultur 205f.

Yaya-Mama-Kultur 204–206, 211

# Literaturverzeichnis

*Ancient Peru Unearthed. Golden Treasures of a Lost Civilization/Sicán: Lor du Pérou Anti-que.* Calgary 2006.

Arnott, R./Finger, S./Smith, C. U. M. (Hg.): *Trepanation. History, Discovery, Theory.* Lisse/Abingdon u.a. 2003.

Arntz, W. E./Fahrbach, E.: *El Niño. Klimaexperiment der Natur.* Basel/Boston/Berlin 1991.

Arriaza, B. T.: *Beyond Death*: The Chinchorro Mummies of Ancient Chile. Washington D.C. 1995.

Aveni, A. (Hg.): *The Lines of Nazca.* Philadelphia (PA) 1990.

Ders.: *Between the Lines. The Mystery of the Giant Ground Drawings of Ancient Nasca, Peru.* Austin (TX) 2000.

Baillie, M. G. L.: Marking in marker dates: towards an archaeology with historical pre-cision. In: *World Archaeology 23/2* (1991), S. 233–243.

Bauer, B. S.: *The Development of the Inca State.* Austin (TX) 1992.

Ders.: *Ancient Cuzco. Heartland of the Inca.* Austin (TX) 2004.

Bawden, G.: *The Moche.* Cambridge (MA)/Oxford 1996.

Bengtsson, L.: *Prehistoric Stonework in the Peruvian Andes. A Case Study at Ollantaytambo.* Göteborg 1998.

Bird, J. B./Hyslop, J./Dimitrijevic, M.: *The Preceramic Excavations at the Huaca Prieta Chicama Valley, Peru. Volume 62, Part 1.* New York 1985.

Bischoff, H.: Zur Entstehung des Chavín-Stils in Alt-Peru. In: *Beiträge zur Allgemeinen und Vergleichenden Archäologie. Bd. 6.* München 1984, S. 355–452.

Ders.: Pre- and Early Chavín Art. In: *Andean Past 4* (1994), S. 169–228

Bourbon, F./Cavatrunci, C. (Hg.): *Peru. Die Inka und ihre Vorläufer.* München 2005.

Brubaker, C. L./Bourland, F. M./Wendel, J. F.: The Origin and Domestication of Cot-ton. In: C. Wayne Smith/J. T. Cothren (Hg.): *Cotton: Origin, History, Technology, and Production. Wiley Series in Crop Science.* New York u.a. 1999, S. 3–31.

Burger, R. L.: *Chavin and the Origins of Andean Civilization.* London 1992

Chocano, D. M.: Investigaciones arqueológicas en Pacopampa, departamento de Caja-marca. In: *Boletín de Arqueología PUCP 2* (1998), S. 113–126.

Clados, C.: *Der Nasca-Ikonenkomplex. Seine mythischen Gestalten und ihre Entwicklung, er-schlossen aus den Darstellungen gegenständlicher Bildwerke.* Berlin 2001 (unpubliziertes Manuskript).

Cobo, B.: *Inca Religion and Customs.* Austin (TX) 1990.

Ders.: *History of the Inca Empire: An account of the Indians' Customs and Their Origin Togeth-er With a Treatise on Inca Legends, History, and Social Intsitutions by Father Bernabe Cobo. Translated and Edited by Roland Hamilton. Foreword by John Rowe.* Austin (TX) ⁷2000.

D'Altroy, T. N.: *The Incas.* Malden (MA) 2002.

Diessl, W.: *Catastro de sitios arqueologicos en los distritos Huantar, San Marcos, Chavin.* Lima 2005

Donnan, C. B.: *Ceramics of Ancient Peru*. Los Angeles (CA) 1992.

Ders.: *Moche Portraits from Ancient Peru*. Austin (TX) 2004.

Einhoff, M.: Krankheitsdarstellungen der Moche (0–800 n. Chr.) in der Sammlung des Ethnologischen Museums Berlin. In: *Baessler-Archiv 52* (2004), S. 75–104.

Engl, L./Engl, T. (Hg.): *Die Eroberung Perus in Augenzeugenberichten*. München 1975.

Feldman, R. A.: *Aspero, Peru: Architecture, Subsistence Economy, and Other Artifacts of a Pre-ceramic Maritime Chiefdom. A thesis presented to the Department of Anthropology Harvard University Cambridge, Massachusetts*. October 1980.

Garcilaso de la Vega, I.: Comentarios reales de los incas [1609]. In: *Obras completas del Inca Garcilaso de la Vega. Biblioteca de Autores Españoles (continuación)*. Madrid 1960, Bd. 132–135.

*Gold aus dem Alten Peru. Die Königsgräber von Sipán* (Katalog zur Ausstellung in der Kunst- und Ausstellungshalle der Bundesrepublik Deutschland in Bonn vom 15. Dezember 2000 bis zum 29. April 2001). Stuttgart 2000.

Goldstein, P. S.: *Andean Diaspora. The Tiwanaku Colonies and the Origins of South American Empire*. Gainesville (FL) u.a. 2004.

Golte, J.: *Iconos y Narraciones. La reconstrucción de una secuancia de imágenes Moche*. Lima 1994.

Ders.: Un universo oculto. In: *Baessler-Archiv 52* (2004), S. 125–174.

Guaman Poma de Ayala, F.: *La nueva cronica y bien gobierno. Tercera parte: vida y costumbres de los Indios durante el icoloniaje*. Lima, 1966.

Heck, J.: Krankheit und Körperdeformation in Darstellungen auf Moche-Tongefäßen. Analyse und Synopse aus ärztlicher Sicht. In: *Baessler-Archiv 52* (2004), S. 105–123.

Heyerdahl, T./Sandweiss, D. H./Narváez, A.: *Pyramids of Túcume: the Quest for Perus's Forgotten City*. London 1995.

Hill Boone, E. (Hg.): *Andean Art at Dumbarton Oaks*. Bd. 1. Washington D.C. 1996.

Hyslop, J.: *The Inka road system*. Olrando (FL) u.a. 1984.

Ders.: *Inka settlement planning*. Austin (TX) 1990.

Inokuchi, K.: La cerámica de Kuntur Wasi y el problema Chavín. In: *Boletín de Arqueología PUCP 2* (1998), S. 161–180.

Isbell, W. H./McEwan, G. F. (Hg.): *Huari Administrative Structure. Prehistoric Monumental Architecture and State Government*. Washington D.C. 1991.

Janusek, J. W.: *Identity and Power in the Ancient Andes. Tiwanaku Cities Through Time*. New York/London 2004.

Jensen, A.E./Niggemeyer, H.: *Hainuwele; Völkserzählungen von der Molukken-Insel Ceram (Ergebnisse der Frobenius-Expedition Bd. I)*. Frankfurt/Main 1939.

Jiménez Borja, A.: Pachacamac. In: *Boletín de Lima 38* (1985), S. 40–54.

Karsten, R.: *The Head-hunters of Western Amazonas: The life and culture of the Jibaro Indians of Eastern Ecuador and Peru*. Helsingfors 1935.

Kauffmann Doig, F./Ligabue, G.: *Los Chachapoya(s). Moradores Ancestrales de los Andes Amazónicos Peruanos*. Lima 2003.

Kaulicke, P./Isbell, W. H. (Hg.): Huari y Tiwanaku: Modelos vs. Evidencias. Teil 1 und 2. In: *Boletín de Arqueología PUCP 4–5* (2000–2001).

Kaulicke, P./Urton, G./Farrington, I. (Hg.): Identidad y transformación en el Tawantinsuyu y en los Andes coloniales. Perspectivas arqueológicas y ethnohistóricas. Teil 1–3. In: *Boletín de Arqueología PUCP 6–8* (2002–2004).

Keatinge, R. W.: *The Tiwanaku: Portrait of an Andean Civilization.* Cambridge (MA)/ London 1993.

Klein, C. F./Quilter, J.: *Gender in Pre-Hispanic America: a symposium at Dumbarton Oaks 12 an 13 oct. 1996.* Washington D.C./Dumbarton Oaks 2001.

Kolata, A. L.: *The Tiwanaku: portrait of an Andean civilisation.* Cambridge (MA)/Oxford, 1993.

Kroeber, Alfred A./Collier, D.: *The Archaeology and Pottery of Nazca, Peru. Alfred Kroeber's 1926 Expedition. Edited by Patrick Carmichael with an afterword by Katharina J. Schreiber.* Walnut Creek/London/New Delhi 1998.

Lavallée, D.: *The First South Americans. The Peopling of a Continent from the Earliest Evidence to High Culture.* Salt Lake City 2000.

Lerche, P.: *Häuptlingstum Jalca. Bevölkerung und Ressourcen bei den vorspanischen Chachapoya, Peru.* Berlin 1986.

Lieske, B.: *Mythische Bilderzählungen in den Gefäßmalereien der altperuanischen Mochekultur.* Bonn 1992.

Lumbreras, L. G.: *Chavín de Huantár. Excavaciones en la Galería de las Ofrendas. Materialien zur Allgemeinen und Vergleichenden Archäologie. Bd. 51.* Mainz 1993.

Mayer, E. F.: *Chanchán. Vorspanische Stadt in Nordperu. Materialien zur Allgemeinen und Vergleichenden Archäologie. Bd. 6.* München 1982.

McClelland, D.: *A Maritime Passage from Moche to Chimú.* In: *The Northern Dynasties. Kingship and Statecraft in Chimor.* Washington, D.C. 1990, S. 75–106.

McEwan, G. F.: *The Incas. New Perspectives.* Santa Barbara (CA)/Denver (CO)/Oxford 2006.

Menzel, D./Rowe, J. H./Dawson, L. E.: *The Paracas Pottery of Ica. A Study in Style and Time.* Berkeley/Los Angeles (CA) 1964.

Molina, C. de: Relación de las fábulas i ritos de los Ingas… [ca. 1575]. In: H. Urbano/ P. Duviols: *Fábulas y mitos de los incas. Historia 16* (1989), S. 47–134.

Moore, J. D.: *Architecture and Power in the Ancient Andes. The Archaeology of Public Buildings.* Cambridge 1996.

Moseley, M. E.: *The Incas and Their Ancestors. The Archaeology of Peru.* London 1992.

Ders./Cordy-Collins, A. (Hg.): *The Northern Dynasties. Kingship and Statecraft in Chimor. A Symposium at Dumbarton Oaks, 12th and 13th October 1985.* Washington D.C. 1990.

Moseley, M. E./Day, K. C. (Hg.): *Chan Chan. Andean Desert City.* Albuquerque (NM) 1981.

Moseley, M. E./Mackey, C. J.: *Twenty-Four Architectural Plans of Chan Chan, Peru. Structure and Form at the Capital of Chimor.* Cambridge (MA) 1974.

Müller, K. E.: *Schamanismus. Heiler, Geister, Rituale.* München 1997.

Muscutt, K.: *Warriors of the Clouds. A Lost Civilization in the Upper Amazon of Peru.* Albuquerque (NM) 1998.

Onuki, Y.: The Kuntur Wasi Museum in Northern Peru. In: H. Silverman (Hg.): *Archaeological Site Museums in Latin America.* Gainesville u.a. 2006, S. 64–71

Orefici, G./Drusini, A.: *Nasca. Hipotesis y Evidenicas de su Desarrollo Cultural.* Brescia 2003.

Paul, A.: Bodiless Human Heads in Paracas Iconography. In: *Andean Past 6* (2001), S. 69–94

Dies. (Hg.): *Paracas Art and Architecture. Object and Context in South Coastal Peru.* Iowa City (IO) 1991.

Dies.: *Paracas Ritual Attire. Symbols of Authority in Ancient Peru.* Norman/London 1990.

*Peopling of the Americas Symposium. The Mammoth Trumpet 14(1). Center for the Study of the First Americans.* Corvallis 1998.

*Peru durch die Jahrtausende. Kunst und Kultur im Lande der Inka. Ausstellungskatalog.* Recklinghausen 1984.

Pillsbury, J. (Hg.): *Moche Art and Archaeology in Ancient Peru.* Washington D.C./New Haven (CN)/London 2001.

Ders./Leonard, B. L.: Identifying Chimú Palaces. In: S. Toby Evans/J. Pillsbury (Hg.): *Palaces of the Ancient New World.* Washington D.C. 2004, S. 247–298.

Protzen, J. P.: *Inca Architecture and Construction at Ollantaytambo.* Oxford/New York 1993.

Proulx, D. A.: Nasca. In: *Andean Art at Dumbarton Oaks. Vol. 1.* Washington D.C. 1996, S. 107–122.

Ders.: *A Sourcebook of Nasca Ceramic Iconography. Reading a Culture through its Art.* Iowa City (IO) 2006.

Quilter, J.: The Narrative Approach to Moche Iconography. In: *Latin American Antiquity 8/2* (1997), S. 113–133.

Ders. (Hg.): *Narrative threads: accounting and recounting in Andean Khipu.* Austin (TX) 2002.

Ravines, R.: *Pachacamac. Santiuario universal.* Lima 1997.

Reiche, M.: *Geheimnis der Wüste. Vorbericht für eine wissenschaftliche Deutung der vorgeschichtlichen Bodenzeichnungen von Nazca, Peru und Einführung in ihr Studium.* Stuttgart 1968.

Rick, J. W./Rodriguez Kembel, S. u.a.: La arquitectura del complejo ceremonial de Chavín de Huantar: documentación tridimensional y sus implicanicas. In: *Boletín de Arqueología PUCP 2* (1998), S. 181–214.

Rickenbach, J. (Hg.): *Nasca. Geheimnisvolle Zeichen im Alten Peru.* Zürich 1999.

Dies.: *Sicán – ein Fürstengrab in Alt-Peru: eine Ausstellung/Museum Rietberg Zürich. In Zusammenarbeit mit dem Peruanischen Kulturministerium.* Rietberg 1997.

Riese, B.: *Machu Picchu. Die geheimnisvolle Stadt der Inka.* München 2004.

Rostworowski de Diez Canseco, M.: *History of the Inca realm.* Cambridge 1998.

Rowe, J. H.: *Chavín Art. An Inquiry into its form and meaning.* New York 1962.

Salomon, F. L.: *The Cord keepers: khipus and cultural life in a Peruvian village.* Durham (NC) u.a. 2004

Sandweiss, D. H./Maasch, K. A./Anderson, D. G.: Transitions in the Mid-Holocene. In: *Science 283* (1999), S. 499–500.

Schjellerup, I. R.: *Incas and Spaniards in the Conquest of the Chachapoyas. Archaeological and Ethnohistorical Research in the North-eastern Andes of Peru.* Göteborg 1997.

Seki, Y.: El periodo formative en el Valle de Cajamarca. In: *Boletín de Arqueología PUCP 2* (1998), S. 147–160.

Seler, E.: Die buntbemalten Gefässe von Nasca im südlichen Peru und die Hauptelemente ihrer Verzierung. In: C. Seler-Sachs (Hg.): *Gesammelte Abhandlungen zur Amerikanischen Sprach- und Alterthumskunde. Bd. 4.* Berlin 1923, S. 169–338.

Shimada, I.: Late Moche urban craft production: a first approximation. In: *Studies in the history of Art 63* (2001), S. 177–205.

Ders./Barker Schaaf, C./Thompson, L. G./Mosley-Thompson, E.: Cultural impacts of severe droughts in the prehistoric Andes: application of a 1,500-year ice core precipitation record. In: *World Archaeology 22/3* (1991), S. 247–270.

Silverman, H.: *Cahuachi in the Ancient Nasca World*. Iowa City (IO) 1993.

Dies.: Paracas in Nazca: New Data on the Early Horizon Occupation of the Rio Grande de Nazca Drainage, Peru. In: *Latin American Antiquity 5/4* (1994), S. 359–382.

Dies./Proulx, D. A.: *The Nasca*. Malden (MA)/Oxford 2002.

Staller, J. E./Tykot, R. H./Benz, B. F. (Hg.): *Histories of Maize. Multidisciplinary approaches to the Prehistory, Linguistics, Biogeography, Domestication, and Evolution of Maize*. Amsterdam u.a. 2006.

Stone-Miller, R.: *Art of the Andes from Chavín to Inca*. London 1995.

Strong, W. D.: *Paracas, Nazca, and Tiahuanacoid Cultural Relationships in South Coastal Peru. Memoirs of the Society for American Archaeology 13*. Salt Lake City (UT) 1957.

Sutter, R. C.: The prehistoric peopling of South America as inferred from epigenetic dental traits. In: *Andean Past* 7 (2005), S. 183–217.

Tello, J. C.: Pachacamac. In: *Chaski. Organo de la Asociación Peruana de Arqueología*. 1/2, S.1–4.

Uceda, S./Mujíca, E. (Hg.): *Moche. Hacia el Final del Milenio*. Lima 2003.

Dies. (Hg.): *Moche. Propuestas y perspectivas. Actas del Primer Coloquio sobre la Cultura Moche, Trujillo, 12 al 16 abril de 1993*. Trujillo 1994.

Uhle, M.: *Pachacamac. Report of the William Pepper, M.D., LL.D. Peruvian Expedition of 1896*. Philadelphia (PA) 1903.

Ders.: *Die Ruinen von Moche*. (unveröffentlichtes Manuskript, im Besitz des Ibero-Amerikanischen Instituts Berlin, Stiftung Preußischer Kulturbesitz, Nachlass Max Uhle).

Urton, G.: *Mythen der Inka*. Stuttgart 2002.

Ders.: *Signs of Inca Khipu: binary coding in the Andean knotted strings*. Austin (TX) 2003.

Von Hagen, A./Morris, C.: *The Cities of the Ancient Andes*. London 1998.

Wassermann, J.: *Das Gold von Caxamalca*. Stuttgart 1984.

Wilson, D. J.: *Indigenous South Americans of the past an present: an ecological perspective*. Boulder (CO), 1999.

Wright, K. R.: *Tipon. Water Engineering Masterpiece of the Inca Empire*. Reston (VA) 2006.

Ders./Valencia Zegarra, A.: *Machu Picchu. A Civil Engineering Marvel*. Reston (VA) 2000.

Young-Sánchez, M. (Hg.): *Tiwanaku. Ancestors of the Inca*. Lincoln (NB)/London 2004.

# Abbildungsverzeichnis

Arnott/Finger/Smith, 2003 – Abb.: 51 (S. 230), 52 (S. 233) • Bauer, 2004 – Abb.: 118 (S. 111) • Bischoff, 1984 – Abb.: 11 (S. 398), 12 (S. 399), 13 (S. 403), 14 (S. 402) • Bourbon/Cavatrunci, 2005 – Abb.: 125 (S. 261) • Burger, 1992 – Abb.: 6 (S. 41), 15 (S. 82), 17 (S. 64), 18 (S. 131), 19 (S. 158), 21 (S. 131), 24 (S. 149), 25 (S. 175), 28 (S. 147), 29 (S. 151), 30 (S. 157), 34 (S. 191), 35 (S. 205), 37 (S. 198), 38 (S. 197) • Clados, 2001 – 67 (S. 29) • D'Altroy, 2002 – Abb.: 120 (S. 124) • Donnan, 2004 – Abb.: 70 (S. 11), 79 (S. 94), 87 (S. 132) • Kaulicke, P./Isbell, W. H., 2001 – Abb.: 91 (S. 34) • Gold aus dem Alten Peru, 2000 – 84 (S. 278) • Golte, 1994 – Abb.: 86 (S. 79) • Guaman Poma de Ayala, 1615 – Abb.: 50 • Guaman Poma de Ayala, 1966 – Abb.: 116 (S. 200), 126 (S. 250) • Heyerdahl, 1995 – Abb.: 103 (S. 8) • Isbell/McEwan, 1991 – Abb.: 92 (S. 113), 93 (S. 97) • Kaufmann Doig, 2003 – Abb.: 105 (S. 131) • Kolata, 1993 – Abb.: 96 (S. 106), 97 (S. 140) • Lavaleé, 2000 – Abb.: 2 (S. 132), 4/5/7 (S. 197) • Lerche, 1986 – Abb.: 106 (S. 39) • Lieske, 1992 – Abb.: 85 (S. 114) • Lumbreras, 1993 – Abb.: 22 (S. 145) • Menzel/Dawson/Rowe, 1964 – Abb.: 43 (S. 361) • Moore, 1996 – Abb.: 111 (S. 105) • Moseley, 1990 – Abb.: 108 (S. 79), 109 (S. 80) • Moseley, 1992 – Abb.: 9 (S. 54), 10 (S. 125), 23 (S. 154), 31 (S. 138) • Muscutt, 1998 – Abb.: 104 (S. 118), 107 (S. 113) • Paul, 1990 – Abb.: 44 (S. 37), 45 (S. 79), 46 (S. 90), 47 (S. 97), 48 (S. 110), 49 (S. 112), 59 (S. 88) • Paul, 1991 – Abb.: 39 (S. 78), 42 (S. 326) • Pillsbury, 2001 – Abb.: 71 (S. 48), 75 (S. 49), 80 (S. 150) • Pillsbury, 2004 – Abb.: 88 (S. 81), 112 (S. 265) • Prospekt aus Pachcamac – Abb.: 124 • Quilter, 2001 – Abb.: 82 (S. 37) • Reiche, 1968 – Abb.: 55 (S. 52) • Rickenbach, 1997 – Abb.: 101 (S. 52), 102 (S. 126) • Rickenbach, 1999 – Abb.: 54 (S. 194) • Rostworowski, 1998 – Abb.: 114 (S. 181) • Seler, 1923 – Abb.: 61 (S. 177), 62 (S. 246), 63 (S. 275), 64 (S. 263), 65 (S. 239), 66 (S. 245) • Shimada, 2001 – Abb.: 69 (S. 178) • Silverman, Proulx, 2002 – Abb.: 53 (S. 46), 60 (S. 24) • Stone-Miller, 1995 – Abb.: 20 (S. 33), 26 (S. 41), 36 (S. 47), 40/41 (S. 51), 95 (S. 121) • Uceda, Mujíca, 2003 – Abb.: 76 (S. 430), 81 (S. 389) • Von Hagen, 1998 – Abb.: 110 (S. 147) • Wilson, 1999 – Abb.: 16 (S. 368), 27 (S. 378), 83 (S. 399) • Young-Sánchez, 2004 – Abb.: 90 (S. 54)

Linden-Museum – Abb.: 32, 33, 56, 57, 58, 68, 72, 73, 74, 78, 89, 98, 100, 113, 117
Kröner Verlag: Karten 1-12 Abb.: 1, 3, 77, 94, 115, 119, 121, 122, 123